Björn Mensing/Heinrich Rathke

Mitmenschlichkeit, Zivilcourage, Gottvertrauen

Björn Mensing/Heinrich Rathke

Mitmenschlichkeit
Zivilcourage
Gottvertrauen

Evangelische Opfer von Nationalsozialismus
und Stalinismus

EVANGELISCHE VERLAGSANSTALT
Leipzig

Die Deutsche Bibliothek – Bibliographische Information

Die Deutsche Bibliothek verzeichnet diese Publikation in der Deutschen Nationalbibliographie; detaillierte bibliographische Daten sind im Internet über <http://dnb. ddb.de> abrufbar.

Printed in Germany · H 6802

Umschlaggestaltung: behnelux gestaltung, Halle/Saale
Satz, Druck und Binden: Druckerei Böhlau, Leipzig

ISBN 3-374-02057-7
www.eva-leipzig.de

Inhalt

Erzbischof Prof. D. Georg Kretschmar

Geleitwort

des Erzbischofs der Evangelisch-Lutherischen Kirche in Russland, der Ukraine, in Kasachstan und Mittelasien

In keinem anderen Jahrhundert zuvor seit den Aposteln, seit Pfingsten, sind so viele Menschen um ihres christlichen Glaubens willen umgebracht worden wie im 20. Jahrhundert. Es waren Menschen aus vielen Völkern und vielen Kirchen. Zu ihnen gehören die Armenier, die während des Ersten Weltkrieges in der Türkei starben. Dazu gehört aber auch der mörderische Terror in den letzten Monaten des Jahrhunderts gegen die Bewohner Ost-Timors im südlichen Pazifik, die den Anschluss ihres Teils der Insel an Indonesien abgelehnt hatten. Dennoch hat es Sinn und ist es nahe liegend, dass eine Kirche zunächst ihrer eigenen Märtyrer gedenkt und die Namen sammelt. Aber auch das wirft viele Fragen auf, gerade wenn es um »evangelische Opfer« gehen soll. Bereits die eben genannten Beispiele zeigen, wie schwer, ja unmöglich es ist, zwischen Opfern zu unterscheiden, die um ihres Glaubens willen gelitten haben und gestorben sind, und anderen, die einfach als Angehörige einer nationalen oder politischen Gruppe umgebracht wurden. Zudem haben in diesem Zeitraum die Grenzen gerade in Mittel- und Osteuropa wie auf dem Balkan immer neu gewechselt, sind Menschen millionenfach vertrieben worden oder mussten fliehen.

Zu Beginn des 20. Jahrhunderts beispielsweise gehörten die baltischen Länder noch zum Zarenreich, die Mehrzahl ihrer Bewohner waren Glieder unserer Kirche, der Evangelisch-Lutherischen Kirche in Russland. Nach dem

Ende des Ersten Weltkrieges konnten diese Gebiete zwanzig Jahre in Unabhängigkeit leben mit ihren eigenen Kirchen, auch heute sind sie wieder frei. »Märtyrer unserer Kirche« ist damit auch eine Frage des Datums.

Bis heute gibt es keine allgemein anerkannten Kriterien für die Aufnahme in eine »Märtyrer-Liste«. Wenn von Märtyrern unter dem Nationalsozialismus in Deutschland gesprochen wird, fällt häufig als einer der ersten der Name Dietrich Bonhoeffers. Er starb am 9. April 1945 als Mitglied der Gruppe von Verschwörern, deren Attentat auf Hitler fehlgeschlagen war. Unter den Mitgliedern der Gruppe um Admiral Canaris gab es neben Bonhoeffer auch andere Männer, die sich aus christlicher Überzeugung an dieser Form des Widerstandes beteiligt hatten. Bischof (Generalsuperintendent) Julius Bursche (1862-1942) kämpfte leidenschaftlich für die polnische Identität der lutherischen Kirche in Polen, politisch und als Christ. Er starb im Konzentrationslager Sachsenhausen. Dass sie Christuszeugen waren, hat für den Tod beider Männer dem Anschein nach kaum eine Rolle gespielt. Aber diese Aussage reicht nicht aus. Seit den Anfängen einer Theologie des Martyriums in der frühen Kirche sprach man von Märtyrern nie losgelöst von einer ihrer vor Gott gedenkenden Gemeinde. Das unterscheidet auch heute Dietrich Bonhoeffer von Admiral Canaris. Aber eine Gemeinde, eine Kirche, kann ihrer Märtyrer nur gedenken, wenn sie um sie weiß und nach Möglichkeit ihre Namen kennt. Deshalb sind in diesem Buch die Namen evangelischer Christen aus verschiedenen Ländern gesammelt. Die Gemeinsamkeit zwischen diesen Märtyrern aus Deutschland und insbesondere dem Zarenreich, später der Sowjetunion, ist vor allem die deutsche Nationalität. Aber mit Recht ist auch Ossip Thorassjanz aufgenommen, ein

Armenier, Pastor einer armenischen Gemeinde unserer Kirche.

Es war nie leicht, nach großen Verfolgungswellen die Namen der Opfer zu sammeln. Für die Evangelisch-Lutherische Kirche in Russland ist es eine fast unmögliche Aufgabe, weil die Gemeinden, die Familien als Folge der Deportationen seit 1941, des Zweiten Weltkrieges, der jahrzehntelangen, das Gedächtnis auslöschenden antireligiösen Propaganda, der großen Auswanderungswelle im letzten Jahrzehnt des vergangenen Jahrhunderts in der Regel ihren Zusammenhalt verloren haben. Um so wichtiger und um so dankenswerter ist es, dass diese Namen hier gesammelt sind. Björn Mensing als einer der Autoren hat bei seiner Darstellung der Opfer des Nationalsozialismus über prominente evangelische Opfer hinaus auf Menschen aufmerksam gemacht, die bisher übersehen wurden, und er hat auch die baltischen Märtyrer einbezogen. Er hat für die Opfer des Stalinismus Heinrich Rathke als Mitautor gewinnen können.

Weil Martyrium und das Gedächtnis der Märtyrer zusammenhängen, hat unsere Kirche Grund und Recht, Bischof Heinrich Rathke für die jahrelange, unermüdliche Arbeit von Herzen zu danken, die er auf sich genommen hat und die er hier zusammen mit Björn Mensing vorlegt. Wir stehen in unserer Kirche immer neu inmitten tiefer Umbrüche. Ich bin mir gewiss, dass der uns geschenkte Neuanfang seit fast eineinhalb Jahrzehnten auch Gottes Ja zu den Gebeten der Märtyrer ist. Deshalb müssen diese Namen der Männer und Frauen, der Schwestern und Brüder, dem Vergessen entrissen werden. Es gibt Nachkommen von ermordeten Pastoren unserer Kirche, die jede Beziehung zum Glauben verloren haben und darum auch keine Verbindung halten zu den neu gesammelten Gemeinden, die deshalb wenig oder nichts von ihrer

Geschichte wissen. Hier sollte das Buch eine große Hilfe sein. Wir haben einen Gedenktag für die Märtyrer unserer Kirche, am 30. Oktober. Aber er wird kaum begangen. Um so stärker lebt in den Gemeinden der 28. August, der Gedenktag für den Stalin-Erlass von 1941, mit dem die Vertreibung der Deutschen, vor allem an der Wolga, sanktioniert wurde, der später auch die anderen europäischen Gebiete der Sowjetunion erfasste. Im Jahre 2001, nach 60 Jahren, fand an diesem Tage, zum ersten Mal in der Geschichte der Kirche in Deutschland, ein Gedenkgottesdienst in Berlin statt, der auch von der Römisch-Katholischen Kirche mitgetragen wurde. Dabei wurde klar ausgesprochen, dass diese Vertreibung ein Wendepunkt in der Geschichte der Christenheit nicht nur in den Nachfolgestaaten der Sowjetunion, sondern auch in Deutschland ist. Denn ohne diese Vertreibung hätte es nie die Auswanderungswelle seit der sogenannten Wende in der DDR 1989 aus der Sowjetunion gegeben. Auf diese Weise lebt die Geschichte der Evangelisch-Lutherischen Kirche in Russland, die im 16. Jahrhundert begann, in Russland, den anderen Nachfolgestaaten der ehemaligen Sowjetunion und in Deutschland weiter. Das gilt in gleicher Weise für die katholischen Gemeinden, die von der Vertreibung betroffen waren. Von daher ist es angemessen, gemeinsam an die Toten unserer Kirche, der Evangelisch-Lutherischen Kirche in Russland und den Nachfolgestaaten der ehemaligen Sowjetunion, und die Toten aus Deutschland zu erinnern. Das Sterben um Jesu Christi willen durchbricht alle ethnisch-nationalen Grenzen. Das haben die Mitlebenden, die Mit-Überlebenden gewusst. Nikolaus Schneider aus Omsk/Sibirien hat gerade davon immer wieder gesprochen. In unsern Gemeinden liegen die Erinnerungen an die Repressalien als Deutsche und als evangelische Christen dicht beieinander. Deshalb ist es notwendig, den Blick immer neu zu schärfen. Schon die Leiden der Ingermanländer, der Letten und Esten, liegen nicht im Blick unserer Gemeinden, obwohl wir doch eine Kirche waren. Das gilt erst recht für Christen anderer Konfessionen. Hinzu kommt, dass die Straflager abgeschottet gegen die Außenwelt waren, so dass von der Gemeinschaft der Christen dort untereinander nur wenig nach außen gedrungen ist.

In Deutschland haben die Erfahrungen des 20. Jahrhunderts, besonders die Zeit nationalsozialistischer Herrschaft, das Hineinströmen der Heimatvertriebenen nach 1945, die Teilung und nun doch wohl auch der Zuzug neuer Umsiedler aus Russland und den anderen Nachfolgestaaten der Sowjetunion die alten kirchlichen Bindungen gelockert und doch auch ein christliches Gemeinschaftsbewusstsein über die Grenzen der realen Kirchen hinaus gefördert. Bei uns in Russland ist das noch anders. Um so wichtiger ist es, dass im vergangenen Jahr ein gemeinsames »Martyrologium« für alle um ihres Glaubens willen Verfolgten in Nordwestrussland erschienen ist. Die Initiative war von orthodoxer Seite ausgegangen, von Erzpriester Wladimir Sorokin; unsere Kirche hat mitgearbeitet. Solche Bücher können wohl nur bei uns in Russland erstellt werden. Wir brauchen beides: die Gemeinschaft der Verfolgten und Ermordeten vor Gott und das Gedächtnis an die Märtyrer unserer Kirche.

Diese Auflistung der Märtyrer unserer Kirche, ihrer Namen und Schicksale, ist das Werk unseres Freundes, ja mehr: eines der Väter unserer Kirche und ihrer russlanddeutschen Gemeinden, Heinrich Rathke aus Deutschland. Wir nehmen es mit Dankbarkeit entgegen. Es wird in Deutschland helfen, mehr vom Weg unserer Kirche in der Sowjetunion zu erfahren, und bei uns in Russland, von den

Erfahrungen der evangelischen Kirche in Deutschland Kenntnis zu nehmen. Möge dieses Buch Segen bringen in Deutschland und bei uns.

Sankt Petersburg, 15. Januar 2003

Erzbischof D. Georg Kretschmar, em. Professor für Kirchengeschichte und Neues Testament

Vorwort

Selig sind, die da Leid tragen; denn sie sollen getröstet werden.
Selig sind, die da hungert und dürstet nach der Gerechtigkeit;
denn sie sollen satt werden.
Selig sind, die reinen Herzens sind; denn sie werden Gott schauen.
Selig sind die Friedfertigen; denn sie werden Gottes Kinder heißen.
Selig sind, die um der Gerechtigkeit willen verfolgt werden;
denn ihrer ist das Himmelreich.
(aus den Seligpreisungen der Bergpredigt, Matthäus 5)

Das vorliegende Gedenkbuch ist eine Überarbeitung und Erweiterung der Verzeichnisse, die wir im April 2002 im Sammelband »Widerstehen – Wirkungsgeschichte und aktuelle Bedeutung christlicher Märtyrer« vorgelegt haben. Die positive Resonanz auf das Buch hat uns zu diesem Schritt ermutigt. Wir dürfen an dieser Stelle besonders auf die Beiträge von Burkhard Mecking und Folkert Rickers im weiterhin lieferbaren Sammelband »Widerstehen« hinweisen. Dort finden sich wichtige Impulse für eine angemessene Erinnerungskultur in Kirche, Schule und individueller Spiritualität.

Da unsere Verzeichnisse der deutschsprachigen evangelischen Opfer von Nationalsozialismus und Stalinismus missverstanden werden könnten, möchten wir dazu einige Vorbemerkungen machen. Die Dokumentation der Schicksale von Gegnern des NS- und des SED-Regimes aus dem Bereich des Protestantismus soll nicht den Eindruck erwecken, dass diese Männer und Frauen für das Verhalten der Protestanten oder der evangelischen Kirche repräsentativ waren. Es gab nicht nur bei den »Deutschen Christen«, sondern auch bei denen, die im Kirchenkampf die Bekennende Kirche und die kirchenpolitisch neutrale Mitte bildeten, eine mehrheitliche Zustimmung zu Hitlers »Machtergreifung« und eine weitgehende Kooperation mit dem

NS-System. Es ließe sich ein sehr viel umfangreicheres Buch mit Lebensbildern von evangelischen Tätern, Mitläufern und Zuschauern füllen. Wobei die Grenzen in vielen Fällen fließend sind. Bei manchem anfänglichen Anhänger des Nationalsozialismus wuchs die partielle Bereitschaft zu Widersetzlichkeiten, zunächst zur Verteidigung der kirchlichen Organisation und Lehre, dann seit 1936 in zaghaften Ansätzen auch im gesellschaftlichen Bereich zur Verteidigung von Recht und Menschenwürde. Und selbst unter den einzelnen Christen, die aktiven politischen Widerstand leisteten und selbst zu NS-Opfern wurden, finden sich frühere Täter und Mitläufer. Diese Protestanten erhielten bei ihrer Verfolgung durch den NS-Staat von ihren Kirchenleitungen zumeist keine Unterstützung. In einigen Fällen kamen Protestanten sogar aufgrund von Repressalien nationalsozialistisch orientierter kirchlicher Behörden und Gremien ums Leben. Die Aufnahme dieser Todesopfer in die Verzeichnisse will sie nicht nachträglich für die Kirche vereinnahmen, sondern auch als Opfer einer versagenden und irrenden Kirche würdigen. Andere religiös-weltanschauliche Gruppen haben im »Dritten Reich« deutlich mehr Widerstand geleistet und wesentlich härtere Verfolgungen erlitten. Dies gilt ebenfalls für die damals von Deutschland besetzten Länder. Auch all dieser Opfer gilt es zu gedenken.

Der Stalinismus bzw. Bolschewismus galt mit seinem militanten Atheismus im Protestantismus von Anfang an als weltanschaulicher und politischer Gegner. Nach dem Kriegsende 1945 verhielt sich die sowjetische Besatzungsmacht in Deutschland aber zunächst nicht kirchenfeindlich, und eine demokratische Entwicklung in ihrer Besatzungszone (SBZ) schien nicht ausgeschlossen. So sahen manche Protestanten nun im Marxismus eine Bewegung, die konform geht mit den sozialen Anliegen des Evangeliums und sie in politisches Handeln umsetzt. In den Jahren um 1950 traf dann aber der stalinistische Terror auch die Kirchen mit voller Härte. Später verlagerte das SED-Regime seine Strategie hin zur subtileren »Zersetzung«. In den 70er und 80er Jahren kam es zu einer Entspannung im Verhältnis zwischen dem Staat und der »Kirche im Sozialismus«, die aber innerhalb der Kirche nicht unumstritten war. Im insgesamt durchaus erfolgreichen Bemühen um die Erhaltung bzw. Schaffung von Freiräumen für kirchliches Leben und persönlichen Glauben sowie um kritische Solidarität mit dem Staat, aber mitunter auch aus Opportunismus kam es zu Zugeständnissen, Anpassungen und Verstrickungen.

Ganz bewusst unternehmen wir mit diesem Buch den Versuch, Kurzbiographien von Verfolgten beider deutscher Unrechtsregime des 20. Jahrhunderts gemeinsam vorzustellen. Wir wollen damit nicht einer Nivellierung der Außerordentlichkeit nationalsozialistischer Unterdrükkung und Vernichtung einerseits und der DDR-Diktatur andererseits Vorschub leisten. Vielmehr sehen wir die Notwendigkeit eines umfassenden Gedenkens, um zu einer Erinnerungskultur zu finden, die nicht – je nach dem eigenen politischen Standort – zwischen Opfern erster und zweiter Klasse unterscheidet und damit bestimmte Opfergruppen ausgrenzt und diskriminiert. Jegliches Aufwiegen oder Relativieren liegt uns fern.

Da wir in diesem Buch primär aus arbeitsökonomischen Gründen nur die Schicksale von Todesopfern dokumentieren, könnte der Eindruck entstehen, dass Widerstehen im NS- und SED-Staat in jedem Fall mit einem tödlichen Risiko verbunden gewesen wäre. Trifft dies für politischen Widerstand im engeren Sinne im »Dritten

Reich« und in den Jahren um 1950 für die SBZ/DDR zu, so führten andere Formen des Widerstehens und der Opposition selbst in diesen Zeiten bei einer »Entdeckung« nicht unbedingt zum Tode. Allerdings waren die Haftbedingungen in den Gefängnissen, Zuchthäusern, Konzentrationslagern und GULags grausam genug. Wer sie überlebte, litt und leidet unter den Spätfolgen. Ein aktuelles Forschungsprojekt des Berliner Zentrums für Antisemitismusforschung zur Rettung von Juden im »Dritten Reich« zeigt, dass nach dem derzeitigen Stand von zirka 3.000 Helferinnen und Helfern etwa 300 der Gestapo bekannt wurden. Mindestens 20 von ihnen starben in KZ-Haft. Sicherlich ist die Erhellung der Schicksale auch und gerade der Überlebenden, die ihr Handeln oft nicht als Widerstand, sondern als Selbstverständlichkeit empfanden, für eine heute notwendige Kultur des Widerstehens und der Zivilcourage ebenso wichtig wie die Beschäftigung mit dem Schicksal der Todesopfer.

Wir möchten mit dem vorliegenden Buch keine Idealisierung der Todesopfer betreiben, sondern zu einer angemessenen, ökumenisch orientierten Erinnerungskultur im Blick auf diese Menschen mit ihren Licht- und Schattenseiten anregen. Deshalb haben wir – soweit das in knappen Kurzbiographien möglich war – auch weniger vorbildliche Details benannt.

Es handelt sich in diesem Buch um vorläufige Verzeichnisse, die keinen Anspruch auf Vollständigkeit erheben, für manche Bereiche sogar nur exemplarisch einige Personen enthalten. Näheres dazu findet sich in den einleitenden Worten zu den Verzeichnissen. Auch die Angaben zu den dokumentierten Schicksalen blieben in vielen Fällen bruchstückhaft und unvollständig. Manche Lücke hätten wir durch weitere Recherchen noch schließen können.

Uns war es aber wichtig, die Publikation nicht zu verzögern, damit die Lebens- und Leidenswege dieser mitunter über Jahrzehnte vergessenen Opfer endlich einer breiteren Öffentlichkeit zugänglich gemacht werden. Wir wären den Leserinnen und Lesern für Ergänzungen und Hinweise dankbar, die wir dann nach Möglichkeit bei einer weiteren Auflage berücksichtigen würden. Wir bitten um Zusendung der Anregungen an folgende Anschrift:

Pfarrer Björn Mensing, Evangelisches Bildungswerk, Richard-Wagner-Straße 24, 95445 Bayreuth.

Da wir die vielen wörtlichen Zitate in diesem Buch zur Wahrung ihrer Originalität im ursprünglichen Wortlaut wiedergeben wollten, haben wir uns entschlossen, sie in der alten Rechtschreibung abzudrucken.

An dieser Stelle möchten wir denen danken, die uns nach dem Erscheinen von »Widerstehen« kritisch-konstruktive Rückmeldungen zu den Verzeichnissen gegeben haben. Schließlich gilt unser Dank Herrn Erzbischof Kretschmar für sein Geleitwort und der Evangelischen Verlagsanstalt für die gute Zusammenarbeit.

Bayreuth und Schwerin, am 60. Jahrestag der Hinrichtung von Christoph Probst, Hans und Sophie Scholl aus dem überkonfessionellen Widerstandskreis »Weiße Rose«, 22. Februar 2003

Björn Mensing, Heinrich Rathke

Björn Mensing

Todesopfer des Nationalsozialismus

Protestanten als NS-Verfolgte

Evangelische Christen wurden im »Dritten Reich« nicht verfolgt, weil sie evangelische Christen waren. Der Grund lag entweder in widerständigem Verhalten oder in der Zugehörigkeit zu einer der Bevölkerungsgruppen, die aus rassischen oder anderen Gründen diskriminiert, drangsaliert oder gar vernichtet wurden. Die größte Zahl von evangelischen Todesopfern dürfte es bei der »Euthanasie«-Aktion gegen tatsächliche und vermeintlich Kranke ab Ende 1939 gegeben haben. Schätzungen gehen davon aus, dass im »Dritten Reich« etwa 200.000 Menschen den »Gnadentod« starben. Entsprechend der Bevölkerungsverteilung werden wohl etwa zwei Drittel dieser Opfer evangelisch gewesen sein. Eines davon war Veleda Lippert, 1892 als Tochter eines evangelischen Pfarrers und späteren Dekans in Amberg geboren. Die junge Frau war ab 1925 mehrfach in der Heil- und Pflegeanstalt Bayreuth in Behandlung. Im Oktober 1940 wurde sie ohne Rücksprache mit der Familie im Rahmen der Auflösung der Anstalt nach Ansbach verlegt, Ende Januar 1941 von dort weiter mit einem Sammeltransport in die Tötungsanstalt Hartheim bei Linz, wo sie am 10. Februar 1941 ermordet wurde.[1] Gegen die geheimen Krankenmorde gab es mutige

1 Information von Heike Götschel (Geschichtswerkstatt Bayreuth) vom 13.11.2002.

und teilweise auch erfolgreiche kirchliche Proteste, aber viele kirchliche Behinderteneinrichtungen sahen kaum eine Möglichkeit, ihre Pfleglinge vor der angeordneten Verlegung in staatliche Anstalten zu bewahren. Während nur ein kleiner Teil der rassisch verfolgten Sinti und Roma evangelisch war, waren die meisten Christen jüdischer Herkunft Protestanten.

Christen jüdischer Herkunft

Durch die rassische Definition des Jude-Seins bei den Nationalsozialisten waren von deren Verfolgungsmaßnahmen auch Menschen aus Familien betroffen, die mitunter schon seit Generationen einer christlichen Kirche angehörten und keinerlei Bezug zum Judentum mehr hatten. Ab Anfang des 19. Jahrhunderts ließen sich in Mittel- und Westeuropa, vor allem in Deutschland im Zusammenhang mit dem Akkulturations-, Emanzipations- und Assimilationsprozess viele Juden taufen. Für das Deutschland des 19. Jahrhunderts wird der Anteil der Übertritte auf maximal zehn Prozent geschätzt. In den Taufen spiegelte sich die äußere Lockerung religiöser und traditioneller Bindungen innerhalb des Judentums und der politische Druck wider – einem direkten Taufzwang waren die Juden in dieser Zeit nicht mehr ausgesetzt. Eine wichtige Rolle spielte auch die steigende Zahl von Eheschließungen mit Christen, die haufig mit der Taufe des jüdischen Partners verbunden waren. Nachdem es in Deutschland 1873 gesetzlich möglich geworden war, aus dem Judentum auszutreten, ohne sich anschließend taufen zu lassen, trat um die Jahrhundertwende eine Austrittswelle zunehmend an die Stelle der Taufbewegung. Spätestens ab dem Ersten Weltkrieg überwogen in Deutschland die Austritte ohne nachfolgende Taufe.[2] 1933 lebten im Deutschen Reich neben den etwa 503.000 Juden, die einer Synagogengemeinde angehörten, schätzungsweise 200.000 bis 350.000 Personen, die ein bis vier Juden unter ihren Großeltern hatten. Von diesen Deutschen jüdischer oder teilweise jüdischer Herkunft waren wohl zwischen 150.000 und 250.000 Christen sowie etwa 50.000 und 100.000 konfessionslos.[3] Die vagen Schätzungen spiegeln wider, dass es bis 1933 keinen Grund gab, diese Zahlen zu ermitteln. In den staatlichen und kirchlichen Statistiken ging es nur um die Religionszugehörigkeit, nicht um eine vermeintliche rassische Reinheitsstufe. Dies entsprach auch dem Bewusstsein der meisten Deutschen, die sich mehr oder weniger engagiert als Protestanten, Katholiken, Juden oder Bekenntnislose (Dissidenten, Freidenker, Atheisten) verstanden.

Die erste Phase der antisemitischen Verfolgung von 1933 bis 1935 traf grundsätzlich alle »Nichtarier« gleichermaßen bis hin zu den Menschen mit nur einem Großelternteil, das der jüdischen Religionsgemeinschaft angehörte – sofern ihre jüdische Herkunft bekannt wurde: Entfernung aus dem öffentlichen Dienst (»Arierparapraph«) und aus Kulturberufen, aus dem Gesundheitswesen und der Rechtspflege, Boykottmaßnahmen gegen Unternehmer und Selbständige, massive Diskriminierungen von Schülern und Studenten. Unter Diskriminierungen hatten selbst »Achteljuden« mit einem jüdischen Urgroßelternteil zu leiden, besonders wenn ihr Familienname oder ihr Aussehen als typisch »jüdisch« eingestuft wurde. Ausnahmen gab es bei der Anwendung des »Arierparagraphen« im

2 Neues Lexikon des Judentums, 800 f.

3 U. Büttner, Kirche, 20 f.; E. Röhm/J. Thierfelder, Juden I, 260-264 (Zahlen der Volkszählung von 1939).

Wesentlichen nur für »Frontkämpfer« des Ersten Weltkriegs und deren Angehörige. Die Religionszugehörigkeit der Betroffenen spielte keine Rolle. Allerdings gelang es manchen Christen ihre jüdische Herkunft zu verbergen, was für »Glaubensjuden« nahezu ausgeschlossen war. Dennoch war im März 1935 auch ein Drittel der Mitglieder des »Reichsverbandes christlich-deutscher Staatsbürger nichtarischer oder nicht rein arischer Abstammung e.V.«, der im Juli 1933 als Selbsthilfeorganisation gegründet worden war und 1936 in Paulusbund umbenannt wurde, erwerbslos. Viele Familien lebten in bitterer Not.

Die zweite Phase begann mit den »Nürnberger Gesetzen« vom September 1935: Entzug der staatsbürgerlichen Gleichberechtigung, Verbot der Eheschließung mit »Nichtjuden« und des außerehelichen Verkehrs von »Juden« und »Deutschblütigen«, Druck auf die »arischen« Mischehepartner, sich scheiden zu lassen. Die neuen Verfolgungsmaßnahmen waren abgestuft. In voller Härte trafen sie die »(Voll-)Juden« mit drei oder vier jüdischen Großeltern, von denen schätzungsweise 25.000 Christen waren. Die »Mischlinge 1. Grades« oder auch »Halbjuden« mit zwei jüdischen Großeltern wurden mit Heirats-, Ausbildungs-, und Berufsverboten belegt. Weithin verschont blieben nur die »Mischlinge 2. Grades« oder »Vierteljuden« mit einem jüdischen Großelternteil. Auch bei dieser Einteilung spielte die Konfessionszugehörigkeit keine Rolle, allerdings galten »Mischlinge«, die selbst am 15. September 1935 einer Synagogengemeinde angehört hatten oder mit einem »(voll-)jüdischen« Partner verheiratet waren, als »(Voll-)Juden« (»Geltungsjuden«). Als »Mischlinge 1. und 2. Grades« wurden also nur Christen und Konfessionslose »bevorzugt« behandelt. Schon 1933 hatte es in der Hoffnung auf eine weniger harte Verfolgung einen sprunghaften Anstieg von Austritten aus den Synagogengemeinden und Taufen gegeben. Unter den »nichtarischen« Christen blieben aber die »(Voll-)Juden« eine Minderheit, die meisten waren »Mischlinge«. Viele konnten ihre teilweise jüdische Herkunft verbergen, gaben sie auch bei der Volkszählung 1939 nicht an und entgingen so ganz den Verfolgungsmaßnahmen, blieben aber in der Angst, ob eine Überprüfung oder eine Denunziation möglicherweise die unterschlagene jüdische Großmutter doch noch publik macht.

Die erzwungene Trennung von der deutschen Umgebung traf die »nichtarischen« Christen besonders hart, weil sie nicht die Möglichkeit hatten, in jüdischen Organisationen Ersatz für den Verlust zu finden. Nur ganz vereinzelt kam es in Deutschland, häufiger im Exil, zur Konversion von »nichtarischen« Christen zum Judentum: Aus Kampfgeist gegen den Nationalsozialismus und Solidarität mit den verfolgten Juden konvertierte 1933 die evangelische »Halbjüdin« Edith Wolff mit 29 Jahren zum Judentum – auch gegen den Willen ihres jüdischen Vaters.[4] Die meisten Christen jüdischer Herkunft aber wollten mit dem Judentum nichts zu tun haben, zu dem sie auch aus Sicht der Synagogengemeinden gar nicht gehörten. Eine intensive Teilnahme am Leben ihrer christlichen Ortsgemeinde wurde immer schwieriger, zumal in der evangelischen Kirche, der etwa drei Viertel der »nichtarischen« Christen angehörten. Die in vielen Landeskirchen dominierenden Deutschen Christen votierten für einen Ausschluss der »Judenchristen« aus den deutschen Gemeinden und für die Bildung eigener judenchristlicher Gemeinden. Judentaufen wurden auch von

4 H. Ludwig, Wolff; ein weiteres Beispiel ist der Hamburger Lehrer Dr. Walter Bacher, der 1935 von der evangelischen Kirche zum Judentum übertrat (U. Büttner, Kirche, 30).

Pfarrern der kirchlichen Mitte verweigert. Neben traditionellem christlichem Antijudaismus spielten dabei Vorbehalte gegenüber den religiösen Motiven des Taufbegehrens und Angst vor Angriffen durch die Nationalsozialisten und ihre Presse eine Rolle. Mehrfach wurden Pfarrer nach Judentaufen als »Judenfreunde« attackiert.

Ab 1937 waren die »Nichtarier« immer härteren Verfolgungsmaßnahmen ausgesetzt: neue Berufsverbote für »Juden« und »Halbjuden«, Einführung der Zwangsvornamen »Israel« und »Sara« 1938, Massenverhaftungen und Geschäfts- und Synagogenverwüstungen in der »Reichskristallnacht«, »Sühneabgabe« an den Staat, Enteignung (»Arisierung«) ihrer Betriebe, Sperrung der Bankkonten, schikanöse Verbote und Entfernung der »volljüdischen« Kinder von den deutschen Schulen. Diese Kinder mussten auf jüdische Schulen wechseln, auch wenn sie evangelisch oder katholisch waren. Nur in Berlin wurde 1939 auf Initiativen der Bekennenden Kirche eine »Familienschule« für »nichtarisch-christliche« Kinder eingerichtet (Margarete Draeger). Im Juli 1939 mussten auch alle christlichen »Volljuden« der »Reichsvereinigung der Juden in Deutschland« beitreten, was die aufgezwungene Schicksalsgemeinschaft besonders deutlich machte.

Im Zweiten Weltkrieg bekamen die »Juden« geringere Lebensmittelmengen, mussten aber ab November 1940 Zwangsarbeit in den örtlichen Betrieben leisten. Die Flucht ins Ausland wurde im Krieg immer schwieriger. 1941 schloss das NS-Regime die kirchlichen Hilfsstellen für »nichtarische« Christen. Der katholische St. Raphaelsverein hatte im »Dritten Reich« mehr als 10.000 Verfolgten zur Auswanderung verhelfen können, das evangelische »Büro Pfarrer Grüber« 1.700 bis 2.000. »Juden«, die nicht unter dem labilen Schutz einer »Mischehe« mit einem »arischen« Partner lebten, wurden mit dem Judenstern stigmatisiert in überfüllte »Judenwohnungen« gepfercht und ab Oktober 1941 in die Ghettos und Vernichtungslager des Ostens verschleppt (Elisabeth Braun im November 1941 und andere Lebensbilder in den folgenden Jahren). Massive öffentliche Proteste der Kirchen gab es in Deutschland weder zugunsten aller von der Deportation Betroffenen noch zugunsten der Christen unter ihnen – ganz anders als in den Niederlanden, wo die Kirchen ab Juli 1942 mit bescheidenem Erfolg gegen die Deportationen in den Osten protestierten. Unter den mindestens 160.000 deutschen Todesopfern des Holocausts befanden sich Tausende Christen – nach der Volkszählung von 1939 waren knapp 6 % der »Volljuden« Protestanten oder Katholiken. Die zumeist christlichen »Mischlinge« – 1939 waren 78 % der »Halbjuden« und 91 % der »Vierteljuden« evangelisch oder katholisch – blieben zwar in Deutschland, anders als in manchen der besetzten Gebiete, von der Deportation in den Osten in der Regel verschont, wurden aber ab 1941 verstärkt zur Zwangsarbeit herangezogen, im Herbst 1942 aus der Wehrmacht entfernt (betraf nur die »Halbjuden«) und ab Herbst 1944 in verschiedenen Arbeitslagern interniert. Stets lebten diese Menschen in der Angst, aus nichtigem Anlass oder einer willkürlichen Veränderung der Kriterien auch das Schiksal der »Volljuden« teilen zu müssen. Durch die unmenschlichen Lebens- und Arbeitsbedingungen haben wohl auch Tausende »Mischlinge« das »Dritte Reich« nicht überlebt. Viele nahmen sich unter dem Verfolgungsdruck selbst das Leben.

Von den Tausenden von evangelischen Todesopfern der nationalsozialistischen Judenverfolgung sind bisher erst relativ wenige Namen bekannt. So stehen die in den Lebensbildern genannten Menschen stellvertretend für die vielen unbekannten Opfer. Darüber hinaus seien noch einige weitere Namen von evangelischen Todesopfern genannt[5]:

Frau Frankenstein, Ehefrau des Arztes Dr. Kurt Frankenstein aus Köln, der 1933 wegen seiner jüdischen Herkunft als Abteilungsleiter eines evangelischen Krankenhauses entlassen worden war, deportiert und 1943 in Theresienstadt gestorben.

Werner Holländer, im April 1943 von einem Sondergericht in Kassel wegen »Rassenschande« zum Tode verurteilt.

Dr. Artur Strauß und seine Frau Lucy aus Wuppertal, Februar 1939 Flucht in die Niederlande, nach der deutschen Besetzung des Landes nahmen sie sich am 5. September 1940 gemeinsam in Den Haag das Leben.

Else und Albert Herzfeld aus Düsseldorf, im Juli 1942 nach Theresienstadt deportiert, wo er im Februar 1943 starb, sie wurde im August 1944 nach Auschwitz verlegt und ist dort umgekommen. Die Tochter Dr. Annemarie Herzfeld war schon 1941 nach Minsk deportiert worden und ist nicht zurückgekehrt.

Georg Lindemeyer und Frau aus Düsseldorf, im November 1941 nach Minsk deportiert und umgekommen.

Erna Aufricht, Diakonisse aus Kaiserswerth, im Juli 1942 als »Volljüdin« ins Ghetto Theresienstadt deportiert, von dort im Oktober 1944 ins KZ Auschwitz und dort ermordet.

5 S. Lekebusch, Not, 46 (Frankenstein), 84 (Holländer), 107 (Strauß), 124 (Herzfeld, Lindemeyer), 131 ff. (Aufricht), 163-165 (Maas), bei Lekebusch finden sich weitere Schicksale von Todesopfern ohne Namensnennung (aus Datenschutzgründen); U. Büttner, Kirche, 29 f. (Kaftal, Rauch).

Maximilian Theodor Maas, Pfarrer in Altenkirchen/Rheinland, ab 1933 als »Halbjude« Anfeindungen ausgesetzt, die ab November 1938 immer brutalere Formen annahmen, die Unterstützung des Konsistoriums schwand, da die Drangsalierungen seinen Gesundheitszustand angegriffen hatten, starb er Ende Februar/Anfang März 1943 mit Anfang 60 (geb. 1882).

Familie Kaftal aus Hamburg, die Eltern kamen mit zwei Kindern in Minsk um.

Else Rauch, Lehrerin aus Hamburg, deportiert und ermordet.

Isaak Feinstein, als junger Mann in Bukarest vom Judentum zum Christentum übergetreten, im Dienst der norwegischen Judenmission, als Judenmissionar ab 1929 in Galatz, ab 1939/40 in Jassy/Rumänien, Ende Juni 1941 als »Volljude« verhaftet, deportiert und zusammen mit allen anderen Männern seiner neu gegründeten judenchristlichen Gemeinde umgekommen.[6]

Familie Gamper, Juden aus Riga, zogen während der Revolution nach Berlin, ließen sich Anfang der dreißiger Jahre nach Begegnungen mit der Judenmission in Berlin taufen, Ende 1938 floh die Familie zurück nach Lettland, wo sie nach der deutschen Besetzung 1941 zusammen mit den lettischen Juden ermordet wurden.[7]

Johannes Rottenberg, wuchs als Alter Mendel Rottenberg in einer Rabbinerfamilie in Krakau auf, ließ sich nach Kontakten mit der Londoner Judenmission 1912 in Rotterdam taufen und nahm den Vornamen Johannes an, nach Aufenthalt in den USA Mitarbeiter der Elim-Mission in Rotterdam, Autor theologischer Schriften, am 18. Januar

6 F. Majer-Leonhard, Zeugen, 76-79.

7 Ebd., 54-57.

1942 verhaftet und als »Volljude« in verschiedene Konzentrationslager verschleppt, erlag am 16. Juni 1942 den Misshandlungen im KZ Mauthausen.[8]

Meta Neumann, geb. 21. Mai 1859, wuchs in einer jüdischen Familie in Polen auf, ließ sich 1899 in der Schweiz taufen, lebte schließlich ledig in Stuttgart, leitete in ihrer Wohnung einen pietistischen Frauenbibelkreis (»Dienstagstündle«), am 17. April 1943 als »Volljüdin« ins Ghetto Theresienstadt verschleppt, wo sie vermutlich Ende 1943 starb.[9]

Zum Partner jüdischer Herkunft stehen – und ihm so das Leben retten

1933 waren in Deutschland etwa 35.000 »Glaubensjuden« mit Christen verheiratet, im Berliner Judentum der zwanziger Jahre hatte die Mischehenquote auf dem Höhepunkt der Assimilation zwischen 25 und 30 % betragen.

Für Köln liegt eine detaillierte Untersuchung zu Eheschließungen zwischen Christen und Juden vor, die ab 1934 einen rapiden Rückgang ermittelt, 1936 schließlich als Auswirkung der Nürnberger Gesetze keine Heirat mehr registriert: »Bemerkenswert ist im Jahr 1933 die Anzahl der Eheschließungen von Frauen beider Konfessionen. Sie wagen vermehrt die Verbindung mit einem jüdischen Partner.«[10] Durchgängig für den Zeitraum 1927 bis 1935 fällt auf, dass etwa doppelt so viele christliche Frauen einen jüdischen Mann heirateten als christliche Männer eine jüdische Frau. Analog zur Abnahme der Eheschließungen

8 Ebd., 82-85.

9 E. Majer-Leonhard, Christuszeugen, 50-54.

10 S. Lekebusch, Not, 39 ff.

stieg ab 1934 die Zahl der Ehescheidungen von »Mischehen« deutlich an. Die meisten Ehen hielten aber dem nationalsozialistischen Druck stand. In Köln wurde von den 435 im Jahr 1933 bestehenden Ehen bis einschließlich 1938 100 geschieden, wobei es sich in den Anfangsjahren der NS-Herrschaft oft um »Scheinscheidungen« handelte, mit denen der drohende Verlust des Arbeitsplatzes wegen »jüdischer Versippung« abgewendet und so der Lebensunterhalt der Familie gesichert werden sollte – die späteren tragischen Auswirkungen für den »nichtarischen« Partner konnte zu dieser Zeit kaum jemand ahnen. Für Baden-Württemberg und Hamburg haben Studien Scheidungsraten von unter 10 % ergeben. Welchen Schutz die Treue des »arischen« Ehepartners für den »nichtarischen« darstellte, zeigt sich am Beispiel Köln daran, dass von den 1941 dort lebenden 367 »volljüdischen« Mischehepartnern »nur« 20 (5,4 %) deportiert und ermordet wurden, während von der Gesamtzahl der 1941 noch in Deutschland lebenden Juden nur etwa 5 % den Holocaust überlebten. In Bonn, Düsseldorf, Duisburg, Essen, Köln und Wuppertal zusammen sind zwischen 1933 und 1945 10,1 % der »volljüdischen« Mischehepartner durch direkte oder indirekte Einwirkungen der NS-Verfolgung umgekommen, von der jüdischen Gesamtbevölkerung des Deutschen Reiches nach dem Stand von 1933 starb mindestens jeder Dritte, wobei zu berücksichtigen ist, dass von den nicht in »Mischehen« lebenden Juden ein sehr viel größerer Anteil vor dem Auswanderungsverbot vom Oktober 1941 aus Deutschland geflohen ist. Die Gefährdung war in einer »einfachen Mischehe«, die kinderlos geblieben war oder deren Kinder jüdisch aufwuchsen, höher als in einer »privilegierten Mischehe«, in der der Mann »arisch« war oder deren Kinder nicht jüdisch aufwuchsen.

Dass die Treue des »arischen« Ehepartners nicht in

allen Fällen dem »nichtarischen« das Leben rettete, liegt an der unberechenbaren und brutalen Verfolgungspolitik des NS-Staates. Kleinste Verstöße gegen die Judengesetzgebung konnten direkt oder indirekt die Deportation in den Osten zur Folge haben, wie bei Margarete Beyer, die eine Unterschrift ohne den vorgeschriebenen Beinamen »Sara« geleistet haben soll. Andere starben in Folge der unmenschlichen Bedingungen, besonders ab Oktober 1943 in Zwangsarbeitslagern der »Organisation Todt« dicht hinter der Front (Heinrich Lebrecht), in die auch viele »arische« Mischehepartner mussten, und ab September 1944 in Sammellagern (Moritz Weisenstein), in die teilweise die ganze Familie eingewiesen wurde. Noch Anfang 1945 begannen die Nationalsozialisten damit, systematisch »Volljuden« aus »Mischehen« ins Ghetto Theresienstadt zu verschleppen.

Viele »Nichtarier« nahmen sich – oft zum Schutz ihrer Familienangehörigen – unter dem Verfolgungsdruck selbst das Leben (Ernst Mendelson). Besonders tragisch wirkte sich der Tod des »arischen« Ehepartners für die übrigen Familienmitglieder aus. Der labilen Sicherheit des Status Mischehe beraubt, wurden viele Witwen beziehungsweise Witwer und oft auch die Kinder ins Ghetto Theresienstadt und in die Vernichtungslager verschleppt.

Auch manche der »arischen« Mischehepartner bezahlten ihre Treue nicht nur mit dem Verlust ihres Arbeitsplatzes und der Heranziehung zur Zwangsarbeit, sondern mit dem Leben. Jochen Klepper etwa sah angesichts der bevorstehenden Deportation der nicht durch die Mischehe geschützten Stieftochter und der angedrohten Zwangsscheidung keine andere Möglichkeit des Beistandes mehr, als sich gemeinsam mit Frau und Tochter das Leben zu nehmen. Die Furcht vor der vom NS-Regime schon geplanten, aber nicht durchgeführten generellen Zwangsscheidung war auch in den anderen betroffenen Familien immer gegenwärtig.

Helfer und Retter außerhalb der eigenen Familie

Eine Studie über das Rheinland hat ergeben, dass mutige Hilfe für verfolgte »Nichtarier« vor allem von den Menschen geleistet wurde, »die sich dem Bedrohten persönlich verbunden fühlten, Nachbarn, Verwandte, Freunde und auch Pfarrer. Eine solche Zusammengehörigkeit kam vor allem den sogenannten Mischehen zugute, selten den verfolgten Juden der Synagogengemeinden. Bei den Christen jüdischer Herkunft wirkte hier die stärkere Integration als Schutzfaktor.[11]« Dies spiegelt sich darin wider, dass von den schätzungsweise 2.000 »Nichtariern«, die in der Illegalität das »Dritte Reich« überleben konnten, wohl die Hälfte christliche »Volljuden«, »Mischlinge« oder verwitwete Mischehepartner waren.[12] Einige Protestanten, die ihre Hilfe für Rasseverfolgte mit ihrem Leben bezahlt haben, finden sich in den Lebensbildern.

Protestanten in Widerstandskreisen im »Dritten Reich«

In der Weimarer Republik waren Protestanten in vielen der zahlreichen konservativen Strömungen, mitunter führend, beteiligt. In der kirchlich-evangelischen Bevölkerung war es für die meisten selbstverständlich, politisch auf der Seite der konservativen und deutschnationalen Parteien zu ste-

11 S. Lekebusch, Not, 162.
12 Schätzung von Raul Hilberg, zitiert in S. Lekebusch, Not, 162.

hen. Die Altkonservativen wünschten sich zumeist eine Restauration der Monarchie, manche wandelten sich in der Phase der relativen Stabilisierung des neuen Staates Mitte der zwanziger Jahre zu »Vernunftrepublikanern«, die der jungen Republik loyal gegenüberstanden. Viele jüngere Konservative waren stark durch das »Fronterlebnis« im Ersten Weltkrieg und die bürgerkriegsartigen gewalttätigen Auseinandersetzungen der Nachkriegsjahre geprägt. Gegen die linke Revolution setzten sie auf eine konservative (Gegen-)Revolution, die bei den Jungkonservativen am romantisch verklärten »Heiligen Römischen Reich Deutscher Nation« des Mittelalters und bei den Völkischen an einer idealisierten germanischen Frühzeit anknüpfen sollte. Einig waren sich die meisten der untereinander zerstrittenen Konservativen in ihrer unversöhnlichen Ablehnung der Demokratie und des Parlamentarismus mit seinen Parteien – und in ihren antijüdischen Ressentiments. Sie alle glaubten an die konfliktfreie politische Gemeinschaftsordnung eines autoritären Staates. Tatkräftig waren viele Konservative an der Zerstörung von Demokratie und liberaler Tradition in der Weimarer Republik und an der Machtübertragung an Hitler beteiligt. Die konservativen Eliten in Militär, Diplomatie und Verwaltung trugen wesentlich zur Integrationskraft der »Konsensdiktatur« bei, ihre alten Organisationsformen verschwanden anscheinend spurlos oder gingen, wie der Stahlhelm, in NS-Organisationen auf. Die Teilidentität konservativer und nationalsozialistischer innen- und außenpolitischer Ziele hemmte konservative Opposition. Die Wurzel konservativen Widerstands gegen die NS-Herrschaft lag primär im konservativen Gewissen, im christlich geprägten Ethos, das die Verbrechen der Staatsgewalt auf Dauer nicht hinnehmen konnte.[13]

Den Schritt von der Regimekritik zum widerständigen Handeln gingen in den Jahren vor 1938 nur wenige Konservative.

Schon vor 1933 stellte sich Ewald von Kleist-Schmenzin als Altkonservativer aus Gewissensgründen kompromisslos gegen den aus seiner Sicht barbarischen und widerchristlichen Nationalsozialismus – und blieb damit innerhalb der Konservativen lange Jahre ein Einzelgänger. Andere evangelische Altkonservative wie der Monarchist Gottfried Traub begrüßten zunächst das Anwachsen der rechten Front aus DNVP und NSDAP. 1932 zog der deutsch-nationale Pfarrer und Publizist aber einen deutlichen Trennungsstrich zu den Nationalsozialisten. In einer Schrift verurteilte er deren Blutkult, die »rücksichtslose Verleumdungssucht des Parteigegners«, den »tägliche(n) Terror der Überzeugung«[14] und deren Kirchenpolitik. Ähnlich scharf grenzte sich der ehemalige Hofprediger und DNVP-Reichstagsabgeordnete Bruno Doehring im Herbst 1932 mit seiner Schrift »Die Fehlleitung der nationalen Bewegung durch Adolf Hitler« ab: »Es gibt nur ein Gegenmittel gegen diese seelische Hörigkeit [der Nationalsozialisten Hitler gegenüber]: das protestantische Bewußtsein um die Selbstverantwortlichkeit muß geweckt werden.«[15]

Viele Konservative teilten trotz ihrer partiellen Kritik an Hitler und dem Nationalsozialismus Franz von Papens Hoffnung, Hitler zwar mit der Kanzlerschaft zu betrauen, aber in der Regierung derart mit konservativen Ministern einzurahmen, dass er und die NSDAP gezähmt und in Instrumente konservativer Politik verwandelt werden

13 E. Klausa, Konservatismus.

14 K. Nowak, Kirche, 288.

15 Ebd., 290.

könnten. Als spätestens um die Jahreswende 1933/34 klar wurde, dass dieses Konzept gescheitert war, versuchten einige katholische und evangelische Politiker um den Papen-Berater und Jungkonservativen Edgar J. Jung einen Staatsstreich. Mit der Ermordung Jungs und anderer bürgerlicher Gegner im Rahmen des »Röhm-Putsches« vom 30. Juni 1934 wies Hitler seine konservativen Kritiker terroristisch in die Schranken und schüchterte sie auf Jahre hinaus ein. Erst ab 1938 wurden erneut Konservative im Widerstand aktiv, als Hitler das Reich militärisch in tödliche Gefahr brachte. Ethische Motive spielten bei Konservativen eine zunehmende Rolle für ihren Entschluss zum Widerstand, seit Hitler in der Kriegsmitte als Verderber Deutschlands erkennbar wurde. In dieser Situation gewann das Gewissen die Kraft, auch zahlreiche konservative Christen zum persönlichen Opfer bereit zu machen. Bei vielen war ihr aktiver Widerstand durch die Wahrnehmung des Holocausts bestimmt oder mitbestimmt.

Viel früher als die meisten Konservativen kamen liberale Demokraten, Sozialdemokraten, Sozialisten und Kommunisten in Konflikt mit dem NS-Staat. Auch wenn es in diesen Kreisen eine kritische Distanz zur Kirche gab und manche, insbesondere Kommunisten, aus ihrer Kirche ausgetreten waren, fanden sich auch dort Protestanten zum Widerstand bereit. Über die in den Lebensbildern genannten Menschen hinaus seien hier noch einige Namen von evangelischen Opfern genannt:

Carl von Ossietzky (3.10.1889-4.5.1938), Publizist, katholisch getauft, später aber wie seine Mutter evangelisch, 1904 Konfirmation, Pazifist, zeitweise SPD-nah, zeitweise DDP-nah, zeitweise Mitglied in kleinen linksdemokratischen bürgerlichen Parteien, 27./28.2.1933 verhaftet, Haft bis Mai 1936, im KZ Esterwegen unheilbar an

Lungentuberkolose erkrankt, 1936 Friedensnobelpreis (durfte nicht zur Verleihung reisen), starb in einem Krankenhaus.[16]

Hans Francke (19.1.1864-31.8.1938), Pfarrer in Berlin-Kreuzberg (1929 im Ruhestand), führender Berliner Pazifist und Religiöser Sozialist, SPD-Mitglied, SPD-Wahlkampfredner, SPD-Landtagskandidat 1921, im November 1923 bei einer Kundgebung gegen das NS-Pogrom im Scheunenviertel gesprochen, ab 6.3.1933 in »wildem KZ« der Kreuzberger SA, Bericht darüber an Kollegen und ans Konsistorium, erneute Haft, führte dennoch mit Pfarrer Rackwitz weiter die »Bruderschaft sozialistischer Theologen«.[17]

Hermann Tempel (29.11.1889-27.11.1944), Volksschullehrer in Leer, SPD-MdR 1925 bis 1933, emigriert im März 1933 nach Holland, dort 1940 verhaftet, zwei Jahre Haft, starb in Oldenburg an den Haftfolgen.[18]

August Streufert (5.8.1887-27.12.1944), Tischler in Stralsund, 1930-1932 SPD-MdR, nach 1933 wiederholt verhaftet, gestorben im KZ Neuengamme.[19]

Paul Wegmann (17.9.1889-3.4.1945), Mechaniker in Berlin, 1922-1924 USPD-MdR, nach 1933 mehrfach verhaftet, zuletzt KZ Bergen-Belsen, dort an Flecktyphus gestorben.[20]

Max Richter (16.9.1881-3.5.1945), Weißgerber, Gewerkschaftssekretär in Neumünster, 1924-1933 SPD-MdR, August 1944 bis Ende April 1945 KZ Neuengamme, gestorben beim Untergang der »Cap Arcona.«[21]

16 M. Asendorf/R. v. Bockel, Wege,464-466 (E. Suhr).
17 Ebd., 181 f. (U. Peter) – starb eines natürlichen Todes.
18 M. Schwarz, MdR-Handbuch, 773.
19 M. Schwarz, MdR-Handbuch, 771.
20 M. Schwarz, MdR-Handbuch, 785.

Das folgende Verzeichnis mit 40 mehr oder weniger ausführlichen Lebensbildern, 62 knappen Kurzbiographien mit Quellenzitaten und 20 Kurzbiographien ohne Quellenzitat dokumentiert die Schicksale von 129 NS-Opfern aus dem Raum des deutschsprachigen Protestantismus – einschließlich ihrer ebenfalls umgekommenen Angehörigen. Es handelt sich um eine vorläufige Dokumentation, die keinen Anspruch auf Vollständigkeit erhebt. Die Aufnahme oder Nichtaufnahme in dieses Verzeichnis wie auch der Umfang der Kurzbiographie stellt keine Wertung dar. Weiterführende Literatur wird nur in Auswahl angegeben.

Es sei an dieser Stelle daran erinnert, dass andere Religionsgemeinschaften im »Dritten Reich« erheblich mehr Todesopfer zu beklagen hatten. Neben dem Judentum, das die Nationalsozialisten primär aus rassischen Gründen nahezu auslöschten, sind hier insbesondere die Zeugen Jehovas zu nennen, von deren etwa 25.000 Mitgliedern 1.200 umgebracht wurden. Die römisch-katholische Kirche dokumentiert in ihrem deutschen Martyrologium – mit engeren Kriterien – das Schicksal von 270 NS-Opfern. Auch unter bekenntnislosen und atheistischen Kommunisten, Sozialisten, Sozialdemokraten und Freidenkern gab es sehr viele Opfer.

21 M. Schwarz, MdR-Handbuch, 736

Umfrid, Hermann

* 20.06.1892 Stuttgart
† 21.01.1934 Niederstetten/Württemberg (?)

Hermann Umfrid wuchs als ältestes von vier Kindern in einer weltoffenen württembergischen Pfarrersfamilie auf. Besonders stark prägte ihn sein Vater Otto Umfrid, der als überzeugter Pazifist viele Jahre lang zweiter Vorsitzender der Deutschen Friedensgesellschaft war – und innerhalb seiner Kirche als »Friedenshetzer« und »Freund von Juden und Judengenossen« beschimpft wurde. Sein Sohn Hermann begann 1910 zunächst ein Jurastudium, wechselte aber ein Jahr später zur Theologie. 1914 war dann wohl der Zeitgeist stärker als der väterliche Einfluss. Wie seine Kommilitonen meldete er sich freiwillig zum Kriegsdienst. Aus der französischen Kriegsgefangenschaft kam er wegen lebensbedrohlicher Erschöpfung in einer Aktion des Roten Kreuzes in die Schweiz. Nach der Genesung studierte Hermann Umfrid in Zürich bei dem Theologieprofessor und Sozialisten Leonhard Ragaz, der ihm zum väterlichen Freund wurde. Nach der Rückkehr nach Deutschland Ende 1917 legte er sein Theologisches Examen ab. Als Sohn eines Pazifisten erhielt Umfrid erst 1922 nach neun Vikariats- und Pfarrverweserstellen seine erste ständige Pfarrstelle in Kaisersbach, 1929 wechselte er in die Kleinstadt Niederstetten im württembergischen Franken. 1923 heiratete er Irmgard Silcher; den beiden wurden vier Kinder geschenkt. Neben seiner Gemeindearbeit, in der er zusammen mit seiner Frau viel Gutes für Arbeitslose und andere in Not Geratene tat, hielt er im In- und Ausland Kontakt zu Pazifisten und religiösen Sozialisten.

Am 25. März 1933, einem Sabbat, misshandelten auswärtige SA-Leute, Polizisten und Kriminalbeamte in Niederstetten Männer aus der alteingesessenen jüdischen

Gemeinde. Umfrid, dem die Gemeindeschwester von den Verletzungen der Misshandelten berichtet hatte, äußerte sich in seiner Predigt am folgenden Tag zwar grundsätzlich positiv zu der politischen »Umwälzung« in Deutschland, nahm aber auch Stellung zu dem Pogrom: »Strafen und Macht brauchen darf nur die Obrigkeit, und alle Obrigkeit hat über sich die Obrigkeit Gottes und darf Strafe nur handhaben gegen die Bösen und nur, wenn gerechtes Gericht gesprochen ist. Was gestern in unserer Stadt geschah, das war nicht recht. Helfet alle, daß der Ehrenschild des deutschen Volkes blank sei!« Diese Aussage führte zu Angriffen durch örtliche Nationalsozialisten und zu einer Rüge durch den Stuttgarter Oberkirchenrat. Als Umfrid dennoch weiterhin öffentlich seine Solidarität mit den Juden demonstrierte, wurde er von der NSDAP verhört und mit KZ-Haft bedroht, wahrscheinlich auch körperlich misshandelt. Als er im Januar 1934 vom Kreisleiter zur Amtsniederlegung aufgefordert wurde, nahm er sich das Leben, wohl um seine Familie vor einer Sippenhaft zu bewahren.

Lit.: E. Röhm/J. Thierfelder, Juden 1, 123-140; I. Umfrid, Hermann Umfrid (Zitat 219); BBKL 12, 910-916 (Art. Otto Umfrid).

Jung, Edgar J.

* 06.03.1894 Ludwigshafen/Pfalz
† 01.07.1934 bei Oranienburg/Brandenburg

Als Sohn eines Volksschullehrers wuchs Edgar Jung in der damals bayerischen Pfalz auf. Sein Jurastudium wurde durch die Weltkriegsteilnahme als Flieger unterbrochen. 1919 kämpfte er im Freikorps Epp gegen die Münchner Räterepublik. 1920 wurde er zum Dr. jur. promoviert, 1922 ließ er sich als Anwalt in Zweibrücken/Pfalz nieder und heiratete Wilhelmine Küffner, Tochter eines Brauereidirektors aus Ludwigshafen, mit der er später zwei Kinder hatte. Jung beteiligte sich ab 1923 am Widerstand gegen die französische Pfalzbesetzung und war 1924 in die Ermordung eines pfälzischen Separatistenführers verwickelt. Aus der Pfalz ausgewiesen, zog die Familie nach München um. Neben seinem Beruf engagierte er sich politisch, zunächst in der DVP. Ende der zwanziger Jahre wurde er durch seine Schriften zu einem der Hauptvertreter der jungkonservativen Gegner der Weimarer Republik. Er propagierte eine christlich-konservative Revolution mit einer »Wiederverchristlichung« des deutschen Volkes. Ab Herbst 1932 fungierte er als Berater und Redenschreiber Franz von Papens, dessen Konzept der Einrahmung und Zähmung Hitlers durch konservative Minister er mitentwickelte. Nach der NS-Machtübernahme versuchte Jung über Papen die konservativen Kräfte in der Koalitionsregierung zu stärken. Im Sommer und Herbst 1933 sammelte er nach einer schweren seelischen Krise gleichgesinnte Kritiker des Regimes: »Wir sind dafür verantwortlich, daß dieser Kerl an die Macht gekommen ist; wir müssen ihn wieder beseitigen.« Im Februar 1934 warnte er angesichts der brutalen Praxis des NS-Herrschaft in einem Zeitschriftenaufsatz vor einem Selbstausschluss Deutschlands aus dem christlich geprägten Europa: »Man kann nicht einfach den Geist der Macht zum Gott machen; das wäre Dämonie ... Gott ist Macht und Liebe, echte Herrschaft deshalb ohne Gerechtigkeit und ohne Liebe undenkbar. Wer Macht nicht in Verantwortung gegenüber Gott ausübt, ist ein Usurpator.« Die Beseitigung des Usurpators Hitler betrieb er nun mit aller Kraft. Mit seinem Kreis bereitete er einen konservativen Staatsstreich vor. Papen sollte Reichspräsident Hindenburg dazu bewegen, eine konservative und wohl auch monarchistische Staats- und Regierungsform an die Stelle der NS-

Herrschaft zu setzen. Auslöser sollte die von Jung verfasste, gegen die NS-Politik gerichtete Marburger Rede Papens vom 17. Juni 1934 sein, in der er auch auf den Kirchenkampf einging: »Es ist zuzugeben, daß in diesem Widerstand christlicher Kreise gegen staatliche und parteiliche Eingriffe in die Kirche ein politisches Moment liegt. Aber nur deshalb, weil politische Eingriffe in den religiösen Bezirk die Betroffenen zwingen, aus religiösen Gründen den auf diesem Gebiet widernatürlichen Totalitätsanspruch abzulehnen.« Auf Hitlers Veranlassung wurde Jung am 25. Juni verhaftet. Papens Proteste dagegen blieben erfolglos. Im Rahmen des »Röhm-Putsches« wurde Jung in der Nacht vom 30. Juni auf den 1. Juli 1934 in einem Wäldchen bei Oranienburg erschossen. Aus seinem Widerstandskreis wurde in derselben Nacht auch Papens Pressereferent Herbert von Bose in der Vizekanzlei ermordet. Daneben beglichen die Nationalsozialisten in diesen Tagen alte Rechnungen und töteten ohne Rechtsgrundlage weitere konservative Gegner, Katholiken und Protestanten: Kurt von Schleicher und seine Frau Elisabeth, Ferdinand von Bredow, Fritz Gerlich, Erich Klausener, Gustav Ritter von Kahr u. a. Auch unter den ohne Gerichtsverfahren getöteten SA-Führern und anderen Nationalsozialisten, von denen manche zuvor selbst für brutale Verfolgungsmaßnahmen verantwortlich gewesen waren, befanden sich Glieder der evangelischen Kirche. Laut ihrer eigenen Angabe waren folgende beim »Röhm-Putsch« umgebrachte NSDAP-Reichstagsabgeordnete evangelisch: Georg von Detten, Karl Ernst, Hans Hayn, Edmund Heines, Hans Adam von Heydebreck, Hans Ramshorn, Ernst Röhm, Konrad Schragmüller.

Lit.: NDB 10, 669-671; H. Mehringer, Widerstand, 113, G. v. Norden, Barmer Theologische Erklärung, 171 f. (Zitate); Konfessionsangabe der NSDAP-MdR nach M. Schwarz, MdR-Handbuch.

Seltmann, Heinrich

* 25.02.1894 Jonsdorf/Sachsen
† 27.03.1935 Leipzig

Heinrich Seltmann verlebte seine Kindheit und Jugend in einem kinderreichen sächsischen Pfarrhaus in Thammenhain bei Wurzen. Aus dem ersten Semester seines Theologiestudiums wurde er gleich zu Beginn der Mobilmachung 1914 eingezogen. In Frankreich erlitt er im November 1914 eine schwere Verwundung, die ein Nervenleiden zur Folge hatte. Erst 1920 konnte er sein Studium abschließen. Nach kürzeren Einsätzen in Treuen im Vogtland und in Radebeul bei Dresden trat er 1922 seine erste Pfarrstelle in Geyersdorf im Erzgebirge an. Im selben Jahr heiratete er Gertrud Bauch, mit der er drei Töchter und vier Söhne hatte. Die Geburt des siebten Kindes 1934 fiel in eine schwere Zeit für die Familie, die ab 1931 in Crimmitschau lebte. Heinrich Seltmann war als Pfarrer an der dortigen St.-Laurentius-Kirche dem Pfarrernotbund beigetreten. Zum Jahreswechsel 1933/34 kam es zu ersten Auseinandersetzungen mit der NSDAP-Kreisleitung. Die deutschchristliche sächsische Kirchenleitung ging gegen ihn vor, als er am 14. Januar 1934 eine Kanzelabkündigung des Pfarrernotbundes verlesen hatte, in der dieser gegen den »Maulkorb-Erlass« des DC-Reichsbischofs Ludwig Müller vom 4. Januar 1934 protestierte und Müller das Vertrauen entzog. Als Seltmann sich weigerte, seine bisherigen Handlungen im Kirchenkampf zu widerrufen, wurde er wie auch 50 andere Notbundmitglieder suspendiert. Sein Gehalt kürzte man um die Hälfte. Ein Amtsenthebungsverfahren wurde eingeleitet. In dieser auch materiell schweren Zeit schrieb Seltmann seinen Eltern: »Nun ist eingetreten, was wir schon immer erwarten mußten und was wir, in der Überzeugung, vor Gott recht gehandelt zu haben, auch tragen wollen. So schwer es ist, von dem liebgewordenen Amt zunächst enthoben zu sein, so bringt diese Maßnahme doch auch eine Entspannung mit sich nach wochenlanger innerer Spannung und Ungewißheit. Gott wird uns fernerhin führen und stärken.«

Als aber dann auch noch bald nach der Geburt des siebten Kindes Seltmanns Frau starb, wurde er depressiv. Als ein Sanatoriumsaufenthalt und ein Urlaub in seinem Elternhaus nicht halfen, musste er in der Leipziger Universitätsklinik behandelt werden, in der er einige Monate später starb. Die sieben verwaisten Kinder wurden von einer Tante mit Unterstützung des Pfarrernotbundes betreut.

Lit.: W. Oehme, Märtyrer, 10-17 (Zitat 15); K. Meier, Kirchenkampf I, 155, 486.

Stempel, Rudolf

* 25.04.1879 Pulsnitz/Lausitz (Sachsen)
† 19.10.1936 Leipzig

Rudolf Stempel stammte aus einer alten Pulsnitzer Bürgerfamilie. Sein Großvater Julius Schiebler war 1849 wegen seiner Beteiligung an der Revolution von 1848/49 in Dresden zum Tode verurteilt worden. Als zweites Kind von dessen Tochter Flora und dem Kaufmann Alfred Stempel wuchs er in Pulsnitz auf. Nach dem Theologiestudium konnte er von Mai bis Dezember 1906 eine Weltreise unternehmen, die seinen Horizont deutlich erweiterte. Zwischen 1907 und 1909 war Stempel in Dresden als Lehrer, Hauslehrer und im Dienst der Inneren Mission tätig. 1909 erhielt er seine erste Pfarrstelle als »Diakonus« in Neukirch am Hochwald in der Lausitz. Wenig später heiratete er Dorothea Knaur, mit der er zwei Töchter und einen Sohn hatte. Stempel war stark von Friedrich Naumann, dem evangelischen Theologen und Sozialreformer, geprägt, bei dem er während seiner Studienzeit in Berlin gearbeitet hatte. Naumann gilt als Mitbegründer des sozialen Liberalismus in Deutschland. Als einer der wenigen Theologen seiner Zeit setzte er sich konstruktiv mit der Sozialdemokratie auseinander. Auch Stempel beteiligte sich an öffentlichen politischen Diskussionen und begegnete dabei August Bebel. In seiner Gemeindearbeit baute er eine Volksbibliothek auf, gründete die Gemeindediakonie und initiierte den Bau eines Schwimmbades. Er förderte die Jugend- und Erwachsenenbildung. Im Weltkrieg diente er in der Garnisonsgemeinde in Bautzen. Nach dem Krieg wurde er Gemeindepfarrer in Liebenau, wo er sich auch mit dem indischen Erweckungsprediger Sadhu Sundar Singh beschäftigte. 1923 wechselte er nach Gröba bei Riesa, wo er zum Reformationsfest 1932 einen SA-Trupp der Kirche verwies, weil nach einem Kirchenvorstandsbeschluss politische Parteien nicht in geschlossenen Formationen die Kirche betreten durften. Als Stempel am 1. Mai 1933 zum »Tag der nationalen Arbeit« das Pfarrhaus nicht beflaggte, drohte ihm der NSDAP-Kreisleiter von Riesa. Ab 1933 wurde er von der DC-Kirchenleitung wegen Konflikten mit dem örtlichen SA-Führer mehrfach beurlaubt, die Kirchgemeindevertretung im Sinne der NSDAP neu besetzt – mit dem betreffenden SA-Führer als stellvertretendem Vorsitzenden. Im Januar 1934 wurde der »frühere Kommunist« – Stempel unterhielt gute menschliche Beziehungen zu Sozialdemokraten – wegen eines judenfreundlichen Zeitungsartikels verhaftet und später ins berüchtigte Schutzhaftlager auf der Burg Hohnstein in der Sächsischen Schweiz verlegt. Als er am 8. Februar 1934 nach unermüdlichem, tapferem Einsatz seiner Frau aus dem Lager entlassen wurde, war seine Gesundheit ruiniert. Bereits am Entlassungstag verfügte der Landeskirchenrat seine sofortige Suspendierung. Er sollte ins Vogtland versetzt werden. Stempel verweigerte dies mit Verweis auf seinen starken Rückhalt in der Gemeinde. Im November 1935 konnte Stempel mit Zustimmung des neuen Landeskirchenausschusses sein Amt in Gröba wieder übernehmen. Gegenüber der Kirchenleitung beklagte er nun, dass der Gemeindevertreter (Kirchenvorsteher), »der im Januar 1934 meine Gefangennahme verursacht hat«, immer noch im Amt sei: »Ich bin bereit, jedem Kirchgemeindevertreter vergebend die Hand zu reichen, aber nur nach einer gründlichen Bereinigung, die aber zur Folge haben müßte, daß jeder dieser untreuen Vertreter sein Amt niederlegt.«

Nach all dem schweren Erleben, insbesondere infolge der Misshandlungen und Folter in Hohnstein erkrankte er im Oktober 1936 an einem schweren Nervenleiden. Am 12. Oktober wurde er in die Leipziger Universitätsklinik eingeliefert, wo er nach wenigen Tagen starb.

Lit.: W. Oehme, Märtyrer, 18-35 (Zitat 32 f.); Gedenkstätten II, 681.

Mendelson, Ernst

* 06.09.1877 Wetzendorf /Provinz Sachsen
† 11.11.1936 in der Provinz Sachsen

Ernst Mendelson wuchs in einem Pfarrhaus auf. Wie sein älterer Bruder Paul wählte er das Theologiestudium. Nach seiner Ordination und kurzer Tätigkeit als Hilfsprediger in den Pfeifferschen Anstalten in Magdeburg wurde er 1905 Pfarrer in Liederstädt. 1907 heiratete er Elisabeth Schmidt. Als Pfarrer von Karsdorf, wohin er 1928 gewechselt war, wurde er 1936 wegen seiner teilweise judischen Herkunft (»Vierteljude«) von der Kirchenleitung zwangspensioniert. Er zog mit seiner Familie in seine einstige Gemeinde Liederstädt. Aber auch dort hatten er und seine Familie unter Verleumdungen zu leiden, die oft am »jüdischen« Nachnamen anknüpften. Seinen Kindern wurde der Besuch der Oberschule verwehrt. Aus Verzweiflung – und um seinen Kindern vielleicht doch noch helfen zu können – ertränkte er sich in der Unstrut. 1939 durften Mendelsons Witwe und seine Kinder den Mädchennamen seiner »arischen« Großmutter, Greinert, annehmen.

Bruder Paul Mendelson, der bereits 1933 als Berliner Pfarrer zwangspensioniert worden war, überlebte, geschützt durch die Treue seiner »arischen« Frau, das »Dritte Reich« und arbeitete nach 1945 wieder als Gemeindepfarrer in Berlin.

Lit.: D. Minkner, Paul Mendelson, 13, 20; E. Röhm/J. Thierfelder, Juden 1, 239.

Weißler, Friedrich

*28.04.1891 Königshütte/Schlesien (Królewska Huta/Polen)
† 19.02.1937 KZ Sachsenhausen

Friedrich Weißler wuchs mit zwei älteren Brüdern in einer gut situierten, emanzipierten jüdischen Familie auf. Sein Vater war ein hoch angesehener Rechtsanwalt und Notar, zunächst in Königshütte, ab 1893 in Halle an der Saale. Die Eltern, die selbst nicht konvertierten, ließen ihr Söhne als Säuglinge taufen. Friedrich Weißler studierte Jura und wurde 1914 in Halle zum Dr. jur. promoviert. Wie ein Großteil seiner Altersgenossen meldete er sich im August 1914 als Kriegsfreiwilliger. Aus dem Krieg kehrte er als Leutnant mit dem Eisernen Kreuz II. Klasse zurück und schloss sich Anfang 1919 einem Freikorps an. Nach dem zweiten Staatsexamen 1920 machte er rasch Karriere: 1925 »Hilfsrichter« am Amtsgericht Halle, 1932 schließlich Landgerichtsdirektor in Magdeburg. 1925 heiratete Weißler die Pfarrerstochter Johanna Schäfer, die Söhne Ulrich und Johannes wurden 1925 und 1928 geboren. Politisch schloss er sich der liberalen DDP an, aus der er allerdings 1931 austrat.

Am 15. Februar 1933 verurteilte Weißler einen SA-Mann zu einer geringfügigen Ordnungsstrafe. Nun setzten übelste Verleumdungen und Beleidigungen gegen den »Juden« ein. Am 1. April 1933 wurde er von SA-Leuten im Gerichtsgebäude geschlagen und verhöhnt. Auf die Suspendierung folgte am 21. Juli 1933 die Entlassung nach dem »Arierparagraphen«, gegen die Weißler zwei Jahre mit allen juristischen Mitteln – letztlich erfolglos – kämpfte. Die Familie zog nach Berlin, wo sich Weißler nun auch mit religiösen Fragen beschäftigte und seinen christlichen Glauben vertiefte – enttäuscht von der Gleichgültigkeit seiner evangelischen Kirche gegenüber dem Schicksal ihrer »nichtarischen« Glieder. Ab Ende November 1934 betätigte sich Weißler als ehrenamtlicher Mitarbeiter und ab 1936 als Bürochef der Kanzlei der Vorläufigen Leitung der Deutschen Evangelischen Kirche. Kirchenpolitisch und theologisch stand er auf der Seite des radikalen bruderrätlichen Flügels der Bekennenden Kirche, der eine Zusammenarbeit mit Deutschen Christen und den staatlich eingesetzten Kirchenausschüssen strikt ablehnte. Im Frühjahr 1935 betonte Weißler in einem Artikel in der »Jungen Kirche«: »Ist eine Maßnahme bekenntniswidrig, so hat sie im Raum der Kirche keine Rechtswirkung, mag sie ausgehen von wem sie will. Andernfalls würde sie das Wort Gottes selbst verleugnen, indem es seine Gültigkeit in das Belieben einer weltlichen Macht stellt.« In der Kanzlei der vom bruderrätlichen Flügel getragenen 2. Vorläufigen Kirchenleitung (VKL) arbeitete Weißler an der großen Denkschrift an Hitler vom 28. Mai 1936 mit, in der die NS-Eingriffe in das kirchliche Leben angeprangert, Religionsfeindlichkeit und Antisemitismus verurteilt und die Auflösung der Gestapo und der Konzentrationslager verlangt wurden. Weil man Weißler – wohl zu Unrecht – für die Veröffentlichung der Denkschrift in der Auslandspresse verantwortlich machte, wurde er am 6. Oktober 1936 verhaftet. Als er im Februar 1937 erfuhr, dass er in den nächsten Tagen in ein KZ gebracht würde, schrieb er an seine Familie: »Arme Frau, arme Mutter, arme Kinder! Gott wird Euch trösten, ich kann es nicht. Lest Ps. 27. Ich habe wunderbar Ruhe und Kraft geschenkt erhalten. Denn ich weiß, daß der Herr auch dort täglich mir helfen wird, ... Und der Schatz der Lieder und Gottesworte bleibt mir innerlich ... Ich weiß Euch alle in bester Hut. ... Und Gott ist uns näher, als wenn es uns gut geht.« Am 13. Februar wurde Weißler – nachdem sich die VKL besonders auf Betreiben Martin Niemöllers von ihm distanziert hatte – ins KZ Sachsenhausen überführt, wo der »Jude« von SS-Männern fünf Tage lang bestialisch zu Tode gequält wurde. Offiziell wurde verbreitet, er habe Selbstmord verübt. Die ebenfalls der Weitergabe der Denkschrift beschuldigten Vikare Werner Koch und Ernst Tillich überlebten die KZ-Haft – sie waren »Arier«.

Die Leiche Weißlers wurde erst auf Drängen der VKL zur Beerdigung freigegeben. Pastor Hans Asmussen von der VKL hielt die Trauerfeier auf dem Friedhof von Stahnsdorf bei Berlin unter den Augen der Gestapo. Während Weißler in seiner Haftzeit nicht auf die Fürbittenliste der BK gesetzt worden war, riefen ihre Pfarrer nun in den Gottesdiensten dazu auf, für seine Witwe und die beiden Kinder Fürbitte zu tun.

Lit.: M. Greschat, Weißler (Zitate 118, 115); E. Röhm/J. Thierfelder, Juden 2/I, 165-186; P. Steinbach/J. Tuchel, Lexikon d. Widerstandes, 217.

Noa, Theodor

* 10.05.1891 Görlsdorf bei Königsberg/Neumark (bei Chojna/Polen)
† Ende 1937 oder Anfang 1938 Berlin (?)

Theodor Noa entstammte einer Pfarrersfamilie, sein Vater starb aber schon, als er ein halbes Jahr alt war. Die Mutter zog mit Theodor und seinem älteren Bruder nach Sondershausen. Im Alter von sieben Jahren nahmen ihn die Schwester seiner Mutter und ihr Mann, die selbst kinderlos waren, auf. Im Pfarrhaus Mätzoldt in Dresden fand er sein zweites Elternhaus. Als Jugendlicher prägte ihn der Dresdener Schülerbibelkreis. Von den Orten seines Theologiestudiums war Bethel von besonderer Bedeutung, wo er in den dortigen Anstalten mitarbeitete und Verbindungen zu den westfälischen Schülerbibelkreisen knüpfte. Nach einem Notexamen diente er ab November 1914 als Kriegsfreiwilliger. Bei Kriegsende 1918 war der mit dem Eisernen Kreuz II. und I. Klasse ausgezeichnete Oberleutnant Kompanieführer. Im Dezember 1918 trat er als Vikar in Bielefeld in den Dienst der westfälischen Provinzialkirche. In seiner Examensarbeit setzte er sich mit dem Verhältnis von Christentum und Sozialismus auseinander. Anfang 1920 kam er nach Hagen, um dort 1921 das neu geschaffene Amt des Jugendpfarrers zu übernehmen. Im selben Jahr heiratete er Martha Krumme, Schulvorsteherin der Höheren Mädchenschule in Bad Salzuflen. Das kinderlose Ehepaar adoptierte 1923 einen Jungen und 1926 ein Mädchen. In der Jugendarbeit war Noa weit über sein Amt hinaus aktiv, auch ab 1927 als Pfarrer der Evangelisch-Reformierten Gemeinde in Siegen. Der evangelistische Prediger war Vorsitzender der Schülerbibelkreise in Westfalen und baute die Jugendschullandheime Berchum bei Hagen und Beienbach bei Siegen mit auf. Stark prägend wirkte er dabei unter anderem auf den ehrenamtlichen Jugendleiter Kurt Gerstein. Politisch gehörte Noa als Mitglied dem Christlich-Sozialen Volksdienst an. Im März 1932 warnte Noa bei einer öffentlichen Veranstaltung des Hindenburg-Wahlausschusses in Weidenau vor der völkischchristentumsfeindlichen Weltanschauung Hitlers und rief zur Wiederwahl des Christen Hindenburg zum Reichspräsidenten auf. Die Siegener NSDAP reagierte mit öffentlichen Verunglimpfungen und einer Beschwerde beim Konsistorium in Münster, das Noas Äußerungen daraufhin missbilligte. Im »Dritten Reich« war Noa zusätzlich wegen seiner teilweise jüdischen Herkunft (»Vierteljude«) Diffamierungen und Zurücksetzungen ausgesetzt. Es schmerzte den national denkenden Pfarrer, dass er nicht in die Liste der Reserve-Offiziere aufgenommen wurde. Noch härter traf es ihn, wenn Gemeindeglieder aus seinem Pfarrbezirk ihn im Fall von Amtshandlungen nicht mehr aufsuchten oder Konfirmanden ihm auf der Straße Schimpfworte hinterherriefen. Eine Zwangspensionierung blieb dem Mitglied des Pfarrernotbundes aber vorerst erspart. Am 22. Dezember 1937 reiste Noa, wenige Tage nachdem er im Gottesdienst eine verbotene Abkündigung der Bekennenden Kirche verlesen hatte, ohne Abschied von der Familie nach Dortmund. Vermutlich hatte er eine Vorladung durch die Gestapo erhalten. Am 14. März 1938 wurde Noas Leiche im Landwehrkanal bei Spandau gefunden. Seine Todesumstände sind bis heute ungeklärt, wahrscheinlich hatte er sich selbst das Leben genommen. In seiner Bibel hatte Noa das 30. Kapitel des Hiobbuches markiert: »Nun aber bin ich ein Spottlied geworden.«

Lit.: R. Gädeke, Noa (Zitat 138); E. Röhm/J. Thierfelder, Juden 3/I, 356; BBKL 6, 959 f.

Fritze, Georg

* 01.08.1874 Magdeburg
† 03.01.1939 Köln

Georg Fritze wuchs als Kaufmannssohn in Magdeburg auf. Nach dem Tod des Vaters 1885 musste die Mutter zeitweise als Wäscherin arbeiten, um ihren vier Kindern eine gute Ausbildung zu ermöglichen. Georg, der stark von der liberalen Theologie im Umfeld der Zeitschrift »Die christliche Welt« und der Apologetik geprägt war, konnte 1896 sein Studium abschließen. Nach dem zweiten Examen und dem einjährigen Militärdienst wirkte Fritze ab 1899 als Hilfsprediger, später als Pfarrer der Belgischen Missionskirche in der südbelgischen Industriestadt Charleroi. In Vorträgen und Aufsätzen berichtet er über die Erfolge der kirchlichen Arbeit in Belgien: »Einzelne einflußreiche Männer der liberalen Partei und – wunderbar – ganze Kreise der Sozialdemokratie fangen an, sich mit dem Christentum in ernstem Suchen auseinanderzusetzen«. Im Herbst 1903 kehrte er in die preußische Provinzialkirche Sachsen zurück und wurde 1904 Pfarrer in Nordhausen. Ein Jahr später heiratete er die Holländerin Katharina Havelaar aus Haarlem, Tochter eines wohlhabenden Förderers der Belgischen Missionskirche. Dem Ehepaar wurden zwischen 1911 und 1916 zwei Töchter und zwei Söhne geschenkt. Politisch näherte er sich spätestens ab 1911 immer stärker dem Sozialismus an; das genaue Datum seines SPD-Eintritts ist unbekannt. Die Kriegspredigten seiner Amtsbrüder im Ersten Weltkrieg, die einen deutschen Sieg als gottgewollt voraussagten, hielt er für theologisch »geradezu bedenklich«, weil sie die christlichen Maßstäbe preiszugeben drohten. 1916 wechselte Fritze auf eine Pfarrstelle an der Kölner Trinitatiskirche. Seine Predigten waren auch hier betont ökumenisch. Er gehörte zu den wenigen deutschen Pfarrern, die im Krieg öffentlich für Frieden und Versöhnung zwischen den Kriegsgegnern eintraten. Nach der Revolution war er im Januar 1919 einer der Hauptredner auf großen SPD-Wahlveranstaltungen in Köln – ohne Christus nun seinerseits für diese Partei zu vereinnahmen: »Er [Jesus] hat sein Volk in allen Parteien.« Im März 1920 war er maßgeblich an der Gründung des »Bundes religiöser Sozialisten Köln« beteiligt, in den folgenden Jahren trat er deutschlandweit als Redner und Publizist der Religiösen Sozialisten in Erscheinung. Gegen Beschwerden aus deutschnationalen Kreisen verwies Superintendent Georg Klingenburg darauf, dass Fritzes Arbeit zum spürbaren Rückgang der Kirchenaustritte »aus sozialdemokratischen Kreisen« in Köln geführt habe. 1928 wurde Fritze erster Pfarrer an der den Evangelischen neu zugewiesenen Kölner Kartäuser-Kirche. Nach dem Erfolg der NSDAP bei den Reichstagswahlen 1930 warnte Fritze in seinen »Kartäuser Pfarrblättern« vor der »faschistischen Gefahr«, »weil es [das »faschistische Ideal«] in unerträglicher Weise Denk- und Meinungsfreiheit knebelt, weil es die brutale Gewalt und den Rassenhaß sanktioniert«. Ebenso deutlich wandte sich Fritze ab 1932 auch gegen die Deutschen Christen. Der rheinische DC-Landesleiter Gottfried Krummacher forderte am 11. Februar 1933 auf einer öffentlichen Kundgebung in Köln »die sofortige und pensionslose Amtsentlassung des Pfarrers Fritze«. Vom Presbyterium seiner Gemeinde wurde Fritze mit Rückendeckung durch das rheinische Konsistorium gedrängt, auf die turnusgemäße Übernahme des Vorsitzes des Presbyteriums zum 1. April 1933 zu verzichten. Fritzes Sohn Klaus, Vorsitzender der Kölner »Vereinigung sozialistischer Studenten«, wurde von Nationalsozialisten an der Weiterführung seines Philologiestudiums gehindert und floh zu Verwandten in den Niederlanden. Als der rheinische Generalsuperintendent Ernst Stoltenhoff am 1. Mai 1933 seine Pfarrer in einem vertraulichen Hirtenbrief zum freudigen Dank für den »nationalen Umbruch« aufrief, entgegnete ihm Fritze schriftlich: »Wie ist es ... möglich, in einem solchen vertraulichen Brief an Evangeliumsverkündiger nicht ein deutliches Wort zur Judenfrage zu sagen? Es müßte doch schlimm stehen um unsern Pfarrerstand, wenn das, was wir in Deutschland hinsichtlich der Behandlung unserer jüdischen Mitbürger erleben, nicht für ihn eine ganz schwere innere Not bedeutet! Mir ist es unmöglich gewesen ..., nicht das vom Evangelium gebotene zu sagen ... Darf der Prediger, der gewissenhaft Evangelium verkündigt ... auch in dem gegenwärtigen Staat auf den Schutz der Kirchenbehörde rechnen ...?« Der Druck auf den »roten Pfarrer« wurde so stark, dass er wegen der unerträglichen psychischen und physischen Belastung für Juni und Juli 1933 einen verlängerten Urlaub beantragte. Noch vor Antritt des Urlaubs kam es zu einem ersten Gestapoverhör. In den folgenden Monaten und Jahren sammelte Fritze um seine Kartäuser-Kirche eine Bekennende Gemeinde, deren Veranstaltungen teilweise verboten wurden. Aber auch innerhalb der Bekennenden Kirche begegneten manche dem früheren SPD-Mitglied mit Vorbehalten. Als er 1938 den Eid auf Hitler verweigerte, wurde ihm auch auf Betreiben des Kölner Presbyteriums von der Finanzabteilung beim rheinischen Konsistorium sein Gehalt gesperrt. Die Gestapo beschlagnahmte seinen Reisepass. Im Oktober 1938 wurde Fritze schließlich vom Konsistorium amtsenthoben und zum 1. August 1939 in den frühestmöglichen Altersruhestand versetzt. Nach dem Bescheid des Konsistoriums, dass er auch ausnahmsweise keine Amtsverrichtungen mehr vornehmen dürfe, erlitt er, dessen Gesundheit unter den langjährigen Konflikten mit kirchlichen und staatlichen Stellen stark gelitten hatte, im Dezember 1938 einen Herzschlag, an dessen Folgen er starb.

Lit.: H. Prolingheuer, Fritze (Zitate 20, 67, 98).

Schneider, Paul

* 29.08.1897 Pferdsfeld/Hunsrück (Rheinprovinz)
† 18.07.1939 KZ Buchenwald

Paul Schneider wuchs in Pferdsfeld, einem kleinen Dorf im Hunsrück, und in Hochelheim bei Wetzlar mit einem älteren und einem jüngeren Bruder im Pfarrhaus auf. Seine Jugend war von der schweren Krankheit seiner Mutter und schließlich von deren frühem Tod 1914 überschattet. 1915 meldete er sich nach dem Notabitur als Kriegsfreiwillliger, diente schließlich als Leutnant und erhielt das Eiserne Kreuz II. Klasse. Unter dem Eindruck seiner Erfahrungen im Krieg und in der Revolutionszeit entschloss er sich 1919 zum Theologiestudium. Er erhoffte sich die Überwindung der »Zerrissenheit« der Gesellschaft durch die verbindende Kraft der christlichen Kirche. Sein soziales Engagement motivierte ihn nach dem Studium 1922 zu einem Industriepraktikum im Ruhrgebiet und nach dem Soester Predigerseminar 1923 zu einer Tätigkeit in der Berliner Stadtmission. Theologisch hinterließ dieses Jahr in einer pietistischen Gemeinschaft tiefe Spuren im Ernstnehmen einer radikalen, persönlichen Nachfolge und im Einsatz für eine volksmissionarisch ausgerichtete Kirche. Nach verschiedenen Vikarsstellen in der Rheinischen Kirche trat er 1926 als Nachfolger seines Vaters seine erste Pfarrstelle im hessischen Hochelheim-Dornholzhausen an. Im selben Jahr heiratet er die württembergische Pfarrerstochter Margarete Dietrich; dem Ehepaar wurden zwischen 1927 und 1937 fünf Söhne und eine Tochter geschenkt. Schneiders Konflikte mit den Nationalsozialisten begannen im Frühjahr 1932 mit einer Beschwerde der NSDAP-Gauleitung wegen seiner öffentlichen Wahlaufrufe für Hindenburg – und gegen Hitler – bei den Reichspräsidentenwahlen 1932. Seinem Superintendenten gegenüber kritisierte er die »heidnisch-völkischen Strömungen« in der NSDAP und vor allem die »unchristliche Haltung der Bewegung gegen Altes Testament und Judentum«. Doch im Frühjahr/Sommer 1933 fand die neue Regierung unter Hitler zunächst auch bei Schneider Sympathien. Die propagierten Ideale von der »Volksgemeinschaft« und von »Zucht und Ordnung« sagten ihm zu. Auch kirchenpolitisch traten in der allgemeinen Begeisterung und Aufbruchstimmung Schneiders ursprüngliche Bedenken gegen die Deutschen Christen zurück. Im Sommer 1933 schloss er sich aus volksmissionarischen Illusionen heraus den DC an. Wenige Wochen später erkannte er seinen Irrtum und teilte seinen Austritt auch seiner Gemeinde offiziell mit.

Zum ersten offenen Konflikt Schneiders mit dem NS-Staat kam es im Oktober 1933 durch einen öffentlichen Protest des Pfarrers gegen Äußerungen Ernst Röhms, die sich gegen eine strenge Moralauffassung richteten. Gegen Röhms Diskreditierung von Sittlichkeit und Keuschheit müsse man »vom Standpunkt evangelischen Glaubens« auf das schärfste protestieren. Wenige Tage später fügte Schneider eine zweite Erklärung hinzu, in der er Angriffe der Hitlerjugend gegen die konfessionelle Jugendarbeit kritisierte. Als sich der Pfarrer weigerte, die Texte aus dem Schaukasten der Gemeinde zu entfernen, beseitigte sie der NSDAP-Stützpunktleiter gewaltsam. Die Kreisleitung verlangte die sofortige Verhängung einer Schutzhaft. Das gleichgeschaltete Landratsamt stellte das Konsistorium der Evangelischen Kirche der Rheinprovinz vor die Alternative: sofortige Beurlaubung von Schneider oder Schutzhaft. Die Kirchenleitung sagte die Beurlaubung ohne Kenntnis und Prüfung der Sachlage sofort zu. Mit Beschwichtigungen bewegte man Schneider zu einer Zurücknahme seiner Kritik. Die Beurlaubung konnte aufgehoben werden. In den folgenden

Wochen fand Schneider zu der sich formierenden Bekennenden Kirche (BK) und trat in den Pfarrernotbund ein. In einer Predigt am 28. Januar 1934 verurteilte er in aller Deutlichkeit die völkische DC-Theologie, die Unterordnung der Kirche unter die politischen Maximen des NS-Regimes, das »nackte Heidentum« Alfred Rosenbergs und Joseph Goebbels Angriffe auf strenge Moralvorstellungen insbesondere im Bereich der Sexualität. Die Predigt löste Schneiders nächste Auseinandersetzung mit dem NS-Staat aus, auf die das Konsistorium im Februar 1934 umgehend mit seiner Versetzung nach Dickenschied-Womrath im Hunsrück reagierte.

Seine beiden neuen Presbyterien konnte er von den Anliegen der BK überzeugen. Schon bald kam es anlässlich der Beerdigung eines Hitlerjungen zu einem Zusammenstoß mit dem NSDAP-Kreisleiter, der im Rahmen der kirchlichen Bestattung ausrief: »Kamerad Karl Moog, du bist doch hinübergegangen in den Sturm Horst Wessels.« Schneider protestierte noch am Grab gegen diese Störung der kirchlichen Feier. Drei Tage später wurde er auf Weisung der Gestapo in Schutzhaft genommen. Seine empörte Gemeinde setzte sich unermüdlich für ihren verhafteten Pfarrer ein. Dieser enorme Rückhalt war für Schneider von größter Bedeutung, weil für ihn auf der Ebene der Gemeinden die Entscheidung über die Zukunft der Kirche fiel. Am 19. Juni 1934 kam Schneider nach sechs Tagen frei. Nach weiteren Konflikten im folgenden Jahr boykottierte Schneider im März 1936 mit seiner Frau die Scheinwahl zum Reichstag und verweigerte die Beflaggung der Kirche sowie das Glockengeläut. In der Folge kam es zu mehreren Anzeigen wegen Predigtäußerungen zum Kirchenkampf. Die Kirchengemeinde reagierte mit Kirchenzuchtverfahren gegen die Denunzianten. Ein von der gemeindeinternen Kirchenzucht betroffener Bauer zeigte Schneider an, weil dieser angeblich zum Boykott des Landwirts aufgerufen hatte. Auf persönlichen Befehl Hitlers wurde Schneider am 31. Mai 1937 in Schutzhaft genommen. Die Gestapo wies ihn gleichzeitig mit der Haftentlassung aus dem Rheinland aus – mit der Androhung von erneuter Schutzhaft bei Zuwiderhandlung. Dennoch reiste Schneider umgehend in seine Gemeinde zurück und hielt am nächsten Morgen den Sonntagsgottesdienst. Nur auf Druck seiner Frau und enger Freunde machte er sich am nächsten Tag zu einem Erholungsurlaub nach Baden-Baden auf – und entging damit knapp dem erneuten Zugriff der Gestapo. In einem Brief an die Reichskanzlei kündigte er wenige Wochen später seine Rückkehr ins Rheinland offiziell an und begründete, warum er seine Ausweisung für unrechtmäßig hielt. Er berief sich dabei auf rechtsstaatliche Grundsätze und die von Hitler selbst zugesicherte Freiheit und Selbständigkeit des kirchlichen Lebens. Seinen Widerstand gegen die Ausweisung begründete er mit Apostelgeschichte 5,29: »Man muß Gott mehr gehorchen als den Menschen.« Außerdem wies er auf die an ihn ergangene schriftliche Aufforderung beider Presbyterien hin, in sein Amt zurückzukehren. Am 3. Oktober 1937 hielt Schneider den Erntedankgottesdienst in Dickenschied, in dem er der Gemeinde deutlich machte, »daß das Bekenntnis zu Jesus uns etwas kostet, daß wir um seinetwillen in mancherlei Not und Gefahr, in Schmach und Verfolgung kommen müssen«. Auf dem Weg zum Gottesdienst im Filialort Womrath wurde Schneider verhaftet. Unter Androhung von KZ-Haft versuchte die Gestapo ihm sein Einverständnis zur Ausweisung abzupressen. Trotz innerer Kämpfe blieb der Vater von sechs kleinen Kindern bei seiner Weigerung. Am 26. November 1937 wurde der Pfarrer direkt ins KZ Buchenwald transportiert.

In Buchenwald musste Schneider täglich bei schlechter Verpflegung 14 bis 16 Stunden schwerste körperliche Arbeit im Steinbruch bewältigen. Von Mitgefangenen – gerade auch von vielen Kommunisten – wurde Schneiders Glaubwürdigkeit, Solidarität und Menschlichkeit hervorgehoben. Am 20. April 1938 verweigerte Schneider bei einer Flaggenparade zum Führergeburtstag den Gruß der Hakenkreuzfahne und behielt als einziger seine Mütze auf. Einem Mithäftling gegenüber begründete er seine Verweigerung: »Dieses Verbrechersymbol grüße ich nicht!« Zur Strafe wurde Schneider auf den Bock, ein Folterinstrument, geschnallt und erhielt 50 Stockhiebe auf Gesäß und Rücken. Danach wurde er blutüberströmt in eine Arrestzelle des »Bunkers« geschleppt. Bis auf einige Tage im Mai 1938 blieb Schneider bis zu seiner Ermordung ununterbrochen unter unsäglichen Haftbedingungen im »Bunker«. Dennoch versuchte er den Mitgefangenen auch weiterhin das Evangelium zu verkündigen. Außerdem sprach er die Aufseher und den Lagerkommandanten unerschrocken auf deren Untaten an: »Daß ich Juden, die ja zur Zeit meine Nächsten sind, in Schutz nehme, ist meine Pflicht. Ich bitte Sie, Herr Obersturmbannführer, entlassen Sie alle Juden und ich bin wieder beruhigt.« Schneider versuchte auch, das ganze Lager anzusprechen. Durch das winzige, unter der Zellendecke angebrachte Fenster, das auf den großen Appellplatz der Lagers gerichtet war, setzte Schneider zu einzelnen Bibelworten, zu Sätzen des Trostes und zu Kritik an den Zuständen im KZ an: »Kameraden, hört mich. Hier spricht Pfarrer Paul Schneider. Hier wird gefoltert und gemordet. Um Gottes willen, erbarmt euch. Betet zu Gott. Bleibt standhaft und treu. Gott, der allmächtige Vater, wird das Übel von uns nehmen.« Die Mithäftlinge nannten ihn deshalb »den Prediger von Buchenwald«.

Mehr als einige Sätze konnte er nie sprechen. Dann brachten ihn die brutalen Schläge des Arrestaufsehers SS-Hauptscharführer Martin Sommer – vorübergehend – zum Schweigen. Die Lagerleitung betrachtete diese Predigten als »Aufwiegelung zur Meuterei«. Schneider bezahlte sein Engagement im »Bunker« immer wieder mit bestialischer Folter und letztlich mit seinem Leben. Am Vormittag des 18. Juli brach der Pfarrer tot im Krankenrevier des KZ zusammen. Der Lagerarzt Dr. Erwin Ding-Schuler hatte ihm auf Anweisung des Lagerkommandanten Karl Koch eine tödliche Überdosis des Herzstärkungsmittels Strophantin injiziert.

Das Konsistorium stand in Abstimmung mit der Gestapo gerade vor dem Abschluss des Verfahrens zu Schneiders Versetzung in den Wartestand.

Schneiders Witwe mit den sechs Kindern wurde von der Bekennenden Kirche unterstützt – Schneider galt als erster Märtyrer der BK.

Lit.: A. Aichelin, Schneider (1994); A. Aichelin, Schneider (2000); F. Rickers, Widerstehen; P. Steinbach/J. Tuchel, Lexikon d. Widerstandes, 175; BBKL 9, 563-568; www.paul-schneider-gesellschaft.de.

Geest, Friedrich

* 07.04.1868 (?)
† 16.01.1940 Berlin

Pfarrer Friedrich Geest wurde 1926 Superintendent an der Dreifaltigkeitskirche in Berlin-Mitte. Selbst kirchenpolitisch zurückhaltend und politisch wohl ein Gegner der Nationalsozialisten, gelang es ihm zu verhindern, dass die Deutschen Christen nach den Kirchenwahlen im Juli 1933 in dieser Gemeinde die Mehrheit der Sitze im Gemeindekirchenrat erlangte – Dietrich Bonhoeffer predigte am Kirchenwahlsonntag im Studentengottesdienst in der Dreifaltigkeitskirche. Durch die Lage der Kirche in der Nähe des Regierungsviertels war diese Niederlage für die DC besonders peinlich. Sie versuchten nun, ihren Widersacher auszuschalten. Nur durch das Eingreifen von Reichspräsident Paul von Hindenburg scheiterte 1934 der Versuch, Geest zwangsweise in den Ruhestand zu versetzen. Geest war der persönliche Seelsorger des Reichspräsidenten. Geest stand der Bekennenden Kirche zwar nahe, lehnte aber deren radikalen Anspruch, nur sie sei wahre Kirche, als »pharisäerhaft« ebenso ab wie die organisatorische Aufspaltung in verschiedene Fraktionen. Er wollte »für alle da sein«. Im Dezember 1935 denunzierte eine Besucherin der Bibelstunde Geest bei der DC-Gauleitung. Er habe die NS-Kirchenpolitik kritisiert und »einen Lobgesang für Israel« angestimmt. Zur Abwehr der DC, deren Gemeindegruppe unter der Führung eines der Gemeindepfarrer stand, bildeten Geest und sein Amtsbruder Ernst Bronisch-Holtze zusammen mit der kleinen BK-Gemeindegruppe eine Arbeitsgemeinschaft. Als der DC-Pfarrer die Kollegen daraufhin 1937 anonym im DC-Wochenblatt »Evangelium im Dritten Reich« diffamierte, wies Geest das gegenüber dem Schriftleiter des Blattes zurück: »Die Mitglieder unserer Arbeitsgemeinschaft stehen fest zu Bibel und Bekenntnis. In ihr sammeln sich alle die Gemeindemitglieder, die nicht zu den Deutschen Christen gehören und den Totalitätsanspruch der D.C.-Gruppe zurückweisen ... Wir haben uns zusammengeschlossen, weil wir die Verwechselung von kirchenpolitischer Tätigkeit und Gemeindearbeit, wie sie durch die D.C.-Gruppe betrieben wurde, nicht mehr verantworten konnten und durften.« Geest schloss den DC-Pfarrer 1939 aus dem Pfarrkapitel des Kirchenkreises Friedrichswerder I aus. Nach wiederholten Denunziationen hatte die Gestapo Geest für den

17. Januar 1940 zu einem Verhör bestellt. Einen Tag vor dem Termin verstarb der Superintendent an Herzversagen.

Die Dreifaltigkeitskirche wurde im Krieg zerstört und nicht wieder aufgebaut.

Lit.: B. Bab/W. Weiß, Festschrift Dreifaltigkeit, 113-128 (Zitat 122); H.-R. Sandvoß, Widerstand Mitte/Tiergarten, 218-220.

Maschke, Ernst Ludwig

* 1867 Königsberg/Ostpreußen
† Ende März 1940 Berlin

Ernst Ludwig Maschke stammte aus einer jüdischen Königsberger Arztfamilie und ließ sich mit 17 Jahren taufen. Nach dem Studium der Musik in Leipzig und Berlin, zuletzt als Meisterschüler von Max Brück im Fach »Musikalische Composition«, entschied sich Maschke für den Beruf des Kirchenmusikers. Zunächst war er in evangelischen Kirchengemeinden in Neubrandenburg und Rostock tätig. Von 1910 bis 1931 war Maschke Organist und Kantor an der Schloßkirche in Königsberg/Ostpreußen und gleichzeitig Leiter und Lehrer am staatlichen »Institut für Kirchen- und Schulmusik« sowie Orgelrevisor der Ostprovinz. Ab 1931 war er auf Lebenszeit an der Königin-Luise-Gedächtniskirche als Organist angestellt. Durch die Konzerte, die er mit seiner Frau Anna Elisabeth, einer Konzertsängerin, gab, durch seine Lehrtätigkeit, eigene Kompositionen und Rundfunkaufführungen war Maschke der bekannteste Kirchenmusiker Ostpreußens. Als im Sommer 1935 die »nichtarischen« Kirchenmusiker aus der Reichsmusikkammer ausgeschlossen wurden, blieb der »Volljude« Maschke zunächst verschont. Dabei könnte eine Rolle gespielt haben, dass Familie Maschke mit Reichsbischof Ludwig Müller seit dessen Zeit als Wehrkreispfarrer in Königsberg befreundet war. Der Deutsche

Christ Müller hatte sich ansonsten vehement für einen Ausschluss von »Nichtariern« aus dem kirchlichen Dienst eingesetzt.

Doch ab Februar 1936 wurde auch Maschkes Ausschluss aus der Reichsmusikkammer betrieben. Nachdem sich zunächst die Kirchenleitung für Maschke einsetzte, betrieb der altpreußische Oberkirchenrat ab August 1936 seine Entlassung wegen angeblicher sittlicher Verfehlungen und stimmte seinem Ausschluss aus der Reichsmusikkammer zu. Unter diesem Druck vereinbarten Kirchengemeinde und Organist eine Ruhestandsversetzung zum 1. Oktober 1937 mit gekürzter Abfindungssumme und geringerer Rente. Das Ehepaar Maschke zog nach Berlin um. Ende März 1940 erlitt Maschke bei der Abholung durch Gestapobeamte in seiner Berliner Wohnung einen tödlichen Herzschlag. Die Predigt bei der Trauerfeier hielt Reichsbischof Müller.

Lit.: E. Röhm/J. Thierfelder, Juden 2/I, 280-288.

Hildmann, Walter

* 19.12.1910 Herrnsheim/Unterfranken (Bayern)
† 28.05.1940 bei Abbéville/Frankreich

Walter Hildmann wuchs als viertes von neun Kindern eines bayerischen Pfarrers in Herrnsheim und in Volkratshofen im Unterallgäu auf. Im Theologiestudium prägte ihn besonders Karl Barth in Bonn. Hildmann stand seither dem radikalen bruderrätlichen Flügel der Bekennenden Kirche nahe – und dem Kurs der eigenen »intakten« Landeskirche überaus kritisch gegenüber, insbesondere dem vom Landeskirchenrat im Mai 1938 angeordneten Treueid der Pfarrer auf Hitler und der Aufforderung zur Vorlage eines »Ariernachweises« im Herbst 1938: »Es ist zum Weinen! Unsere Kirchenleitung blickt nicht auf Gottes Leitung und Möglichkeiten, sondern auf unsere politischen Möglichkeiten.« Gegenüber seinen kirchlichen Vorgesetzten betonte er, dass auf »halbem, Kompromiß-Handeln im Kleinglauben« keine Verheißung liege, sondern »Widerstand« der Kirche gegen den Staat geboten sei.

Nach dem Examen 1935 war Hildmann kurz Vikar in Augsburg und dann Katechet in München, wo er im Sommer 1935 wegen »staatsabträglicher Äußerungen« im Unterricht angezeigt wurde. Im November 1935 erhielt er daraufhin Unterrichtsverbot. Ab Februar 1936 betreute er als Privatvikar des Starnberger Pfarrers selbständig die Tochterkirchengemeinde Gauting. Ab 1937 wurde er mehrfach von nationalsozialistischen Gemeindegliedern angezeigt. In seiner Predigt am Heldengedenktag im März 1938 hatte er ausgeführt, »es könne niemals Gotteswille gewesen sein, daß die Menschen sich im Krieg umbrächten. Daß eine Mutter bei der Geburt denken könne, dieses Kind werde auch einmal auf dem Schlachtfeld verbluten, sei ja entsetzlich«. Wegen der Verbreitung eines illegalen Flugblattes über den Niemöller-Prozess und der Aussage »Dem heutigen Staat ist es weniger um Recht, sondern vielmehr um die Macht zu tun« kam er im Mai 1938 für einige Tage in Gestapohaft. In der Folge entzog man ihm den Religionsunterricht und verurteilte ihn im Juni 1939 zu vier Monaten Gefängnisstrafe, deren Verbüßung ihm durch die Einberufung zur Wehrmacht im August 1939 erspart blieb. Sein Landeskirchenrat hatte ihn bereits im Januar 1939 als »Vorsichtsmaßnahme« beurlaubt und im März 1939 endgültig von seiner Stelle entfernt, ihn aber in seinem Gerichtsverfahren unterstützt. Während eines Fronturlaubs konnte er im Februar 1940 noch sein Zweites Examen ablegen. Der noch unverheiratete Hildmann fiel in Kämpfen seiner Division in Nordfrankreich.

Lit.: B. Mensing, Rücksicht (Zitate 339 f., 336, 337); BBKL 20, 763-765.

Stöhr, Hermann

* 04.01.1898 Stettin/Pommern (Szczecin/Polen)
† 21.06.1940 Berlin-Plötzensee

Hermann Stöhr wuchs als viertes Kind in der Familie eines Zollsekretärs in Stettin auf. Nach dem Abitur meldete er sich im Sommer 1914 freiwillig zum Kriegsdienst, den er bei der Marine absolvierte, zuletzt im Offiziersrang eines Marinezahlmeisters. Spätestens in den ersten Nachkriegsjahren beschäftigte sich der junge Mann mit religiös-pazifistischen Gedankengut und schloss sich der jungen Friedensbewegung an. Schon auf einem Studententreffen 1920 forderte er die Umsetzung des Gebotes der Feindesliebe aus der Bergpredigt. Die Hartnäckigkeit, mit der Stöhr von nun an für eine in der Bibel belegte Völkerversöhnung und für den Frieden eintrat, empfanden viele Zeitgenossen als verbohrt. Sein Studium der Volkswirtschaft, des öffentlichen Rechts und der Sozialpolitik schloss er mit einer Doktorarbeit über die weltweiten Hilfsmaßnahmen für Deutschland und andere vom Weltkrieg betroffene Völker ab. In Rostock wurde er 1922 zum Dr. rer. pol. promoviert. Der junge Staatswissenschaftler und radikale Pazifist hörte in Berlin theologische Vorlesungen, arbeitete bis 1925 in der ökumenischen Friedensbewegung um den evangelischen Theologen und Sozialpädagogen Friedrich Siegmund-Schultze mit und war publizistisch tätig. Eine erste angemessen bezahlte Anstellung erhielt er 1926 als wissenschaftlicher Hilfsarbeiter in der Abteilung Wohlfahrtspflege beim Centralausschuss für Innere Mission und als Dozent an der Wohlfahrtsschule des Johannesstifts in Spandau. Sein undiplomatischer Einsatz für die Aussöhnung mit Polen führte Ende 1929 zu seiner Entlassung durch die Innere Mission. Nach einem halbjährigen Stipendium für vertiefte Studien zur Auslandshilfe in den USA 1930 wurde er arbeitslos und zog zu Mutter und Schwester nach Stettin. Als Schriftsteller fand er kaum Verlage, die seine Manuskripte veröffentlichten. So gründete er 1936 den Ökumenischen Verlag Stettin. Ab 1933 widersprach Stöhr dem Boykott jüdischer Geschäfte, der Beflaggung von Kirchen mit Hakenkreuzflaggen und rief zur Fürbitte und praktischen Solidarität für politisch und rassisch Verfolgte auf. Der weitgehend isolierte Einzelkämpfer schloss sich der Bekennenden Kirche nicht an. Als Stöhr im Februar 1939 zu Pflichtübungen für Reserveoffiziere aufgefordert wurde, verweigerte er – gestützt auf Bibelstellen – aus Gewissensgründen den Dienst mit der Waffe und bot an, seinen staatsbürgerlichen Pflichten durch einen Arbeitsdienst nachzukommen. Die Militärbehörde beschäftigte sich mehrere Monate mit dem Fall des »Sonderlings«, die Gestapo stufte ihn als ungefährlich ein. Erst als Stöhr auch der Einberufung zum aktiven Wehrdienst im August 1939 nicht nachkam, wurde er am 31. August verhaftet, wegen Fahnenflucht angeklagt und vom Feldkriegsgericht Kiel zu einem Jahr Gefängnis verurteilt und zum Matrosen degradiert. Das Reichskriegsgericht machte Stöhr wenig später nach dem verschärften Kriegssonderstrafrecht erneut den Prozess und verurteilte ihn im März 1940 wegen Zersetzung der Wehrkraft zum Tode. Drei Tage nach dem Urteilsspruch schrieb er an seine Mutter: »In Dingen einer von Gott geschenkten Erkenntnis aber zu lügen, nur um mir das kleine Leben zu erhalten, das ging nicht. Es hätte bedeutet, Gott verachten und mein Leben auf eine Lüge gründen.« Von verschiedenen Seiten gab es Versuche, Stöhr zu retten. Landesbischof August Marahrens, der Vorsitzende des Geistlichen Vertrauensrats der Deutschen Evangelischen Kirche, verweigerte aber ein vom Gefängnispfarrer Harald Poelchau angeregtes Gnadengesuch. In der Nacht vor seiner Hinrichtung schrieb er an seine Schwester: »Für mich wie auch für andere gilt, daß Christus uns von der Furcht des Todes erlöst hat, und daß die völlige Liebe die Furcht austreibt. Und so wollen wir dem Tag entgegengehen, der uns alle in Ewigkeit vereint.«

Lit.: E. Röhm, Stöhr; H. Braun, Stöhr (Zitate 104, 105); P. Steinbach/ J. Tuchel, Lexikon d. Widerstandes, 198; BBKL 10, 1518 f.

Hötzel, Gottfried

* 18.02.1880 Buchwald/Niederschlesien
† 09.08.1940 Stuttgart

Gottfried Hötzel wuchs in einem Pfarrhaus in Buchwald, Magdeburg und Köln auf. Nach dem Theologiestudium ging er 1906 in den Dienst der »Deutschen Evangelischen Mission in China«. Dort heiratete er Elisabeth Genähr. 1914 kehrte Hötzel nach Deutschland zurück und wurde 1917 rheinischer Pfarrer in Heerdt-Oberkassel (heute Düsseldorf). Im »Dritten Reich« schloss er sich der Bekennenden Kirche an. Schon vor der »Reichskristallnacht« kümmerte sich Hötzel um rassisch Verfolgte und bezog deutlich in Predigten Stellung: »Was soll das Gerede von unserem Volk, unserem Stand, und unserer Klasse? Ist das nicht lieblos? Eine Liebe, die an einer Grenze, an einer Farbe oder an einer anderen Rasse aufhört, ist keine Liebe. Liebe ist kein Landesgeschäft.« Als er im November 1938 von Freunden gebeten wurde, doch vorsichtiger zu predigen, entgegnete er: »Wenn die Gotteshäuser brennen, darf die Kirche nicht schweigen.« Im April 1939 wurde er in einer Predigt besonders deutlich: »Nicht die Juden sind die Kinder des Satans, sondern diejenigen, welche die Juden verfolgen.« Ab

Anfang 1939 stand Hötzel in Verbindung zum »Büro Grüber« in Berlin und war im Kirchenkreis Düsseldorf für die Betreuung der evangelischen »Nichtarier« zuständig. Er half bei der Auswanderung, in persönlichen Notlagen durch finanzielle Unterstützung sowie bei der Vermittlung von Arbeit und Erholungsaufenthalten für die Kinder. Im Februar 1940 wurde Hötzel von einer Frau aus der Gemeinde denunziert, als er im Frauenbund den Rechtsbruch und sittlichen Verfall im »Dritten Reich« beklagte. Als Beispiele nannte er die Rassenverfolgung, die Stellung zum Krieg sowie die Ehe- und Sexualmoral. Die Frauen rief er dazu auf, sich dagegen an den Geboten Gottes zu orientieren und in diesem Sinne auch auf ihre Männer einzuwirken. Am 20. Februar wurde Hötzel verhaftet. Nach sieben Wochen entließ man ihn am 9. April aus der Haft mit der Auflage, ohne jegliche Fühlungnahme mit seiner Gemeinde Rheinland-Westfalen zu verlassen. Außerdem wurde Reichsredeverbot über ihn verhängt. In Abstimmung mit der Gestapo betrieb das Konsistorium der Rheinprovinz, dem Hötzel wegen seiner BK-Aktivitäten ohnehin missliebig war, seine Versetzung in den Wartestand. Der Ausgewiesene zog nach Stuttgart und arbeitete dort im Kirchensteueramt. Seine Frau war schon vor der Haftzeit verstorben, die beiden erwachsenen Kinder Edelgard und Hartmut besuchten ihn im August 1940 in Stuttgart. Kurz vor deren Abreise erlitt Hötzel am Tag nach der Benachrichtigung über seine Wartestandsversetzung durch das Konsistorium einen tödlichen Schlaganfall.

Lit.: E.-J. Langevoort, Hötzel; H. Ludwig, Zivilcourage, 47-51 (Zitate 50, 51); S. Lekebusch, Not, 93-95.

Gauger, Martin

* 04.08.1905 Wuppertal-Elberfeld/Rheinprovinz
† 15.07.1941 Pirna-Sonnenstein/Sachsen

Martin Gauger wuchs als vierter Sohn mit seinen sieben Geschwistern in einem pietistischen Pfarrhaus in Elberfeld (heute Wuppertal) auf. Sein Vater Joseph Gauger war Direktor der Schriftenmission der »Evangelischen Gesellschaft für Deutschland« und Schriftleiter der Zeitschrift »Licht und Leben«. Als Student der Rechts- und Wirtschaftswissenschaften nahm Gauger 1929 in Schlesien an einem freiwilligen Arbeitslager von angehenden Akademikern, Arbeitern und Bauern teil, um so einen Beitrag zur Überbrückung der sozialen Spannungen zu leisten. In Schlesien lernte er auch Helmuth von Moltke kennen. Ein Teil seines Studiums absolvierte er in London. Der junge Diplomvolkswirt und Jurist arbeitete ab 1930 als Referendar und Assessor an Gerichten im Ruhrgebiet, zuletzt bei der Staatsanwaltschaft Mönchengladbach. Im August 1934 verweigerte Gauger unter dem Eindruck der nachträglichen Justifizierung der Morde vom 30. Juni 1934 und der vorübergehenden Schutzhaft des Vaters aus Gewissensgründen den Eid auf Hitler und wurde sofort aus dem Staatsdienst entlassen. Nach seiner Promotion zum Dr. jur. wurde Gauger im Januar 1935 juristischer Mitarbeiter in der Vorläufigen Leitung der Deutschen Evangelischen Kirche in Berlin, ab 1936 war er Justitiar beim Rat der Evangelisch-Lutherischen Kirche Deutschlands in Berlin. Besonders freute er sich über die Aufhebung von Polizeimaßnahmen und KZ-Haft gegen Mitglieder der Bekennenden Kirche in Lübeck 1937, an der er maßgeblich beteiligt war. Innerhalb der Bekennenden Kirche stand er den gemäßigten Positionen des bischöflichen Flügels nahe und befürwortete eine Zusammenarbeit mit den Kirchenausschüssen. Seine Veröffentlichungen zu Recht und Kirche wurden teilweise von der Gestapo verboten. Rufe an das Christian College im indischen Madras 1938 und an das Internationale Komitee vom Roten Kreuz in Genf 1939 lehnte er ab: »Ich kann meinem Posten hier nicht entlaufen, solange ich da überhaupt noch Arbeitsmöglichkeiten habe.« Über den Gefängnispfarrer Harald Poelchau und Helmuth von Moltke kam Gauger ab 1938/39 in Verbindung zu Widerstandskreisen. Ende April 1940 folgte er der Aufforderung zu Musterung und Einberufung nicht. An Freunde, die ihm eine Stelle als Kriegsverwaltungsrat verschaffen wollten, schrieb er: »Ich meine ..., man dürfe überhaupt nicht Kriegsdienst tun; in diesem Krieg wenigstens, weil er kein Verteidigungskrieg ist. ... ich kann diesen Krieg nicht fördern, ich kann nicht helfen, daß das Meer von Blut und Tränen noch andere Länder überflutet.« Anfang Mai 1940 floh Gauger in die Niederlande. Nur wenige Tage später überfiel Hitler das neutrale Land. Am 19. Mai 1940 wurde Gauger von deutschen Soldaten angeschossen und verhaftet. Ab dem 22. Mai 1940 war der Deserteur ohne Prozess in der Strafanstalt Düsseldorf-Derendorf inhaftiert, ab dem 12. Juni 1941 im KZ Buchenwald. Wegen seines Delikts Fahnenflucht als politischer und krimineller Häfling erfasst und der Strafkompanie zugeteilt, musste er im Steinbruch besonders schwer arbeiten. Gaugers Familie bat die lutherischen Bischöfe Hans Meiser und Theophil Wurm um Hilfe. Beide lehnten ab, so wie sie auch schon die Fahnenflucht ihres ehemaligen Mitarbeiters missbilligt hatten. Der bayerische Landeskirchenrat, bei dem Gauger offiziell angestellt war, hatte ihn bereits am 4. Juni 1940 entlassen. Am 14. Juli 1941 transportierte die SS Gauger zusammen mit anderen »arbeitsunfähigen« Häftlingen in ein »Erholungslager« – tatsächlich ging der Transport im

Rahmen der »Invaliden-Aktion« in die »Euthanasie«-Tötungsanstalt Pirna-Sonnenstein, in der ab 1940 Kranke und vermeintliche Kranke als »unwertes Leben« ermordet wurden. Von einem befreundeten Mithäftling verabschiedete sich Gauger in Buchenwald gefasst mit dem Pauluswort: »Sterben wir, so sterben wir dem Herrn.« Am folgenden Tag ermordete man die Männer in der Gaskammer.

Lit.: H. Ludwig, Staatsfeinde[1]; B. Böhm, Gauger[2]; P. Steinbach/ J. Tuchel, Lexikon d. Widerstandes, 64; NDB 6, 97.

Kneip, Otto

* 1892 Kreuznach

† 08.10.1941 (?) KZ Groß-Rosen

Otto Kneip trat mit Erreichen der Volljährigkeit aus der Synagogengemeinde aus und ließ sich zwei Jahre später taufen. Von 1910 bis 1914 absolvierte er ein Kunststudium. Als Kriegsfreiwilliger diente er von 1914 bis 1918 im Ersten Weltkrieg, zuletzt als Leutnant mit verschiedenen Tapferkeitsauszeichnungen. Ab April 1919 unterrichtete er Zeichnen und Turnen an höheren Schulen in Herne und Kassel, ab 1926 als Studienrat in Düsseldorf. Politisch war Kneip deutschnational, gehörte dem Kyffhäuserbund und dem Stahlhelm an. Als Sportlehrer erteilte er auch Wehrsportunterricht. In seiner Düsseldorfer Matthäikirchengemeinde war er ein aktives Gemeindeglied. Nachdem die Stadt Düsseldorf den »Volljuden« schon 1933 zwangspensionieren wollte, dies aber vom Kultusministerium wegen seiner Verdienste als »Frontkämpfer« abgelehnt worden war, wurde er nach den Nürnberger Gesetzen zum Jahresende 1935 in den vorzeitigen Ruhestand versetzt. Sein Gemeindepfarrer Helmut Klingbeil, ein überzeugter Anhänger der Bekennenden Kirche, betreute Kneip in dieser Zeit seelsorgerlich und verhalf ihm zu kleinen Nebenverdiensten. Kneip verbrachte einen Großteil seiner Zeit mit Bibelstudium. Ab Herbst 1936 bis kurz vor seiner Verhaftung 1941 schrieb er viele Gedichte und Gebete, in denen er seine Situation reflektierte:

»Doch steh' ich jetzt im Schatten.
Man hat zu Unrecht mich hineingestellt.
Droh'n auch die Kräfte oft mir zu ermatten,
dennoch sag ich: denn Gott gehört die Welt!«

Auch als die Lage immer bedrohlicher wurde, blieben Kneip sein tiefer Glaube und sein unerschütterliches Gottvertrauen. So schrieb er unter dem Eindruck der »Reichskristallnacht« im November 1938:

»Vater, der Du bist im Himmel,
mache mir das Ende leicht –
segne mich im Weltgetümmel
bis der Hafen ist erreicht,
der mich vor den Wellen schützt,
die vom Sturm so hoch geworfen.
Laß den Glauben mich behalten
an die bessere, gute Welt,
die von Deiner Hand geführt
auch mich über Wasser hält!«

Nach langen Bemühungen erhielt Kneip 1941 die Möglichkeit zu einer Einreise in die USA. Das Wehrbezirkskommando verweigerte ihm aber die Unbedenklichkeitsbescheinigung, weil er bei seinen Wehrsportübungen militärische Kenntnisse erlangt habe. Als er wenige Tage später als Mischehepartner – das Ehepaar hatte mindestens eine Tochter – die Aufforderung zur Zwangsarbeit erhielt und um Zurückstellung wegen Erkrankung bat, nahm die Gestapo eine Hausdurchsuchung vor. Die Beamten fanden einen Brief, in dem der mutmaßliche Arbeitsverweigerer schrieb, »wir werden von infernalen Mächten regiert und alle, die mitlaufen, machen sich mitschuldig«. Am 12. Mai 1941 verhaftete man Kneip. Nach der Untersuchungshaft in Düsseldorf wurde er ins KZ Sachsenhausen und von dort ins KZ Groß-Rosen bei Breslau verschleppt. Anfang Oktober 1941 meinte dort ein SS-Unterscharführer, Kneip habe ihn nicht rechtzeitig gegrüßt. Darauf schlug und trat er den Häftling so brutal zusammen, dass dieser wenige Stunden später seinen Verletzungen erlag.

Lit.: S. Lekebusch, Not, 214-220 (Zitate 217, 218, 219) – leider finden sich hier keine weiteren Informationen zu Frau und Kindern.

Braun, Elisabeth

* 24.07.1887 München
† 25.11.1941 Kaunas/Litauen

Elisabeth Braun wuchs in München in der Familie eines wohlhabenden jüdischen Schneidermeisters und Kaufmanns auf. Ihre Mutter starb bald nach ihrer Geburt, der Vater heiratete 1890 Rosa Heinrich, die Schwester seiner ersten Frau. Elisabeth Braun absolvierte nach der Schule eine private Fachschule (Lehrerinnenbildungsanstalt) und legte vor der Regierung von Oberbayern beide Lehrerinnenexamen für neuere Sprachen ab. Ob sie als Lehrerin gearbeitet hat, ist bisher nicht bekannt. Als Schriftstellerin zog die unverheiratete junge Frau im März 1919 nach Tegernsee, wo sie, unterbrochen durch eine Rückkehr nach München von 1924 bis 1927, bis 1938 in einer Mietwohnung lebte. Im Juni 1920 trat Braun aus der israelitischen Kultusgemeinde aus und wurde im Oktober 1920 in die evangelisch-lutherische Kirche aufgenommen. Ende November 1938 zog sie ganz zu ihrer Stiefmutter nach München – der Vater war bereits 1929 verstorben. Ab 1939 musste sie als »Volljüdin« den zweiten Vornamen Sara tragen. Im Juni 1940 machte die vermögende Frau ihr Testament, »da ich infolge bestimmter persönlicher Bedrohungen ... möglicherweise mit meinem vorzeitigen Ableben ... rechnen muß«. Als Alleinerben setzte sie die Evangelisch-Lutherische Kirche in Bayern ein, »für Zwecke der Betreuung und vor allem – soweit irgend möglich der Mission sogenannter nichtarischer Christen in deutschsprachigen Ländern«. Im August 1941 mussten die beiden Frauen aus ihrem Haus ausziehen und wurden in ein Sammellager für Juden in München eingewiesen. Die Gestapo zog im Oktober 1940 ihr Vermögen ein. Am 20. November 1941 verschleppten die Nationalsozialisten Elisabeth Braun zusammen mit etwa 1.000 anderen Münchner »Nichtariern« ins besetzte litauische Kaunas (Kowno), wo sie wenige Tage später mit Maschinengewehren niedergeschossen wurden. Die betagte Stiefmutter wurde 1942 aus München deportiert und starb im März 1945 im Ghetto Theresienstadt.

Die bayerische Landeskirche konnte 1948 ihr Erbe antreten und verwaltet seitdem das »Elisabeth Sara Braun Vermächtnis«.

Lit.: E. L. Schmidt, Braun (Zitat 15).

Bursche, Julius (Juliusz) und sein Sohn Stefan

* 19.09.1862 Kalisch (Kalisz)/Polen *(?)

† 20.02.1942 KZ Sachsenhausen † Februar 1940 in einem Wald bei Warschau

Julius Bursche wuchs in einem deutschsprachigen Pfarrhaus in Polen, das zu dieser Zeit unter der Herrschaft des russischen Zaren stand (»Kongreßpolen«), auf. Beim Theologiestudium in Dorpat (Tartu/Estland) kam er in Kontakt mit der polnischen akademischen Jugend und gelangte zu der Überzeugung, Pole zu sein. Nach dem Studium war er ab 1884 als Vikar und später als Pfarrer in Warschau und Umgebung tätig. Ab 1895 gehörte er als nebenamtlicher Konsistorialrat der Kirchenleitung an, 1904 ernannte ihn Zar Nikolaus II. zum Generalsuperintendenten der Evangelisch-Augsburgischen Kirche in Polen. Als zweisprachigem polnischem Patrioten und Verfechter einer missionarisch motivierten Hinwendung seiner überwiegend aus Deutschen bestehenden Kirche zum Polentum mochten ihm viele Pfarrer und Gemeindeglieder nicht folgen. Bursche hatte Helena Krusche geheiratet, mit der ihm vier Töchter und ein Sohn geschenkt wurden. Im Ersten Weltkrieg wurde er 1915 von den russischen Behörden als »Deutscher« nach Russland verbannt. 1918 übernahm er wieder die Leitung der Kirche und wurde wenig später von der neuen unabhängigen polnischen Regierung zum Sachverständigen für kirchliche Angelegenheiten ernannt. Mit vielen Maßnahmen versuchte er in harten Auseinandersetzungen mit deutschen Kritikern seine Kirche in eine bewusst polnische Kirche umzugestalten. Deshalb wählte ihn 1937 nur die sogenannte Warschauer Rumpfsynode – ohne Beteiligung der deutschen Synodalen – zum Bischof. Nach dem deutschen Überfall auf Polen am 1. September 1939 wollte Bursche zunächst nicht aus Warschau fliehen, wurde dann aber von Freunden dazu überredet. Anfang Oktober 1939 wurde er in Lublin von Einsatzgruppen des deutschen Sicherheitsdienstes (SD) verhaftet. Am 13. Oktober 1939 wurde er nach Berlin überführt. Die Gestapo warf ihm unter anderem vor, dass er zum Schaden des deutschen Mehrheitsteils der Evangelischen Kirche in Polen gewirkt und den Krieg Hitlers gegen Polen öffentlich verurteilt habe. Der alte Mann wurde am 22. Januar 1940 ins KZ Sachsenhausen eingewiesen, wo er nach zwei Jahren starb. Der Auslandsbischof der Deutschen Evangelischen Kirche, Theodor Heckel, hatte einen Einsatz für Bursche, dessen Kirchenpolitik der »Polonisierung« er sehr negativ beurteilte, verweigert. Bursches einziger Sohn Stefan wurde vom SD in Sippenhaft erschossen. Bursches Brüder

Edmund, der Dekan der Evangelisch-Theologischen Fakultät in Warschau, und Alfred, Rechtsanwalt, starben am 25. Juli 1940 und am 15. Januar 1942 im KZ Mauthausen. Neben Bischof Bursche wurden 57 der 125 polnischen evangelischen Pfarrer von den Deutschen verhaftet. 35 davon verschleppte man in Konzentrationslager, wo 15 ums Leben kamen – wie auch zahlreiche katholische Pfarrer aus Polen. Auch der deutsche evangelischen Pfarrer Robert Nitschmann starb im Juni 1940 im KZ Sachsenhausen. Viele polnische Pfarrer kämpften in der polnischen Armee und im Warschauer Aufstand. Insgesamt kam vermutlich fast jeder dritte polnische Pfarrer in der Zeit des Zweiten Weltkrieges ums Leben. Von den deutschen Pfarrern in Polen kamen 28 ums Leben. Ein Großteil von ihnen starb im September 1939 bei polnischen »Rache«-Aktionen für den deutschen Überfall, andere bei und nach Kriegsende.

Lit.: E. Kneifel, Pastoren, 65-70; 203-209; A. Boyens, Kirchenkampf 1939-1945, 33-39; BBKL 1, 824; K. Meier, Kirchenkampf III, 633; B. Krebs, Identität.

Heinitz, Paul

* 24.01.1887 (?)
† 27.02.1942 Berlin

Paul Heinitz war als bewusster Christ und Sozialdemokrat das »schwarze Schaf« in der Familie des Geheimen Justizrates und Präsidenten der preußischen Rechtsanwaltskammer Ernst Heinitz. Als Landrichter heiratete er 1920 die Gesangslehrerin Erna Hausdörfer. Im selben Jahr trat der Jurist in den Dienst des preußischen Ministeriums für Ernährung und Landwirtschaft, aus dem er als Ministerialrat wegen seiner jüdischen Herkunft im März 1934 zwangspensioniert wurde. Danach fand er eine Anstellung als Justitiar in der Reichsstelle für Milcherzeugnisse bis zur

Entlassung aus rassischen Gründen 1937 – seine »arische« Frau erhielt wegen der Aufrechterhaltung der Ehe mit einem »Juden« in diesem Jahr ebenfalls Berufsverbot. Auf Bitten von Pfarrer Heinrich Grüber von der Bekennenden Kirche arbeitete Heinitz ab Herbst 1938 bei der Betreuung von anderen »nichtarischen« Christen mit, zunächst in der Zwölfapostelkirche, ab Dezember 1938 im neuen »Büro Grüber«. Von Januar 1939 bis zur Auflösung des Büros durch die Gestapo im Februar 1941 fungierte Heinitz als Leiter der Abteilung Auswanderung, die fast zweitausend Menschen bei der Flucht helfen konnte, ab Mai 1939 zusätzlich als Vorsitzender des »Zentralausschusses für die Verschickung nichtarisch-christlicher Kinder«. Nach der Schließung des »Büros Grüber« konnte er die Auswanderungsarbeit für »Judenchristen« im Rahmen der Reichsvereinigung der Juden fortführen, die Anfang 1942 auch verboten wurde. Vier Tage nach einem Magendurchbruch im Februar 1942 starb Paul Heinitz, nachdem der gerufene Krankenwagenfahrer aus rassischen Gründen den Transport in ein Krankenhaus verweigert hatte. Sein Bruder Günther, der auf seine Vermittlung 1939/40 für die Registratur im »Büro Grüber« zuständig war, wurde im Februar 1943 ins KZ Auschwitz deportiert und kam dort um.

Lit.: H. Ludwig, Opfer, 153-155.

Arnheim, Elfriede (Frieda, Friedel)

* 23.02.1909 (?)
† Frühjahr 1942 Riga (?)

Elfriede Arnheim wuchs in einer jüdischen Familie auf. Als junge Frau ließ sie sich im Oktober 1933 taufen. 1933 und 1934 lebte sie als Werkstudentin in Paris, Kopenhagen und England. 1934 kehrte sie zu ihren Eltern nach Berlin zurück: »Ich konnte nicht im Ausland leben, weil ich hier zu fest verwurzelt bin.« Ab 1938 arbeitete sie als Büro- und Pfarrgehilfin des illegalen Prüfungsamtes der Berlin-Brandenburgischen Bekennenden Kirche bei Pfarrer Martin Albertz in Berlin-Spandau. Im Mai 1941 wurde sie im Rahmen einer Verhaftungsaktion gegen den Prüfungsausschuss festgenommen und am 22. Dezember 1941 von einem Sondergericht in Berlin im »Prüfungsprozeß« zu vier Monaten Gefängnis verurteilt. Verhöre, Haft und Prozess waren für Arnheim wegen ihrer jüdischen Herkunft besonders zermürbend und bedrohlich. Das Sondergerichtsurteil »würdigte« dennoch ihre Standhaftigkeit: »Hinzu kommt die Dreistigkeit, mit der sie als Jüdin sich vor dem Staatsanwalt und der Polizei weigerte, den Aufbewahrungsort der Akten anzugeben.« Obwohl die Strafe durch die volle Anrechnung der Untersuchungshaft schon verbüßt war, wurde sie am Tag der Haftentlassung der meisten Mitangeklagten am 23. Dezember 1941 als »Volljüdin« zusammen mit ihren Eltern in den Osten deportiert. Die Entlassenen verabschiedeten sich von den im Gefängnis Verbleibenden und »der in ein fühlbares Dunkel gehüllten Friedel Arnheim ..., indem wir in einem Zwischenraum des Gefängnisses alle gemeinsam auf die Knie gingen [und beteten]«. Elfriede Arnheim wurde vermutlich im Frühjahr 1942 in den Wäldern von Bikernieki bei Riga bei Massenerschießungen ermordet.

Lit.: W. Scherffig, Theologen III, 314-322 (Zitate 320, 322); P. Noss, Albertz, 443-448; H.-R. Sandvoß, Widerstand Spandau, 135 f. (Zitat 135); H. Ludwig, Schreiben an B. Mensing, 5.8.2002.

Reinmuth, Hermann

* 19.01.1902 Reichenbach/Sachsen
† 16.04.1942 (?) KZ Sachsenhausen

Pfarrerssohn, Dr. jur., unverheiratet, christlich motivierter Einsatz für soziale Gerechtigkeit, SPD, dann Sozialistische

Arbeiterpartei Deutschlands (SAP), als Assessor beim Regierungsbezirk Lüneburg im November 1934 wegen Kurierdiensten zur linken Emigration in Prag und Verbreitung illegalen Materials sowie wegen humanitärer Hilfsaktionen für politisch Verfolgte und deren Angehörige verhaftet, im November 1935 vom Volksgerichtshof zu sieben Jahren Zuchthaus verurteilt, wegen der Nichtunterzeichnung der Erklärung, in Zukunft nichts mehr gegen den NS-Staat zu unternehmen, nach der Haftverbüßung in Waldheim ab Februar 1942 »Schutzhaft« im KZ Sachsenhausen, dort umgekommen.

»Die Grundsätze der Humanität und Toleranz, diese moralischen Leistungen der europäischen Kultur sind m. E. die Voraussetzungen für ihre geistigen und technischen Taten. Zerfällt diese Grundlage, so sind alle Leistungen und Kenntnisse technischer, wirtschaftlicher, psychologischer und sonstiger Art keine Fortschritte der Kultur, sondern solche der Barbarei.« (Denkschrift an die Juristenfakultät der Universität Leipzig gegen die Aberkennung seines Doktortitels, verfasst im Zuchthaus Waldheim 1936.)

Lit.: K. Nowak, Reinmuth (1978); K. Nowak, Reinmuth (2000) (Zitat 120); C. Wickert (Red.), Freiheit, 265 f.

Kayser, Elisabeth (Else)

* 02.02.1874 (?)
† 15.05.1942 (?) Warschauer Ghetto

Elisabeth Kayser stammte aus einer jüdischen Familie und war mit Richard Kayser verheiratet. 1916 ließ sich das Ehepaar mit seinen beiden Töchtern taufen. Während ihr Mann diesen Schritt tat, um Referent für Textilfragen im preußischen Kriegsministerium werden zu können, hatte sie sich die Taufe schon lange gewünscht. Als die Firma der

Familie 1925 zusammenbrach, nahm ihr Mann sich das Leben. Die Witwe war ehrenamtlich in der Kirchengemeinde Berlin-Dahlem aktiv. Im »Dritten Reich« half sie anderen Not leidenden Rasseverfolgten im »Paulusbund«, im »Büro Spiero« und ab Anfang 1939 im »Büro Grüber« – während sie ihre eigene Auswanderung zu ihren Geschwistern nach England nicht betrieb. Im »Büro Grüber« war sie in der Kanzlei der Wohlfahrtsabteilung tätig und für die Kleiderkammer zuständig. Während ihre Tochter Charlotte 1937 nach Frankreich in ein Kloster gegangen war, sorgte sich Kayser um ihre in Hamburg lebende Tochter Leonore und deren Kinder. Sie selbst wurde zwei Mal gezwungen, ihre Wohnung aufzugeben. Nach der Judensternverordnung schrieb sie im Februar 1942 ihrem ausgewiesenen Gemeindepfarrer Helmut Gollwitzer: »Was mir persönlich am schwersten geworden ist, das ist das Herausgestelltsein, jedem mitleidigen, aber auch jedem feindlichen Blick preisgegeben.« Nach einem Kurs der Bekennenden Kirche in Berlin-Dahlem wurde Kayser zur Laienpredigerin zur geistlichen Betreuung der Deportierten im Abschiedsgottesdienst vor der Deportation Anfang April 1942 ordiniert, wohl durch Pfarrer Eitel-Friedrich von Rabenau in Berlin-Schöneberg. Als »Jüdin« verschleppte man die alte Frau ins Warschauer Ghetto, wo sie trotz Hunger und Kälte zusammen mit Max Honig, den sie aus dem »Büro Grüber« kannte, noch Leidensgenossen betreuen konnte, bis sie Anfang Mai 1942 selbst an den Folgen der Haft erkrankte und starb. 1942 starben insgesamt etwa 100.000 Personen im Warschauer Ghetto an Hunger und Epidemien. Im Februar 1943 wurde auch Kaysers engste Freundin aus der Bekennenden Gemeinde Dahlem, die unverheiratete Johanna Sachs, in den Osten deportiert und ermordet.

Lit.: H. Ludwig, Opfer, 164-166; G. Schäberle-Koenigs, Weg, 279, 291-296.

Flatow, Ernst

* 26.06.1887 Berlin

† 1942 Warschauer Ghetto (?)

Sohn eines jüdischen Fabrikantenehepaars, ließ sich 1913 taufen, kinderlos verheiratet mit Elisabeth Worms (getrennt ab 1932, geschieden 1935), ab 1939 (?) verlobt mit Irene Breslauer (floh 1939 als »Nichtarierin« nach England), Pfarrer, als Krankenhausseelsorger in Köln wegen seiner jüdischen Herkunft (»Volljude«) im Juli 1933 von der Stadt Köln entlassen, im Oktober 1933 vom rheinischen Konsistorium u. a. wegen seiner jüdischen Herkunft in den Ruhestand versetzt, lebte von seiner geringen Pension weiter in Köln, engagiert im »Reichsverband der nichtarischen Christen«, verzichtete 1939 auf ein vom »Büro Grüber« vermitteltes Visum für England, weil er sich von seiner Heimat nicht trennen konnte, zuletzt ab Dezember 1941 in den diakonischen Hoffnungstaler Anstalten in Lobetal bei Berlin untergebracht, von wo er im April 1942 zusammen mit anderen »Nichtariern« ins Warschauer Ghetto verschleppt wurde, wo er in einem Firmenbüro Zwangsarbeit verrichten musste. Flatow kam vermutlich in Warschau oder im KZ Treblinka um.

»... mein Gesuch um Versetzung in den Ruhestand [enthält] keinen Verzicht auf das nach der kirchlichen Gesetzgebung mir als Frontkämpfer zustehende Recht zur weiteren Amtsführung .... Es kann nicht in meiner Absicht liegen, einer etwaigen späteren Reaktivierung selbst einen Riegel vorzuschieben.« (Schreiben an das rheinische Konsistorium mit der Bitte um »vorläufige Versetzung« in den Ruhestand, Oktober 1933.)

Lit.: H. Prolingheuer, Leidensgeschichten, 147-217; E. Röhm/J. Thierfelder, Juden 1, 224-230; W. Wippermann, Kirche, 330f.; S. Lekebusch, Not, 47-49 u. 257.

Honig,, Max und Ruth, geb. (?)
* 19.10.1897 (?) *(?)
† Sommer 1942 Vernichtungslager im Osten (?)

Der Berliner Kaufmann Max Honig und seine Frau Ruth gehörten zu den Christen jüdischer Herkunft, die sich aktiv am Leben der Bekennenden Gemeinde in Berlin-Dahlem beteiligten und hier eine sie tragende Gemeinschaft fanden. Das Ehepaar hielt auch schriftlich Kontakt zu Pfarrer Helmut Gollwitzer, als dieser aus der Gemeinde entfernt worden war. Max Honig war spätestens ab 1940 in der Wohlfahrtsabteilung des »Büros Grüber« für »Wohnungssachen, Nachweis von Erholungsheimen und Außenfürsorge« zuständig. Nach der Schließung des Büros im Februar 1941 wurde er als Transportarbeiter zwangsverpflichtet. Im Herbst 1941 nahm Max Honig, dem selbst die Deportation drohte, in seiner Dahlemer Gemeinde an einem Kurzkurs zur »Ältesten-Ordination« zur geistlichen Betreuung der deportierten evangelischen »Nichtarier« teil. Durch den Einsatz von Gemeindemitgliedern gelang es, ihn im Herbst 1941 aus dem Sammellager Große Hamburger Straße kurz vor der Deportation frei zu bekommen. Am 2. April 1942 wurde aber dann das Ehepaar ins Warschauer Ghetto verschleppt, wo es zusammen mit Elisabeth Kayser eine kleine evangelische Gemeinde mit bis zu 100 Christen betreute. Dem Ökumenischen Flüchtlingsdienst in der Schweiz gelang es, im Einvernehmen mit einem jüdischen Hilfskomitee einige Gaben an diese Gemeinde zu senden; Max Honig war als Vertrauensmann für die Verteilung zuständig. Als Laienprediger gestaltete er Gottesdienste, teilweise zusammen mit Katholiken, und Amtshandlungen wie die Beerdigung von Elisabeth Kayser. Das Ehepaar Honig stand von Warschau aus zunächst noch in regem Briefkontakt mit ihrer Heimatgemeinde. Anfang Mai fasste ein Gemeindeglied den

Tenor der Schreiben zusammen: »Die Nachrichten haben vielfach einen erstaunlich freudigen und mutigen Ton. Immer wieder aber die dringliche Bitte um Geld. … dann kommen von Hs. [Honigs] auch enttäuschte, bittere Karten, warum sie keine Antwort von uns bekämen. ... wir hatten vielleicht besonderes Pech, daß unsere [Briefe] sehr lange unterwegs waren.« Im Juli 1942 kamen die letzten Lebenszeichen von Honigs und den anderen Deportierten. Von Juli bis September 1942 erfolgte die »Evakuierung« eines Großteils der Ghettoinsassen, die meisten ermordeten die Nationalsozialisten gleich nach der Ankunft im KZ Treblinka oder anderen Vernichtungslagern. Vermutlich erlitt auch das Ehepaar Honig dieses Schicksal.

Lit.: H. Ludwig, Opfer, 156 f.; G. Schäberle-Koenigs, Weg, 279, 292 f.

Berendt, Ernst jun.

* 01.05.1878 Berlin
† 04.08.1942 KZ Dachau

Pfarrerssohn, verheiratet, mindestens ein Sohn, Pfarrer und Leiter der diakonischen Weißenseer Bethabara-Stiftung in Berlin, aktiv in der BK, ab 1936 mehrfach verhaftet, Einsatz für von der »Euthanasie« bedrohte Schützlinge, rettete die Stiftung vor dem Zugriff staatlicher Instanzen durch Eingliederung in die Innere Mission 1938, seit 1940 als Gemeindepfarrer in Baden-Baden, ab Dezember 1940 in Haft (Rastatt, Bühl), im Mai 1941 Überführung ins KZ Dachau, dort an den Folgen der Haft gestorben.

»Ein Politiker ließ einmal eine seiner Reden an das deutsche Volk ausklingen in das Gebet: Wir lassen dich nicht, du segnest uns denn! Bekanntlich ist dies das Gebet des Erzvaters Jakob, der zu den markantesten Erscheinungen des jüdischen Volkes im Alten Testament gehört. Und jener Politiker ist wirklich kein Freund, vielmehr ein Feind des Alten Testaments und des jüdischen Volkes. Warum muß er gleichwohl ... die klassischen Gebetsworte des Erzvaters Jakob gebrauchen? Weil eben nur in der Bibel Gottes Wort, Gottes Wahrheit, also auch die höchste Art des Gebets, enthalten ist, dem unsere sogenannte ›germanische Kultur‹ nichts an die Seite zu stellen vermag – eine Kultur, der der kommende, der nächste Weltkrieg so grausig ihr ›Kulturlicht‹ ausblasen wird, daß uns allen Hören und Sehen vergehen wird.« (Predigt in der Berliner Dreifaltigkeitskirche, Januar 1938.)

Lit.: W. Oehme, Märtyrer, 80-85 (Zitat 82); H.-R. Sandvoß, Widerstand Prenzlauer Berg/Weißensee, 274 f.

Richter, Paul

* 21.07.1894 Dresden-Kaitz
† 13.08.1942 KZ Dachau

Sohn eines Stellmachermeisters, verheiratet mit Johanna Hentsch, vier Kinder, Pfarrer in Wilsdruff/Sachsen, BK, 1934 von DC-Kirchenleitung beurlaubt, 1939 Geldstrafe; wegen seelsorgerlicher Äußerung gegen Selbstmord eines Offiziers und Beschwerde bei der Stadtverwaltung im November 1941 verhaftet, im März 1942 ins KZ Dachau überführt, dort wegen Unterernährung an Hungertyphus gestorben.

»Es möchte denen entgegengetreten werden, die uns vorschreiben wollen, nationalsozialistische Weltanschauung zu predigen.« (Notiz vom September 1933.)

»Leider haben in den letzten zwei Monaten unsere kirchlichen Vorgesetzten uns mit unwahren Anklagen überschüttet, uns der Reaktion und sogar des Hochverrats beschuldigt, haben uns und unsere Amtsbrüder in ganz Deutschland verfolgt und aus ihren Ämtern vertrieben. Es ist nicht möglich, zumal die meisten derartigen Gewaltmaßnahmen noch heute fortbestehen und immer neue dazukommen, gerade zu diesem Zeitpunkt eine Anerkennung der kirchlichen Oberen auszusprechen.« (Brief an seine Gemeinde in der Zeit der Amtsenthebung, 24.3.1934.)

Lit.: W. Oehme, Märtyrer, 86-100 (Zitate 93, 94); K. Meier, Kirchenkampf III, 691.

Sylten, Werner

* 09.08.1893 Hergiswyl/Schweiz
† 26.08.1942 Hartheim bei Linz/Österreich

Sohn eines vom Judentum zum Christentum konvertierten Chemikers und einer »Arierin«, verheiratet mit Hildegard Witting, zwei Söhne, nach dem Tod seiner Frau durfte er seine neue Lebenspartnerin Brunhilde Lehder aufgrund der Nürnberger Gesetze nicht heiraten, Pfarrer und Leiter des evangelischen Thüringer Mädchenheims in Bad Köstritz, BK, wegen »judenfreundlichen« Artikels in von ihm herausgegebener Zeitschrift 1935 im Völkischen Beobachter angegriffen, 1936 vom Thüringer Innenminister beurlaubt, dann vom Vorstand des Mädchenheims entlassen, von der Kirchenleitung in den Wartestand versetzt, von den »intakten« Landeskirchen Hannover, Bayern und Württemberg wegen seiner jüdischen Herkunft nicht übernommen, ab 1936 Geschäftsführer im Büro der Lutherischen Bekenntnisgemeinschaft in Gotha, 1938 aus Thüringen ausgewiesen, Dienst im »Büro Grüber« in Berlin, 1940 dessen Leiter, nach Schließung des Büros durch die Gestapo im Februar 1941 im KZ Dachau inhaftiert, dort an den Folgen der Haft erkrankt, dann in der »Euthanasie«-Tötungsanstalt Hartheim vergast.

»Du hast recht, liebe Brunhilde, – in dem Leid dieser Zeit sich dankbar erinnern, wieviel Gutes uns doch auch begegnet ist im Leben. Und haben wir das Gute aus Gottes

Hand empfangen, sollen wie nicht auch willig das Schwere aus Gottes Hand nehmen, wenn er es uns schickt? Freilich, wir werden immer darum ringen müssen: unser Herz sehnt sich nach Glück und Frieden und Gemeinschaft desto mehr, je mehr es dessen entbehren muß.« (Brief aus dem KZ Dachau vom 14.6.1942.)

Lit.: B. Köhler, Sylten; E. Röhm/J. Thierfelder, Juden 3/II, 305-330; J. Thierfelder, Sylten; P. Steinbach/J. Tuchel, Lexikon d. Widerstandes, 200; H. Gollwitzer u. a., Abschiedsbriefe, 393-396 (Zitat 394).

Müller, Friedrich (genannt Fritz Müller-Dahlem)

* 11.03.1889 Berlin
† 20.09.1942 Szoltzy/Russland

Sohn eines Lehrers, verheiratet mit Martha Florstedt (gestorben 1938), eine Tochter, Pfarrer in Berlin-Dahlem, Mitbegründer der BK, ab 1936 Vorsitzender der 2. Vorläufigen Leitung der DEK, mehrfach verhaftet, wegen der Gebetsliturgie für den Frieden in der Kriegsgefahr im Herbst 1938 Amtsenthebung durch das Konsistorium 1939, Kriegsdienst, als Gräberoffizier gestorben, vermutlich vergiftet.

Als Reichskirchenminister Kerrl bei Verhandlungen am 27.11.1935 die Ausführungen Müllers mit den Worten »Warum reden Sie so lange? Das ist für mich vollständig wertlos« unterbrach, entgegnete Müller: »Ich stelle fest, daß der Herr Reichsminister das, was wir zu sagen haben, für vollständig wertlos erklärt hat. Dann brechen wir die Verhandlung ab.« Und er verließ mit den anderen Vertretern des Preußischen Bruderrates das Ministerium.

Lit.: W. Oehme, Märtyrer, 107-114 (Zitat 110).

Klepper, Jochen (eigentlich Joachim) mit seiner Ehefrau Johanna (Hanni), geb. **Gerstel**, verw. **Stein**, und deren Tochter Renate **Stein**

* 22.03.1903 Beuthen/Niederschlesien (Polen) * 02.11.1890 (?)
* 05.03.1922 Breslau
† 11.12.1942 Berlin-Nikolassee

Pfarrerssohn, Journalist und Schriftsteller in Berlin, Verfasser geistlicher Lieder und Romane, ab 1933 wegen seiner jüdischen Frau und seines Bekenntnisses zum Christentum berufliche Behinderungen, 1937 Ausschluss aus der Reichsschrifttumskammer; als alle Bemühungen um eine Auswanderung der von der Deportation bedrohten Stieftochter Renate gescheitert waren, nahm er sich gemeinsam mit seiner Frau und seiner Stieftochter, die inzwischen zum Christentum übergetreten waren, das Leben.

»Aber ich glaube an das Geheimnis Gottes, das er im Judentum beschlossen hat; und deshalb kann ich nur darunter leiden, daß die Kirche die gegenwärtigen Vorgänge duldet.« (Tagebucheintrag, 30.3.1933.)
»Es zehrt an allen Kräften, die zur Leistung nötig sind, dies dauernde und immer noch wachsende Unrecht an den Juden in Deutschland ohnmächtig mit ansehen zu müssen. Die Welt und das Volk sehen darüber hinweg. Es gibt nur eins, das einen vor dem Schlimmsten bewahrt: daß man selbst seinen Anteil tragen muß am Erleiden dieses furchtbaren Unrechts.« (Tagebucheintrag, 29.4.1938.)

Lit.: U. Büttner, Klepper (Zitate 148, 138); J. Mehlhausen, Klepper; NDB 12, 47 f.; BBKL 4, 39-41.

Feldmann, Winfried

* 09.03.1910 Beekhuizen/Niederländisch-Guayana
(Beneden Para/Surinam)
† 17.12.1942 Belyj oder Rschew/UdSSR

Winfried Feldmann wurde auf der Plantage Beekhuizen der Herrnhuter Brüdergemeine, die sein Vater als Landwirt leitete, geboren. Feldmanns Mutter war eine Pastorentochter aus der hannoverschen Landeskirche. Das Familienleben war von einer starken persönlichen Frömmigkeit mit Bibelstudium und Gebet geprägt. Die Familie kehrte wenige Monate nach Winfrieds Geburt nach Deutschland zurück, lebte erst in Halle an der Saale und dann ab 1919 in Witzenhausen an der Werra, wo der Vater als Dozent an der Deutschen Kolonialschule lehrte. Ab 1928 studierte Feldmann Theologie, besonders prägend waren seine Semester bei Karl Barth in Bonn. Nach dem Studium ging er 1933 für ein Jahr als Vikar der dortigen deutschen Gemeinde nach Paris. Ab 1934 besuchte er das Predigerseminar Loccum der hannoverschen Landeskirche. Dort trug der Vikar, der selbst dem radikalen Flügel der Bekennenden Kirche nahe stand, Anfang 1936 Landesbischof August Marahrens seine Bedenken gegen dessen Zusammenarbeit mit den staatlich eingesetzten Kirchenausschüssen vor. Nach seiner Ordination arbeitete er ein Jahr als Austauschvikar in Württemberg. In Heilbronn verweigerte Feldmann das Gelöbnis der Treue zu Hitler, das vom Staat von allen Pfarrern, die an staatlichen Schulen unterrichteten, gefordert wurde: »allein die Heilige Schrift Alten und Neuen Testamentes [bleibt] maßgebend für die religiöse Unterweisung der Jugend.« Im Juni 1937 entzog der württembergische Kultusminister ihm die Unterrichtsbefugnis. Ab Oktober 1937 betreute er als Hilfsprediger vertretungsweise die Gemeinde Lauthental im Harz: »Hier hatte ich in den ersten Wochen einen schweren Kampf mit der Partei zu bestehen, die mir den Konfirmandenunterricht auseinanderzusprengen suchte«. Ende 1937 heiratete Feldmann die rheinische Studienreferendarin Edith Härter, der einige Monate zuvor die Lehrbefugnis entzogen worden war. Als im Frühjahr 1938 die hannoversche Kirchenleitung von ihren Pfarrern einen Treueid auf Hitler forderte, wies Feldmann im Mai 1938 in einem

Rundschreiben auf die Unvereinbarkeit von Ordinationsgelübde und Treueid auf Hitler hin. Als einer der wenigen standhaften Eidesverweigerer in seiner Landeskirche erhielt er keine feste Anstellung als Pfarrer. Ende April 1939 entzog man ihm auch seinen Vertretungsauftrag. Sein Schulfreund Karl Adolf Stisser nahm den arbeitslosen Feldmann im Mai 1939 als »Privatvikar« in seiner Gemeinde auf. Das Ehepaar konnte in das Pfarrhaus der vakanten Gemeinde Fürstenhagen im Solling ziehen und lebte von bescheidenen Beihilfen. Als der offiziell arbeitslose Feldmann im September 1939 zur Wehrmacht einberufen wurde, bat Stisser den Landesbischof, ihn doch auch ohne Eid wieder als Hilfsgeistlichen anzustellen – und so einen gewissen Schutz und finanzielle Absicherung zu gewähren. Doch Marahrens lehnte ab: »Die Verweigerung des Eides wird immer wieder Anlaß sein, hinsichtlich der Treue gegen Führer und Reich Bedenken zu erheben. Solange das der Fall ist, kann eine Anstellung nicht erreicht werden.«

Feldmann, der immer wieder den aus seiner Sicht zu kompromissbereiten Kurs seiner Kirchenleitung im NS-Staat kritisiert hatte, musste Soldat werden und starb nach einem Kopfschuss an der Ostfront. Seine Frau blieb bis 1947 in Fürstenhagen und übernahm dort Organistendienst, Konfirmandenunterricht und Kindergottesdienst. Später ging die junge Witwe wieder in den Schuldienst.

Lit.: H. Ludwig, Wahrheit (Zitate 110, 118); D. Herbrecht/I. Härter/H. Erhart, Streit, 484.

Keßler, Karl (Karl-Anton)

* 31.01.1912 (?)
† 19.12.1942 Stalingrad

Karl Keßler studierte von 1931 bis 1937 Theologie in Bethel, Marburg, Bonn und an der Kirchlichen Hochschule der Bekennenden Kirche in Berlin. 1934 schloss er sich der BK an, beide Examen legte er vor dem Landesbruderrat von Hessen-Nassau ab. Als illegaler Hilfsprediger in Ranstadt/Oberhessen half er im November 1938 hart bedrängten alten jüdischen Frauen. Nach seiner Kritik an der »Reichskristallnacht« in der Bußtagspredigt verhaftete man ihn. Aus der Untersuchungshaft in Gießen wurde er Ende 1938 entlassen und gleichzeitig von der Gestapo zusammen mit anderen jungen BK-Theologen aus Hessen und Nassau ausgewiesen. Keßler fand in der BK Berlin-Brandenburg Aufnahme und wurde ab Januar 1939 im »Büro Grüber« eingesetzt. Neben seiner Mitarbeit in der Abteilung für Kirche und Schule wirkte er ab August 1939 als Hilfsprediger in der Reformierten Schloßkirchengemeinde in Altlandsberg bei Berlin. Im Sommer 1939 heiratete er die westfälische BK-Vikarin Gerda Bertram, mit der er gemeinsam vom Pfarrhaus aus viele Rasseverfolgte betreute. Ein Freund charakterisierte Keßler rückblickend: »Er gehört nicht zu denen, die zum Nationalsozialismus politisch Ja und weltanschaulich Nein sagen, sondern bekennt sich rückhaltlos zum Totalitätsanspruch Christi, der ein Herr ist über Kirche und Welt ... Viele stößt er durch seinen Eifer und seine sachliche Schärfe ab, aber noch viel mehr gewinnen in ihm einen Bruder und Freund von großer Treue und Hingabe.« Da sich die offizielle Kirchenleitung dieser »zerstörten« Landeskirche nicht um Freistellungen von BK-Vikaren bemühte, wurde Keßler Anfang April 1940 eingezogen. Gerda Keßler, die an seiner Stelle die Gemeinde versorgte, versteckte im großen Pfarrhauskeller mehrere verfolgte »Nichtarier«, insgesamt wohl etwa 50 Personen. Wegen seiner politischen Belastung wurde Keßler schließlich zur »Frontbewährung« in Stalingrad eingesetzt, wo er gefallen ist.

Lit.: H. Ludwig, Opfer, 166-168 (Zitat 166 f.).

Scheliha, Rudolf von

* 31.05.1897 Zessel/Niederschlesien

† 22.12.1942 Berlin-Plötzensee

Sohn eines Rittergutsbesitzers, verheiratet mit Marie Louise von Medinger, zwei Töchter, Jurist im Auswärtigen Dienst, bis 1939 in Polen, dann im Auswärtigen Amt in Berlin, zuletzt als Legationsrat I. Klasse, ab 1933 NSDAP, in Warschau Kontakt zu deutschen NS-Gegnern und zu polnischen Intellektuellen, denen er nach der deutschen Okkupation half, bei Reisen in die Schweiz 1941/42 gab er Informationen über den Holocaust weiter, Kontakte zu Widerstandskreisen im Auswärtigen Amt und in der Heeresgruppe Mitte, im Oktober 1942 verhaftet, am 14. Dezember vom Reichskriegsgericht im Rahmen der Verfahren gegen die »Rote Kapelle« zum Tode verurteilt, aus der Haft Zeugnisse seines christlichen Glaubens, erhängt.

»Bitte mach dir den Kopf nicht schwer mit den Warums, dem Wenn man hätte etc. Es hat keinen Zweck! Ich trage mein Schicksal, das Gott mir auferlegt, mit Fassung und Ruhe. Wer weiß, was mir sonst geblüht hätte. Schließlich falle ich ja auch dieser elenden Zeit zum Opfer. ... Deine Liebe, die Du mir so reich geschenkt, wird mich in eine schönere Welt begleiten. ... Ich sterbe trotz Allem reinen Herzens.« (Abschiedsbrief an seine Frau vor der Hinrichtung, 22.12.1942.)

Lit.: U. Sahm, Scheliha, 11, 28, 188, 223 (Zitat); P. Steinbach/J. Tuchel, Lexikon des Widerstandes, 171.

Jacobson, Ingeborg (Inge)

* 19.03.1915 Berlin

† Dezember 1942 (?) ...

Ingeborg Jacobson stammte aus der Familie eines Berliner Arztes jüdischer Herkunft. Ihr Vater Richard Jakobson war im Ersten Weltkrieg mit dem Eisernen Kreuz ausgezeichnet worden und fühlte sich ganz und gar als Deutscher. Nach dem Abitur im Februar 1934 machte Jacobson eine kaufmännische Ausbildung und arbeitete später im Büro einer Seifenwarenfima. Durch ihre jüngere Schwester Dagmar kam sie in den Bibelkreis der BK-Vikarin Elisabeth Zinn an der Kaiser-Wilhelm-Gedächtniskirche, dem auch andere »nichtarische« Mädchen angehörten. Zinn charakterisierte die junge Frau rückblickend als »ein sehr liebenswertes Geschöpf, ..., hilfsbereit; bedürftig nach Gemeinschaft und Kommunikation, im christlichen Glauben – jedenfalls seit ihrer Konfirmation – tief und fest verwurzelt«. Ab Oktober 1938 arbeitete sie im Kaulsdorfer Pfarrhaus im Rahmen von Pfarrer Heinrich Grübers Bereuung von Rasseverfolgten, später als Sekretärin im »Büro Grüber« und Mitglied im Passage-Bewilligungsausschuss. Von einem England-Aufenthalt 1939 kehrte sie aus Sorge um ihre Eltern nach Berlin zurück. Nach der Schließung des »Büros Grüber« im Februar 1941 beteiligte sich Jacobson an der illegalen Betreuung von Juden und Christen jüdischer Herkunft durch den Dahlemer Helferkreis. In der dortigen BK-Gemeinde besuchte sie den Kurs zur »Ältesten-Ordination« zur geistlichen Betreuung der deportierten evangelischen »Nichtarier«. Verschiedene Bemühungen der Bekennenden Kirche um eine Auswanderungsmöglichkeit für Jacobson scheiterten 1941. Die arbeitslose junge Frau wurde als »Nichtarierin« zur Zwangsarbeit in den Fripawerken in Berlin-Treptow dienstverpflichtet. Ende November 1942 wurden ihre Eltern ins Ghetto Theresienstadt verschleppt. Am 9. Dezember 1942 begann für Jacobson die Deportation in den Osten. Ort und nähere Umstände ihres Todes sind bisher nicht bekannt.

Lit.: H. Ludwig, Opfer, 157-160; H. Erhart u.a., Staritz, 525; H. Ludwig, Schreiben an B. Mensing, 5.8.2002.

Sack, Erich

* 01.04.1887 Goldap/Ostpreußen
† 24.01.1943 KZ Dachau

Pfarrer in Lasdehnen/Ostpreußen, verheiratet, acht Kinder, BK, bezeichnete NSDAP als »nationales Unglück«, wegen »defätistischer« Äußerungen im Konfirmandenunterricht im August 1942 verhaftet, ab September 1942 im KZ Dachau, dort an den Folgen der Haft gestorben.

»Ein Volk, das seinen Glauben verleugnet, wird niemals siegen.« (Äußerung im Konfirmandenunterricht im Sommer 1942.)

Lit.: W. Oehme, Märtyrer, 115-117 (Zitat 116).

Kasenzer, Ernst

* 19.06.1891 Skingirren/Ostpreußen (wohl richtig: Skungirren)
† 01.02.1943 KZ Dachau

Kaufmann, dann Volksmissionar in verschiedenen Gegenden Deutschlands, verheiratet mit Hanna Müller, zwei Töchter, zuletzt in Thüringen, wegen Verweigerung des Hitlergrußes im März 1942 verhaftet (Polizeigefängnis Weimar), ab April 1942 KZ Buchenwald, ab Juni 1942 KZ Dachau, dort an den Folgen der Haft gestorben.

Lit.: W. Oehme, Märtyrer, 118-120.

Gehrts, Erwin

* 18.04.1890 Hamburg
† 10.02.1943 Berlin-Plötzensee

Kaufmannssohn, erste Frau starb kurz nach der Geburt des ersten Sohnes, später verheiratet mit Erika Weber, eine Tochter, Journalist, zuletzt bei der »Täglichen Rundschau« in Berlin bis zu deren Verbot im Juli 1933, dann selbständiger Bildreporter, von seinem Vorgesetzten aus dem

Ersten Weltkrieg 1935 ins Reichsluftfahrtministerium geholt, dort zuletzt Oberst und Gruppenleiter. Zeitweise DVP-Mitglied, später mit christlich-sozialer und »konservativ-revolutionärer« Einstellung im »Tat-Kreis«, im »Dritten Reich« Kontakte zum Hitler-Gegner Ernst Nikisch und zur BK, ab 1941 Vertrauensverhältnis zu Harro Schulze-Boysen, aber wohl keine Mitarbeit in der »Roten Kapelle«, dennoch im Oktober 1942 verhaftet, am 10. Januar 1943 vom Reichskriegsgericht zum Tode verurteilt, aus der Haft Zeugnisse seiner persönlichen Frömmigkeit, hingerichtet.

»... mein lebendiger Kern [drohte] an dem Zwiespalt der Zeit zu zerspringen ..., aber in der langen Haft [heilte] Gott mich ...« (Anregungen für die eigene Gedenkfeier, 28.12.1942.)

Lit.: H. Coppi, Gehrts; P. Steinbach/J. Tuchel, Lexikon d. Widerstandes, 66.

Scholl, Hans und Schwester Sophie

* 22.09.1918 Ingersheim/Württemberg
* 09.05.1921 Forchtenberg/Württemberg
† 22.02.1943 München-Stadelheim

Hans und Sophie Scholl wuchsen zusammen mit den Geschwistern Inge, Elisabeth und Werner als zweites und viertes Kind eines liberal-demokratischen Bürgermeisters auf. Ihre jüngste Schwester Thilde starb 1926 noch vor dem ersten Geburtstag an den Masern. Als der Vater 1930 abgewählt wurde, zog die Familie schließlich nach Ulm, wo er sich als Steuer- und Wirtschaftsberater eine neue Existenz aufbaute. Trotz der Warnungen des Vaters schlossen sich die Kinder begeistert der Hitlerjugend an. Hans ging im Mai 1933 in die HJ, in der er bis zum Fähnleinführer aufstieg. Sophie trat im Januar 1934 in den BDM ein. Nachdem Hans im Frühjahr 1936 wegen seines bündischen Führungsstils als HJ-Führer degradiert worden war, schloss er sich im Sommer/Herbst 1936 einer illegalen bündischen Jugendgruppe an (»deutsche jungenschaft vom 1.11.1929 – dj. 1.11.«) und führte deren Ulmer Gruppe. Im Rahmen der Verfolgung der bündischen Jugendgruppen wurde Hans Ende 1937 – er war inzwischen nach Abitur und Reichsarbeitsdienst zum Wehrdienst eingezogen – für zwei Wochen inhaftiert, Sophie wurde von der Gestapo im Rahmen der Ermittlungen gegen die »bündischen Umtriebe« ihres Bruders vernommen. Ab Sommersemester 1939 studierte Hans in München – unterbrochen durch Fronteinsätze an West- und Ostfront mit der Studentenkompanie – Medizin. Sophie absolvierte 1940/41 nach ihrem Abitur eine Kindergärtnerinnenausbildung in Ulm, war 1941 beim Reichsarbeitsdienst und nahm im Sommersemester 1942 ihr Philosophie- und Biologiestudium in München auf. Seit 1938 war sie fest mit Fritz Hartnagel, einem angehenden Berufsoffizier, befreundet, später auch verlobt. Sophie schloss sich in München dem Freundes- und Diskussionskreis an, der sich um Alexander Schmorell und ihren Bruder gebildet hatte. Bei den Treffen spielten politische und religiöse Fragen eine wichtige Rolle; über Hans Scholl entstanden enge Kontakte zu den reformkatholischen und regimekritischen Publizisten Carl Muth und Theodor Haecker aus dem Hochland-Kreis. Beide Geschwister besuchten Vorlesungen des oppositionellen Philosophieprofessors Kurt Huber. Durch diese Anregungen und die Lektüre der Werke der alten und der modernen Denker des abendländischen Christentums vertiefte sich der Glaube bei Hans und Sophie. Den ganzen Kreis verband ein undogmatisches und überkonfessionell gelebtes Christentum. Im Juni 1942 entwarfen Hans und Alexander Schmorell die ersten Flugblätter der Weißen Rose, in denen zum passiven Widerstand gegen das NS-Regime aufgerufen wurde. In den folgenden Monaten weihten sie die Kommilitonen Willi Graf und Christoph Probst, Sophie sowie Professor Huber ein und nahmen Kontakte zu Widerstandskreisen in anderen Städten auf. Unter dem Eindruck der »Front-Famulatur« der Medizinstudenten in Russland, des Kriegshilfsdienstes von Sophie in einem Ulmer Rüstungsbetrieb und der mehrwöchigen Haft des Vaters Robert Scholl mit anschließendem Berufsverbot wegen einer kritischen Äußerung über Hitler im Sommer/Herbst 1942 verschärfte die Weiße Rose ihre Widerstandsaktionen. Im Januar und Februar 1943 verbreiteten sie nachts in München Mauerinschriften gegen Hitler und riefen in den neuen Flugblättern zum aktiven Widerstand auf. Auch Sophie beteiligte sich nun an Herstellung und Verbreitung der Flugblätter. Beim Auslegen des sechsten Flugblatts im Hauptgebäude der Universität wurden Hans und Sophie am 18. Februar 1943 festgenommen. Vier Tage später wurden sie zusammen mit Christoph Probst vom Volksgerichtshof in München zum Tode verurteilt und am selben Tag im Strafgefängnis München-Stadelheim enthauptet. Probst ließ sich kurz vor der Hinrichtung vom katholischen Gefängnisgeistlichen taufen – er hatte diesen Schritt schon länger erwogen. Am 19. April 1943 wurden der russisch-orthodoxe Alexander Schmorell sowie die aktiven Katholiken Willi Graf und Kurt Huber zum Tode verurteilt, andere Mitglieder und Mitwisser der Weißen Rose erhielten Gefängnisstrafen. Schmorell und Huber enthauptete man am 13. Juli 1943, Graf nach weiteren ergebnislosen »verschärften« Verhören am 12. Oktober 1943.

»Hat Dir Gott nicht selbst die Kraft und den Mut gegeben zu kämpfen? Wir müssen das Böse dort angreifen, wo es

am mächtigsten ist, und es ist am mächtigsten in der Macht Hitlers.« (Viertes Flugblatt, Sommer 1942.)
»Wenn Christus nicht gelebt hätte und nicht gestorben wäre, gäbe es wirklich gar keinen Ausweg. … Dann müßte man mit dem Kopf gegen die nächste Mauer rennen und sich den Schädel zertrümmern: So aber nicht.« (Tagebucheintrag Hans Scholls vom 28.8.1942 unter dem Eindruck der Beerdigung eines russischen Soldaten an der Ostfront)
»Gelt, Sophie: Jesus« – »Ja, aber du auch.« (Abschiedsworte zwischen Mutter und Tochter nach dem Todesurteil)

»Nach kurzem Gruß und festem Händedruck bat er [Hans Scholl] mich, ihm zwei Bibelabschnitte vorzulesen: das ›Hohelied der Liebe‹ aus 1. Korinther 13 und den 90. Psalm. ... Beide Geschwister baten um den Empfang des Altarsakramentes. ... Ohne eine Träne zu vergießen, feierte auch sie [Sophie Scholl] andachtsvoll das Heilige Abendmahl, bis der Wächter an die Zellentür pochte, und sie hinausgeführt wurde.« (Bericht des evangelischen Gefängnisseelsorgers Karl Alt.)

Lit.: B. Schüler, »Weiße Rose«; P. Steinbach/J. Tuchel, Lexikon d. Widerstandes, 175 f.; BBKL 9, 673-676; M. Kißener/B. Schäfers (Hg.), »Weitertragen«; K. Alt, Todeskandidaten (Neuauflage 1994), 100-103 (Zitat); R. Lill (Hg.), Hochverrat?, 34-37 (Zitate).

Himpel, Helmut

* 14.09.1907 Schönau bei Freiburg im Breisgau
† 13.05.1943 Berlin-Plötzensee

Helmut Himpel studierte in Freiburg zunächst Elektrotechnik, wechselte dann aber zur Zahnmedizin. Nach dem Studium eröffnete er etwa 1937 in Berlin-Wilmersdorf eine Praxis, in der er auch viele jüdische Patienten hatte. Als diesen die Benutzung der öffentlichen Verkehrsmittel untersagt wurde, behandelte Himpel sie in ihren Wohnungen.

Im Studium in Freiburg lernte Himpel die Katholikin Maria Terwiel kennen, die ihr Jurastudium nicht abschließen konnte, weil ihr als »Halbjüdin« 1935 das Referendariat verwährt war. Die Nürnberger Rassegesetze verboten dem Paar die Eheschließung. Dennoch lebten sie nach ihrer Verlobung ab 1940 zusammen.

Über einen Patienten kamen beide in Kontakt zu Harro Schulze-Boysen und beteiligten sich an Aktionen des Widerstandskreises um diesen und Arvid Harnack (»Rote Kapelle«). Illegal verbreitete das Paar Schriften und Flugblätter, vor allem im Winter 1941/42 und im Frühjahr 1942. In vermutlich über tausend Exemplaren vervielfältigten und versandten sie die Predigten des Münsteraner Kardinals Clemens August Graf von Galen, in denen er sich im Sommer 1941 mutig gegen die »Euthanasie«-Morde an den Geisteskranken und die Unterdrückung der Kirche gewandt hatte. Adressaten waren unter anderem evangelische und katholische Pfarrämter. Untergetauchten Juden beschafften Terwiel und Himpel Personalpapiere, der Zahnarzt versorgte sie auch medizinisch.

Am 17. September 1942 verhaftete die Gestapo im Rahmen der Aufdeckung der »Roten Kapelle« auch Terwiel und Himpel, der im Spandauer Militärgefängnis bis auf 55 Kilo abmagerte. Das Reichskriegsgericht verurteilte das Paar zusammen mit anderen Mitgliedern der »Roten Kapelle« am 26. Januar 1943 »wegen Hochverrates und Feindbegünstigung« zum Tode. In der Haft setzte sich Himpel auch nach dem Todesurteil mit der Zukunft von Kirche und Staat auseinander. Ein besonderes Anliegen war es ihm dabei, »die beiden Konfessionen wieder unter ein Dach zu bringen. In letzter Zeit habe ich so viele Beweise der Verständigungsbereitschaft erhalten«. In seinem Abschiedsbrief vom 12. Mai 1943 spiegelt sich sein reflektierter christlicher Glaube wider: »So sind also Künste und Wissenschaften, Musik u.

Theater, gutes Essen u. reinliche, schöne Kleidung zwar sicherlich für das Jenseits entbehrliche, ja sogar höchst überflüssige Dinge. Trotzdem bin ich überzeugt, dass wir sie genießen, so gut als möglich, ohne an unserer Seele Schade zu nehmen. … Man muß das alles entbehren können, wenn man es nicht haben kann, sich dessen aber freuen, so man in seinem Besitz ist, und auch mit Freuden wieder darauf verzichten, wenn es von einem genommen wird. So ist's mit den Dingen, so ist's mit dem Körper. Freilich ist man Mensch genug, nicht gerade Freude zu empfinden, wenn dieser einem genommen wird, und auch wieder Philosoph (– u. gläubig –) genug zu entsagen ohne Hader.«

Nach Himpels Hinrichtung wurde auch Maria Terwiel am 5. August 1943 in Berlin-Plötzensee hingerichtet.

Unter den hingerichteten Mitgliedern der »Roten Kapelle« befanden sich weitere Opfer aus dem Raum des Protestantismus ohne eigene Kurzbiographie: Arvid Harnack und seine Frau Mildred, geborene Fish, Harro Schulze-Boysen und seine Frau Libertas, geborene Haas-Heye.

Lit.: M. Asendorf/R. v. Bockel, Wege, 271 f. (J. Tuchel); J. Tuchel, Motivationen, 280-284, 290-292; J. Tuchel, Terwiel u. Himpel; H. Moll (Hg.), Zeugen I, 146-149.

Herbst, Alfred

* 15.12.1906 Schriesheim/Baden
† 20.07.1943 Brandenburg

Elektromonteur in Stuttgart, verheiratet mit Elise, eine Tochter, Mitglied einer evangelisch-freikirchlichen Gemeinde, aus religiöser Überzeugung lehnte er den Eid auf Hitler ab und verweigerte deshalb den Wehrdienst, zunächst ab Anfang April 1943 Haft in Böblingen, dann in Berlin, vom Reichskriegsgericht wegen Wehrkraftzersetzung zum Tode verurteilt, hingerichtet.

»... alle paar Tage kommt ein Offizier und fragt, ob ich meine Einstellung nicht ändern wolle. Dies gab mir oft Gelegenheit, ein Zeugnis für den Herrn abzulegen. ... nach all dem, was ich in diesen Wochen erlebte, bin ich noch fester geworden in der Überzeugung, daß der Weg im Vertrauen zu unserem Herrn und König Jesus Christus allein der rechte ist.« (Brief an seine Frau aus dem Gefängnis, 1943.)

»O, wie gern wäre ich mit Euch noch hier gewandert. Der Herr ließ es zu, mich im Glauben und Gehorsam zu prüfen, und in dieser Prüfung mußte ich Gott mehr gehorchen als den Menschen.« (Abschiedsbrief an Frau und Tochter, Juli 1943.)

Lit.: J. Müller-Bohn, Briefe, 138-143 (Zitate 140 f., 142)

Bontjes van Beek, Cato

* 14.11.1920 Bremen
† 05.08.1943 Berlin-Plötzensee

Tochter einer Malerin und eines Keramikers, wuchs mit Schwester Mietje und Bruder Tim in Fischerhude auf, ließ sich 1933 taufen und 1935 konfirmieren, ab Herbst 1940 Lehrling in der Werkstatt ihres Vaters in Berlin, dort zeitweise Kontakte zur »Roten Kapelle«, ab 1941 engere Freundschaft mit Heinz Strelow, im September 1942 verhaftet, im Januar 1943 vom Reichskriegsgericht zum Tode verurteilt – wie auch Heinz Strelow, aus der Haft Zeugnisse ihres christlichen Glaubens, trotz Gnadengesuchen u. a. vom Kirchenvorstand ihrer Heimatgemeinde Fischerhude enthauptet.

»Wenn es doch sein muß, dann sterbe ich ganz ruhig, mit viel, viel Liebe zu Euch, die Ihr mir so nahe steht, zu Heinz und zu allen, allen Menschen. Ich fürchte mich gar nicht davor – aber meine Sehnsucht ist doch das Leben.« (Brief an ihre Mutter, 15. Februar 1943.)

»Was auch kommt, ich habe keine Angst und blicke zuversichtlich in die Zukunft und weiß selbst nicht, woher ich diese Zuversicht nehme. Es ist ein starker Glaube in mir, und hier habe ich erfahren, daß ich immer schon religiös war, und das hat sich nun sehr gefestigt.« (Brief an ihre Mutter, 17. März 1943.)

»Zum Philosophieren habe ich nun gar kein Verständnis mehr, denn mir ist in dieser Zeit alles sehr einfach und klar geworden, und ich finde, es ist die ganzen Jahrhunderte viel geschrieben worden und nur weniges hat Bestand, und dazu gehört doch an erster Stelle die Bibel. Ich bin sehr froh, daß ich das Neue Testament hier habe.« (Brief an ihren Freund Heinz Strelow, 28. März 1943.)

»Weißt du, lese doch mal ganz systematisch die vier Evangelien, Du glaubst gar nicht, wie stark man durch dies systematische Lesen wird.« (Abschiedsbrief an ihre Schwester Mietje, 5. August 1943.)

»Wenn doch der Haß getilgt wäre und die Menschen zu Gott kämen. Wir brauchen uns nicht wie Diebe aus der Welt zu schleichen.« (Cato im Gespräch mit dem Gefängnispfarrer kurz vor der Hinrichtung.)

Lit.: H. Gollwitzer u. a., Abschiedsbriefe, 88-95; M. Coburger, Frauen, 101; W. Benz/W. H. Pehle, Lexikon d. deutschen Widerstandes, 336; H. Kluge, C. Bontjes v. Beek (Zitate 37, 35, 106).

Stellbrink, Karl Friedrich

* 28.10.1894 Münster
† 10.11.1943 Hamburg

Sohn eines Oberzollsekretärs, verheiratet mit Hildegard Dieckmann, vier Kinder, Pfarrer in Lübeck, zunächst überzeugter Nationalsozialist und ab 1930 NSDAP-Mitglied, zeitweise Mitglied im »Bund für Deutsche Kirche«, wegen kritischer Predigtäußerungen zu kirchenfeindlichen Maßnahmen und Kontakt zu einer jüdischen Familie 1937 Ausschluss aus der NSDAP, enge Verbindung zu regimekritischen katholischen Geistlichen in Lübeck, wegen Predigtäußerungen, die Bombenangriffe auf Lübeck als Gottesgericht deuteten, im April 1942 verhaftet und von der Kirchenleitung amtsenthoben, vom Volksgerichtshof im »Lübecker Christenprozeß« zusammen mit drei katholischen Kaplänen (Hermann Lange, Eduard Müller, Johannes Prassek) zum Tode verurteilt – die Kirchenleitung verweigerte ein Gnadengesuch – und enthauptet.

»Gott hat mir bisher geholfen, weil Eure Gebete mich trugen. Oh, was würde das für eine Gemeinschaft werden, wenn wir wieder zusammenkämen! Aber seid gewiß: sie kommt; wenn nicht in dieser unendlich kurzen Erdenzeit, so bestimmt dort in der Ewigkeit. Und das ist doch wahrlich die Hauptsache! Darum: Freuet euch und sorget um nichts!« (Brief an seine Familie aus der Haft.)

Lit.: B. Templin/I. Klatt, Leben und gewaltsames Sterben; H. Moll (Hg.), Zeugen I, 249-257; P. Steinbach/J. Tuchel, Lexikon d. Widerstandes, 196 f.; BBKL 14, 1208; W. Oehme, Märtyrer, 126-136 (Zitat 132 f.).

Hesse, Helmut

* 11.05.1916 Bremen
† 24.11.1943 KZ Dachau

Pfarrerssohn, unverheiratet, illegaler Vikar der BK in Wuppertal-Elberfeld, wegen Protestes gegen die Judenverfolgung in einer Bekenntnisversammlung im Juni 1943 zusammen mit seinem Vater Hermann verhaftet, nach Haft im Polizeigefängnis Barmen im November 1943 ins KZ Dachau verschleppt, dort an den Folgen der Haft gestorben.

»Jeder Anspruch, der diese Grenzen [der von Gott verordneten Obrigkeit] nicht anerkennt, ist Götzendienst. Wer sich zum Herrn über Glauben und Gewissen aufwirft, handelt wider die christlichen Bekenntnisse und ist antichristlich.« (Begründung des Entlassungsgesuches aus der SA, 14.10.1935.)

»Und du, Gemeinde Christi, meinst du nun, dieses Reden der Kirche zur Weltmacht sei eine einmalige Angelegenheit des Alten Testamentes und ginge dich weiter nichts an? ... Darum bitte Gott, daß dich nicht Angst und Menschenfurcht zum stummen Hunde machen, wo dir die Sünde Groß-Ninives begegnet. ... Predige auch du wider Groß-Ninive zum Zeugnis über sie. Oder willst du dich durch stillschweigendes Zusehen beteiligen an dem Mißbrauch, den man mit dem Namen des ›Allmächtigen‹ treibt, an Gotteslästerung und Sabbatschändung, an dem Mord wehrloser Geschöpfe des lebendigen Gottes?« (Predigt zu Jona 1, Frühjahr 1941.)

»Als Christen können wir es nicht länger ertragen, daß die Kirche in Deutschland zu den Judenverfolgungen schweigt.« (Aus dem »Münchner Laienbrief« von Ostern 1943, den Helmut Hesse im Juni 1943 in der Bekenntnisversammlung verlesen hat.)

Lit.: E. Hesse, Helmut Hesse; H. Gollwitzer u. a., Abschiedsbriefe, 19-21 (Zitate); W. Scherffig, Theologen III, 406-408 (Zitat).

Rosenthal, Bruno

* 1909 (?)
† Januar 1944 (?)

Angestellter in Berlin, verheiratet, als »Mischling« aktives Mitglied eines von Pfarrer Heinrich Grüber gegründeten Kreises von Christen jüdischer Herkunft, half anderen Rasseverfolgten, hielt Kontakte zu Widerstandsgruppen, im Dezember 1943 wegen der Verbreitung eines NS-kritischen Spottgedichts in seinem Betrieb verhaftet, in der Haft zu Tode gebracht.

»[Rosenthal hat] sich sehr aktiv in unserer zunächst von Grüber selbst und nach dessen Verhaftung von seinem Vikar geleiteten kirchlichen Gruppe eingesetzt … und im Interesse der volljüdischen und jüdisch versippten Verfolgten gearbeitet ... Außerdem führte er uns auch immer wieder neue Anhänger zu. ... Ich neigte immer zur Vorsicht, während der verstorbene Rosenthal keine Rücksichtnahme auf sich kannte«. (Bericht von Johannes Scharlock aus dem »Grüber-Kreis«, 1953.)

Lit.: H.-R. Sandvoß, Widerstand Friedrichshain/Lichtenberg, 247 (Zitat).

Kaufmann, Franz

* 05.01.1886 Berlin

† 17. Februar 1944 (?) KZ Sachsenhausen

Franz Kaufmann wuchs in einer jüdischen Familie in Berlin auf. Das Jurastudium schloss er mit der Promotion zum Dr. jur. ab. Im Ersten Weltkrieg diente er als Offizier. Danach war er als Verwaltungsjurist in unterschiedlichen Ministerien und Behörden tätig, zuletzt als Oberregierungsrat im Reichssparkommissariat in Berlin. Im Dezember 1935 (?) wurde Kaufmann als »Volljude« zwangspensioniert, 1939 kürzte man ihm auch noch die Pension.

Kaufmann schloss sich in der bekennenden Gemeinde Berlin-Dahlem einem Bibelkreis für »nichtarische« Christen und einer theologischen Arbeitsgemeinschaft an, später nahm er dort auch an einem Kurs für Laienprediger teil. Selbst durch seine »privilegierte Mischehe« mit Margot, einer »Arierin«, und die gemeinsame Tochter relativ geschützt, unterstützte er andere Rasseverfolgte, zunächst in

Verbindung mit dem »Büro Grüber«. Als Kaufmann im Oktober 1940 von der Deportation eines befreundeten Ehepaares aus Baden – sie wurden im Rahmen der »Bürckel-Aktion« zusammen mit etwa 6.500 anderen badischen »Nichtariern« ins Lager Gurs in Südfrankreich verschleppt – erfuhr, fragte er sich und Freunde aus der Gemeinde in Berlin-Dahlem: »... sind wir auch imstande, dies alles geschehen zu lassen, ... [uns] ein ruhiges Gewissen zu lassen, als wenn nichts geschehen wäre? ... Wo ist unsere Gemeinschaft im Glauben, wenn wir die Gefahr der Verfolgten nicht mit ihnen teilen?« Zusammen mit der Anwaltsgehilfin Helene Jacobs und der Fürsorgerin Gertrud Staewen beschloss er, unter allen Umständen »die Gemeinschaft mit den Verfolgten zu halten«.

Kaufmann versuchte zunächst, zu verschiedenen Ministerien Kontakt aufzunehmen, um diese zu einem Einschreiten gegen die Deportationen zu bewegen. Als dies erfolglos blieb, versuchte der kleine Kreis, möglichst viele Einzelne vor der Deportation in den Osten zu bewahren. Dazu vermittelte Kaufmann vielen Bedrohten, mitunter auch durch Bestechung, Arbeitsstellen in Rüstungsfabriken. Ausländische Diplomaten wurden bedrängt, »Nichtarier« im Büro oder im Haushalt zu beschäftigen, Kranken wurden Atteste besorgt. Durch Mittelsmänner wurden sogar Gestapobeamte bestochen. Helene Jacobs schilderte dies rückblickend: »... in anderen Fällen wieder, in denen die Verschleppung bereits geschehen war, versprach man die Einordnung in solche Gruppen, die von der Vernichtung verschont bleiben würden. Jeden dieser Schritte ließen sich die Gestapoleute wie ihre Mittelsmänner hoch bezahlen. ... Doch schien es wichtiger, den Verschleppten noch die brüderliche Hand nachzustrecken, als der eigenen Befleckung durch die Gemeinschaft mit den Verbrechern unter allen Umständen auszuweichen«.

Als das Tempo der Deportationen gesteigert wurde und der Krieg sich wider Erwarten in die Länge zog – der Kreis hatte zunächst auf einen rascheren Sieg der Alliierten gehofft –, ging man wohl 1942 dazu über, Christen jüdischer Herkunft und anderen »Volljuden« beim Untertauchen in die Illegalität und bei der Flucht ins Ausland zu helfen. Um die Untergetauchten zu verstecken und mit Lebensmitteln zu versorgen, bat der Kreis gleichgesinnte Freunde und BK-Gemeinden um Verstecke, Lebensmittelmarken, Geld und andere »Liebesgaben«. Als die Spenden nicht mehr ausreichten, »nahm Kaufmann schließlich Verbindungen zu Unterweltkreisen auf, die gegen Bezahlung Lebensmittelkarten verschafften. Zum Teil stammten sie aus Diebstählen bei Kartenstellen. Diese Verbindung mit der Unterwelt bezeichnete Kaufmann selbst als ein schweres Opfer, das er im Dienst an den Brüdern brachte«. Die Gruppe um Kaufmann versorgte auch einen untergetauchten Graphiker, der Ausweise fälschte; weitere wurden auf dem Schwarzmarkt gekauft. Kaufmann arbeitete dabei auch mit jüdischen Helfer-Kreisen um die »Halbjüdin« Edith Wolff, die 1933 aus Solidarität mit den rassisch Verfolgten vom Christentum zum Judentum übergetreten war, zusammen und unterstützte die untergetauchten Mitglieder der illegalen jüdischen Jugendgruppe »Chug Chaluzi«. Insgesamt konnten etwa 200 Menschen mit falschen Papieren versorgt werden. Helene Jacobs schilderte später, wie Kaufmann eine auf die Deportationsliste gesetzte Krankenschwester zum Untertauchen ermutigte: »Als Kaufmann sie jetzt sah, hatte sie neben sich die Spritze liegen, die ihre letzte Zuflucht sein sollte, wenn die Gestapo sie holen würde. Sein liebevolles Zureden überwand ihre Scheu vor der Belastung, die sie, gewohnt anderen beizustehen, für den Helferkreis sein würde, wenn sie nun verborgen werden mußte.«

Im August 1943 fasste die Polizei nach dem Hinweis einer Denunziantin einen der Untergetauchten, der einen von Kaufmann erhaltenen Ausweis bei sich hatte. Wenig später verhaftete die Gestapo Jacobs, Kaufmann und Melanie Steinmetz aus dem engeren Dahlemer Helferkreis sowie Hildegard Jacoby, die ihren Postausweis über Jacobs für eine untergetauchte Jüdin hatte fälschen lassen. Staewens Beteiligung wurde nicht entdeckt. Insgesamt verhaftete die Gestapo aber 50 Personen, zumeist Untergetauchte, von denen in der Folge 37 im Holocaust ermordet wurden. Kaufmann kam als »Volljude« ins KZ Sachsenhausen und wurde bei den Verhören auch gefoltert. Den insgesamt elf »arischen« und »halbarischen« Verhafteten wurde vor dem Landgericht Berlin der Prozess gemacht. Im Urteil vom 12. Januar 1944 erschien Kaufmann als Drahtzieher der ganzen Gruppe, der es verstanden habe, »die religiöse Einstellung einiger Angeklagter ... geschickt auszunutzen«. Jacobs und Steinmetz seien »Opfer der Ausnutzung ihres auf religiöser Grundlage fußenden Mitleids durch Kaufmann sowie der der Rassenfrage verständnislos gegenüberstehenden Einstellung der Bekenntniskirche geworden«. Wegen Beihilfe zur Urkundenfälschung und gesetzwidriger Beschaffung von Lebensmitteln wurden die Frauen zu mehrjährigen Zuchthaus- bzw. Gefängnisstrafen verurteilt. Kaufmann wurde nach dem Abschluss des Gerichtsverfahrens auf Weisung der Gestapo ohne Urteil – wie bei »Juden« damals üblich – im KZ erschossen. Einige der vom Kaufmann-Kreis unterstützten Rasseverfolgten haben das »Dritte Reich« überlebt, u. a. die oben erwähnte Krankenschwester.

Lit.: W. Oehme, Märtyrer, 121-125; M. Asendorf/R. v. Bockel, Wege, 322 f. (K. Drobisch); G. Schäberle-Koenigs, Weg, 284-286, 307-317 (Zitate 307, 309 f., 311, 316). W. Benz/W. H. Pehle, Lexikon d. deut-

schen Widerstandes, 241-243; H. Ludwig, Schreiben an B. Mensing, 5.8.2002.

Praun, Friedrich von

* 21.07.1888 Hersbruck/Mittelfranken
† 19.04.1944 Gefängnis Nürnberg

Jurist, verheiratet mit Irene von Seckendorff-Gudent, kinderlos, Vorstand der Evangelisch-Lutherischen Landeskirchenstelle in Ansbach, im Kirchenkampf aktiv gegen die DC, im Oktober 1943 wegen staatsfeindlicher und »defätistischer« Äußerungen (nur Gott könne noch helfen) während eines Luftangriffes verhaftet, ein Sondergericht in Nürnberg überwies im April 1944 den Fall wegen »Zersetzung der Wehrkraft« an den Volksgerichtshof, vor der Überführung nach Berlin im Gefängnis gestorben (offizielle Todesursache: Suizid) – an der Beerdigung in Unterdeufstetten bei Crailsheim nahmen auch Landesbischof Hans Meiser und viele weitere Geistliche teil.

Lit.: R. Meiser, Ansbach, 214 f.; H. Witetschek (Bearb.), Kirchliche Lage 7, 34 f.

Jacoby, Hildegard

* 21.12.1903 Kassel
† 02.06.1944 Berlin

Hildegard Jacoby wuchs als Tochter eines jüdischen Arztes und einer evangelischen »Arierin« in Kassel auf. Nach dem Lyzeum und der Höheren Handelsschule wurde sie Fürsorgerin. 1933 entfernte man sie als »Halbjüdin« aus dem öffentlichen Dienst. Bis 1939 arbeitete Jacoby im Büro eines jüdischen Patentanwalts. Dann wurde sie Sekretärin zunächst in einem Pfarramt, später im Büro des brandenburgischen Bruderrates der Bekennenden Kirche. Außerdem war sie eine Mitarbeiterin von Marga Meusel, der Leiterin des

Evangelischen Bezirkswohlfahrtsamtes der Inneren Mission Berlin-Zehlendorf. Jacoby unterstützte das »Büro Grüber« und half auch illegal mit Lebensmittelkarten und Ausweisen untergetauchten Christen jüdischer Herkunft und Juden. Sie hatte Kontakte zum Dahlemer Helferkreis um Franz Kaufmann. Im Rahmen der Aufdeckung dieses Kreises durch die Gestapo wurde auch Jacoby im August 1943 verhaftet, weil sie ihren Postausweis zu Verfügung gestellt hatte, damit er für eine untergetauchte Jüdin zurechtgemacht werden konnte. Am 12. Januar 1944 verurteilte sie das Landgericht Berlin wegen Beihilfe zur versuchten Urkundenfälschung zu 18 Monaten Gefängnis. Jacoby erkrankte schon in der Untersuchungshaft und wurde nur unzureichend medizinisch versorgt. Erst nach zunächst vergeblichen Interventionen ihres Anwalts Horst Holstein gewährte man ihr am 2. Juni 1944 Haftverschonung. Wenige Stunden nach ihrer Entlassung wollte sie Margot Kaufmann, die Witwe von Franz Kaufmann, besuchen. In deren Wohnung erlitt sie einen schweren Herzanfall, dem sie wenig später erlag.

Lit.: W. Oehme, Märtyrer, 145-147; P. Steinbach/J. Tuchel, Lexikon d. Widerstandes, 100; G. Schäberle-Koenigs, Weg, 314-317; H. Ludwig, Schreiben an B. Mensing, 5.8.2002.

Arndt, Walther

* 08.01.1891 Landeshut/Schlesien
† 26.06.1944 Brandenburg-Görden

Dr. med., Dr. phil., Kustos und Professor am Zoologischen Museum der Universität Berlin, unverheiratet, verhaftet im März 1944 wegen »defätistischer« Äußerungen, im Mai 1944 vom Volksgerichtshof zum Tode verurteilt, aus der Haft Zeugnisse seines christlichen Glaubens, hingerichtet.

»Jetzt ist es zu Ende mit dem Dritten Reich. Es handelt sich nur noch um die Bestrafung der Schuldigen.«

(Denunzierte Äußerung gegenüber einem Kollegen nach schweren Luftangriffen auf Berlin im März 1944.)

»Wie oft habe ich hier, und ich tue es heute noch einmal, die Gesangbuchverse, die wir für Vaters Trauerfeier wählten, und den Spruch ›Sei getreu bis in den Tod‹, der immer mein Wahlspruch war – vor mich hingesagt und hingesungen. ... Mein letzter Gedanke gilt Dir und unserer dereinstigen Wiedervereinigung«. (Abschiedsbrief an seine Schwester, 26.6.1944.)

Lit.: A. Leber, Gewissen, 51-53 (Zitat 51); H. Gollwitzer u.a., Abschiedsbriefe, 285-288 (Zitat 287 f.).

Bronisch-Holtze, Ernst und seine Frau (?)

* 26.09.1890 *(?)

† 20.07.1944 Stadtgefängnis Königsberg/Ostpreußen

† 22.06.1944 Königsberg/Ostpreußen

Ernst Bronisch-Holtze wurde 1927 Studentenpfarrer für die Friedrich-Wilhelms-Universität und Pfarrer der Dreifaltigkeitskirche in Berlin-Mitte. Jeden zweiten Sonntag gestaltete Bronisch-Holtze in der Dreifaltigkeitskirche Studentengottesdienste, in denen später auch Dietrich Bonhoeffer predigte. Zum Semesterbeginn fand jeweils ein großer Universitätsgottesdienst statt, in dem oft Reichspräsident von Hindenburg zugegen war. Zusammen mit dem Superintendenten Friedrich Geest gelang es dem kirchenpolitisch neutralen Pfarrer, die Deutschen Christen in den Gemeindegremien auszuschalten. Ab 1935 kam es zu offenen Konflikten zwischen Bronisch-Holtze und Deutschen Christen in der Gemeinde. Der Pfarrer lehnte die Anwendung des »Arierparagraphen« in der Kirche strickt ab und setzte sich für die Arbeit der verpönten Judenmission ein. Als Bronisch-Holtze 1937 der Zutritt zur Universität verwehrt wurde, stellte der Gemeindekirchenrat ihm einen eigenen Seelsorgebezirk innerhalb der Dreifaltigkeitsgemeinde zu Verfügung. Der DC-Pfarrer in der Gemeinde sah darin eine weitere Maßnahme gegen seine Gruppierung und diffamierte den Amtsbruder. Nach dem Tod von Superintendent Geest 1940 drohte der DC-Pfarrer Bronisch-Holtze mit einer Anzeige bei der Gestapo, wenn er die Gemeinde nicht bald verlassen würde. Auf Drängen von Freunden nahm er schließlich 1942 den Ruf an den Königsberger Dom an. Als Stadtsuperintendent pflegte er auch gute Verbindungen zu gemäßigten BK-Pfarrern. 1943 berief ihn die Kirchenleitung zum Konsistorialrat im Nebenamt. Am 10. Juni 1944 wurde er wegen Abhörens »feindlicher« Sender denunziert und zusammen mit seiner Frau verhaftet. Seine Frau entließ man nach wenigen Tagen wegen der Verschlechterung ihres psychischen Zustandes. Als sie erfuhr, dass eine Freundin aufgrund von Funden bei der Durchsuchung der Pfarrwohnung verhaftet worden war, nahm sie sich das Leben. Ihr Mann starb vier Wochen später unter ungeklärten Umständen im Gefängnis, angeblich durch Suizid.

Lit.: H. Linck, Kirchenkampf, 273 f.; B. Bab/W. Weiß, Festschrift Dreifaltigkeit, 109-128; H.-R. Sandvoß, Widerstand Mitte/Tiergarten, 218-220.

Haeften, Werner von

* 09.10.1908 Berlin
† 21.07.1944 Berlin

Werner von Haeften wuchs als jüngstes Kind mit Schwester und Bruder in einer angesehenen, liberal-konservativen Offiziersfamilie in Berlin auf, sein Vater war später Präsident des Reichsarchivs. Haeften studierte Jura und arbeitete als Syndikus bei einer Bank in Hamburg. Ein langjähriger Freund charakterisierte Haeften rückblickend:

»... [er] war an sich ein etwas weicher Typ, schwärmerisch, idealistisch, aber auch mit Tradition und christlicher Überzeugung. Er gehörte zu den Konfirmanden Niemöllers.«

Als Oberleutnant d. R. war Haeften vor allem an der Ostfront eingesetzt. Nach einer Verwundung war er ab Herbst 1942 im Oberkommando des Heeres in Berlin eingesetzt. Im November 1942 traf Haeften im Pfarrhaus seines Freundes Wolf-Dieter Zimmermann in Werder an der Havel Dietrich Bonhoeffer, der mit seinem älteren Bruder Hans Bernd von Haeften eng befreundet war. Unvermittelt fragte er den Theologen: »Soll ich schießen? Ich kann mit der Waffe ins Führerhauptquartier kommen.« Bonhoeffer gab in dem folgenden, langen Gespräch zu bedenken, dass eine Beseitigung Hitlers allein nicht weiterhelfe. Haeften dagegen sah es als Schuld, diese Chance nicht zu nutzen: »Er beschrieb immer wieder, daß er – vielleicht als einer der ganz wenigen – handeln könne, eingreifen könne. Sein Leben sei dabei nicht so wichtig.« Bonhoeffer verwies darauf, dass er, egal wie er sich verhalte, nicht schuldlos bleiben könne, und mahnte zur Besonnenheit. Auch auf Haeftens drängendes Fragen »Soll ich ..., darf ich ...?« blieb er ohne die erhoffte Weisung. Bonhoeffer meinte, dass er ihm diese Entscheidung nicht abnehmen könne. Ab Herbst 1943 war Haeften als Adjutant von Claus Schenk Graf von Stauffenberg im Umfeld des militärischen Widerstandes. 1944 war Haeften maßgeblich an den Attentatsplänen beteiligt. Am 20. Juli 1944 flog er zusammen mit Stauffenberg ins Führerhauptquartier Wolfsschanze bei Rastenburg in Ostpreußen. Hier unterstützte er Stauffenberg bei den letzten Vorbereitungen für den Anschlag. Nach der Detonation des Sprengkörpers konnten die beiden mit dem Flugzeug nach Berlin entkommen – im Glauben, Hitler sei tot. Nach dem Scheitern des

Staatsstreiches wurde Haeften kurz nach Mitternacht im Hof des Bendlerblocks, der Berliner Zentrale des Umsturzversuches, auf Befehl von Generaloberst Fritz Fromm zusammen mit dem Katholiken Stauffenberg und den Protestanten Albrecht Ritter Mertz von Quirnheim und Friedrich Olbricht erschossen. Der ebenfalls evangelische Ludwig Beck war bereits kurz vor Mitternacht nach einem misslungenen Suizidversuch erschossen worden. Der Protestant Fromm wurde am 12. März 1945 hingerichtet, weil er Mitwisser der Staatsstreichpläne gewesen war und diese nicht angezeigt hatte.

Lit.: W.-D. Zimmermann, Begegnungen, 182-184 (Zitate 183); P. Steinbach/J. Tuchel, Lexikon d. Widerstandes, 80.

Olbricht, Friedrich

* 04.10.1888 Leisnig/Sachsen
† 21.07.1944 Berlin

Sohn eines Realschul-Oberlehrers, Berufsoffizier, verheiratet mit Eva Koeppel, zwei Kinder, ab 1940 Chef des Allgemeinen Heeresamtes beim Oberkommando des Heeres in Berlin und ab 1943 auch Chef des Wehrersatzamtes beim Oberkommando der Wehrmacht, aus patriotischen, moralischen und christlichen Motiven ab 1942 in Kontakt zu verschiedenen Widerstandskreisen, an der Ausarbeitung der »Walküre«-Pläne beteiligt, nach dem gescheiterten Umsturz im Hof des Bendlerblocks standrechtlich erschossen.

»Meine Beweggründe zu dieser Handlungsweise sind getrieben von der unendlichen Sorge um unser Vaterland und das Schicksal unseres Volkes ... Ich weiß nicht, wie eine spätere Nachwelt mal einst über unsere Tat und über mich urteilen wird, ich weiß aber mit Sicherheit, daß wir alle frei von irgendwelchen persönlichen Motiven gehandelt haben.« (Äußerungen gegenüber seinem Schwiegersohn Friedrich Georgi am Abend des 20.7.1944, als sich das Scheitern des Staatsstreiches abzeichnete.)

»Die christliche Überzeugung war entscheidender als die patriotische.« (Seine Frau rückblickend zu seinen Motiven für die Beteiligung am Widerstand.)

Lit.: P. Steinbach/J. Tuchel, Lexikon d. Widerstandes, 150; NDB 19, 501 f.; H. P. Page, Olbricht, 154-156 (Zitate).

Tresckow, Henning von

* 10.01.1901 Magdeburg

† 21.07.1944 bei Bialystok/Weißrussland (?)

Gutsbesitzersohn, Berufsoffizier, verheiratet mit Erika von Falkenhayn, vier Kinder, zuletzt Generalmajor und Chef des Generalstabs der 2. Armee (Ostfront), zunächst begrüßte er die »Machtergreifung«, ab der »Reichskristallnacht« 1938 entschiedener Regimegegner, führende Rolle unter den oppositionellen Offizieren in der Heeresgruppe Mitte, versuchte aus christlicher Überzeugung ab Mitte 1942 mehrmals, Anschläge auf Hitler zu organisieren, zusammen mit von Stauffenberg Vorbereitungen für den Staatsstreich, nach dem Scheitern des Attentats vom 20. Juli nahm er sich an der Front – ein Gefecht vortäuschend – das Leben, um keine Mitverschwörer zu gefährden. Im August 1944 wurden seine Witwe und zwei ihrer Kinder für sieben Wochen in Sippenhaft genommen. Der Leichnam wurde später exhumiert und verbrannt. Sein Bruder, Oberstleutnant Gerd von Tresckow, nahm sich am 2. September 1944 das Leben.

»Ich verstehe nicht, wie sich heute noch Menschen als Christen bezeichnen können, die nicht gleichzeitig wütende Gegner dieses Regimes sind. Ein wirklich überzeugter

Christ kann doch nur ein überzeugter Gegner sein.« (Äußerung vom April 1943.)

»Das Attentat muß erfolgen ... Sollte es nicht gelingen, so muß trotzdem in Berlin gehandelt werden. Denn es kommt nicht mehr auf den praktischen Zweck an, sondern darauf, daß die deutsche Widerstandsbewegung vor der Welt und vor der Geschichte unter Einsatz des Lebens den entscheidenden Wurf gewagt hat. Alles andere ist daneben gleichgültig.« (Nachricht an Claus Schenk von Stauffenberg, Juni 1944.)

»Wenn Gott einst Abraham verheißen hat, er werde Sodom nicht verderben, wenn auch nur zehn Gerechte darin seien, so hoffe ich, daß Gott auch Deutschland um unsertwillen nicht vernichten wird. Niemand von uns kann über seinen Tod Klage führen. Wer in unseren Kreis getreten ist, hat damit das Nessushemd angezogen.« (Abschiedsworte vor seinem Suizid zu Fabian von Schlabrendorff.)

Lit.: K. O. Frhr. v. Aretin, Tresckow (1984); K. O. Frhr. v. Aretin, Tresckow (1994) (Zitate 307 f.); P. Steinbach/J. Tuchel, Lexikon d. Widerstandes, 203 f.; G. Ringshausen, Kirche (1992), 101 (Zitat).

Lueben, Werner

* 23.03.1894 Breslau/Schlesien
† 28.07.1944 Torgau/Provinz Sachsen

Jurist, verheiratet, Kinder, Generalstabsrichter und Senatspräsident beim Reichskriegsgericht, an mehreren Todesurteilen beteiligt, wandte sich in einer Verhandlung gegen drei katholische Priester aus Stettin wegen »Wehrkraftzersetzung« im Juli 1944 gegen die fingierten Anschuldigungen des Anklägers, in der Nacht vor der Verkündung des (bereits vorher von der Gestapo festgelegten) Todesurteils nahm er sich das Leben, weil er diese rechtswidrigen Urteile aus Gewissensgründen nicht unterschreiben konnte – wegen des

Formfehlers der fehlenden Unterschrift wurde das Urteil zunächst aufgehoben, im September aber bestätigt: Am 13. November 1944 wurden Carl Lambert, Friedrich Lorenz und Herbert Simoleit in Halle/Saale enthauptet.

»Es handelt sich in diesem Fall weder um Verbrecher noch um asoziale Elemente, ihre einzige Tragik ist es, daß sie katholische Priester sind«. (Zurückweisung der Vorhaltungen eines Anklägers in der Verhandlung vor dem Reichskriegsgericht, Juli 1944.)

Lit.: H. Moll (Hg.), Zeugen I, 113 (Zitat); B. M. Kempner, Priester, 218 f.; Informationen von Luebens Tochter Irmgard Sinner, geb. Lueben, an Heinrich Rathke, Dezember 2001.

Hanschkatz, Joachim
* 1914
† 02.08.1944

Theologe, illegaler ostpreußischer BK-Hilfsprediger, zur Wehrmacht eingezogen, wurde im Studienurlaub in Berlin Zeuge von Judendeportationen, rief in einem Gemeindegottesdienst in Ostpreußen im Mai 1943 zur Hilfe für die Juden auf, daraufhin von einem Feldgericht zu neun Monaten verschärften Arrests sowie Rangverlust verurteilt, anschließend Dienst in einer Strafkompanie, gefallen.

»Wenn heute ein jüdischer Bruder an deine Tür klopft, so darfst du ihm nicht die Tür weisen.« (Denunzierte Predigtäußerung über Jakobus 1,22-27, Mai 1943.)

»Er sei kurz vor der Predigt in Berlin gewesen und habe dort ›Judenpogrome‹ erlebt. Aus diesem Grunde habe er es für sein Recht und für seine Pflicht gehalten, nunmehr auch im kirchlichen Sinne für die Juden einzutreten.« (Wiedergabe seiner Aussagen im Feldgerichtsurteil vom März 1944.)

Lit.: H.-R. Sandvoß, Widerstand Mitte/Tiergarten, 263 (Zitate).

Günther, Friedrich

* 1911 Treysa/Hessen (?)
† 04.08.1944 Lille/Frankreich

Theologe, illegaler BK-Hilfsprediger in Königsberg/Neumark, im Krieg eingezogen als Dolmetscher bei der Oberfeldkommandantur in Lille, half verfolgten Franzosen und warnte vor drohenden Judendeportationen; als er defätistischer Äußerungen beschuldigt wurde und fliehen wollte, schoss ihn ein Offizier nieder, er erlag zwei Tage später seinen Verletzungen im Krankenhaus.

Lit.: W. Scherffig, Theologen III, 423-425.

Bernardis, Robert

* 07.08.1908 Innsbruck
† 08.08.1944 Berlin-Plötzensee

Bautechniker, verheiratet mit Hermine Feichtinger, zwei Kinder, Berufsoffizier, zunächst im österreichischen Bundesheer, dann ab 1938 in der Wehrmacht, zuletzt als Oberstleutnant im Generalstab im Allgemeinen Heeresamt in Berlin tätig, dort dienstlich Kontakt zu von Stauffenberg, ab Anfang 1944 intensiv in die militärischen Umsturzplanungen einbezogen, Verbindungen zum Wehrkreiskommando Wien, am Abend des 20. Juli 1944 verhaftet, vom Volksgerichtshof zum Tode verurteilt und am selbem Tag erhängt. An diesem Tag wurden auch die Protestanten Generaloberst Paul von Hase, Generaloberst Erich Hoepner und Generalfeldmarschall Erwin von Witzleben hingerichtet.

Lit.: J. Toch, Bernardis; P. Steinbach/J. Tuchel, Lexikon d. Widerstandes, 26.

Yorck von Wartenburg, Peter Graf

* 13.11.1904 Klein-Oels/Schlesien
† 08.08.1944 Berlin-Plötzensee

Sohn eines Gutsbesitzers und Landrats, Dr. jur., verheiratet mit Marion Winter, Oberregierungsrat beim Reichskommissar für die Preisbildung in Berlin, aus christlich-konservativer Grundhaltung ab 1938 Kontakte zum politischen Widerstand, 1940 Mitbegründer des Kreisauer Kreises, der sich mehrfach im Berliner Haus des Ehepaares Yorck traf, ab 1942 im Wehrwirtschaftsamt beim Oberkommando der Wehrmacht, zusammen mit seinem Vetter Claus Schenk Graf von Stauffenberg Vorbereitung des Staatsstreiches, im Juli 1944 verhaftet, vom Volksgerichtshof zum Tode verurteilt und am selben Tag gehängt.

»Das Wesentliche ist der Totalitätsanspruch des Staates gegenüber dem Staatsbürger unter Ausschaltung seiner religiösen und sittlichen Verpflichtungen.« (Aussage vor dem Volksgerichtshof zu den Motiven seiner Beteiligung am Widerstand, August 1944.)

»Am Ende eines an Liebe und Freundschaft überreich gesegneten Lebens habe ich nur Dank gegen Gott und Demut unter seinen Willen. Daß ich Dir diesen Kummer bereite, ist mir ein sehr großer Schmerz nach alledem, was Du an Traurigem erleben mußtest [zwei Söhne waren bereits gefallen]. ... Ich habe über zwei Wochen Zeit gehabt, mich und mein Handeln vor Gott zu stellen und bin überzeugt, in ihm einen gnädigen Richter zu finden. ... Vielleicht kommt doch einmal die Zeit, wo man nicht als Lump, sondern als Mahnender und Patriot gewertet wird. Daß die wunderbare Berufung ein Anlaß sein möge, Gott die Ehre zu geben, ist mein heißes Gebet.« (Abschiedsbrief an seine Mutter, 7.8.1944.)

»Daß Gott es so gefügt hat, wie es gekommen ist, gehört zu der Unerforschlichkeit seiner Ratschlüsse, die ich demutsvoll annehme. Ich glaubte mich durch das Gefühl der alle niederbeugenden Schuld getrieben und reines Herzens. ... Als wir vom letzten Abendmahl hinweggingen, da fühlte ich eine fast unheimliche Erhabenheit, ich möchte es eigentlich Christusnähe nennen. Rückblickend scheint sie mir als ein Ruf. ... Mein Tod, er wird hoffentlich angenommen als Sühne aller meiner Sünden und als Sühnopfer für das, was wir alle gemeinschaftlich tragen. ... ich hoffe nur, daß Du darin nicht Hochmut und Verblendung siehst.« (Abschiedsbrief an seine Frau, 7.8.1944.)

Lit.: P. Steinbach/J. Tuchel, Lexikon d. Widerstandes, 246; A. Leber, Gewissen, 136-138 (Zitate).

Schulenburg, Fritz-Dietlof Graf von der
(eigentlich Friedrich Dietlof)

* 05.09.1902 London
† 10.08.1944 Berlin-Plötzensee

Sohn eines Offiziers und Militärattachés, Verwaltungsjurist, verheiratet mit Charlotte Kotelmann, sechs Kinder, ab 1933 Regierungsrat beim Oberpräsidium in Königsberg (persönlicher Referent des Gauleiters/Oberpräsidenten Erich Koch), ab 1934 Landrat im Kreis Fischhausen/Ostpreußen, ab 1937 stellvertretender Polizeipräsident von Berlin, 1939 stellv. Oberpräsident von Schlesien, 1940 Reserveoffizier, ab Anfang 1932 aktives NSDAP-Mitglied (Strasser-Flügel), Abscheu vor brutalen NS-Methoden seit dem »Röhm-Putsch« 1934, aber weiterhin Glaube an Reformierbarkeit des NS-Systems und Zustimmung zu bestimmten Zielen und Methoden des Regimes, ab 1940 zunehmend christlich motivierte Feindschaft zum NS-Staat, ab Ende 1942 Mitarbeit im militärischen Widerstand und im Kreisauer Kreis, im Juli 1944 wegen aktiver Mitwirkung am Umsturzversuch verhaftet, im August vom Volksgerichtshof zum Tode verurteilt und am selben Tag gehängt.

»Mein Kranksein im vergangenen und in diesem Jahr war ein Ausdruck des Nichtfertigwerdens mit den Dingen. Ich haßte, grollte, zürnte und ritt dauernd auf den kleinen Gegnern herum. Das ist alles furchtbar. Diese Dinge lassen sich nur von einer höheren Ebene aus überwinden. Ich glaube, daß ich jetzt den Weg zu Gott gefunden habe. In meinem ganzen Leben hatte er wie ein leises Motiv geklungen, das ich erahnt habe, jetzt ist es wie ein Orgelton, der mein Leben beherrschen wird.« (Brief an seine Frau vom 20.5.1936.)

»Ich glaube, daß Preußentum anders als christlich nicht zu deuten ist und daß wir beide – Preußentum und Christentum – gerade heute mehr brauchen denn je.« (Brief an seine Frau vom 18.11.1936.)

»Offenbar muß das deutsche Volk diesen Kelch bis zur letzten Neige leeren. Wir müssen uns opfern, später wird man uns verstehen.« (Äußerung am Abend des 20.7.1944, als sich das Scheitern des Umsturzes abzeichnete.)

»[Der Nationalsozialismus hat] mit seinem Kampf gegen das Christentum die religiöse Basis schlechthin verlassen«. (Aussage vor dem Volksgerichtshof, August 1944.)

»Du weißt, daß mich auch die Liebe zum Vaterland trieb, was wir getan haben war unzulänglich, aber am Ende wird die Geschichte richten und uns freisprechen.« (Abschiedsbrief an seine Frau vom August 1944.)

Lit.: C. Strohm, Bedeutung, 223-225 (Zitate); P. Steinbach/J. Tuchel, Lexikon d. Widerstandes, 177; Moltke Almanach I, 172-179; A. Leber, Gewissen, 186-188 (Zitate).

Haeften, Hans Bernd von

* 18.12.1905 Berlin
† 15.08.1944 Berlin-Plötzensee

Sohn eines Berufsoffiziers, verheiratet mit Barbara Curtius, fünf Kinder, Jurist im Auswärtigen Dienst, zuletzt Lega-

tionsrat im Auswärtigen Amt in Berlin, ab 1933 in der BK, persönliche Beziehungen zu Martin Niemöller und Dietrich Bonhoeffer, später Verbindungen zur hochkirchlichen Evangelischen Michaelsbruderschaft und zum Kreis um die katholische Zeitschrift »Hochland«, in Bukarest 1937 bis 1940 Engagement für die evangelische Kirche der Siebenbürger Sachsen, ab 1941 Mitarbeit im engeren Kreisauer Kreis (ohne Teilnahme an den Tagungen), wegen Beteiligung am 20. Juli 1944 zwei Tage später verhaftet, im August vom Volksgerichtshof zum Tode verurteilt und am gleichen Tag erhängt. Seine Frau wurde mehrere Wochen in Sippenhaft genommen.
An diesem Tag wurde auch der evangelische Oberstleutnant Bernhard von Klamroth hingerichtet.

»Jede Rechtsbeugung und jeder Willkür- und Terrorakt verletzt die Ehre und die Würde der Nation.« (Brief an seine Frau vom 17.3.1933.)

»Die passive Haltung der Kirche dazu [zur »Reichskristallnacht«] kommt mir bisweilen vor wie ein Pfarrer im Talar, der in frommer Haltung im Evangelium lesend ... seines Weges zieht und der in seinen ›Text‹ so vertieft ist, daß er – weitergeht.« (Brief an den Wiener evangelischen Pfarrer Herbert Krimm vom 5.12.1938.)

»Wenn nun in der weltlichen Ordnung oder Unordnung Ereignisse und Zustände eintreten, die das geistliche Heil der Menschen gefährden, wenn die Politik die Bürger in Lagen bringt, die sie als Christen nicht verantworten können, dann kommt es zu jenen Kreuzungs- oder Schnittpunkten von Staat und Kirche … An solchen Schnittpunkten aber … verbietet es ihr Bischofsamt der Kirche ›zu schweigen wie ein stummer Hund‹. ... Wenn die christlichen Völker so wie heute vom Wahnsinn politischer

Dämonien gepackt werden, dann muß die seelsorgerliche Stimme der Kirche auch öffentlich ertönen und Zeugnis ablegen vor aller Welt. … Wenn … einer, der mit den Dingen weltlicher Ordnung zu tun hat, euch [Theologen] um Rat fragte, wie er denn wohl diese oder jene Aufgabe als Christ am besten lösen könne, dann solltet ihr darauf schon etwas nützliches zu antworten wissen.« (Brief an Herbert Krimm vom Mai 1941.)

»Juristisch ist es Verrat, tatsächlich nicht, denn eine Treuepflicht habe ich nicht mehr empfunden. Ich sehe in Hitler den Vollstrecker des Bösen in der Geschichte.« (Erwiderung auf den Verratsvorwurf vor dem Volksgerichtshof, August 1944.)

»Vor allem habe ich nicht Liebe geübt gegen Euch, die mir anvertraut waren. Um Euretwillen … hätte ich von Allem Abstand nehmen müssen … ich habe all dieses getan in der Meinung und in dem Willen recht zu tun vor Gott. ... Liebste Frau, ich sterbe in der Gewißheit göttlicher Vergebung, Gnade und ewigen Heils und in der gläubigen Zuversicht, daß Gott all das Unheil, Schmerz, Kummer, Not und Verlassenheit, das ich über Euch gebracht habe und das mir das Herz abpreßt, aus seinem unermeßlichen Erbarmen in Segen wandeln kann«. (Abschiedsbrief an seine Frau, 15.8.1944.)

Lit.: G. Ringshausen, Kirche (1992), 86-91 (Zitate); P. Steinbach/J. Tuchel, Lexikon d. Widerstandes, 80; NDB 7, 430; A. Leber, Gewissen, 161-163 (Zitat); H. Gollwitzer u.a., Abschiedsbriefe, 241-243 (Zitate).

Kiep, Otto Carl

* 07.07.1886 Saltcoats/Schottland
† 26.08.1944 Berlin-Plötzensee

Sohn eines Konsuls, Dr. jur., Diplomat, verheiratet mit Hanna Alves, drei Kinder, zuletzt Generalkonsul in New

York bis zum einstweiligen Ruhestand im August 1933 in der Folge von NS-Protesten gegen seine Teilnahme an einem Bankett zu Ehren von Albert Einstein; war aber in den folgenden Jahren deutscher Vertreter bei internationalen Verhandlungen, im Krieg ab 1939 als Reserveoffizier im Amt Ausland/Abwehr im Oberkommando der Wehrmacht (Canaris) in Berlin eingezogen, aus christlicher Grundhaltung ab Ende 1942 engen Kontakt zum dortigen Widerstandskreis, wegen »defätistischer« Äußerungen bei einer Teegesellschaft des Solf-Kreises am 10. September 1943 im Januar 1944 verhaftet, Haft u. a. im KZ Ravensbrück, Anfang Juli 1944 zusammen mit Elisabeth von Thadden vom Volksgerichtshof zum Tode verurteilt, nach Entdeckung seiner Bezüge zum 20. Juli schwer gefoltert, hingerichtet. Seine Frau wird für Monate in Sippenhaft gehalten.

»Ich habe die Sache lange und ernsthaft überlegt. Wenn wir aber nicht bald selber etwas unternehmen, um das Steuer des Staatsschiffes umzudrehen, dann gehen wir mit Sicherheit dem völligen Verderben entgegen. ... dann sollst du meinen Brüdern, falls mir etwas passiert, sagen, daß ... sie meinen Tod auffassen sollen, als sei ich in vorderster Front gefallen.« (Äußerungen gegenüber seiner Schwester Ida nach der Warnung vor einer Denunziation am 28.9.1943.)

»Den Beter nur kann Gott erretten
In dieser Zeit der größten Not,
Da alles abzusinken droht,
Sprengt eine Kraft nur unsere Ketten.«
(Vor der Verhaftung niedergeschriebener Text.)

Lit.: H. Gollwitzer u.a., Abschiedsbriefe, 257 (Zitat); P. Steinbach/ J. Tuchel, Lexikon des Widerstandes, 108; A. Leber, Gewissen, 119-121 (Zitat); NDB 11, 592.

Trott zu Solz, Adam von

* 09.08.1909 Potsdam

† 26.08.1944 Berlin-Plötzensee

Sohn des preußischen Kultusministers, Studien u. a. in England, USA und Ostasien, Dr. jur., SPD-nah, verheiratet mit Clarita Tiefenbacher, zwei Töchter, ab 1940 Legationsrat im Auswärtigen Amt, christlich motivierte Beteiligung am politischen Widerstand ab 1939, Mitarbeit im engeren Kreisauer Kreis und Nutzen seiner weltweiten Verbindungen für Auslandskontakte des deutschen Widerstandes, 25. Juli 1944 verhaftet, 15. August vom Volksgerichtshof zum Tode verurteilt, gehängt. Am selben Tag wurde auch der evangelische Major Johannes Georg Klamroth hingerichtet.

»Ich hoffe zu Gott (trotz aller Welt des reinen Verstandes), daß das Recht ebenso auf dem Wege ist.« (Äußerung zu den beginnenden NS-Ausschreitungen in einem Brief an Shiela Grant Duff vom 2.4.1933.)

»[Nur eine] bedeutende Wiedergeburt der christlichen Gesetze und Ethik [kann] diese Flut aufhalten ..., die uns alle und alles, das uns lieb ist, zu verschlingen droht.« (Brief vom Sommer 1936.)

»Es war alles ein aus der Besinnung und Kraft unserer Heimat, deren tiefe Liebe ich meinem Vater verdanke, aufsteigender Versuch, ihr in allen modernen Wandlungen und Erschwerungen unwandelbar bleibendes Recht und ihren tiefen, unentbehrlichen Beitrag gegen den Übergriff fremder Mächte und Gesinnungen zu erhalten und zu vertreten.« (Brief an seine Frau am 15.8.1944.)

»Gott ist mir in diesen Wochen gnädig gewesen und hat mir frohe, klare Kraft zu allem, fast allem geschenkt – Er hat mich auch gelehrt, wo und wie ich fehlte. Ich bitte vor allem auch Dich um Vergebung für allen großen Schmerz und daß ich Dir jetzt noch im Alter diese Stütze nehmen mußte.« (Abschiedsbrief an seine Mutter vom 26.8.1944.)

Lit.: P. Steinbach/J. Tuchel, Lexikon des Widerstandes, 205; A. Leber, Gewissen, 183-185 (Zitat); H. Gollwitzer u.a., Abschiedsbriefe, 240 (Zitat); C. Strohm, Bedeutung, 223, 228 (Zitate).

Lehndorff-Steinort, Heinrich Graf von
* 22.06.1909 Hannover
† 04.09.1944 Berlin-Plötzensee

Sohn eines Gutsbesitzers, Volks- und Betriebswirt, verheiratet mit Gottliebe Gräfin Kalnein, vier Töchter, Gutsbesitzer in Steinort/Ostpreußen, im Krieg als Reserveoffizier Adjutant des Generals Fedor von Bock, als Augenzeuge eines Massakers der Einsatzgruppen an der jüdischen Bevölkerung bei Borissow/UdSSR schloss er sich dem militärischen Widerstand an, im Juli 1944 verhaftet, aus der Haft Zeugnisse eines persönlichen Gottesglaubens, am 3. September 1944 vom Volksgerichtshof zum Tode verurteilt und einen Tag später hingerichtet.

»Natürlich, mein Einzigstes, hat es auch bittere und traurige Stunden gegeben, wo meine Gedanken dann ihre eigenen Wege gingen und ich alle Kraft zusammennehmen mußte, um nicht nachzugeben und die Haltung zu bewahren. … Und auch diese Stunden waren nicht umsonst und sicherlich notwendig, um mich dorthin zu führen, wo ich heute stehe. Ich könnte diesen Zustand nicht besser erklären als mit dem Wort aus der Bibel: ›Fürchte dich nicht, glaube nur.‹ … Mein Engel, ich werde Dir in dieser Form fremd sein, aber glaube mir, diese Wochen haben mich wirklich gläubig gemacht und ich bin unendlich dankbar dafür. Der christliche Glaube und der Glaube an ein

›himmlisches Reich‹ sind das Einzigste, was einem in der Not hilft. ... Eine große Hilfe war mir, daß ich in Königsberg und in Berlin mir eine Bibel beschaffen konnte, die meine Hauptlektüre war. ... Der liebe Gott beschütze Dich und unsere Kinder auf all Euren Wegen.« (Abschiedsbrief an seine Frau vom 3.9.1944.)

Lit.: H. Gollwitzer u.a., Abschiedsbriefe, 411-420 (Zitate); P. Steinbach/J. Tuchel, Lexikon des Widerstandes, 126 f.; NDB 14, 105.

Hassell, Ulrich von

* 12.11.1881 Anklam/Vorpommern
† 08.09.1944 Berlin-Plötzensee

Sohn eines Berufsoffiziers, verheiratet mit Ilse von Tirpitz, vier Kinder, Jurist im auswärtigen Dienst, zuletzt deutscher Botschafter in Rom bis zur Versetzung in den Wartestand 1938 wegen Opposition gegen den außenpolitischen Kurs Hitlers; erst DNVP, seit 1933 NSDAP, auch christlich motivierter Anschluss an den Widerstand um Beck und Goerdeler, konspirative Gespräche mit Vertretern Englands und der USA, Ende Juli 1944 verhaftet, September 1944 vom Volksgerichtshof zum Tode verurteilt und am selben Tag hingerichtet.

»[Ich bin] beeindruckt von der außergewöhnlichen Predigt Pastor Niemöllers, der wie ein Prophet zu seiner Gemeinde sprach, mit Überzeugung und ohne jede Angst. Mit großer Offenheit hat er auf die Notwendigkeit eines Kampfes gegen das Böse, das heute in Deutschland wütet, hingewiesen.« (Äußerung nach dem Besuch eines Gottesdienstes von Martin Niemöller im März 1937.)

»Hier handelt es sich um eine Neuorientierung der deutschen Außenpolitik, die ... sich bewußt gegen England stellt und einen Weltkonflikt geradezu ins Auge faßt.«

(Protest gegen die Ausdehnung des Antikominternpaktes auch auf Italien gegenüber Außenminister von Neurath, 1937.)

»Es gibt wohl nichts Bittereres im Leben, als ausländische Angriffe auf das eigene Volk als berechtigt ansehen zu müssen.« (Notiz vom 28.11.1938 unter dem Eindruck der »Reichskristallnacht«.)

»Ich bin auch in diesem Augenblick vor allem von tiefer Dankbarkeit erfüllt, gegen Gott und gegen Dich. Du stehst neben mir und gibst mir Ruhe und Stärke. Dieser Gedanke übertönt den heißen Schmerz, Dich und die Kinder zu verlassen. Gott lasse Deine und meine Seele einst sich wiederfinden. ... Gott segne Dich und segne Deutschland!« (Abschiedsbrief an seine Frau vom 8.9.1944.)

Lit.: G. Ringshausen, Kirche (1992), 78-81 (Zitat); C. Strohm, Bedeutung, 220 f.; J. Rohls, Hassell; P. Steinbach/J. Tuchel, Lexikon d. Widerstandes, 88 f.; NDB 8, 44-46; H. Gollwitzer u. a., Abschiedsbriefe, 127 f. (Zitat); A. Leber, Gewissen, 359-361 (Zitate).

Schwerin-Schwanenfeld, Ulrich Wilhelm Graf von

* 21.12.1902 Kopenhagen
† 08.09.1944 Berlin-Plötzensee

Sohn eines Diplomaten, Landwirt, Gutsbesitzer, verheiratet mit Marianne Sahm, vier Söhne, aus christlich-sozialer Grundhaltung schon vor 1933 Gegner des NS, ab 1938 in dem Widerstandskreis, aus dem der Kreisauer Kreis hervorging, Verbindungsglied zum militärischen Widerstand, im Krieg als Reserveoffizier eingezogen, Stellungen im Umfeld der Oppositionellen Erwin von Witzleben und Hans Oster, gehörte zum engsten Kreis des 20. Juli, im Brendlerblock verhaftet, im August vom Volksgerichtshof zum Tode verurteilt, hingerichtet.

»Eine Befreiung Deutschlands von den Nationalsozialisten [ist] nur durch den gewaltsam herbeizuführenden Tod Hitlers zu erhoffen«. (Äußerung von 1935.)
»In einer solchen Zeit des Leides und der allgemeinen Verwirrung bedürfen wir alle eines Haltes und einer inneren Kraft, die uns stark macht, und es ist sicher, daß die Lehre Christi … uns die innere Hilfe bringt, der wir bedürfen.« (Worte zur Konfirmation eines seiner Söhne am 6.4.1944.)

»Daß ich ungebeugt in den Tod gehe in dem festen Bewußtsein, nichts für mich und alles für unser Vaterland gewollt zu haben, das muß Dir immer Gewißheit bleiben und das mußt Du den Söhnen immer wieder sagen. ... Erziehe die Söhne zu christlichen Edelleuten ohne Engigkeit im Denken, aber auch ohne Laxheit.« (Abschiedsbrief an seine Frau am 8.9.1944.)

Lit.: H. Gollwitzer u.a., Abschiedsbriefe, 147 f. (Zitat); P. Steinbach/ J. Tuchel, Lexikon des Widerstandes, 182 f.; A. Leber, Gewissen, 131-133 (Zitate).

Thadden, Elisabeth von
* 29.07.1890 Mohrungen/Ostpreußen
† 08.09.1944 Berlin-Plötzensee

Tochter eines Landrats und Gutsbesitzers, unverheiratet, deutschnational, Gründerin und Leiterin eines Evangelischen Landerziehungsheims in Heidelberg-Wieblingen, zunächst Kooperation mit dem NS-Staat, ab November 1934 Mitglied der Bekennenden Kirche, in der ihr Bruder Reinhold führend tätig war, Engagement für die ökumenische Una-Sancta-Bewegung, half Juden zur Flucht, nach Denunziation durch eine Schülerin 1941 Amtsenthebung, in Berlin Verbindung zu oppositionellen Kreisen, wegen der Äußerung von Zweifeln am deutschen Endsieg in einer Teegesellschaft des Solf-Kreises am 10. September

1943 im Januar 1944 verhaftet, im KZ Ravensbrück inhaftiert, am 1. Juli 1944 vom Volksgerichtshof zum Tode verurteilt, enthauptet.

»Ihre Tochter ist sehr willkommen bei mir, es ist selbstverständlich, dass sie hier nicht isoliert sein wird ... Sie helfen mir, meine Kinder zu aufgeschlossenen und verständnisvollen Menschen zu erziehen.« (Äußerung im Einschulungsgespräch mit von den Nürnberger Rassengesetzen Betroffenen.)

»Es bestand mehrfach Fluchtmöglichkeit, von dieser habe ich bewußt keinen Gebrauch gemacht, um meinen Bruder [Reinhold] nicht zu gefährden. Dann wurde ich nach Berlin gebracht und erneut die ganze Nacht verhört. Die Schwere der Inquisition war ganz ungeheuerlich! Ich wurde gefragt nach der Bekennenden Kirche und nach der Una Sancta. Mir ist kein einziges Wort entschlüpft, das andere belastet hätte. Das K.Z. Ravensbrück war schlimm. Mit dem Attentat vom 20. Juli habe ich nichts zu tun gehabt [...]. Wir wollten soziale Hilfe leisten [...]. Wir wollten barmherzige Samariter sein, aber nichts Politisches.« (Mit gefesselten Händen dem Gefängnispfarrer Ohm diktiert am 8.9.1944.)

»Mein lieber Hans Hasso, ich gehe aus dieser räumlich zeitlichen Welt zu dem Vater, dessen Kind und Erbe ich bin! In die Heimat der Liebe!« (Abschiedsbrief an ihren Vetter Hans Hasso von Veltheim vom 8.9.1944)

»Mach End, o Herr, mach Ende mit aller unsrer Not,
stärk unsre Füß und Hände und lass bis in den Tod
uns allzeit deiner Pflege und Treu empfohlen sein,
so gehen unsre Wege gewiss zum Himmel ein.«

(Worte aus einem Paul-Gerhardt-Choral, die sie auf dem Weg zum Hinrichtungsraum sprach.)

Lit.: I. v. d. Lühe, Thadden; G. Grünzinger, Thadden (Zitat 207); P. Steinbach/J. Tuchel, Lexikon d. Widerstandes, 200 f.; M. Riemenschneider/ J. Thierfelder (Hg.), Thadden (Zitate 110, 153 f.).

Dieckmann, Wilhelm

* 17.07.1893 (?)
† 13.09.1944 Berlin

Pfarrerssohn, Dr. phil., Historiker, verheiratet mit Erika Freiin Mertz von Quirnheim, vier Kinder, Oberregierungsrat im Reichsarchiv bei der Kriegsgeschichtlichen Forschungsanstalt des Heeres in Potsdam, aktiv in der Bekennenden Kirche, entwickelte sich u. a. wegen der Repressionen gegen diese zum NS-Gegner, von seinem Schwager Albrecht Ritter Mertz von Quirnheim im Sommer 1944 in die Attentatsvorbereitungen eingeweiht, wegen Mitwisserschaft am 25. Juli verhaftet, im Gefängnis Lehrter Straße in Berlin unter ungeklärten Umständen umgekommen (offizielle Todesursache: Suizid). Frau und älteste Tochter waren für einige Wochen in Sippenhaft.

Lit.: P. Steinbach/J. Tuchel, Lexikon d. Widerstandes, 44; S. Wegner-Korfes, Haltung.

Dohna-Schlobitten, Heinrich Graf zu

* 15.10.1882 Waldburg/Ostpreußen
† 14.09.1944 Berlin-Plötzensee

Sohn eines Gutsbesitzers, Berufsoffizier, Gutsbesitzer, verheiratet mit Agnes von Borcke, vier Kinder, als Mitglied des ostpreußischen Bruderrates der BK Einsatz für verhaftete BK-Pfarrer, im Krieg reaktiviert, als Generalmajor 1943 wegen der Gräuel der SS und Hitlers Kriegsführung auf eigenen Wunsch ausgeschieden, zusammen mit seiner Frau im politischen Widerstand um Goerdeler und Beck aktiv, im Juli 1944 verhaftet, im September 1944 vom

Volksgerichtshof zum Tode verurteilt und am selben Tag gehängt. Seine mit ihm zusammen verhaftete Frau verschleppte man ins KZ Ravensbrück, wo sie als politischer Häftling bis zu Befreiung durch die Rote Armee eingesperrt blieb. Eine Tochter und ein Sohn kamen ebenfalls zeitweise in Sippenhaft.

»Unsere christliche Kirche steht im schwersten Kampf, und dieser Kampf greift in das Leben auch des Einzelnen, ja auch ganz besonders in das Leben der Jugend. Viele Kinder und Jugendliche, die heute selbst noch ohne Urteil sind, werden hinübergezogen in das Neuheidentum. Da heißt es dann: das Christentum sei undeutsch, es mache untüchtig zum Kampf, es verweichliche. Blut und Rasse stünden höher. So schafft sich der Mensch Gott nach seinem Willen. … Der Kampf für den Glauben ist Tradition in unserer Familie. Mag nun Gott dich rüsten, daß auch Du ein Streiter wirst.« (Worte zur Konfirmation seines ältesten Sohnes am 31.3.1935.)

»Er [Gott] hat mich in dieser ganzen Zeit geführt. … Eure Gebete und besonders Deine … habe ich immer gespürt. … So schließe ich Dich also im Geist in meine Arme und bitte Gott, daß er bei Dir sei. Auf ein Wiedersehen dort oben … wenn ich alles sagen würde, was mich an Gefühlen beherrscht, so würde mich das umwerfen. Ich bat in dieser schweren Zeit immer Christus, mich bei der Hand zu halten, Er tat es und hielt mich stark.« (Abschiedsbrief an seine Frau vom 14.9.1944.)

Lit.: P. Steinbach/J. Tuchel, Lexikon d. Widerstandes, 45 f.; NDB 4, 46; H. Gollwitzer u. a., Abschiedsbriefe, 129-131 (Zitate).

Meichssner, Joachim

* 04.04.1906 Deutsch-Eylau/Ostpreußen
† 29.09.1944 Berlin-Plötzensee

Berufsoffizier, verheiratet mit Elisabath, Kinder, zuletzt Oberst und Chef der Organisationsabteilung im Oberkommando der Wehrmacht, aus christlicher Grundhaltung Beteiligung am militärischen Widerstand, verhaftet nach dem 20. Juli 1944, aus der Haft Zeugnisse seines christlichen Glaubens, vom Volksgerichtshof zum Tode verurteilt, hingerichtet. Am selben Tag wurde auch der evangelische Major Friedrich Wilhelm Graf zu Lynar hingerichtet.

»Gott behüte Euch und mache Euch stark, das zu ertragen. Im Jenseits sehen wir uns wieder. – Ich bete zu Gott, daß er Dir allen Schmerz erleichtert und Dir, trotz meiner Schuld an Dir und den Kindern, doch noch den Lebensweg möglich und glückhaft macht. ... Gott erbarme sich Deiner, der Kinder, der Eltern, Mutter, Ruth und schenke meiner Seele Frieden! Betet für mich! ... Ich fühle mich nicht als Verräter! Du weißt, was ich für ein Mensch war, wie ich über Gott, Recht und Pflichten dachte.«
(Abschiedsbrief an seine Frau vom 29.9.1944.)

Lit.: H. Gollwitzer u.a., Abschiedsbriefe, 133 (Zitat).

Weisenstein (Weißenstein), Moritz

* 01.01.1876 Wien
† 07.10.1944 Sammellager Köln-Müngersdorf

Moritz Weisenstein wuchs in Wien als Kind jüdischer Handelskaufleute auf. Nach der Schulzeit ging er auf Weltreise. Bei seiner Rückkehr lernte er in Hamburg die Jerusalemsgemeinde kennen und ließ sich 1898 taufen. Im schlesischen Bruderhaus Zoar durchlief er die Ausbildung zum Diakon. Es folgten Jahre als Stadtmissionar und Herbergsvater in Schlesien und Westpreußen. 1925 trat Weisenstein als Judenmissionar in den Dienst des »Westdeutschen Vereins für Israel«. Von Köln aus hatte er auch viele auswärtige Einsätze. Als er im August 1933 in Lemgo predigen sollte, verbot dies kurzfristig der zuständige Staatsminister. Ein Jude gehöre nicht auf die Kanzel im deutschen Dom. Aus Angst fielen nun auch in Köln Veranstaltungen aus, bei denen der Missionar mitwirken sollte. Aus Finanznot kündigte der Verein Weisenstein, der gemeinsam mit seiner »arischen« Frau Elisabeth sechs Kinder hatte, zum 31.12.1933. Der Verein wurde im April 1935 von der Gestapo verboten. Weisensteins konnten dennoch im Kölner Missionshaus wohnen bleiben und wurden von mehreren wohlhabenden Kölner Unternehmern persönlich unterstützt. Der »Arbeitslose«, der sich wöchentlich bei der Gestapo melden musste, konnte sich so der Betreuung verfolgter »Nichtarier« widmen, ab Frühjahr 1939 als Verbindungsmann zum »Büro Grüber«. Er kümmerte sich in Abstimmung mit der Jüdischen Gemeinde in Köln um materielle Unterstützungen, erteilte geheim weiter Taufunterricht und half bei Auswanderungen. Er selbst lehnte es ab, einer Einladung nach England zu folgen: »Mein Platz ist hier, ich darf meine Brüder und Schwestern nicht im Stich lassen.« Auch als die Lage für »Nichtarier« in »privilegierten Mischehen« immer bedrohlicher wurde und mehrere seiner Kinder aus Deutschland geflohen waren, blieb Weisenstein dabei: »Solange noch Juden hier in Köln sind, ist mein Platz in Köln!« Nur nach der »Reichskristallnacht« 1938 hatte er kurzzeitig eine Ausreise erwogen. Im Januar 1944 wurden in die Wohnung der Familie, die so lange Anlaufpunkt für Bedrängte und Verfolgte gewesen war, zwei fremde kinderreiche Familien einquartiert. Der inzwischen schwerkranke Missionar musste im September 1944 auf Anordnung der Gestapo im Rahmen der »Septemberaktion« zur Deportation der »Mischehepartner«

zusammen mit seiner Frau, die treu zu ihm stand, zu Fuß ins jüdische Sammellager Köln-Müngersdorf »umziehen«. Als sich dort sein Zustand verschlechterte, nahm ihm die Gestapo auch noch seine Frau, indem sie die »deutschblütige« Ehefrau – wie üblich – entließ und gleichzeitig aus dem Gau Köln-Aachen auswies. Weisenstein starb in einer Lagerbaracke.

Lit.: H. Ludwig, Zivilcourage, 43-46; E. Röhm/J. Thierfelder, Juden 1, 293-296; S. Lekebusch, Not, 56-58; H. Ludwig, Schreiben an B. Mensing, 5.8.2002.

Halem, Nikolaus Christoph Graf von

* 15.03.1905 Schwetz/Westpreußen (Polen)
† 09.10.1944 Brandenburg-Görden

Sohn eines Landrats, jungkonservativer Jurist, verheiratet mit Victoria Maria Garbe, zwei Söhne, als Referendar 1933 Beamteneid auf Hitler verweigert und aus dem Staatsdienst ausgeschieden, Wirtschaftsberater, 1937 Pressereferent beim Reichskommissar für die Preisbildung, ab 1940 Industriemanager in Berlin, ab 1934 Kontakte zu Widerstandskreisen im In- und Ausland, Verbindungen zum Kreis um Edgar Jung, zum Kreisauer Kreis, zum militärischen Widerstand und zu Kommunisten, aktiv an Attentatsplanungen beteiligt, im Februar 1942 verhaftet, in der Haft, u. a. im KZ Sachsenhausen, schwer gefoltert, aus der Haft Zeugnisse seines christlichen Glaubens, im Juni 1944 vom Volksgerichtshof zum Tode verurteilt, enthauptet.

»Wir alle sind ja, ob wir es wissen oder nicht, von der geistigen Essenz zwanzig christlicher Jahrhunderte durchtränkt. ... Ich schäme mich fast, dabei an das Mysterium der Gnade zu rühren, in dem das hohe und heilige Mysterium des

Todes gewissermaßen den Vorhof bildet. Ein Schritt – und wir sind hindurch. Ich weiß, daß die üblichen Tröstungen, insbesondere die der Kirche, nicht in die Tiefe Deines Herzens finden und ich müßte nicht dein Sohn sein, wenn ich nicht auch andere, eigene Wege hätte gehen müssen. ... Wenn die Wogen sich einmal wieder geglättet haben und Ihr für mich ... ein Erinnerungszeichen anbringen laßt, so fügt dazu den Spruch, der mich schon als Kind wie aus Weltentiefen angerührt hat: ›Fürchte dich nicht, denn ich habe dich erlöst. Ich habe dich bei deinem Namen gerufen, du bist mein.‹ Er steht im Jesaias, wo, weiß ich nicht aus dem Kopf.« (Brief an seine Mutter im Juni 1944.)

»Aber es ist eine in alle Tiefen dringende Erfahrung, wenn dieser Vordergrund, das Ich so schattenhaft zu werden beginnt. ... Ich sehe erst jetzt, wie sehr ich mein Leben nur als Reaktion auf Triebe, Nöte und Anwandlungen gelebt habe, und wie wenig ich dabei von der Stelle gekommen, im Sinne höherer Wirklichkeit in Bewegung geraten bin. So geht das Düstere immer wieder von mir selbst, das Helle von anderen Menschen aus. … Und wenn ich ... auf jede Gelegenheit spähe, um diese widerliche, würgende Schlinge von meinem Halse abzustreifen, so vor allem aus dem brennenden Wunsch, Ungetanes zu tun … und in eine höhere Schicht des Lebens zu wachsen.« (Abschiedsbrief an den Freund Karl Ludwig Freiherr von Guttenberg, 16.6.1944.)

Lit.: H. Gollwitzer u.a., Abschiedsbriefe, 289-300 (Zitate); P. Steinbach/J. Tuchel, Lexikon des Widerstandes, 82; A. Leber, Gewissen, 375-377; NDB 7, 536.

Blumenthal, Hans-Jürgen Graf von

* 23.02.1907 Potsdam

† 13.10.1944 Berlin-Plötzensee

Berufsoffizier, verheiratet mit Cornelia von Schnitzler, ein Sohn, zuletzt Major und Gruppenleiter im Allgemeinen

Heeresamt in Berlin, Stahlhelm-Mitglied, 1934/35 Sturmbannführer in der Reiter-SA, ab 1938 aktiv im militärischen Widerstand, am 23. Juli 1944 verhaftet, vom Volksgerichtshof im Oktober 1944 zum Tode verurteilt, am selben Tag hingerichtet. An diesem Tag wurde auch der evangelische Major Roland von Hößlin hingerichtet.

»Ich bin zum Tode verurteilt, rauche jetzt eine letzte Zigarette und werde in Kurzem hinübergehen in die Ewigkeit, in der wir uns wiederfinden werden, um niemals mehr getrennt zu werden. … Sei überzeugt, daß ich unser Glück nicht leichtfertig aufs Spiel gesetzt habe. Gott hat es so gefügt und wir müssen es tragen.« (Abschiedsbrief an seine Frau)

Lit.: H. Gollwitzer u.a., Abschiedsbriefe, 132 (Zitat); P. Steinbach/ J. Tuchel, Lexikon des Widerstandes, 28.

Reichwein, Adolf

* 03.10.1898 Bad Ems/Hessen-Nassau

† 20.10.1944 Berlin-Plötzensee

Sohn eines Lehrers, Dr. phil., Pädagoge, verheiratet mit Rosemarie Pallat, vier Kinder, SPD, Religiöser Sozialist im Kreis um Paul Tillich, Professor für Geschichte und Staatsbürgerkunde an der Pädagogischen Akademie Halle/Saale bis zur Entlassung aus politischen Gründen im April 1933, dann bis 1939 Dorflehrer in Tiefensee/Brandenburg, später Museumspädagoge im Volkskundemuseum in Berlin, ab 1940 Kontakte zum politischen Widerstand, Mitglied im Kreisauer Kreis, bemühte sich um Kontakte zu einer kommunistischen Widerstandsgruppe, am 5. Juli 1944 verhaftet und im Oktober 1944 vom Volksgerichtshof zum Tode verurteilt, am selben Tag hingerichtet.

»Diese drei Monate sind für mich trotz aller Qual auch von großer innerer Bedeutung gewesen: sie haben vieles klären und hoffentlich auch läutern helfen ... Seit dem 5. Juli war mein tägliches Gebet das ›Vater unser‹, dem sich die Fürbitte für Dich, die Kinder und die Eltern anschloß. Ich verdanke diesem Gebet tägliche Stärkung. Möge Gott Euch stärken, das Schwere zu überwinden, ein Leben in Stärke fortzusetzen.« (Abschiedsbrief an seine Frau , 20.10.1944.)

Lit.: K. Scholder, Kirchen I, 175 f.; C. Wickert, Freiheit, 264 f; P. Steinbach/J. Tuchel, Lexikon d. Widerstandes, 160 f.; H. Gollwitzer u. a., Abschiedsbriefe, 236-239 (Zitat).

Habermann, Max

* 21.03.1885 Hamburg
† 30.10.1944 Gifhorn/Niedersachsen

Sohn eines Handwerkers, Buchhändler, verheiratet mit Anni Stoffers, sieben Kinder, Schriftleiter des Zentralorgans und Vorstand des Deutsch-Nationalen Handlungsgehilfenverbandes (DNVP-nah) in Köln, Vorstandsmitglied des Deutschen Gewerkschaftsbundes und des Internationalen Bundes Christlicher Gewerkschaften, nach der Zerschlagung der Gewerkschaften ab 1934 Kaufmann, als überzeugter evangelischer Christ im politischen Widerstand, ab 1939 Planungen für eine Einheitsgewerkschaft nach dem Sturz des NS-Regimes mit Jakob Kaiser und Wilhelm Leuschner, im Oktober 1944 verhaftet, einen Tag später Suizid im Gefängnis Gifhorn, um nicht unter der Folter andere Widerstandskämpfer zu verraten.

Lit.: P. Steinbach/J. Tuchel, Lexikon d. Widerstandes, 79 f.; K. Mertsching, Erschlagen, 48; NDB 7, 397 f.

Hirschwald, Werner

* 14.07.1897 (?)
† November 1944 KZ Gleiwitz

Werner Hirschwald war als Handelskaufmann in verschiedenen Berliner Firmen tätig, ab 1933 als Vertreter bei »Biomalz«

in Berlin-Teltow. Seine Firma musste ihn 1938 wegen seiner jüdischen Herkunft entlassen. Die Treue seiner »arischen« Frau Dora gewährte ihm vor weitergehenden Verfolgungsmaßnahmen zunächst den Schutz einer »privilegierten Mischehe«. Im Dezember 1938 gehörte er zu den ersten Mitarbeitern des »Büros Grüber«, wo er in der Auswanderungsabteilung für Südamerika zuständig war. Seine spanischen Sprachkenntnisse erleichterten ihm die Beratung und Unterstützung von »nichtarischen« Auswanderern. Die geplante Auswanderung der Familie Hirschwald nach Neuseeland wurde durch den Kriegsausbruch vereitelt. Nach der Zwangsschließung des »Büros Grüber« im Februar 1941 musste Hirschwald als Zwangsarbeiter bei Siemens Säcke mit Kohlenstaub transportieren. Als die Familie nach der totalen Ausbombung im November 1943 zu Freunden ins Riesengebirge zog, musste der Familienvater als »Jude« in Berlin zurückbleiben. Aus dieser Zeit stammt eine Federzeichnung von Hirschwald mit hohen, steilen Felswänden und der Unterschrift: »Ich hebe meine Augen auf zu den Bergen, von denen mir Hilfe kommt.« Er zitierte hier fast wörtlich den Beginn von Psalm 121 nach der Lutherübersetzung. Der Psalm bekennt Gott als den treuen Menschenhüter. Weitere Zeugnisse von Hirschwald sind nicht überliefert. Am 10. Januar 1944 wurde er ins Ghetto Theresienstadt deportiert, von dort im September 1944 über das KZ Auschwitz ins Arbeitslager des KZ Gleiwitz. Im November 1944 wurde er umgebracht.
Lit.: H. Ludwig, Opfer, 155 f.

Hofacker, Casar von

* 11.03.1896 Ludwigsburg/Württemberg
† 20.12.1944 Berlin-Plötzensee

Sohn eines Berufsoffiziers, Dr. jur., verheiratet mit Ilse Pastor, fünf Kinder, Prokurist der Vereinigten Stahlwerke

AG in Berlin, Stahlhelm-Mitglied, ab 1937 NSDAP, 1939 als Reserveoffizier eingezogen, ab 1940 in der deutschen Militärverwaltung in Paris, verfügte ab 1942 über Kontakte zur Résistance, stellte die Verbindung zwischen der militärischen Opposition in Paris und Berlin her, führte auch aus christlicher Motivation zusammen mit General Carl-Heinrich von Stülpnagel am 20. Juli 1944 in Frankreich den Umsturzversuch durch, Ende Juli 1944 verhaftet, im August 1944 vom Volksgerichtshof zum Tode verurteilt, hingerichtet. Seine Familie kam in Sippenhaft.

»Und immer hat es dann schwere Rückschläge und Katastrophen gegeben, wenn die Menschen glaubten, ohne Religion, d. h. ohne innere Bindung an Gott, ohne Ehrfurcht vor einer höheren Macht auskommen zu können. ... Man kann ein guter Christ und trotzdem ein guter Deutscher sein. ... Wir Deutschen werden uns um so mehr die Achtung der fremden Völker erwerben, wenn das, was wir tun, nicht gegen diejenigen christlichen Gesetze verstößt, die auch sie hochhalten. Sich zum Christentum bekennen, ... enthält in heutiger Zeit mehr denn je das, was notwendig ist, um durch das eigene Beispiel unser armes, aus tausend Wunden blutendes deutsches Volk wieder auf den richtigen Weg zu bringen.« (Brief an seine beiden ältesten Kinder zu deren Konfirmation am 2.4.1944.)
»Heute wäre jedes ungenutzte Verstreichenlassen auch nur weniger Stunden eine Sünde wider den Heiligen Geist und ein Verstoß gegen meine Pflichten als Mann einer deutschen Frau und Vater deutscher Kinder.« (Brief an seine Frau vom 17.7.1944.)

»Sie sollten jetzt schweigen, Herr Präsident, heute geht es um meinen Kopf, in einem Jahr um den Ihren!« (Entgegnung an Freisler, der ihm in der Volksgerichtsverhandlung das Schlusswort abschneiden wollte.)

Lit.: H. Gollwitzer u. a., Abschiedsbriefe, 371-373 (Zitat); P. Steinbach/J. Tuchel, Lexikon des Widerstandes, 95 f.; A. Leber, Gewissen, 410-413 (Zitat); F. Frhr. Hiller v. Gaertringen, Hofacker (Zitat 89); NDB 9, 375.

Günther, Gerhard
* 17.06.1903 Nürnberg
† 26.12.1944 Tiflis/UdSSR

Pfarrer in Weingartsgreuth/Oberfranken, verheiratet, ab 1937 Murnau/Oberbayern, wegen der drohenden Denunziation einer kritischen Bemerkung über Hitler in der Bibelstunde 1939 vom Landeskirchenrat (LKR) mit sofortiger Wirkung seines Amtes enthoben und zum Hausmeister in einer diakonischen Einrichtung in Rummelsberg/Mittelfranken »degradiert«, meldete sich auf den dringenden Rat des LKR hin (zur Beruhigung der Lage) 1939 freiwillig zum Wehrdienst, starb in sowjetischer Kriegsgefangenschaft.

»Wenn von unserer Kirche aus, auch nach der Betreuung Rosenbergs mit der weltanschaulichen Schulung der Partei und aller Unterorganisationen, immer noch der falsche Wahn genährt wird, als bestünde zwischen der Kirche Jesu Christi und dem Nationalsozialismus bzw. dem totalen Staat keine Gegensätze …, so wird sehr bald die Zeit gekommen sein, wo der Staat und die Partei ohne einen einigermaßen ins Gewicht fallenden Widerspruch mit Gewalt eine neu-heidnische Staatsreligion durchsetzen kann.« (Brief an einen Amtsbruder und Kapitelsbeauftragten für Volksmission, 5.3.1934.)

Lit.: B. Mensing, Pfarrer, 193 f.; P. Kremmel, Pfarrer, 260 f. (Zitat).

Draeger, Margarete, geb. Lubowski

* 30.08.1895 Berlin

† 1944 KZ Auschwitz

Ab 1930 unterrichtete Margarete Draeger als Studienrätin an der Sophienschule in Berlin. Als »Jüdin« wurde sie am 23. August 1933 zwangspensioniert. Ihr »arischer« Mann Walter Draeger ließ sich 1934 scheiden. Ab Dezember 1938 arbeitete sie im »Büro Grüber«, wo sie für die »Kinderverschickung ins Ausland« zuständig war. Zugleich war Draeger ab Mai 1939 Geschäftsführerin des »Zentralausschusses für die Verschickung nichtarisch-christlicher Kinder«, in dem das »Büro Grüber«, das katholische Hilfswerk beim Bischöflichen Ordinariat und das Internationale Sekretariat der Quäker zusammenarbeiteten. Zahlreichen Kindern und Jugendlichen konnte so noch die rettende Flucht ins Ausland ermöglicht werden. Neben die Tätigkeit in der Auswanderungshilfe unterrichtete Draeger auch an der »christlichen Familienschule für katholische und evangelische nichtarische Kinder«. Diese Schule war vom »Büro Grüber« in Abstimmung mit dem katholischen Hilfswerk und der »Reichsvereinigung der Juden« im Oktober 1939 gegründet worden und stand zunächst unter Leitung der Lehrerin und illegalen BK-Vikarin Klara Hunsche. Als das »Büro Grüber« im Februar 1941 zwangsweise geschlossen wurde und Hunsche im Rahmen eines Himmlererlasses gegen illegale BK-Vikarinnen zur Arbeit im Heereswaffenamt dienstverpflichtet wurde, übernahm Draeger die Schulleitung. Abgesehen vom Religionsunterricht durften die »nichtarischen« Kinder nur von »nichtarischen« Lehrkräften unterrichtet werden. Zu diesem Zeitpunkt unterrichteten sieben Lehrerinnen in der »Familienschule« mehr als hundert Schülerinnen und Schüler in fünf Klassen. Im April 1941 mussten die Oberstufenklassen aufgelöst werden, schließlich durften nur noch zwei

Klassen unter dem Dach einer jüdischen Volksschule weiterunterrichtet werden. Mit der Zwangsschließung aller jüdischen Schulen im Juni 1942 war auch deren Ende gekommen. Die Schulleiterin wurde als Arbeiterin bei Siemens & Halske dienstverpflichtet, tauchte aber im Dezember 1942 wegen der drohenden Deportation unter. Nach über einem Jahr in der Illegalität wurde Draeger 1944 aufgespürt und am 10. August 1944 nach Auschwitz verschleppt und dort umgebracht.

Ebenso fielen von den evangelischen Lehrkräften der »Familienschule« Frieda Fürstenheim (geb. 05.05.1878 in Berlin) und Lilly Wolff (geb. 16.06.1896 in Berlin), die beide bereits 1942 in den Osten verschleppt wurden, dem Holocaust zum Opfer.

Lit.: H. Ludwig, Opfer, 150 f.; H. Ludwig, Licht, 4; E. Röhm/J. Thierfelder 3/II, 145-157; H. Ludwig, Schreiben an B. Mensing, 5.8.2002.

Kobrak, Richard Julius

* 15.10.1890 Breslau/Schlesien
† 1944 KZ Auschwitz

Dr. jur., Obermagistratsrat und Generaldezernent für das Wohlfahrtswesen in der Berliner Stadtverwaltung, 1935 zwangsversetzt, im Januar 1936 wegen seiner jüdischen Herkunft in den Ruhestand versetzt, ab 1935 aktiv in den BK-Gemeinden Berlin-Lankwitz und Berlin-Dahlem, auch im Bibelkreis für »nichtarische« Christen, ab 1936 ehrenamtliche Hilfen für Rasseverfolgte im Paulusbund, im »Büro Spiero« und ab Anfang 1939 in der Wohlfahrtsabteilung des »Büros Grüber«, im November 1941 aus der Wohnung ausgewiesen, Zwangsarbeit, im März 1943 zusammen mit seiner Frau Charlotte Deportation ins Ghetto Theresienstadt, von dort im Oktober 1944 ins KZ Auschwitz, umgekommen.

Lit.: H. Ludwig, Opfer, 168-170; G. Schäberle-Koenigs, Weg, 279.

Hamburger, Georg

* (?)

† 1944 Ghetto Theresienstadt

Rechtsanwalt, aktiv in der BK Berlin-Dahlem, im Herbst 1941 angesichts der drohenden Deportation als »Jude« Teilnahme am Kurs für Laienprediger und im Dezember 1941 Ordination durch den BK-Pfarrer Hans Böhm, im Sommer 1943 verschleppt nach Theresienstadt, Mitarbeit in der dortigen evangelischen Gemeinde, die der frühere Hamburger Oberlandesgerichtsrat Arthur Goldschmidt mit Billigung des Judenältesten 1942 aufgebaut hatte, infolge der Haftbedingungen 1944 an Tuberkulose erkrankt und gestorben.

Lit.: G. Schäberle-Koenigs, Weg, 279, 284 f.; zur evang. Gemeinde in Ghetto S. Lekebusch, Not, 137 f.

Elsas, Fritz

* 11.07.1890 Stuttgart-Cannstatt

† Anfang Januar 1945 KZ Sachsenhausen

Sohn eines Fabrikanten, Dr. rer. pol., Jurist, Staatswissenschaftler, verheiratet mit Marie Scholl, drei Kinder, liberaler Kommunalpolitiker (DDP), als Student vom Judentum zum Christentum übergetreten, 1933 als Zweiter Bürgermeister von Berlin aus rassischen und politischen Gründen entlassen, eröffnete 1934 in Berlin ein Beratungsbüro für Auswanderungswillige, Kontakte zu politischen Widerstandskreisen, führend im liberalen Widerstand, 1937 für ein halbes Jahr in Untersuchungshaft, entging selbst als »Jude« der Deportation durch seine »privilegierte Mischehe«, wegen Beherbergung von Goerdeler nach dem 20. Juli 1944 im August 1944 verhaftet, in Verhören gefoltert, im Dezember 1944 ins KZ Sachsenhausen verschleppt, dort ohne reguläres Gerichtsurteil erschossen. Die Familie wurde in Sippenhaft genommen.

»Das ewige Nein, der große Haß, der wilde Kampf sind nur kurze Zeit brauchbare Wegführer – die Liebe fehlt. ... Gegen den Zwang des befehlenden Führers stellt sich die Freiheit des einzelnen, selbstverantwortlichen Menschen. Dem Ungeist der Gewalt wirft sich der Geist der Freiheit entgegen.« (Artikel in der Vossischen Zeitung im Mai 1932.)

»Aber irgendwelche neuen und unbekannten Ansprüche stellt die Zeit wohl ständig an immer neue Menschen. Hölderlins Briefe an Diotima zeigen, wie im Leiden und im Leid der Mensch trotz allem an Kraft und Stärke zu gewinnen vermag. Auch leidende Liebe ist ein solcher Kraftquell.« (Brief an seine Familie, Ende Oktober 1944.)

Lit.: J. Thierfelder, Elsas (Zitate 100 f., 109); A. Leber, Gewissen, 96-98.

Bornitz, Kurt

* 08.02.1899 Kölleda/Provinz Sachsen (Thüringen)
† Januar1945 (?)

Pfarrer an der Pauluskirche in Breslau, verheiratet mit Elsa, aktiv in der schlesischen Bekennenden Kirche, durch seine freimütigen Äußerungen in Predigten und seelsorgerlichen Gesprächen kam er in Konflikte mit dem NS-Staat, auf Veranlassung der NSDAP zur Wehrmacht eingezogen, im Januar 1945 im Sonderurlaub unter ungeklärten Umständen verhaftet und auf Anordnung der Gestapo von SS-Männern getötet. Seine Frau erfuhr erst 1948 von seiner Ermordung.

Lit.: W. Oehme, Märtyrer, 246 f.

Steil, Ludwig

* 29.10.1900 Lüttringhausen/Rheinprovinz
† 17.01.1945 KZ Dachau

Pfarrerssohn, Pfarrer in Holsterhausen/Westfalen (Wanne-Eickel), verheiratet in erster Ehe mit Elisabeth Egen, nach deren Tod ab 1933 in zweiter Ehe mit der Vikarin Gusti, eine Tochter Brigitte, 1933 Mitbegründer der Bekennenden Kirche in Westfalen, ab März 1934 Mitglied des westfälischen Bruderrates, ständiger Vertreter des westfälischen BK-Präses Karl Koch in verschiedenen Leitungsgremien, mehrfach Vorladungen und Verhöre durch die Gestapo, wegen kritischer Äußerungen in einer »Vortragsreihe für Angefochtene« in Herne im September 1944 verhaftet, am 5. Dezember 1944 vom Gefängnis in Dortmund über Bochum ins KZ Dachau überführt, nach menschenunwürdigem Transport dort am 23. Dezember 1944 eingeliefert, Anfang Januar an Typhus erkrankt und wegen der unzureichenden Versorgung gestorben.

»Wir verwerfen alle Kirchenspaltung, die den Judenchristen aus den Kirchen der Heidenchristen aussondern will. ... Schließlich verwerfen wir den Anspruch des Staates, total zu sein ... Wir fordern, daß der Staat sich nach Luthers Lehre von der Obrigkeit begrenzt, weil er nur dann sein Schwert mit ganzer Strenge führt.« (Von Steil mitformuliertes Bochumer Pfingstbekenntnis 1933.)

»Als ich vor zehn Wochen in Haft genommen wurde, habe ich Gott dafür danken dürfen, daß Anlaß und Ursache meine Verkündigung war ... Da konnte ich mit Freudigkeit zu jedem beanstandeten Satz stehen mit einem guten Gewissen vor Gott und Menschen. ... Jetzt erst ist mir aufgegangen, in welchem Maß Gott denen, die seit langen Jahren den Weg der gefangenen Brüder auf betenden Herzen tragen, den eigenen Weg erleichtert, wenn sie in die gleiche Lage kommen. Es ist alles schon vorher durchkämpft, auch das allzu Menschliche und das Unmenschliche.« (Brief an die westfälischen Pfarrer, Mitte November 1944.)

»Wir hatten zum Fest auch alle Irrfahrten hinter uns. Es war reizend, wie sich hier [die mitinhaftierten Amtsbrüder] Wilm und Reger, sobald es ging, für mich einsetzten mit Liebesdiensten. Aber sie selbst waren mir der größte Trost. Ich bin sehr getrost, uns drei in Gottes Hand geborgen zu wissen. Er hat Dich bisher bewahrt, und Du hälst die Stellung, solange Du innerlich kannst. Grüße die Gemeinde ... Wie werden Gottes Wege mit uns weitergehen? Am Ende steht immer er selbst. Das ist Erquickung. Schreib auch von Brigitte.« (Brief aus Dachau an seine Frau vom 9.1.1945.)

Lit.: W. Oehme, Märtyrer, 155-177 (Zitate); BBKL 10, 1279-1281 (Zitat).

Stehmann, Siegbert

* 09.04.1912 Berlin
† 18.01.1945 (?) in Polen

Theologe, Schriftsteller, Lyriker, BK, Vikar beim Evangelischen Presseverband für Deutschland, auch tätig für den Eckart-Verlag in Berlin, 1937 zeitweise verhaftet, 1940 zur Wehrmacht eingezogen, 1943 Offizier, im Herbst 1944 wegen »Wehrkraftzersetzung« angeklagt, Kriegsgerichtsverfahren eingestellt, aber in ein Regiment strafversetzt, das in schwere Kämpfe verwickelt war, gefallen.

»In dieser wunderlosen Zeit, in den wahrhaft apokalyptischen Zuständen dieses seltsam verworrenen Säkulums ist es namenlos tröstend, um eine unsichtbare Verbundenheit des Geistes zu wissen. – Das alte Abendland ist todmüde, und die Kräfte der Erneuerung wachsen ja, wie wir wissen, niemals aus der Hybris, aus dämonischem Heroismus, aus babylonischen Träumen und Zielsetzungen.« (Brief an den Freund Rolf Stöver vom 1.9.1940.)

»In diesem Augenblick zerbrach der Schein, der uns das Irdische verkennen läßt. Hier begegnete uns ja kein Bild mehr, keine Erscheinung aus dem glückseligen Spiel zwischen Luft und Winden, sondern die ernste, große, heilsam und nüchterne Wirklichkeit. Ferne Wälder und Dörfer brannten und schwelten, und der Rauch des Unheils hob sich grell empor zu Anklage, Warnung und Botschaft.« (Aus dem Text »Die Wolke« in der Zeitschrift »Eckart-Blätter für evangelische Geisteskultur«, 1942.)

Lit.: K. Drobisch/G. Fischer, Gewissen, 408; R. Stöver, Kultur, 176, 192 (Zitate); DBE 9, 470; BBKL 14, 1527-1529.

Haubach, Theodor

* 15.09.1896 Frankfurt/Main
† 23.01.1945 Berlin-Plötzensee

Sohn eines evangelischen Großkaufmanns und einer jüdischen Mutter, Dr. phil., Journalist, 1932 als Pressechef im Berliner Polizeipräsidium entlassen, Versicherungsagent, aktives SPD-Mitglied, führend im »Reichsbanner Schwarz-Rot-Gold«, zwischen 1930 und 1933 Mitarbeit im Kreis der Religiösen Sozialisten um Paul Tillich, seit der »Machtergreifung« mehrfach in Haft, 1934 bis 1936 KZ Esterwegen, ab 1942 Kontakte zum Kreisauer Kreis, beschäftigte sich in der Zeit des Widerstandes intensiv mit religiösen Fragen und verlobte sich 1944 mit der Sängerin Anneliese Schellhase (1957 posthum als Ehe eingetragen), im August 1944 verhaftet, in der Haft gefoltert, im Januar 1945 vom Volksgerichtshof zum Tode verurteilt und hingerichtet.

»Du weißt, daß ich in meinem Leben viele böse Dinge habe hinnehmen müssen; spürst Du nicht, wie in dem Abgrund des Leids Gott ganz nahe, ganz dicht bei Dir ist? ... Rief nicht auch Christus am Kreuz: ›Mein Gott, warum hast Du mich verlassen?‹ Und war doch Gottes Sohn und ganz dicht am Paradiese! Erst in der äußersten Nacht des Unheils antwortet die Stimme des Engels, wenn Du ihn rufst.« (Brief an seine spätere Verlobte, 7.7.1943.)

»Dich hat mir Gott gesandt, damit ich erkenne, warum der Mensch zu Zeiten seines Lebens in die Tiefe fahren muß: 1. damit er lerne Gott zu rufen und zu schreien; 2. daß er seine Sünden erkenne; 3. daß er sich bekehre; 4. daß er Gott fürchte. ... Noch bin ich nicht so weit, noch überfällt mich in langen Nächten der Widersacher mit Angst, Not, Verzweiflung. Noch brauche ich ... den Strom Deiner Liebe. ... Gott lasse Dich mir weiter helfen.« (Brief an seine Verlobte, 23.11.1944.)

»Sieh, es ist doch sehr Nacht um mich, aber der Stern von Bethlehem ist aufgegangen und ganz leise dringt auch zu mir die Verheißung der Engel: ›Fürchtet Euch nicht!‹« (Brief an die Verlobte, 14.12.1944.)

Lit.: P. Steinbach/J. Tuchel, Lexikon des Widerstandes, 89; K. v. Klemperer, Glaube, 142; C. Wickert (Red.), Freiheit, 129 f.; NDB 8, 68 f.; H. Gollwitzer u. a., Abschiedsbriefe, 228-235 (Zitate).

Kaiser, Hermann

* 31.05.1885 Remscheid/Rheinprovinz
† 23.01.1945 Berlin-Plötzensee

Sohn eines Realschullehrers und späteren Provinzialschulrates, Historiker, unverheiratet, Studienrat in Wiesbaden, NSDAP-Mitglied, zu Beginn des Krieges als Reserveoffizier eingezogen, Abscheu über deutsche Gräueltaten in Polen, ab 1940 im Oberkommando des Heeres in Berlin, zuletzt als Hauptmann, auch aus christlicher Motivation ab 1941 aktive Mitarbeit in den Widerstandskreisen um Ludwig Beck und Carl Goerdeler, beteiligt an den Umsturzvorbereitungen 1944, am 21. Juli 1944 zusammen mit seinen Brüdern Heinrich und Ludwig verhaftet, am

17. Januar vom Volksgerichtshof zum Tode verurteilt, hingerichtet.

»... der harten Lehre vom unbedingten Recht der bestehenden Obrigkeit stellte Luther seine Auffassung von den Schranken der weltlichen Gewalt gegenüber, die der Seele nicht befehlen könne. ... Der moralische Mensch, als Träger der Politik, wird sich nie vermessen, in Glaubensfragen einzugreifen ... Er wird die Schranken erkennen, vor denen die Staatsgewalt haltmachen muß, und die Bürger vor Konflikten zwischen dem Gewissen und ihren staatlichen Pflichten bewahren.« (Brief an Leutnant W. Stath vom 6.3.1942.)

»Patriotismus ohne Menschlichkeit ist unmöglich und wo sich das eine von dem anderen trennt, folgt die strafende Gerechtigkeit auf dem Fuße. Wer das nicht glauben will, wird es bald am eigenen Leib erfahren.« (Brief an Direktor G. Hundt vom 27.10.1942.)

»Habe spannende Tage der letzten Woche hinter mir ... Hitler ist am Ende seiner Laufbahn. Die höhere Fügung gab noch eine Verlängerung der Frist. Aber ich glaube, que les jours sont comptés [seine Tage sind gezählt].« (Brief an das Ehepaar von Ibell vom 16.7.1944.)

Lit.: G. v. Roon, Kaiser, 272 f., 285 (Zitate); P. Steinbach/J. Tuchel, Lexikon des Widerstandes, 106; A. Leber, Gewissen, 372-374.

Moltke, Helmuth James Graf von

* 11.03.1907 Kreisau/Schlesien (Polen)

† 23.01.1945 Berlin-Plötzensee

Sohn eines Gutsbesitzers und einer Engländerin aus Südafrika, Gutsbesitzer, Rechtsanwalt, liberal-demokratisch, verheiratet mit Freya Deichmann, zwei Söhne, Rechtsbeistand für Rasseverfolgte, ab 1939 als Kriegsverwaltungsrat im Oberkommando der Wehrmacht verpflichtet, engagierte sich für humane Behandlung der Kriegsgefangenen und Einhaltung des Völkerrechts, 1940 Mitbegründer des Kreisauer Kreises, enge Kontakte zu katholischen Widerstandskreisen (Alfred Delp); im politischen Widerstand gewann der christliche Glaube und die Ökumene für ihn eine große Bedeutung, im Januar 1944 verhaftet, in Gefängnissen in Berlin, zeitweise im KZ Ravensbrück, am 11. Januar 1945 vom Volksgerichtshof zum Tode verurteilt, gehängt. Am selben Tag wurde auch der Protestant und ehemalige Staatssekretär Erwin Planck hingerichtet.

»Um vier Uhr erwachte ich und dachte über Kreisau, die Meinen und den Krieg nach … Bei dieser Gelegenheit wurde ich mir einer Wandlung bewußt, die während des Krieges in mir vorgegangen ist und die ich nur einer tieferen Erkenntnis christlicher Grundsätze zuzuschreiben vermag. Ich glaube nicht, daß ich weniger pessimistisch bin als früher, ich glaube nicht, daß ich das Leid der Menschheit jetzt, wo es grob materialistische Züge angenommen hat, weniger fühle …, aber trotzdem trage ich es leichter; es hemmt mich weniger als früher. Die Erkenntnis, daß das, was ich tue, sinnlos ist, hindert mich nicht, es zu tun, weil ich viel fester als früher davon überzeugt bin, daß nur das, was man in der Erkenntnis der Sinnlosigkeit allen Handelns tut, überhaupt einen Sinn hat.« (Brief an seine Frau vom 11.10.1941.)

»Vielleicht erinnern Sie sich, daß ich in Gesprächen vor dem Kriege der Meinung war, daß der Glaube an Gott nicht wesentlich sei, um dahin zu kommen, wo wir jetzt sind. Heute weiß ich, daß ich unrecht hatte, ganz und gar unrecht. Sie wissen, daß ich die Nazis vom ersten Tage an bekämpft habe, aber der Grad der Gefährdung und Opferbereitschaft, der heute von uns verlangt wird und vielleicht morgen von uns verlangt werden wird, setzt mehr als gute ethische Prinzipien voraus«. (Brief an Lionel Curtis vom April 1942.)

»Der Herr ... hat uns durch vielerlei Zeichen gezeigt, daß er bei uns ist. Daraus schließe ich, daß, wenn ich ständig darum bitte, er weiter uns spüren lassen wird, daß er bei uns ist; aber das kann er am Galgen von Plötzensee genauso gut tun, wie in der Freiheit in Kreisau oder anderswo. ... Eines aber ist ganz gewiß, daß wir ohne Unterlaß beten dürfen und müssen.« (Kassiber an den mitinhaftierten Alfred Delp, Anfang Januar 1945.)

»... besprochen wurden [in der Verhandlung vor dem Volksgerichtshof] Fragen der praktisch-ethischen Forderungen des Christentums. Nichts weiter, dafür allein werden wir verurteilt. Freisler sagte zu mir in einer seiner Tiraden: ›Nur in einem sind das Christentum und wir gleich: wir fordern den ganzen Menschen!‹ ... Von der ganzen Bande hat nur Freisler mich erkannt, ... ist er der einzige, der weiß, weswegen er mich umbringen muß. ... und dann wird Dein Wirt ausersehen, als Protestant vor allem wegen seiner Freundschaft mit Katholiken attackiert und verurteilt zu werden, und dadurch steht er vor Freisler nicht als Protestant, nicht als Großgrundbesitzer, nicht als Adeliger, nicht als Preuße, nicht als Deutscher, ... sondern als Christ und als gar nichts anderes. ... Zu welch einer gewaltigen Aufgabe ist Dein Wirt ausersehen gewesen: all die viele Arbeit, die der Herrgott mit ihm gehabt hat, die unendlichen Umwege, die verschrobenen Zickzackkurven, die finden plötzlich in einer Stunde am 10. Januar 1945 ihre Erklärung. Alles bekommt nachträglich einen Sinn, der verborgen war.« (Briefe an seine Frau vom 10. und 11.1.1945.)

Lit.: W. Oehme, Märtyrer, 178-191; K. v. Klemperer, Glaube 155; C. Strohm, Bedeutung, 222 f.; G. Brakelmann, Moltke (Zitate 307, 316 f.); P. Steinbach/J. Tuchel, Lexikon d. Widerstandes, 141; NDB 18, 13; G. Ringshausen, Kirche (1992), 84 (Zitat).

Leipelt, Hans K. und seine Mutter Katharina (Kaethe), geb. **Baron**

* 18.07.1921 Wien * 28.05.1893 Wien (?)
† 29.01.1945 München-Stadelheim † 09.12.1943 Polizeigefängnis Hamburg-Fuhlsbüttel

Hans K. Leipelt wuchs in einer evangelischen Familie in Wien und ab 1925 in Hamburg auf. Nach Abitur in Hamburg-Wilhelmsburg und Arbeitsdienst ab November 1938 Wehrdienst, Juni 1940 Eisernes Kreuz II. Klasse, Ende August 1940 als »Halbjude« aus der Wehrmacht entlassen, Studium in Hamburg, ab Sommer 1941 in München am Chemischen Institut, nach der Verhaftung der Geschwister Scholl verbreitete er zusammen mit seiner Freundin Marie-Luise Jahn das letzte Flugblatt der Weißen Rose in München sowie in seinem Hamburger Freundeskreis und sammelte Geld für Kurt Hubers Witwe, im Oktober 1943 verhaftet, im Gefängnis München-Stadelheim Zeugnisse persönlichen Gottesglaubens, im Oktober 1944 vom Volksgerichtshof zum Tode verurteilt, enthauptet.
Seine evangelische »volljüdische« Mutter, eine promovierte Chemikerin, starb unter ungeklärten Umständen am dritten Tag der Sippenhaft (Suizid?). Durch den Tod ihres »arischen« Mannes war schon im September 1942 der relative Schutz der privilegierten Mischehe weggefallen. Leipelts jüngere Schwester Maria war auch in Sippenhaft, überlebte aber. Seine Großmutter mütterlicherseits war schon am 19. Juli 1942 nach Theresienstadt deportiert worden und dort umgekommen.

»Und doch, Liebes, bleibst Du nicht allein zurück. Abgesehen davon, daß ich gute Menschen weiß, die nach dem Kriege ihr Möglichstes tun werden … bleibst Du in der Hand Gottes zurück, in der ich Dich getrost lasse …

Dieses Zutrauen zu ihm dürfen, ja müssen wir haben, auch wenn wir seine Wege einmal nicht verstehen und vielleicht sogar hart finden. ... Ich fühle im wahrsten Sinne des Wortes göttliche Ruhe in mir und sterbe ohne Angst in der Hoffnung auf Gottes Vergebung ... Auch Dich bitte ich nun zum Schluß, Du möchtest mir meine häufige Lieblosigkeit gegen Dich, meinen Egoismus, vor allem meinen maßlosen Mangel an Selbstbeherrschung vergeben, durch den ich auch Dich ins Unglück gestürzt habe.« (Abschiedsbrief an seine Schwester vom 29.1.1945.)

Lit.: K. Alt, Todeskandidaten (Neuauflage 1994), 104-108 (Zitat); U. Hochmuth (Bearb.), Candidates; K. Möller, Leipelt.

Goerdeler, Carl Friedrich

* 31.07.1884 Schneidemühl/Posen (Polen)
† 02.02.1945 Berlin-Plötzensee

Sohn eines Amtsrichters, Dr. jur., verheiratet mit Anneliese Ulrich, fünf Kinder, Oberbürgermeister von Leipzig und zeitweise gleichzeitig Reichskommissar für die Preisüberwachung, DNVP, Rücktritt von diesen Ämtern 1935 bzw. 1937 wegen Hitlers Rassen- und Kirchenpolitik, ab 1937 Berater der Firma Bosch, Kontakte zur BK, in vierziger Jahren im Central-Vorstand des Gustav-Adolf-Vereins, aus christlicher Grundhaltung führende Beteiligung am politischen Widerstand, im August 1944 verhaftet, in der Haft Zeugnisse persönlicher Frömmigkeit, im September 1944 vom Volksgerichtshof zum Tode verurteilt, auf Befehl Hitlers nach monatelangen Verhören mit dem Handbeil enthauptet. Familienmitglieder wurden in Sippenhaft genommen. Am selben Tag wurde auch der evangelische preußische Finanzminister Johannes Popitz hingerichtet.

»Die Politik, die das Glück und Wohl der Völker zum Ziele sich setzt, muß auf die christlichen Grundsätze der

Wahrhaftigkeit, der Menschlichkeit und der Hilfsbereitschaft aufgebaut sein, letztlich auf dem Grundsatz, daß man einem andern nicht antun darf, was man selbst nicht erdulden will.« (Denkschrift »Der Weg«.)

»In schlaflosen Nächten habe ich mich gefragt, ob ein Gott existiere, der am persönlichen Schicksal der Menschen Anteil nehme. ... Er ließe Millionen anständiger Menschen sterben und leiden, ohne einen Finger zu rühren. Soll dies ein Gericht sein? ... Haben wir vielleicht darin gesündigt, daß wir Nationalisten waren, d. h. daß wir Gott für unsere Nation in Anspruch nahmen, für unser Volk, an das uns doch kein biblisches Gebot bindet? ... Es ist schwer ... seine Tage in mancher körperlichen Entbehrung, vor allem in Qualen der Selbstvorwürfe beschließen zu müssen. Ja, es sind Höllenqualen. Wie der Psalmist hadere ich mit Gott, weil ich ihn nicht verstehen kann ... Und doch suche ich noch durch Christus den barmherzigen Gott. Gefunden habe ich ihn nicht. O Christus, wo ist die Wahrheit, wo ist der Trost?« (Aufzeichnungen, Januar 1945.)

Lit.: G. Ringshausen, Kirche (1992), 81-85 (Zitat); C. Markschies, Goerdeler (Zitat 172); P. Steinbach/J. Tuchel, Lexikon d. Widerstandes, 71; NDB 6, 521-524.

Lebrecht, Heinrich

* 24.07.1901 Darmstadt/Hessen
† 05.02.1945 Feldlazarett Euskirchen/Rheinprovinz

Sohn eines Landgerichtsrates, Pfarrer in Groß-Zimmern/Hessen, verheiratet, Kinder, BK, im November 1934 vom DC Landesbischof wegen seiner jüdischen Herkunft (»Halbjude«) beurlaubt, im Januar 1935 vom Staat Recht zur Erteilung des Religionsunterrichtes entzogen, im Februar 1935 Zwangsversetzung durch den DC-Landesbischof, mit

Rückendeckung der Gemeinde und Unterstützung des Pfarrernotbundes blieb er aber in seiner Gemeinde, im November 1935 vom neuen Landeskirchenrat rehabilitiert, im Krieg zur Zwangsarbeit bei der »Organisation Todt« eingezogen, dort angeblich an den Folgen einer Verletzung bei einem Fliegerangriff verstorben.

»Und die Schwärmer unserer Tage machen es ähnlich [wie die Schwärmer der Reformationszeit]. Sie machen aus dem Volkstum und der Geschichte, aus dem Blut und der Rasse – die man gewiß als Gottes Gaben achten soll – Quellen der Offenbarung neben Gottes Wort.« (Sonntagsgruß der Evangelischen Gemeinde Groß-Zimmern, 4.11.1934.)

»Wir haben es neu begriffen, daß die Kirche, die wahre Kirche, ein Geschenk Christi ist. Schien es doch durch das, was das falsche Kirchenregiment redet und tut, vielfach so, als ob die Prediger nichts anderes zu tun hätten, als daß sie einen Brei herrichten aus Religion und Volkstum und dabei beides verderben. ... Die Kirche hat die Botschaft Gottes zu verkünden, ohne nach der Seite zu blicken – allein gehorchend ihrem Herrn und Meister … Da aber Geldstrafe und Beurlaubung nur als Antwort auf meinen Kampf für die BK erfolgten, konnte ich der Beurlaubung nicht Folge leisten. Die Glieder der Bekenntnisgemeinschaft können ja das herrschende Kirchenregiment nicht mehr als rechtmäßig anerkennen.« (Sonntagsgruß der Evangelischen Gemeinde Groß-Zimmern, 11.11.1934.)

Lit.: E. Röhm/J. Thierfelder, Juden 2/II, 59-71; M. Hofmann u.a., Dokumentation, IV, 1-16 (Zitate 6 f.).

London, Margrit

* 17.08.1919 Hamburg
† 06.02.1945 KZ Ravensbrück

Angestellte in einem Geschenkartikelladen in Hamburg, trat 1935 vom Judentum zum Christentum über, aktives Mitglied in der evangelischen Jerusalemgemeinde, die vielen »nichtarischen« Christen zur Heimat geworden war; 1942 wurde sie nach der Deportation ihres Vaters nach Theresienstadt wohl wegen politischer Widerstandsaktionen zusammen mit ihrem Verlobten Heinz Victor verhaftet, zunächst in Hamburg im Gefängnis, 1942 ins KZ Ravensbrück überführt, dort an Lungentuberkulose gestorben. Der Vater kam in Auschwitz ums Leben.

»Das erste Tauwetter hatte mir die liebste Freundin genommen, Margit London, die an Lungentuberkulose erkrankt war. Sie hatte dem Jugendbund für entschiedenes Christentum angehört. ... Der Blick der strahlend blauen Augen, die Haltung des edel geformten Hauptes mit dem Blondhaar drückten dankbares Vertrauen aus. Sie fühlte sich in der Liebe der Freundinnen in Gottes Händen geborgen. Ein Gebet ihrer letzten Stunden für die deutschen Mütter durfte ich als ihr Vermächtnis mitnehmen.« (Bericht einer Mitgefangenen.)

Lit.: G. Schwöbel, London, 67 f. (Zitat).

Putbus, Malte von (bis 1938 von **Veltheim**)

* 03.01.1889 Halberstadt/Provinz Sachsen
† 10.02.1945 KZ Sachsenhausen

Malte von Veltheim wuchs als einziger Sohn eines aus altem lutherischem niedersächsischem Adel stammenden preußischen Majors und einer Tochter des Fürsten Wilhelm von Putbus im pommerschen Pasewalk auf. Mit elf Jahren wurde er Zögling einer Kadettenanstalt in Plön, ab 1907 dann in Lichterfelde. 1909 trat er als Leutnant in ein Pommersches Kürassierregiment in Pasewalk ein. Der junge Offizier heiratete 1913 Marie von Ploetz. Aus der Ehe gingen zwischen 1915 und 1927 fünf Töchter und zwei Söhne hervor. Im Ersten Weltkrieg diente Veltheim als Frontoffizier und wurde mit beiden Eisernen Kreuzen dekoriert. Im Januar 1919 war er an der Niederschlagung des Spartakus-Aufstandes in Berlin beteiligt. Nach seinem Abschied im Range eines Rittmeisters 1921 bewirtschaftete er Ländereien auf Rügen. Politisch schloss sich Veltheim der Völkischen Bewegung um General Erich von Ludendorff an. Im Februar 1932 trat er in die NSDAP ein, für deren Ortsgruppe in Garz er einige Jahre als politischer Leiter fungierte. Der SA schloss er sich im Januar 1933 an. Im Range eines Obertruppenführers vertrat er die Rügensche Reiter-SA auf Turnieren in ganz Deutschland. Ab Sommer war er zudem Kreissportbeauftragter für Rügen. Ende 1934 erbte von Veltheim den gesamten Putbusschen Großgrundbesitz, den er ab 1935 von Putbus aus verwaltete. 1938 wurde ihm die Genehmigung zur Führung des Namens von Putbus erteilt. Als patriarchalisch-konservativer Großgrundbesitzer kam der »Herr auf Putbus« in zahlreiche Konflikte mit lokalen NSDAP-Repräsentanten. Diese Spannungen wurden dadurch verschärft, dass Putbus der Kirchenpolitik und den antijüdischen Maßnahmen des NS-Regimes zunehmend kritischer gegenüberstand. Er weigerte sich beharrlich, aus dem evangelischen Johanniterorden, der hauptsächlich sozial-diakonische Einrichtungen unterhält, auszutreten und sein Kirchenpatronat niederzulegen. Örtliche Diskriminierungen von Juden rügte er öffentlich. Im Frühjahr 1939 wurde Putbus aus der NSDAP ausgeschlossen und von der Gestapo kurzzeitig in Schutzhaft genommen. Ein Sondergerichtsverfahren insbesondere wegen seiner kritischen Äußerungen zur Judenverfolgung wurde aber im Spätsommer 1939 eingestellt. Von Oktober 1939 bis August 1941 musste der Reserveoffizier Kriegsdienst leisten. Am 21. Juli 1944 wurde Putbus in seinem Schloss von der Gestapo verhaftet, wohl wegen seiner langjährigen freundschaftlichen Verbindungen zu Ludwig Beck, einer der führenden Persönlichkeiten der Militäropposition gegen Hitler. Bei den Verhören wurde Putbus schwer misshandelt. Nach Haft in Stralsund, Stettin und Berlin kam er Ende Januar 1945 ins KZ Sachsenhausen, wo er von einem SS-Mann mit einem Gummiknüppel aus nichtigem Anlass zusammengeschlagen wurde. Im Krankenrevier des KZ starb Putbus an den Folgen der Haft und der Misshandlungen.

Lit.: W. Meyer, Verschwörer, 326-329.

Buttersack, Hans

* 11.08.1880 Hamburg
† 14.02.1945 KZ Dachau

Dr. jur., Rechtsanwalt und Notar in Wiesbaden, Mitbegründer der BK in Hessen-Nassau, Rechtsberater und Anwalt der BK, im Mai 1943 verhaftet, ins KZ Dachau überführt, starb an den Verletzungen durch einen Luftangriff auf ein KZ-Außenlager.

Lit.: W. Oehme, Märtyrer, 192 f.

Maus, Georg

* 05.06.1888 Buttendorf/Oberhessen
† 16.02.1945 Hochstadt am Main/Oberfranken

Pfarrerssohn, Studienrat für Deutsch, Geschichte und Religion in Wuppertal, ab 1943 an der Oberschule Idar-Oberstein (Rheinland-Pfalz), aktives BK-Mitglied, 1939 Austritt aus dem NSLB, im Mai 1944 von Schülern wegen Mahnung zur Feindesliebe auch gegenüber den Kriegsgegnern denunziert, verhaftet, im November 1944 vom Volksgerichtshof zu zwei Jahren Haft verurteilt, zunächst Gefängnis Koblenz, dann Gefängnislazarett in Berlin, im Februar 1945 auf dem Transport von Berlin ins KZ Dachau im Gefängniszug verhungert.

»Diese Feuersbrunst ist das rechte Zeichen für das Dritte Reich; aus den höllischen Flammen ist es gekommen, und in Flammen wird es untergehen. Dieses Feuer ist Gottes Gericht über unsere Stadt, weil wir als Christen zu all den Freveln so viel geschwiegen haben.« (Äußerung nach einem Luftangriff auf Wuppertal-Elberfeld, 1943.)

Lit.: K. Loscher/U. Hahn, Maus; W. Oehme, Märtyrer, 194-197 (Zitat).

Goerdeler, Fritz

* 06.03.1886 Schneidemühl/Posen (Polen)
† 01.03.1945 Berlin-Plötzensee

Sohn eines Amtsrichters, Jurist, verheiratet mit Susanne Ulrich, vier Kinder, DNVP, Bürgermeister von Marienwerder/Westpreußen bis zur Ablösung aus politischen Gründen 1933, dann Stadtkämmerer in Königsberg, seinem älteren Bruder Carl in den Widerstand gefolgt, ab 1943 aktiv daran beteiligt, Anfang August 1944 verhaftet, aus der Haft Zeugnisse einer lebendigen Frömmigkeit, im Februar 1945 vom Volksgerichtshof zum Tode verurteilt, hingerichtet.

»Was auch kommen mag, Ihr dürft gewiß sein, daß Ihr Euch wegen meiner Haltung nicht zu schämen braucht ... Immer habe ich zu Gott gefleht, daß er Euch gnädig behüten möge, Euch reine starke Herzen schenkt, mit deren Kraft Ihr gute tüchtige Menschen werdet. Haltet Euch im Glauben zu Gott und unserem Heiland. Er ist die lebendige Quelle allen Trostes. Das habe ich in der langen Einsamkeit des Kerkers verspürt und es war gut für mich, daß

Gott mich vor diese Prüfung gestellt hat.« (Abschiedsbrief an seine Kinder, Ende Februar 1945.)

Lit.: C. Markschies, Goerdeler (Zitat 171); P. Steinbach/J. Tuchel, Lexikon des Widerstandes, 71 f.; NDB 6, 521.

Harnack, Ernst von

* 15.07.1888 Marburg/Hessen-Nassau
† 03.03.1945 Berlin-Plötzensee

Sohn eines Kirchenhistorikers, Jurist, verheiratet mit Anna Wiggert, fünf Kinder, SPD, aktives Mitglied im Bund der Religiösen Sozialisten, als Regierungspräsident von Halle-Merseburg 1932 beim Staatsstreich Papens gegen Preußen in den Ruhestand versetzt, 1933 wegen Einsatzes für verhaftete Sozialdemokraten und Gewerkschafter zeitweise selbst inhaftiert, in Berlin familiäre und politische Verbindungen zu mehreren Widerstandskämpfern, im September 1944 verhaftet, am 1. Februar 1945 vom Volksgerichtshof zum Tode verurteilt, gehängt.

»Es wird ein Frontalangriff auf die Landeskirche versucht. Die Kampfgruppe, die vom Braunen Haus in München nun gegen die evangelische Kirche vorgeschickt wird, das sind die Deutschen Christen. ... Wir wollen an dem Pfingsterlebnis festhalten ..., wo die Grenzpfähle der Völker zu fallen schienen ... Ja man will es nicht einmal wahr haben, das der große Stifter unserer Religion ein Jude gewesen ist. ... Christenkreuz oder Hakenkreuz? Es kann nur das eine oder das andere geben. Und wer mit dem Hakenkreuz in die Kirche geht ..., der muß zum Tempel hinausgejagt werden.« (Wahlrede bei einer Kundgebung der Religiösen Sozialisten in Breslau, 31.10.1932.)

»Der Totalitätsanspruch der NSDAP erstreckt sich *praktisch* auch auf das Religiöse. Darum *muß* es zum

Kampf kommen, wenn der integrale Nationalsozialismus auf das klare Evangelium stößt.« (Brief vom 4.10.1937.)

»Ich weiß mich eins mit Euch in Gott und sehe allem Kommenden im Vertrauen auf seine gnädige Führung in gesammelter Ruhe entgegen.« (Brief an seine Frau vom 14.1.1945.)

»Der Ausfall der Schule ist ärgerlich, gibt Dir aber die Möglichkeit, Irene und Jürgen die religiösen Werte näher zu bringen, als Du es sonst wohl könntest. Ich kann es jetzt ermessen, welcher Schatz ein in der Jugend überkommener Besitz an religiösem Gedankengut ist. … Bete mit ihnen; bei den großen Anliegen, die wir alle haben, werden die Worte sich von selbst einstellen.« (Brief an seine Tochter Annemarie, 24.1.1945.)

Lit.: E. v. Harnack, Jahre des Widerstands (Zitate 211 ff.); G. Ringshausen, Kirche (1992), 92-94 (Zitate); P. Steinbach/J. Tuchel, Lexikon d. Widerstandes, 85 f.; NDB 7, 688.

Bonhoeffer, Dietrich

* 04.02.1906 Breslau/Schlesien

† 09.04.1945 KZ Flossenbürg

Sohn eines Professors für Psychiatrie und Neurologie, Studentenpfarrer und Privatdozent für Systematische Theologie in Berlin, 1933 öffentlich die Pflicht der Kirche zum Widerstand gegen staatliches Unrecht an den Juden betont, Mitbegründer der BK, ab 1935 Leiter des illegalen BK-Predigerseminars in Finkenwalde/Pommern, in den folgenden Jahren Entzug der Lehrbefugnis, Auflösung des Predigerseminars, Rede- und Schreibverbot, ab 1938 Kontakte zum militärischen Widerstand über seinen Schwager Hans von Dohnanyi, ab 1940 ins Amt Ausland/Abwehr des Oberkommandos der Wehrmacht (Canaris) eingezogen, bei Auslandsreisen Verbindungen zu den alliierten

Regierungen geknüpft, 1943 Verlobung mit Maria von Wedemeyer, April 1943 verhaftet, Gefängnisse in Berlin, dann KZ Buchenwald, im April 1945 ins KZ Flossenbürg verschleppt, dort nach SS-Standgerichtsverfahren zusammen mit dem Katholiken Ludwig Gehre und den Protestanten Wilhelm Canaris, Hans Oster und Karl Sack gehängt.

»Du, die Eltern, Ihr alle, die Freunde und Schüler im Feld, Ihr seid mir immer ganz gegenwärtig. Eure Gebete und guten Gedanken, Bibelworte, längst vergangene Gespräche ... bekommen Leben und Wirklichkeit wie nie zuvor. ... Wenn es in dem alten Kinderlied von den Engeln heißt: ›zweie die mich decken, zweie die mich wecken‹, so ist diese Bewahrung am Abend und am Morgen durch gute unsichtbare Mächte etwas, was wir Erwachsenen heute nicht weniger brauchen als die Kinder. Du darfst nicht denken, ich sei unglücklich. ... Hier noch ein paar Verse, die mir in den letzten Abenden einfielen. Sie sind der Weihnachtsgruß für Dich und die Eltern und Geschwister.

1. Von guten Mächten treu und still umgeben
behütet und getröstet wunderbar ...«
(Brief an seine Braut, 19.12.1944)

Lit.: E. Bethge, Bonhoeffer; Brautbriefe Zelle 92 (Zitat 208 f.); C. Strohm, Bonhoeffer (2000); P. Steinbach/J. Tuchel, Lexikon d. Widerstandes, 31 f.; BBKL 1, 681-684; NDB 2, 443 f.; www.e-k-i-r.de/esz/ibg.

Dohnanyi, Hans von

* 01.01.1902 Wien
† 09.04.1945 (?) KZ Sachsenhausen

Hans von Dohnanyi erlebte nach dem Umzug der jungen Familie ab 1905 in Berlin-Grunewald von der Musik bestimmte Kinderjahre in einem weltoffenen Elterhaus:

Sein aus Ungarn stammender Vater war Komponist, Dirigent und Musikhochschullehrer, seine Mutter Pianistin. 1913 trennten sich seine Eltern, er blieb mit seiner jüngeren Schwester bei der Mutter. Der Historiker Hans Delbrück, Vater eines Freundes, wurde wichtig für Dohnanyis geistige und politische Entwicklung. 1917 ließ er sich zusammen mit seinen Grunewaldfreunden Gerhard Leibholz, der aus einer jüdischen Familie stammte, und Klaus Bonhoeffer konfirmieren und trat damit von der katholischen in die evangelische Kirche über. Sein Jurastudium finanzierte er 1921 bis 1923 durch Mitarbeit im Archiv des Auswärtigen Amtes. Nach dem Referendarexamen holte ihn der Jurist Albrecht Mendelssohn Bartholdy als Assistent an sein Institut für Auswärtige Politik in Hamburg, wo er 1926 zum Dr. jur. promoviert wurde. Seit seiner Studentenzeit kritisierte er entschieden den Rechtsradikalismus und Antisemitismus in der Weimarer Republik. Politisch stand er der linksliberalen DDP nahe, ab 1930 hoffte er auf einen Erfolg von Heinrich Brünings überparteilicher Regierungspolitik. 1925 heiratete er die Professorentochter Christine Bonhoeffer, mit der er eine Tochter und zwei Söhne hatte. Die NSDAP verachtete Dohnanyi wie sämtliche Mitglieder der Familie Bonhoeffer. Christine nahm später an allen Widerstandsaktivitäten ihres Mannes Anteil und trug sie mit.

1928 berief der damalige Reichsjustizminister und Vorsitzende der DDP, Erich Koch-Weser, Dohnanyi zu seinem persönlichen Referenten. Koch-Wesers parteiloser Nachfolger Curt Joël beauftragte ihn Ende 1931 mit der Leitung des Ministerbüros. 1932 wechselte Dohnanyi als Staatsanwalt in den Hamburger Justizdienst, im Februar 1933 als Hilfskraft ans Reichsgericht in Leipzig. Im Juni 1933 kehrte er in der Hoffnung, rechtsstaatliche Positionen sichern zu können, ins Reichsjustizministerium zurück und arbeitete eng mit dem deutschnationalen Minister Franz Gürtner zusammen, dessen Büroleiter er Mitte 1934 wurde. Von 1934 bis 1938 hielt er in einem offiziellen Diensttagebuch und in einer privaten Geheimkartei NS-Eingriffe in die Justiz, Terrorakte in den KZ und andere Rechtsbrüche fest. Er blieb – ohne jemals der NSDAP oder einer ihrer Gliederungen beizutreten – im Staatsdienst, um »einerseits den nationalsozialistischen Wahnsinn zu sabotieren, andererseits den Geschädigten durch seine Machtmittel zu helfen«. Dohnanyi stand Freunden und Juristenkollegen bei, die von antisemitischen NS-Maßnahmen betroffen waren, und unterstützte in ständigem Kontakt mit seinem Schwager Dietrich Bonhoeffer die Bekennende Kirche in ihrem Rechtskampf. Im Justizministerium notierten seine nationalsozialistischen Gegner eifrig seine kritischen Äußerungen: Die rassische Haltung des NS-Regimes stehe »mit der christlichen Auffassung der evangelischen Kirche im Widerspruch«. Minister Gürtner schützte seinen Mitarbeiter, indem er ihm 1938 eine Stelle als Reichsgerichtsrat am Reichsgericht in Leipzig vermittelte. Im selben Jahr nahm Dohnanyi Kontakt zu militärischen und zivilen Widerstandskreisen auf und beteiligte sich zusammen mit Ludwig Beck und Hans Oster an Vorbereitungen zu einem Staatsstreich. Im August 1939 arrangierte Oster seine Einziehung zum Amt Ausland/ Abwehr im Oberkommando der Wehrmacht, in dem er die NS-Verbrechen hinter der Ostfront an Juden, Kriegsgefangenen und an der Zivilbevölkerung dokumentierte. Mit Berichten über SS-Gräuel und die anlaufenden Judendeportationen versuchte er hohe Militärs zum Eingreifen zu bewegen. Daneben organisierte er Hilfs- und Rettungsaktionen für einzelne jüdische Bekannte. Ab 1941 plante er das »Unternehmen Sieben«, mit dem im September 1942 vierzehn Juden als angebliche deutsche Agenten in die Schweiz ausreisen konnten.

Diese Hilfsaktionen führten am 5. April 1943 zu seiner Verhaftung durch die Gestapo, die seine Beteiligung an den Staatsstreichvorbereitungen aber erst durch Aktenfunde im September 1944 aufdecken konnte. Durch die nun zunehmend unmenschlichen Haftbedingungen erkrankte Dohnanyi, für den sein Widerstand rückblickend »einfach der zwangsläufige Gang eines anständigen Menschen« war, schwer. Dennoch wurde er, den die Gestapo als »das geistige Haupt des 20. Juli« einstufte, auf Befehl Hitlers am 6. April 1945 von einem SS-Standgericht im KZ Sachsenhausen zum Tode verurteilt und vermutlich am 9. April erhängt.

Lit.: M. Asendorf/R. v. Bockel, Wege, 140-142 (M. Smid); M. Smid, Dohnanyi (2002); W. Huber, Haupt; W. Meyer, Dohnanyi; P. Steinbach/J. Tuchel, Lexikon d. Widerstandes, 46.

Elser, Johann Georg

* 04.01.1903 Hermaringen/Württemberg

† 09.04.1945 KZ Dachau

Georg Elser wuchs als ältester Sohn eines kleinen Landwirts und Holzhändlers mit drei Schwestern und zwei Brüdern im württembergischen Königsbronn in einer evangelischen Familie auf – seine Eltern hatten erst ein Jahr nach seiner Geburt geheiratet. Seine Mutter besuchte regelmäßig die Gottesdienste und Betstunden. Elser lernte nach der Volksschule erst Eisendreher, dann Schreiner. 1922 legte er die Gesellenprüfung ab und arbeitete in den folgenden Jahren, immer wieder unterbrochen durch Phasen der Arbeitslosigkeit, an verschiedenen Orten, unter anderem in Konstanzer und Meersburger Uhrenfabriken sowie in der Schweiz. 1932 wurde er arbeitslos und zog zurück ins Elternhaus in Königsbronn, wo er in der elterlichen Landwirtschaft mithalf und in einer kleinen eigenen Schreinerwerkstatt Möbelstücke reparierte und anfertigte. 1936 zog Elser nach dem Verkauf des elterlichen Anwesens nach Schnaitheim um und fand einen Arbeitsplatz in einer Heidenheimer Armaturen- und Rüstungsfabrik. Im Frühjahr 1937 zog er in das neue Haus der Eltern in Königsbronn ein.

Elser spielte Flöte, Ziehharmonika, Konzertzither und Streichbass und war in Musik- und Trachtenvereinen aktiv. Er war nicht verheiratet, hatte aber mit seiner Freundin Mathilde N. den Sohn Manfred (geboren 1930), zu dem er nach der Heirat dieser Freundin keinen Kontakt mehr hatte.

Politisch stand Elser vor 1933 der KPD nahe, weil diese den Arbeitern bessere Lebensbedingungen versprach. Zeitweise war er 1928/29 in Konstanz eher passives Mitglied des »Roten Frontkämpferbundes«. Aus kommunistischen bzw. sozialistischen und christlichen Motiven heraus wurde er zum Gegner des NS-Staates, weil dieser die Rechte der Menschen missachtete. Durch die Kriegspropaganda in der Sudetenkrise im Herbst 1938 erkannte Elser, dass Hitlers Politik zum Krieg führen musste. Als verschwiegener Einzelgänger plante er von nun an systematisch die »Beseitigung der augenblicklichen Führung«, um den Krieg zu verhindern. An seinem Arbeitsplatz entwendete er über Monate Schießpulver. Im März 1939 kündigte er seinen sicheren Arbeitsplatz, um als Hilfsarbeiter in einem Steinbruch in Königsbronn Kenntnisse im Sprengen zu erwerben und Sprengpatronen zu entwenden. Dann kündigte er im August 1939 auch hier und zog nach München. Während er vom Verkauf seiner Musikinstrumente und seiner Werkstatteinrichtung lebte, ließ er sich in mehr als 30 Nächten im Münchner Bürgerbräukeller einschließen. In dem Saal, in dem alljährlich Hitler am 8. November zum Jahrestag seines Putsches von 1923 sprach, höhlte er die Säule hinter dem Rednerpult aus. In der Zeit seiner Attentatsvorbereitungen suchte Elser, der vorher nur selten Gottesdienste besucht hatte, häufig Kirchen auf, zum Sonntagsgottesdienst und auch werktags, um dort ein Vaterunser zu beten. Im Verhör räumte er einen Zusammenhang zwischen seinen Kirchenbesuchen und dem Anschlag ein: »Es ist schon so, daß ich nach einem Gebet immer wieder etwas beruhigter war. Wenn ich gefragt werde, ob ich die von mir begangene Tat als Sünde im Sinne der protestantischen Lehre betrachte, so möchte ich sagen, ›im tieferen Sinne, nein!‹. ... Ich wollte ja auch durch meine Tat ein noch größeres Blutvergießen verhindern. ... [Ich] glaube, daß die deutsche Regierung die in Deutschland bestehenden Kirchen ... abschaffen will. .... Der Arbeiter ... ist heute durch die HJ. nicht mehr Herr seiner Kinder und auch in religiöser Hinsicht kann er sich nicht mehr so frei betätigen. Ich denke hier insbesondere an die Tätigkeit der Deutschen Christen.«

Mit einem von Elser konstruierten Zeitzünder detonierte der Sprengkörper am 8. November 1939 um 21.20 Uhr und zerstörte einen Großteil des Saales. Sieben Personen starben, mehr als 60 weitere waren verletzt. Hitler entging dem Anschlag, weil er seine Rede ungewöhnlich früh beendet hatte. Wegen der Witterungsbedingungen konnte er nicht das Flugzeug, sondern musste den Zug zur Rükkreise nach Berlin nehmen.

Elser versuchte am Tag des Anschlags illegal die Schweizer Grenze bei Konstanz zu überschreiten, wurde aber dabei verhaftet. Als die Polizei immer mehr Indizien für seine Beteiligung an dem Attentat fand, legte er ein volles Geständnis ab. Hitler und Himmler glaubten aber nicht an die Tat eines Einzelgängers und ließen Elser in den Gestapoverhören foltern, um die vermuteten Hintermänner zu ermitteln. Obgleich Elser bei seiner Version blieb, wurde über die Presse verbreitet, Elser habe im Auftrag des englischen Geheimdienstes gehandelt. Als Sonderhäftling kam Elser 1940 im KZ Sachsenhausen in Einzelhaft, wohl um ihn nach dem Endsieg in einem Schauprozess gegen die Hintermänner zu verwenden. Diese Sonderbehandlung ließ unter den Mithäftlingen Gerüchte entstehen, Elser habe in Wirklichkeit nur ein Scheinattentat im Auftrage Hitlers durchgeführt, um die Kriegsstimmung anzuheizen und Hitlers Schutz durch die Vorsehung zu belegen. Auch Pfarrer Martin Niemöller verbreitete nach Kriegsende solche Legenden. Um die Jahreswende 1944/45 verlegten die Nationalsozialisten Elser ins KZ Dachau, wo er auf Weisung von Hitler bzw. Himmler ohne Prozess von einem SS-Mann erschossen wurde.

Lit.: J. G. Elser, Autobiographie, 74-76, 79 f. (Zitate); M. Asendorf/R. v. Bockel, Wege, 150 f. (L. Gruchmann); H. G. Haasis, Elser, 180 f.; P. Steinbach/J. Tuchel, Lexikon d. Widerstandes, 51 f.; www.georg-elser.de (Gedenkstätte Deutscher Widerstand).

Kleist-Schmenzin, Ewald von

* 22.03.1890 Groß Dubberow/Pommern
† 09.04.1945 Berlin-Plötzensee

Sohn eines Gutsbesitzers, Gutsbesitzer, Jurist, verheiratet in erster Ehe mit Anne von der Osten, sechs Kinder, nach deren Tod 1937 ab 1938 in zweiter Ehe mit Alice Kuhlwein von Rathenow, zwei Kinder, altkonservatives DNVP-Mitglied, Vorsitzender des »Hauptvereins der Konservativen«, in der Endphase der Weimarer Republik aus christlich-konservativer Haltung heraus Kampf gegen den NS, im Mai und im Juni 1933 kurzzeitig in Haft, aktives BK-Mitglied; weil er im »Dritten Reich« ein »widergöttliches Regime« sah, ab 1938 Mitarbeit beim militärischen Widerstand und Kontakte zu Carl Goerdeler, nach dem 20. Juli

1944 verhaftet, Gefängnis in Berlin, am 23. Februar 1945 vom Volksgerichtshof zum Tode verurteilt, enthauptet. Sein Sohn Ewald-Heinrich war am 20. Juli 1944 als Ordonnanzoffizier im Bendlerblock aktiv beteiligt, überlebte aber die NS-Zeit.

»Hitler erkennt tatsächlich … als höchstes Gesetz des staatlichen Handelns die Rasse und ihre Erfordernisse an. Das ist mit Glauben und Christentum unvereinbarer Materialismus. ... Der Grundfehler ist der Totalitätsanspruch. Der ist der Teufel. Den Totalitätsanspruch kann nur Gott stellen. Stellt ihn ein Mensch, muß er ihn pervertieren. ... Das Ende einer nationalsozialistischen Regierung wird auf jeden Fall das Chaos sein« (Schrift »Der Nationalsozialismus – eine Gefahr«, 1932.)

»In einem Punkt ist aber meine Stimmung bis heute ganz gleichmäßig, ruhig und fest geblieben: ich habe mich bedingungslos in Gottes Willen ergeben, nicht ein einziges Mal ist mir eine Zweifelsanfechtung gekommen, daß Gottes Wille auch in diesem Fall gerecht und gut ist, nicht einen Augenblick habe ich mit IHM gehadert. Darum ist mir auch trotz sehr trüber Stunden die Verzweiflung ferngeblieben. ... Es war mir manchmal, als ob ich beinahe körperlich die führende und zu sich ziehende Hand Gottes spürte. ... Die Sicherheit, daß dieses Leben nur eine sehr kurze Prüfung ist und der Tod uns einst als Freund und Erlöser aus allem Leid in das Glück führen wird, näher zu Gott, hat über alles sicher hinweggeholfen. ... Daß Gott Dich und die Kinder in Gnaden führen und trösten und stärken möge, ist mein tägliches innigstes Gebet. ... Und das ist mein Vermächtnis, mein letzter Wille, daß Ihr Euer ganzes Leben Gott vor Augen und im Herzen haben sollt, in Glauben, Gehorsam, Vertrauen und Liebe. ... Ihr kennt mich ja und werdet mich nicht dahin mißverstehen, daß Ihr kopfhängerische, trost- und freudlose Betschwestern und Betbrüder werden sollt. Ihr werdet wissen, daß mir diese ölige, sogenannte Frömmigkeit zuwider ist. ... Gegen unseren Glauben ist alle Niedrigkeit, alle Menschenmacht ohnmächtig.« (Aufzeichnungen für seine Frau, Oktober/November 1944.)

»Jawohl, ich habe Hochverrat getrieben seit dem 30. Januar 1933, immer und mit allen Mitteln. Ich habe aus meinem Kampf gegen Hitler und den Nationalsozialismus nie ein Hehl gemacht. Ich halte diesen Kampf für ein von Gott verordnetes Gebot. Gott allein wird mein Richter sein.« (Aussage vor dem Volksgerichtshof, Februar 1945.)

Lit.: G. Ringshausen, Kirche (1992), 97-101 (Zitate); C. Strohm, Bedeutung, 221 f; P. Steinbach/J. Tuchel, Lexikon d. Widerstandes, 112 f.; NDB 12, 29 f.; H. Gollwitzer u. a., Abschiedsbriefe, 41-56 (Zitate).

Oster, Hans

* 09.08.1887 Dresden

† 09.04.1945 KZ Flossenbürg

Pfarrerssohn, Berufsoffizier im Amt Abwehr im Oberkommando der Wehrmacht bis zur Suspendierung 1943, verheiratet mit Gertrud Knoop, drei Kinder, ab 1938 aus christlich-humanistischer Grundhaltung führend im militärischen Widerstand, im Juli 1944 verhaftet, im April 1945 ins KZ Flossenbürg verschleppt, dort nach SS-Standgerichtsverfahren gehängt.

»Mein Plan und meine Pflicht ist es, Deutschland und die Welt von dieser Pest zu befreien.« (Äußerung gegenüber dem niederländischen Militärattaché Sas, den er ab Oktober 1939 über die deutschen Angriffstermine informierte.)

»Das unbeirrbare Festhalten-Können an der Wahrheit gibt mir Kraft, Zuversicht und ein festes Herz. In stiller

Demut neigen wir uns vor der Allmacht und dem Walten unseres Herrgottes. Sein Wille möge geschehen.« (Brief, 8.8.1944.)

»Du weißt, daß ich die stille Einsamkeit immer geliebt und gesucht habe, in der man zu sich selbst kommt, sich mit dem Herrgott unterhält und sich überprüft. Diese unfreiwillige Einsamkeit aber … ist ein Prüfung, die nur in demütiger Geduld ertragen werden kann und muß. … Deshalb ersehne ich, wie Du verstehen wirst, eine abschließende Klärung, der ich weiterhin in gelassener Ruhe mit Zuversicht und Gottvertrauen entgegensehe.« (Brief, 11.8.1944.)

Lit.: NDB 19, 616 f.; P. Steinbach/J. Tuchel, Lexikon des Widerstandes, 152; H. Gollwitzer u.a., Abschiedsbriefe, 149 f. (Zitate).

Rabenau, Friedrich von

* 10.10.1884 Berlin

† 09.04.1945 (?) KZ Flossenbürg

Sohn eines Arztes, Berufsoffizier, verheiratet mit Eva Kautz, zwei Töchter, zuletzt General und Leiter des Heeresarchivs in Potsdam bis 1942 (Abberufung), im Ruhestand 1943 Abschluss seines Theologiestudiums und 1944 Erwerb der Predigterlaubnis, 1933/34 als Stadtkommandant von Breslau Konflikte mit dem Polizeipräsidenten und SA-Führer Edmund Heines, schon früh offene Kritik an der antichristlichen Haltung des Nationalsozialismus, Kontakte zum Widerstandskreis um Goerdeler und Beck, versuchte ab 1941 höhere Wehrmachtsführer für den Widerstand zu gewinnen, Attentatspläne lehnte er aus religiösen Gründen ab, als Goerdeler-Bekannter Ende Juli 1944 verhaftet, Haft in Gefängnissen in Fürstenberg und Berlin sowie in den KZ Sachsenhausen und Buchenwald, Anfang April 1945 zusammen mit Dietrich Bonhoeffer und anderen über

Regensburg nach Schönberg transportiert, am 8. April vermutlich ins KZ Flossenbürg überführt und dort ermordet.

»Es gehört heute Bekennermut dazu, öffentlich zu sagen, man sei überzeugter Christ. Man hat mindestens nichts davon. Aufrecht im feindlichen Feuer stehen, das können wir, aber offen vor den Menschen bekennen, daß man fromm sei – dazu langt es nicht.« (»Laienpredigt«, 1943.)

»Mir selbst wird immer klarer, daß wir hier ohne Vernehmung und ohne Verhandlung einfach festgehalten werden. Also lebendig begraben. Vielleicht bis Kriegsende, vielleicht für immer. Ich selbst muß mich damit abfinden und werde bei aller innerer Trauer Haltung und Würde behalten. Aber Eva und die Kinder tun mir mehr leid, als ich es ausdrücken kann. ... Es ist für mich notwendig, einen endgültigen, scharfen Strich unter das Bisherige zu machen. Der Rest ist ein Sichfügen in Gottes Willen. ... Ich werde, so lange mir der Herrgott die Kraft läßt und Eva sie mir erhält, nicht weich werden. Aber Hoffnung habe ich nun nicht mehr. Ich gehöre offenbar zu den Fällen, die unerledigt bleiben.« (Gefängnistagebuch, 21.10.1944.)

Lit.: W. Oehme, Märtyrer, 216-227 (Zitat 222); W. Meyer (Hg.), Verschwörer, 330-334 (Zitat).

Sack, Karl

* 09.06.1896 Bosenheim/Hessen
† 09.04.1945 KZ Flossenbürg

Pfarrerssohn, Dr. jur., verheiratet mit Wilhelmine Weber, zwei Söhne, Jurist in der Militärgerichtsbarkeit, zuletzt als Ministerialdirektor Chef der Heeresjustiz und Generalstabsrichter, an zahlreichen Todesurteilen beteiligt; auch aus christlicher Grundhaltung Kontakte zum militärischen Widerstand, Abschirmung und Warnung von bedrohten

Widerstandskämpfern, im September 1944 verhaftet, im April 1945 ins KZ Flossenbürg verschleppt, dort nach SS-Standgerichtsverfahren gehängt.

»Beide [Karl Sack und Paul von Hase] standen zur ›Bekennenden Kirche‹. … Dr. Karl Sack machte aus seiner christlichen Einstellung keinen Hehl.« (Bericht von Kurt Scharf über eine Begegnung 1941/42.)

Lit.: S. Dignath, Sack (Zitat 43); P. Steinbach/J. Tuchel, Lexikon d. Widerstandes, 168; H.-W. Wörmann, Widerstand Charlottenburg, 266 f.

Gackstatter, Leonhard

* 03.06.1881 Brettheim/Württemberg
† 10.04.1945 Brettheim/Württemberg

Bürgermeister von Brettheim ab 1910, ab 1934 NSDAP, verweigerte am 8. April 1945 die Unterschrift unter ein Todesurteil eines SS-»Standgerichts« gegen Einwohner, die kurz vor dem Eintreffen von amerikanischen Verbänden Hitlerjungen entwaffnet hatten, wurde daraufhin selbst vom Standgericht wegen Wehrkraftzersetzung zum Tode verurteilt und erhängt.

Lit.: H. Schultheiß (Red.), Männer von Brettheim; Informationen von Friedrich Braun, Erinnerungsstätte Brettheim, 3./4.1.2002.

Hanselmann, Friedrich

* 23.10.1895 Brettheim/Württemberg
† 10.04.1945 Brettheim/Württemberg

Landwirt in Brettheim, beteiligte sich Anfang April 1945 kurz vor dem Eintreffen von amerikanischen Verbänden an der Entwaffnung von Hitlerjungen, stellte sich freiwillig, als ein SS-Gruppenführer daraufhin den Ort umstellen lässt, wurde von einem SS-»Standgericht« zum Tode verurteilt und erhängt.

Lit.: H. Schultheiß (Red.), Männer von Brettheim; Informationen von Friedrich Braun, Erinnerungsstätte Brettheim, 3./4.1.2002.

Wolfmeyer, Leonhard

* 24.01.1903 Blaufelden/Württemberg
† 10.04.1945 Brettheim/Württemberg

Hauptlehrer in Brettheim, NSDAP-Mitglied ab 1933, Ortsgruppenleiter ab 1940, verweigerte am 8. April 1945 die Unterschrift unter ein Todesurteil eines SS-»Standgerichts« gegen Einwohner, die kurz vor dem Eintreffen von amerikanischen Verbänden Hitlerjungen entwaffnet hatten, wurde daraufhin selbst vom Standgericht wegen Wehrkraftzersetzung zum Tode verurteilt und erhängt.

Lit.: H. Schultheiß (Red.), Männer von Brettheim; Informationen von Friedrich Braun, Erinnerungsstätte Brettheim, 3./4.1.2002; Evang. Pfarramt Brettheim, 4.1.2002.

Beyer, Margarete, geb. (?)

* (?)
† 12.04.1945 Auschwitz-Birkenau

Ehefrau des Mitbegründers des evangelischen »Kunstdienstes« und Kunsthistorikers Oskar Beyer; weil sie als »Volljüdin« eine Unterschrift ohne den vorgeschriebenen Beinamen »Sara« geleistet haben soll, wurde sie Ende 1943 verhaftet, von einem Brandenburger Gericht zur Zwangsarbeit verurteilt und – trotz »privilegierter Mischehe« – ins KZ Auschwitz-Birkenau deportiert, wo sie einige Wochen nach der Befreiung des Lagers an den Folgen der Haft starb.

Lit.: H. Prolingheuer, Bilderstürmer, 109, 223 f., 244, 344.

Dittmann, Ewald

* 11.05.1877 Neuenkirchen/Schleswig-Holstein
† 20.04.1945 KZ Kiel-Russee

Sohn eines Lehrers und Kantors, Pfarrer in Süderhastedt/Schleswig Holstein, unverheiratet, wegen Konflikten mit NS-Stellen im März 1945 verhaftet, im KZ Kiel-Russee (Arbeitserziehungslager Nordmark) in Folge der Haftbedingungen erkrankt und gestorben.

Lit.: W. Oehme, Märtyrer, 228-231.

Talazko, Karl

* 18.07.1897 Hohnstein/Sachsen

† 21.04.1945 Pulsnitz/Sachsen

Pfarrerssohn, Pfarrer in Gersdorf/Oberlausitz, verheiratet mit Hildegard, Kinder, wegen der auf seinem Kirchturm gehissten weißen Fahne von der SS am 20. April 1945 verhaftet, zusammen mit dem Bürgermeister verschleppt und erschossen. Die Kirche wurde von der SS niedergebrannt.

»Wir standen nun alle in höchster Erregung auf der Wiese des Gasthofes. Mein Mann war zu anständig und ein zu aufrechter Charakter, als daß er jetzt in diesem Augenblikke seine Gemeindemitglieder verlassen und sich in Sicherheit gebracht hätte. Die SS bedrohte uns ständig mit Erschießung und nahm den Bürgermeister und meinen Mann fest, dazu auch meinen 14jährigen ältesten Sohn, sie sollten von allen Gebäuden die weißen Fahnen einsammeln.« (Bericht seiner Frau.)

»Es wird berichtet, daß Karl Talazko kurz vor der Exekution seine Arme betend zum Himmel heben wollte, doch seien sie ihm auseinandergeschlagen worden. Die Leichname ließ man auf der Wiese liegen.«

Lit.: W. Oehme, Märtyrer, 232-235 (Zitate).

Bernstorff, Albrecht Graf von

* 06.03.1890 Berlin

† 23.04.1945 Berlin

Sohn eines Gutsbesitzers und Ministerialbeamten, Jurist, Gutsbesitzer, unverheiratet, als Botschaftsrat in London nach der »Machtergreifung« 1933 abberufen und im November 1933 in den einstweiligen Ruhestand versetzt, auf eigenen Wunsch aus dem diplomatischen Dienst ausgeschieden, ab März 1934 Bankier im Berliner Bankhaus A. E. Wassermann, bewusster Christ, half politisch und rassisch verfolgten Juden und Nichtjuden beim Verlassen Deutschlands und bei der Rettung ihres Besitzes, von Mai bis September 1940 im KZ Dachau, Mitglied der Widerstandsgruppe des Solf-Kreises, im Juli 1943 wegen Befürwortung des Sturzes des NS-Regimes und eines Friedensschlusses mit Großbritannien erneute Verhaftung und Enteignung seines Gutes Stintenburg am Schaalsee/Schleswig-Holstein (später: Mecklenburg), zunächst im KZ Ravensbrück, dann Gefängnis in Berlin, ohne Urteil von einem SS-Kommando erschossen.

Lit.: NDB 2, 137; W. Benz/W. H. Pehle (Hg.), Lexikon d. deutschen Widerstandes, 298 f.; F. Frhr. Hiller v. Gaertringen (Hg.), Hassell-Tagebücher, 608; Biographisches Handbuch d. dt. Auswärtigen Dienstes I, 129 f.; Informationen von Annelis von Bernstorff an Heinrich Rathke im November 2001.

Bonhoeffer, Klaus

* 05.01.1901 Breslau/Schlesien

† 23.04.1945 Berlin

Sohn eines Professors für Psychiatrie und Neurologie, Dr. jur., verheiratet mit Emilie Delbrück, zwei Kinder, Chefsyndikus der Lufthansa, wegen der NS-Verstöße gegen Gerechtigkeit und Menschenwürde frühzeitig Gegner des Regimes, stellte Verbindungen zwischen verschiedenen Widerstandskreisen im diplomatischen und kirchlichen Umfeld im In- und Ausland her, im Krieg wie sein Bruder Dietrich eingezogen zum Amt Ausland/Abwehr des Oberkommandos der Wehrmacht (Canaris), im Oktober 1944 verhaftet, schwer gefoltert, im Februar 1945 vom Volksgerichtshof zum Tode verurteilt, aus der Haft Zeugnisse seines christlichen Glaubens, von einem SS-Kommando erschossen.

»Ich fürchte mich nicht vor dem Erhängtwerden, aber ich möchte diese Gesichter nie mehr sehen. Ich möchte überhaupt lieber sterben, als diese Gesichter nochmal zu sehen. Ich habe den Teufel gesehen, das werde ich nicht los.« (Zettel, geschrieben kurz vor der Verkündung des Todesurteils.)

»Ich glaube aber, daß das Ungewitter über unserem Hause bald vorübergeht. Die Verfolgungen werden ein Ende haben und den Überlebenden wird sein wie den Träumenden. ... Es ist jedenfalls eine sehr viel klarere Aufgabe zu sterben als in verworrenen Zeiten zu leben, deshalb seit je die glücklich gepriesen wurden, denen der Tod als Aufgabe bestimmt war. ... Sollte ich noch gerettet werden, so werde ich als freier Mensch dem Leben gegenüberstehen. Wie es nun auch kommen mag, ein gemeines Schicksal ist mir erspart. ... Wir wollen aus diesen Ostertagen neue Hoffnungen schöpfen, daß dieses Jahr den äußeren und den seelischen Frieden bringt.« (Brief an seine Eltern vom 31.3.1945.)

Lit.: H. Gollwitzer u.a., Abschiedsbriefe, 272 f. (Zitat); A. Leber, Gewissen, 110-112; J. Moltmann, K. u. D. Bonhoeffer (Zitat 212); P. Steinbach/J. Tuchel, Lexikon d. Widerstandes, 32.

Haushofer, Albrecht
* 07.01.1903 München
† 23.04.1945 Berlin

Sohn eines Geopolitikers, Dr., Geograph, Lyriker, unverheiratet, Dozent an der Berliner Hochschule für Politik ab 1933, Professor und Leiter des Seminars für politische Geographie und Geopolitik an der Berliner Universität ab 1940, außenpolitischer Berater von Rudolf Heß (der Schüler seines Vaters gewesen war), nach dessen Englandflug von Mai bis Juli 1941 in Haft, Mitarbeit in konservativen Widerstandskreisen um Johannes Popitz und Ulrich von Hassell nach dem 20. Juli 1944 versteckte er sich bei Garmisch-Partenkirchen, dort im Dezember 1944 von der Gestapo aufgespürt, während der Haft in Berlin-Moabit dichtete er Sonette auch zu religiösen Themen, von einem SS-Kommando erschossen.

»Was andere hält an Glauben, Wünschen, Hoffen,
ist mir erloschen. Wie ein Schattenspiel
scheint mir das Leben, sinnlos ohne Ziel.
Was hält mich noch – die Schwelle steht mir offen.
Es ist uns nicht erlaubt, uns fortzustehlen,
mag uns ein Gott, mag uns ein Teufel quälen.«
(Sonett: »An der Schwelle«)
»Jetzt fühl' ich, daß nur eines gültig ist:
Wie sich dem Meister Mathis Er gezeigt –
Doch nicht der Fahle, der zum Tod sich neigt –
Der Lichtumflossne: dieser ist der Christ.
Nicht Menschenkunst allein hat so gemalt:
Dem Grabesdunkel schwerelos entschwebend,
das Haupt mit goldnem Leuchten rings umwebend.
Von allen Farben geisterhaft umstrahlt,
noch immer Wesen, dennoch grenzenlos,
fährt Gottes Sohn empor zu Gottes Schoß.«
(Sonett: »Qui Resurrexit«, eine Erinnerung an den Isenheimer Altar)

Lit.: U. Laack-Michel, Haushofer, 263-265; 269-271; H. Gollwitzer u.a., Abschiedsbriefe, 301-304 (Zitate); A. Leber, Gewissen, 426; P. Steinbach/J. Tuchel, Lexikon d. Widerstandes, 89 f.; NDB 8, 120 f. [erscheint dort fälschlicherweise als katholisch].

Nieden, Wilhelm zur

* 29.08.1878 Fröndenberg/Westfalen
† 23.04.1945 Berlin

Pfarrerssohn, Diplom-Ingenieur für Elektrotechnik, unverheiratet, konservativer parteiloser Stadtbaurat und Generaldirektor der Leipziger Stadtwerke, wurde auf Betreiben der NSDAP im Oktober 1933 entlassen, u. a. weil er sich auch christlich motiviert gegen die Entlassung von ihm unterstellten Direktoren im Rahmen der »Säuberungen« ausgesprochen hatte, Tätigkeit als Sachverständiger in Berlin, im Dezember 1943 von Carl Goerdeler in die Umsturzpläne eingeweiht, bereit zur Mitarbeit in der neuen Regierung, im August 1944 verhaftet, im Januar 1945 vom Volksgerichtshof zum Tode verurteilt, aus der Haft Zeugnisse seines christlichen Glaubens, von einem SS-Kommando erschossen.

»Als Mensch und Christ kann ich nicht anders handeln.« (Äußerung zu den Gründen seines Widerspruchs gegen die Entlassungen 1933.)

»Ich verliere den Mut nicht ... Alle Opfer brächten wir ja gern, wenn sie für einen guten Zweck wären ... Doch hat uns Gott bisher so sichtbar gut geführt, daß wir diese Probe auch bestehen müssen und nicht verzagen dürfen.« (Brief an seine Schwestern vom 22.2.1945.)

Lit.: A. Leber, Gewissen, 421 f. (Zitate); I. Reich, Goerdeler, 166-168.

Perels, Friedrich Justus und sein Vater Ernst

* 13.11.1910 Berlin-Friedenau * 02.08.1882 Berlin
† 23.04.1945 Berlin † 10.05.1945 KZ Flossenbürg

Friedrich Justus Perels wuchs als zweiter von insgesamt vier Brüdern in der Familie eines liberalen Berliner Universitätsprofessors auf. Sein Großvater väterlicherseits war am Tag seines Abiturs vom Judentum zum Christentum konvertiert. Seine Mutter stammte aus einer Theologen- und Juristenfamilie. Ihre bewusst christliche Erziehung und die

Jahre im Friedenauer Schülerbibelkreis prägten Perels' an der Bibel orientierte Frömmigkeit nachhaltig. So schloss er sich als Jurastudent auch nicht einer der üblichen Verbindungen an, sondern arbeitete aktiv in der ähnlich orientierten Deutschen Christlichen Studentenvereinigung (DCSV) in Berlin mit, in dessen »Altfreundeverband« auch über seinen Studienabschluss hinaus. Politisch stand der Student den liberalen Parteien nahe. Die Machtübertragung an die Nationalsozialisten traf Perels in seinen Vorbereitungen auf das Staatsexamen. Zwei Tage vor dem Aufnahmestopp für »Nichtarier« konnte Perels noch am 1. April 1933 seinen Dienst als Rechtsreferendar antreten. Sein Vater kam der drohenden Entlassung durch einen Antrag auf Entpflichtung zuvor und wurde zum 1. Januar 1936 zwangspensioniert, konnte aber noch weiterhin wissenschaftlich arbeiten. Sein Onkel Kurt Perels, Juraprofessor in Hamburg, nahm sich im Sommer 1933 das Leben, als er seine »arische Abstammung« nachweisen sollte. Auch sein Onkel Leopold verlor seine Stellung als Juraprofessor in Heidelberg.

Der junge Referendar kämpfte ab 1933 in seinem Umfeld gegen die völlige Gleichschaltung und für eine Verteidigung des Rechts und der Kirche Jesu Christi. Im DCSV setzte er sich entschieden gegen eine Einführung von Führerprinzip und »Arierparagraph« ein. Als die Schülerbibelkreise zusammen mit den übrigen evangelischen Jugendverbänden Ende 1933 in die HJ überführt werden sollten, betrieb Perels erfolgreich die Selbstauflösung, um die Arbeit in andersnamigen Nachfolgegruppen fortsetzen zu können. Dem Pfarrernotbund, der im September 1933 zur Abwehr der Einführung des »Arierparagraphen« innerhalb der Kirche von Martin Niemöller gegründet wurde, stellte sich Perels ehrenamtlich als Rechtsberater zu Verfügung, später auch dem altpreußischen Bruderrat der Bekennenden Kirche, der gegen die offizielle, deutsch-christlich dominierte Kirchenleitung kämpfte. Die theologischen Äußerungen der Deutschen Christen hatte Perels schon im August 1933 Niemöller gegenüber als »für die Kirche Jesu Christi schlechterdings untragbar« verurteilt und zu deren Abwehr die Bildung einer »straff zusammengefaßte[n] und dauernde[n] Gemeinschaft« angeregt. Einen Teil seiner juristischen Ausbildung absolvierte er in der Anwaltskanzlei von Horst Holstein, einem der führenden Juristen der Bekennenden Kirche. Nach dem Abschluss des Referendariats stellte ihn im Herbst 1936 der altpreußische Bruderrat als Justitiar ein – in den Staatsdienst wäre er wegen seiner teilweise jüdischen Herkunft ohnehin nicht übernommen worden. Zu Perels' Aufgaben gehörte der Rechtsbeistand für Vikare und Pfarrer der Bekennenden Kirche und ihre Familien sowie für Nichttheologen vor den offiziellen Kirchenbehörden und vor staatlichen Gerichten. Aber auch darüber hinaus kümmerte er sich unermüdlich um die Gemaßregelten. Dem inhaftierten Pfarrer Hans Asmussen beispielsweise steckte er bei seinen häufigen Besuchen illegal Zigaretten und Bonbons zu.

Im Mai 1940 heiratete Perels Helga Kellermann, aus der Ehe ging 1942 der Sohn Joachim hervor. Im Herbst 1940 wechselte er in die Kanzlei von Horst Holstein, war aber weiter für die Bekennende Kirche tätig. Im Januar 1943 ließ er sich zum Laienprediger ordinieren, um angesichts der größtenteils zur Wehrmacht eingezogenen BK-Pfarrer auch im Verkündigungsdienst mithelfen zu können.

Über seine enge Freundschaft mit Dietrich Bonhoeffer kam Perels in Kontakt zu Widerstandskreisen um die im Amt Ausland/Abwehr tätigen Hans von Dohnanyi und

Hans Oster, denen er seine aktive Mitarbeit anbot. Im Herbst 1941 verfasste er zusammen mit Bonhoeffer Berichte über die Judendeportationen, um die führenden Militärs zum Eingreifen zu bewegen. In anderen Eingaben prangerte er die antikirchlichen Maßnahmen des NS-Staates und die »Euthanasie«-Krankenmorde an. Zudem arbeitete er 1942 an den Vorbereitungen für das »Unternehmen Sieben« mit, mit dem vierzehn »Nichtarier« ins rettende Ausland gebracht werden konnten. Spätestens seit der Verhaftung von Dohnanyis und Bonhoeffers im April 1943 war sich Perels, der als Mittelsmann nun eine noch größere Rolle spielte, der Gefahr bewusst: »Es fallen so viele im Kampf für dieses System, ich finde es besser, man fällt im Kampf gegen dieses System«. Nach dem 20. Juli 1944, an dessen Vorbereitungen er nicht unmittelbar beteiligt war, floh Perels nicht ins Ausland, um seine Familie nicht zu gefährden. Am 5. Oktober 1944 verhaftete ihn die Gestapo. Im Gestapoflügel des Gefängnisses in Berlin-Moabit wurde er bei den Verhören gefoltert. Die aussichtslose Lage und die Trennung von Frau und dem kleinen Sohn brachte ihn in große seelische Not und Anfechtungen. In geheim ausgetauschten Kassibern stärkten seine Frau und er sich wechselseitig: »Sei getrost, ich bin es auch.« Obwohl er seine Beteiligung am Widerstand herunterspielen konnte, verurteilte ihn der Volksgerichtshof am 2. Februar 1945 wegen Mitwisserschaft zum Tode. Als Freisler in der Verhandlung drohte, die Kirchen nach dem Krieg abzuschaffen, entgegnete ihm Perels: »Das glaube ich nicht, die Kirche bleibt, ob Sie es wollen oder nicht.« Aus den folgenden Wochen spiegeln Briefe an seine Frau seine Ängste und sein Gottvertrauen wider: »Heute [Karfreitag] ... steht der ganze Trost des Kreuzes Christi unmittelbar vor unseren Augen. Das ist eine starke und ewige Gewißheit, daß er für unsere Sünden dahingegeben ist und daß wir durch seine Wunden geheilt sind. Diese Gewißheit gibt er uns und macht uns damit in der größten Trübsal fröhlich und reißt uns aus Angst und Qual. Das erfahre ich hier in ganz reichem Maße.« Am Ostermontag konnte er heimlich das Abendmahl empfangen. Als die sowjetischen Truppen schon mit der Eroberung Berlins begonnen hatten, wurde Perels zusammen mit anderen Mithäftlingen in der Nacht vom 22. auf den 23. April 1945 von einem SS-Kommando hinterrücks erschossen.

Perels Vater starb wenige Tage nach der Befreiung an den Folgen der siebenmonatigen Sippenhaft u. a. in den KZ Buchenwald und Flossenbürg.

Lit.: M. Schreiber, Perels; C. Nicolaisen, Perels; NDB 20, 181 f.; P. Steinbach/J. Tuchel, Lexikon d. Widerstandes, 154; BBKL 7, 188 f.; Joachim Perels, Friedrich Justus Perels.

Schleicher, Rüdiger

* 14.01.1895 Stuttgart
† 23.04.1945 Berlin

Sohn eines Arztes, Dr. jur., verheiratet mit Ursula Bonhoeffer, vier Kinder, Ministerialrat im Reichsluftfahrtministerium und nebenamtlich Honorarprofessor für Luftrecht an der Universität Berlin, DDP, im Frühjahr 1933 auf Druck seines neuen Ministers NSDAP-Eintritt, BK, Kontakte über seine Schwäger Hans von Dohnanyi und Dietrich Bonhoeffer zum Widerstandskreis im Amt Ausland/Abwehr (Canaris), im Oktober 1944 verhaftet, im Februar 1945 vom Volksgerichtshof zum Tode verurteilt, in der Haft Zeugnisse seines christlichen Glaubens, von einem SS-Kommando erschossen.

»Begeistert erzählte er mir von seiner Lektüre. Jeden Tag las er ein ganzes Stück vom Alten Testament, ferner im griechischen Neuen Testament.« (Bericht vom Mithäftling und Schwiegersohn Eberhard Bethge über seine Gespräche mit Rüdiger Schleicher im Gefängnis Berlin-Lehrter Straße.)

Lit.: E. Bethge, Erinnerungen, 168 (Zitat); A. Leber, Gewissen, 108 f.; K. D. Bracher, Schleicher; P. Steinbach/J. Tuchel, Lexikon d. Widerstandes, 173.

Staehle, Wilhelm

* 20.11.1877 in der Grafschaft Bentheim
† 23.04.1945 Berlin

Berufsoffizier aus einem deutsch-niederländischen Elternhaus, verheiratet mit Hildegard, zuletzt als Oberst und Fürsorgereferent im Reichswehrministerium und Verwaltungsleiter der Invalidensiedlung in Berlin-Frohnau, aus niederländisch-calvinistischer Einstellung heraus Gegner des NS-Regimes, ab 1937 in enger Verbindung zu Carl Goerdeler, beteiligte sich zusammen mit seiner Frau an Hilfsaktionen für Verfolgte im Umfeld des »Büros Grüber«, versteckten Verfolgte in der Invalidensiedlung, Kontakt zu niederländischen Widerstandsgruppen und zum Solf-Kreis, im Juni 1944 verhaftet, im März 1945 vom Volksgerichtshof zu zwei Jahren Gefängnis wegen Begünstigung eines politischen Häftlings verurteilt, von SS-Kommando erschossen. Seine Frau wurde im August 1944 verhaftet, zeitweise im KZ Ravensbrück eingesperrt und vom Volksgerichtshof im April 1945 zu einem Jahr Haft verurteilt, überlebte aber die NS-Zeit.

Lit.: P. Steinbach/J. Tuchel, Lexikon d. Widerstandes, 192 f.; H.-R. Sandvoß, Widerstand Pankow/Reinickendorf, 212 f.

Koch, Hans

* 16.08.1893 Bartenstein/Ostpreußen
† 24.04.1945 Berlin

Sohn eines Gymnasialprofessors, Dr. jur., verheiratet mit Annemarie Kehle, vier Kinder, Rechtsanwalt und Notar in Berlin, aktiv in der BK, deren Mitglieder er vor Gericht verteidigte, u. a. Martin Niemöller, im Krieg Kontakte zum politischen Widerstand um Carl Goerdeler, nach dem 20. Juli 1944 versteckte er einen der Verschwörer, im Januar 1945 mit seiner Frau und einer der Töchter verhaftet, ohne Urteil von einem SS-Kommando erschossen. Seine Familie überlebte.

Lit.: W. Oehme, Märtyrer, 243-246; P. Steinbach/J. Tuchel, Lexikon des Widerstandes, 115 f.

Barth, Helga

* 21.10.1912 Konstanz/Baden
† Ende April 1945 bei Ravensbrück

Tochter eines Finanzsekretärs, Diplom-Volkswirtin, zuletzt in der Reichswirtschaftskammer in Berlin, unverheiratet, Religiöse Sozialistin, unterstützte politisch Verfolgte und deren Familien, im August 1942 wegen ihres beharrlichen Einsatzes für einen inhaftierten Kommunisten verhaftet, im November 1942 ins KZ Ravensbrück verlegt, starb bei der Evakuierung des KZ unter bisher nicht geklärten Umständen.

»[Wenn der Nationalsozialismus] unser Gewissen knechten will und von uns Dinge verlangt, die mit dem Willen Gottes, wie er in der Bibel ausgesprochen ist, in Widerspruch stehen, so werden wir den schärfsten Kampf dagegen führen, getreu dem Wort: Man muß Gott mehr gehorchen als den Menschen. Und eine Übertretung und geradezu eine Verhöhnung des Gottesgebots sehe ich in der Behandlung der Judenfrage ... Was mir die kühne Sprache auch für Folgen eintragen mag, ist mir völlig gleichgültig; es mußte gesagt werden.« (Brief der Studentin an einen Kölner Dozenten, 8.2.1934.)

»Es ist ein heiliges Gelöbnis, das mich mit euch verbindet, mit euch, die ihr Lieblinge Gottes seid, mag auch die pharisäisch kalte Welt euch ›gottlos‹ nennen. Wer um der Liebe willen sich zum Opfer bringt und selbstlos Kampf und Leiden für seine Brüder auf sich nimmt, in dem wohnt Gott! Ich grüße euch, meine Brüder und Schwestern, die ihr um der Gerechtigkeit willen verfolgt werdet, und preise euch selig, denn ihr seid die Kämpfer für das Reich Gottes auf Erden.« (Vorwort zur Geschichte der verfolgten Kommunistenfamilie Hantel, 11.9.1937.)

»Wenn mir kein anderer Weg mehr möglich ist, um meiner inneren Aufgabe treu zu bleiben, dann gehe ich in Gottes Namen und ohne Furcht auch zum Teufel in die Hölle und werde seine Privatsekretärin, wenn ich ihn nur auf diesem Wege überwinden kann.« (Brief an ihre Kölner Freundinnen nach dem Eintritt in die NS-Frauenschaft.)

Lit.: H. Prolingheuer, Leidensgeschichten, 52-98; H. Ludwig, Barth, 9-11 (Zitate); J. Schmid, Ravensbrück, 98-100 (Zitat).

Grunthal, Marianne

* 31.01.1896 Zehdenick/Brandenburg
† 02.05.1945 Schwerin

Lehrerin in Berlin bis 1943, 1944/45 zwangsevakuiert nach Mecklenburg, wurde von SS-Männern auf dem Schweriner Bahnhofsplatz an einem Leitungsmast der Straßenbahn öffentlich erhängt, weil sie gesagt hatte: »Hitler ist tot! Gott sei Dank! Dann gibt es Frieden.«

Lit.: G. Grewolls, Wer war wer, 169; M. Krieck, Zuarin bis Schwerin, 57.

Schiemann, Paul

* 16.02.1895 Essen

† 18.05.1945 Straubing/Bayern

Sohn eines Bergmanns, Photograph in Eppstein/Taunus, verheiratet mit Louise Kehm, zwei Töchter, bis zur Absetzung nach der »Machtergreifung« 1933 ehrenamtlicher Ortsgruppenleiter der Allgemeinen Kriegs- und Arbeitsopfer, parteilos, nach anfänglichen Sympathien seit Herbst 1933 Gegner des Nationalsozialismus, in seiner Wohnung traf er sich u. a. mit Kommunisten, tauschte illegale Schriften aus, hörte ausländische Sender, unterstützte die Not leidende Familie eines Kommunisten, im April 1937 verhaftet, vom Sondergericht Kassel im Juli 1937 wegen angeblicher Betätigung für die illegale KPD zu 2 1/2 Jahren Gefängnis und drei Jahren Ehrverlust verurteilt, Haft in Frankfurt, im Januar 1940 nach Strafverbüßung wieder in Eppstein, photographierte und bewirtete zusammen mit seiner Frau sonntags in seiner Wohnung russische »Fremdarbeiter«, Mitte Januar 1945 zusammen mit seiner Frau wegen »staatsfeindlicher Äußerungen und Zersetzung der Wehrkraft« verhaftet, Haft in Frankfurt, im März mit Häftlingstransport über Bamberg nach Straubing verschleppt, im dortigen Zuchthaus wenige Tage nach der Befreiung durch die Amerikaner an den Folgen der Haft gestorben. Seine Frau überlebte.

»Ihr lieben Kinder seid mir doch wohl nicht bös, es sollte gewiß nicht sein, aber es ist nun einmal so ... Der lieben Mama könnt Ihr von mir aus schreiben, wir würden unsere Silberne auch noch feiern, und es würde alles wieder gut und schön, Gott ist auch bei ihr! ... Ich denke täglich an Euch«. (Brief an seine Töchter vom Januar/Februar 1945.)

Lit.: E. Meixner-Wülker [jüngere Tochter von Paul Schiemann], Zwiespalt (Zitat 78 ff.).

Gerstein, Kurt

* 11.08.1905 Münster
† 25.07.1945 Militärgefängnis Paris

Sohn eines Landgerichtspräsidenten, Diplom-Ingenieur für Bergbau, Bergassessor, verheiratet mit Elfriede Bensch, drei Kinder, seit dem Studium starkes ehrenamtliches Engagement in der evangelischen Jugend- und Schülerbibelkreisarbeit. Geprägt von Pfarrer Theodor Noa wurde Gerstein zu einer der führenden Gestalten im »Bund Deutscher Bibelkreise«. Obwohl er im Mai 1933 auf Drängen der Familie in die NSDAP eintrat, protestierte er Ende 1933 heftig gegen die Überführung der evangelischen Jugend in die HJ und schloss sich der Bekennenden Kirche an. Als er seine berufliche Tätigkeit zu einer großangelegten Versandaktion von Schriften der Bekennenden Kirche nutzen wollte, kam er im September 1936 für vier Wochen in Schutzhaft, wurde aus der NSDAP ausgeschlossen und aus dem Staatsdienst entlassen. Im Juli/August 1938 folgte eine weitere Schutzhaft im Gestapogefängnis Welzheim. Ohne feste Anstellung begann Gerstein ein Medizinstudium in Tübingen, betrieb dabei weiterhin seine Schriftenmissionsarbeit. Anfang 1941 meldete sich Gerstein freiwillig bei der SS und trat im März 1941 in die Waffen-SS ein. Motiviert war dieser überraschende Schritt wohl von der Bemühung um eine berufliche Perspektive und von der Absicht, einen Blick in den »Feuerofen des Bösen« zu tun, um herauszubekommen, was wirklich geschah. Nach der Grundausbildung machte Gerstein rasch im Hygiene-Institut der Waffen-SS Karriere und wurde als Chef der Abteilung »Gesundheitstechnik« bis zum Obersturmführer im Offiziersrang befördert. Im Sommer 1942 erhielt er den Auftrag, das Giftgas Zyklon-B zu beschaffen und bei Erprobungen des Gases zur Ermordung von Häftlingen in den KZ Belzec und Treblinka anwesend zu sein. Über die

Massenvergasungen und die weiteren Pläne der SS informierte Gerstein ab August 1942 ausländische Diplomaten, Vertreter der Bekennenden Kirche und der katholischen Kirche sowie Freunde und Bekannte in der Hoffnung, dass ein Eingreifen der Weltöffentlichkeit oder eine deutsche Widerstandsaktion den Holocaust stoppen könnte. Gleichzeitig bemühte er sich unter Beibehaltung seiner Tarnung als SS-Offizier, Blausäurelieferungen an die Vernichtungslager unschädlich zu machen. Bei Kriegsende konnte er von Berlin zu seiner Familie in Tübingen gelangen, wo er sich den französischen Truppen stellte – als Zeuge gegen die NS-Verbrecher. Ende April/Anfang Mai verfasste Gerstein in einem von den Franzosen beschlagnahmten Hotel in Rottweil in mehreren Versionen einen ausführlichen Bericht über seine Beobachtungen und Erlebnisse. Doch der französische Geheimdienst hielt Gersteins unentdeckte Tarnung für unglaubwürdig, verlegte ihn ins Militärgefängnis Cherche-Midi in Paris und klagte ihn selbst als Kriegsverbrecher an. Höchstwahrscheinlich nahm sich Gerstein aus Verzweiflung über diese Behandlung im Gefängnis selbst das Leben. Bis 1965 musste Gersteins Witwe um die Rehabilitierung ihres Mannes und ihren Rentenanspruch kämpfen.

»Viele Menschen beten. Ich bete mit ihnen, ich drücke mich in eine Ecke und schreie laut zu meinem und zu ihrem Gott. Wie gern wäre ich mit ihnen in die Kammern gegangen, wie gerne wäre ich ihren Tod mitgestorben. ... Noch also darf ich nicht, ich muss noch zuvor künden, was ich hier erlebe!« (Aus dem Bericht vom Mai 1945 über seine Gefühle beim Miterleben der Vergasungen im August 1942.)

»›Geht es um die Juden?‹ ›Ja, um die Juden, die im Osten umgebracht werden. Hier ist meine Identitätskarte. Hier sind Instruktionen des Lagerkommandanten, eine Bestellung für

Blausäure.‹ ... Wir standen die ganze Nacht zusammen ... Und immer wieder sprach Gerstein von dem, was er erlebt hatte. Er schluchzte und schlug die Hände vors Gesicht. Ich dachte, er wird die Gewissensqualen nicht mehr lange aushalten. Er wird sich verraten und dann werden sie ihn verhaften.« (Bericht des schwedischen Diplomaten Göran von Otter über die Begegnung mit Gerstein im Nachtzug nach Berlin am 20.8.1942.)

»... niemals dürfte der einzelne seine Maßstäbe und Begriffe verlieren. Nie darf er sich seinem Gewissen und der ihm gesetzten obersten Ordnung gegenüber darauf herausreden vor sich selbst: Das geht mich nichts an, das kann ich nicht ändern. ... ich stehe in dieser Verantwortung und in dieser Schuld, und zwar als ein Wissender mit entsprechendem Maß an Verantwortung, ... Ich werde von dieser Verpflichtung, zugegeben, ich werde davon zerfressen ... Aber das schadet nichts.«

»Wenn ich und, soweit ich derartige Befehle erhielt, habe ich sie nicht ausgeführt und die Ausführung abgedreht. Ich selbst gehe aus dem ganzen mit reinen Händen und einem engelreinen Gewissen heraus.«
(Briefe an seinen Vater von 1944.)

Lit.: B. Hey/M. Rickling/K. Stockhecke, Gerstein (Zitate 54, 57, 63).

Schneider, Dorothea, geb. **Ryssel**

* 18.11.1889
† 16.08.1946

Pfarrerswitwe in Potsdam, wandelte sich von der begeisterten Hitleranhängerin zur überzeugten NS-Gegnerin, BK, in Kontakt mit dem Berliner Gefängnispfarrer Harald Poelchau, der ihr im Rahmen seiner Rettungsaktionen seit 1942 untergetauchte Juden »vermittelte«, die sie in ihrer Wohnung versteckte, u. a. im Sommer 1944 für vier Wochen Charlotte Holzer, ein von der Gestapo gesuchtes

Mitglied der jüdischen Widerstandsgruppe um Herbert Baum. Da sie mit ihren mittellosen Gästen ihre Lebensmittelkarten teilte, war sie bei Kriegsende infolge der Unterernährung sehr geschwächt. Dies war eine der Ursachen dafür, dass sie 1946 starb.

Lit.: Information von Dr. Claudia Schoppmann, Zentrum für Antisemitismusforschung Berlin, 05.12.2001 (basiert auf einem Bericht von Charlotte Holzer); H. Ludwig, Schreiben an B. Mensing, 5.8.2002.

Lampe, Adolf

* 08.04.1897 Frankfurt/Main
† 09.02.1948 Reinhausen bei Göttingen

Sohn eines Privatiers, Nationalökonom, verheiratet mit Gertrud Schmitt, mindestens eine Tochter, außerordentlicher Professor in Freiburg/Breisgau, BK-Mitglied, initiierte im Herbst 1938 die Bildung des Freiburger Konzils zum offenen Gedankenaustausch über theologische Fragen, gehörte zur Kerngruppe der Freiburger Kreise, arbeitete ab 1942 auf Bitten Dietrich Bonhoeffers im Auftrag der BK mit an einer Denkschrift über die Grundsätze der Neuordnung Deutschlands nach einem Ende der NS-Herrschaft, Kontakte zu Carl Goerdeler, am 8.9.1944 mit den Mitverfassern der Denkschrift verhaftet, in der Haft gefoltert, im Dezember aus dem Amt des Hochschullehrers »ausgestoßen«, Ende April 1945 aus dem Gefängnis befreit, starb nach schwerer Krankheit an den Folgen der Haft.

»Wir stehen vor Symptomen einer ständig wachsenden Gottentfremdung, Selbstgerechtigkeit und Selbstüberhebung der Menschen ... Auch die äußere Form des Volksaufruhrs ist in Gottes Augen keine Entschuldigung dafür, daß die Gebote der 2. Gesetzestafel gröblich übertreten,

Mitmenschen schwer an Leib und Leben geschädigt, ihrer Güter oder gar ihres Heiligsten beraubt werden. ... Die biblische Einsicht, daß alle Menschen ohne Unterschied der Rassen vor Gottes Augen Sünder sind, macht dem Christen die uneingeschränkte Selbstverherrlichung des eigenen Volkstums ebenso unmöglich wie die unterschieds- und schrankenlose Verurteilung fremder Volksart und aller ihrer Erbeigenschaften als minderwertig oder gar verbrecherisch.« (Denkschrift aus dem Umfeld des Freiburger Konzils vom Dezember 1938 in Reaktion auf die »Reichskristallnacht« vom 9.11.1938, an deren Erarbeitung vermutlich auch Lampe mitgewirkt hat.)

Lit.: P. Steinbach/J. Tuchel, Lexikon d. Widerstandes, 59 f.; W. Benz/W. H. Pehle, Lexikon d. deutschen Widerstandes, 81; 207-210; 371; NDB 13, 458 f.; D. Rübsam/H. Schadek (Hg.), »Freiburger Kreis« (Zitat 12).

Björn Mensing

»Baltische Märtyrer und Konfessoren«

Den Begriff »Baltische Märtyrer und Konfessoren« prägte in den 20er und 30er Jahren der deutschbaltische evangelische Pfarrer Oskar Schabert mit mehreren, auch in Deutschland weit verbreiteten Veröffentlichungen. Er bezeichnete damit die Todesopfer der revolutionären Unruhen von 1905 bis 1907 und der zeitweiligen bolschewistischen Herrschaft von 1918/1919 in den zunächst noch zum Russischen Reich gehörenden Provinzen Kurland, Livland und Estland, die später die unabhängigen Staaten Lettland und Estland bildeten. Im ebenfalls zum Baltikum gehörigen Litauen, das über Jahrhunderte mit dem katholischen Polen verbunden war, gab es nur eine ganz kleine deutschstämmige Minderheit, die sogenannten Litauendeutschen.

In Kurland, Livland und Estland, den evangelisch-lutherisch geprägten Ostseeprovinzen des Russischen Reiches – sie umfassten in etwa das Gebiet der heutigen Staaten Lettland und Estland – war die deutschbaltisch dominierte Kirche ab dem 19. Jahrhundert mehrfach Repressalien ausgesetzt. Hatte das Zarenreich zunächst die traditionelle Führungsrolle der Deutschbalten in diesen Provinzen, in denen sie nie mehr als ein Zwölftel der Gesamtbevölkerung ausmachten, kaum angetastet, so setzte im 19. Jahrhundert im Rahmen des gesamteuropäisch erstarkenden nationalen Gedankens eine Politik der Russifizierung ein, die mit massiver Werbung um Übertritte zur russisch-orthodoxen Kirche einherging. Die Konversionsbewegungen wurden unter den Zaren Nikolaj I. (1825-1855) und Alexander III. (1881-1894) ausgelöst: »Und als eine Kirche der Armen gewann die russisch-orthodoxe in den Augen der hungernden ›undeutschen‹ Landbevölkerung plötzlich Anziehungskraft vor der lutherischen Herrenkirche der deutschen Gutsbesitzer.«[1] Als von den zahlreichen lettischen und estnischen Konvertiten nicht wenige zu ihrer alten Konfession zurückkehren wollten, kamen die lutherischen Geistlichen in Konflikt mit dem Gesetz. Seit 1832 war das Vornehmen gottesdienstlicher Handlungen an Orthodoxen mit Amtsenthebung bedroht: »1894 standen in Livland 80, in Kur- und Estland je fünf lutherische Geistliche unter Strafe.«[2] Mehrere Pfarrer, die entgegen dieser Verbote Wiederaufnahmen in die evangelische Kirche durchführten, wurden mit Haft oder Verbannung nach Sibirien bestraft. Unter Nikolaj II. kam es durch ein Gnadenmanifest 1896 zur Aufhebung der meisten Strafen.

Bedrohlicher als die Russifizierungsbemühungen wurden für die deutschbaltische Oberschicht die ursprünglich von ihr unter dem Einfluss der deutschen Romantik unterstützten lettischen und estnischen Nationalbewegungen, die zunehmend die politischen und sozialen Strukturen in Frage stellten. Die Pastoren waren davon wie die Großgrundbesitzer auf dem Land und das höhere Bürgertum in den Städten betroffen. In der russischen Zeit genossen die Pastoren die Rechte des persönlichen Adels. Die Pastorenfamilien galten den adeligen Gutsbesitzern als gesellschaftlich gleichrangig; es kam auch zu ehelichen Verbindungen

1 P. Hauptmann, Baltikum, 152.
2 Ebd., 153.

von Pastoren und Adelstöchtern. Der Lebensunterhalt der Landpastoren wurde durch ein mit dem Pastorat verbundenes Pfarrgut sichergestellt, dessen Felder von den lettischen bzw. estnischen Bauern der Gemeinde zu bestellen waren. Obwohl der Anteil der Letten und Esten in der Pastorenschaft in den Jahren vor dem Ersten Weltkrieg deutlich anstieg – standen beispielsweise in Livland 1892 den 80 deutschen Landpastoren erst 24 »nichtdeutsche« gegenüber, so stellten die Letten und Esten 1912 bereits die Hälfte –, wurde sie weiterhin als Teil der deutschen Oberschicht wahrgenommen.

Als sich die Revolution von 1905 im Baltikum weniger gegen die russische Zarenherrschaft als gegen die unmittelbaren Herren, die deutschbaltischen Barone, richtete, kam es auch zu Störungen von Gottesdiensten und zu Kirchenschändungen durch sozialistische Revolutionäre. Zwischen 1905 und 1907 wurden in Kurland zwei, in Livland drei Pastoren ermordet, jeweils einer davon zusammen mit seiner Ehefrau bzw. mit seinem Kutscher. Bei dem brutalen Niederschlagen der revolutionären Unruhen durch den Zaren, die von den meisten Deutschbalten begrüßt wurde, gab es wesentlich mehr Todesopfer unter tatsächlichen und vermeintlichen Revolutionären als während der Unruhen unter den Adeligen und Bürgerlichen.

Nach einigen relativ ruhigen Jahren brachte die Kriegsgegnerschaft zwischen dem Russischen und dem Deutschen Reich im Ersten Weltkrieg die Deutschbalten in schwere Loyalitätskonflikte – und in den Verdacht der Unzuverlässigkeit gegenüber ihrem Staat. Auch mehrere Pastoren wurden nach Sibirien verbannt. Den Letten bot der Krieg die Gelegenheit, ihre Loyalität unter Beweis zu stellen: Ihre Schützen gehörten zu den aufopferungswilligsten Regimentern der russischen Armee – erst unter dem Oberkommando des Zaren, dann als Elitetruppe der Roten Armee. Die lettische Nationalbewegung erhoffte sich davon mehr Autonomie innerhalb des Russischen Reiches. Die meisten Deutschbalten dagegen begrüßten die Besetzung Kurlands durch deutsche Truppen 1915. Im weiteren Kriegsverlauf nahmen die deutschen Truppen auch Riga ein.

In den unbesetzt gebliebenen Gebieten fand die russische Revolution von 1917 in der »undeutschen« Bevölkerung relativ breite Zustimmung. Als Sowjetrussland im Februar 1918 den Krieg für beendet erklärte, rückten deutsche Truppen auch ins übrige Livland und in Estland ein: »Am 12. April 1918 bat der deutsch-dominierte Landesrat in Riga Kaiser Wilhelm II. um die Verbindung von Kurland, Livland und Estland in Personalunion mit dem Reich, nachdem Lenin den Friedensvertrag unterzeichnet hatte, der Russland aller Randgebiete beraubte. Nach dem Zusammenbruch des Deutschen Reiches kam es im Baltikum zu einer eigenartigen Situation: Die Westmächte bestanden auf den Verbleib der deutschen Truppen, weil diese die Bolschewiki abwehren sollten. Es folgte ein blutiger Bürgerkrieg, in dem die Gegner der Bolschewiki sich häufig auch untereinander bekämpften. Die Rote Armee konnte zunächst ihre Offensive bis vor die Tore Tallins tragen und dann auch Riga besetzen. Der Ausrufung der bürgerlichen Republik Lettland am 18. November 1918 folgte die Proklamation der Lettischen Sowjetrepublik. Nachdem deutsche Freikorps [und die Baltische Landeswehr] die Bolschewiki [bis Ende Mai 1919] vertrieben hatten, mußten die vereint operierenden estnisch lettischen Streitkräfte sich der Deutschen und der Verbände der ›weißen‹ russischen Generäle erwehren. Sowjetrußland schloß mit Estland am 2. Februar und mit Lettland am 11. August 1920 Frieden; die Unabhängigkeit der beiden Staaten war damit anerkannt.«[3]

Den sowjetischen Truppen und den mit ihnen verbundenen lettischen Bolschewisten erschienen die deutschbaltischen Pastoren aus mehreren Gründen als Feinde: als mit dem ausländischen militärischen Gegner und Besatzer kollaborierende Vaterlandsverräter, als Angehörige der herrschenden Klassen, als Repräsentanten der Religion, die mit ihrem »Opium für das Volk« dessen Aufbegehren lähmen wollten, und als lästige Kritiker der Terrormaßnahmen. So kamen durch die bolschewistische Gewaltherrschaft im Baltikum im Februar 1918 und zwischen Dezember 1918 und Mai 1919 auch 40 Pastoren, drei Pfarrfrauen, eine Diakonisse und ein Stadtmissionar ums Leben. Außer sieben Letten und einem Esten handelte es sich dabei um Deutschbalten.

Mit Ausnahme einer Diakonisse und eines Stadtmissionars handelt es sich bei Schaberts (getöteten) »Märtyrern« und (an den Folgen der Haft verstorbenen) »Konfessoren« ausschließlich um evangelische Pfarrer. In diesem Verzeichnis finden sich die 39 »Märtyrer« und die acht »Konfessoren« aus Schaberts Veröffentlichungen, in vier Fällen mit den ebenfalls zu Tode gekommenen Pfarrfrauen. Schabert rechnete diese Pfarrfrauen nicht im Vollsinn zu den Märtyrern und Konfessoren, ebensowenig den von Revolutionären erschossenen lettischen Kutscher von Pfarrer Julius Busch, dessen Namen er nicht einmal nennt.

Schaberts Angaben zu den Personen wurden anhand der einschlägigen Prediger- und Pastorenbücher überprüft und in manchen Fällen präzisiert bzw. korrigiert. Über Schabert hinaus finden sich im Verzeichnis zwei Frauen und ein Mann, die von anderen Autoren unter die baltischen Märtyrer gerechnet wurden. Außer sieben Letten und einem Esten waren alle baltischen »Märtyrer« und

3 M. Scheuch, Atlas zur Zeitgeschichte, 132.

»Konfessoren« Deutschbalten.

Da es sich damals im Baltikum um zweisprachige Gebiete handelte, habe ich für Geburts- und Sterbeorte auch die lettischen bzw. estnischen Ortsnamen eruiert, die sich in den bisherigen Märtyrerbüchern bezeichnenderweise nicht finden. Dies erleichtert zusammen mit der Angabe, in welchem Staat die Orte heute liegen, die Lokalisierung auf aktuellen Landkarten.

Daten sind in der Regel nach dem jeweils gültigen Kalender angegeben. Im Russischen Reich galt bis Ende Januar 1918 der Julianische Kalender (»alter Stil«), der zum Gregorianischen Kalender (»neuer Stil«) ab dem 1. März 1800 eine Datumsdifferenz von zwölf Tagen, ab dem 1. März 1900 von 13 Tagen aufweist (z. B. Oktoberrevolution: »alter Stil«: 25.10.1917; »neuer Stil«: 07.11.1917). Am 1. Februar 1918 (»alter Stil«) führte auch die UdSSR den »neuen Stil« (14. Februar 1918) ein. Lettland und Estland verwendeten ab der Unabhängigkeit auch den »neuen Stil«.

Schilling, Carl

* 05.02.1865 St. Petersburg
† 10.09.1905 Nitau/Livland (Nitaure/Estland)

Pastorensohn, Pastor, ab 1892 in Nitau, verheiratet mit Magdalene Scheinpflug, im Juni 1905 von lettischen Revolutionären gewaltsam während des Gottesdienstes aus der Kirche gedrängt, später im Pfarrhaus von einem auswärtigen Revolutionär erschossen.

»Wir sind auf alles gefaßt, der Tod hat keinen Schrecken mehr für uns, nur die grausigen Einzelheiten, die damit verbunden sind.«

Lit.: O. Schabert, Märtyrerbuch, 50-53; O. Michaelis, Märtyrerbuch, 62; M. Ottow/ W. Lenz (Hg.), Prediger, 405, Nr. 1609.

Grühn, Albert Friedrich

* 22.04.1859 Kandau/Kurland (Kandava/Lettland)
† 11.05.1906 bei Erwahlen/Kurland (Arlava/Lettland)

Bürgerssohn, Pastor, ab 1891 in Erwahlen und Rohjen, verheiratet mit Vally Freiberg, blieb trotz Todesdrohungen durch lettische Revolutionäre in seiner Gemeinde, auf dem Weg zu einem Gottesdienst im Außenort Rohjen am Himmelfahrtstag erschossen.

Lit.: O. Schabert, Märtyrerbuch, 59-61; O. Michaelis, Märtyrerbuch, 63; T. Kallmeyer, Prediger, 382.

Zimmermann, Ludwig und seine Ehefrau Katharina, geb. von Roth

* 28.05.1852 Mitau/Kurland (Jelgava/Lettland) * 30.05.1861 Paulenhof/Kurland (Veriora/Estland)
† 19.08.1906 Lennewarden/Livland (Lielvarde/Lettland)

Sohn eines Gymnasiallehrers, Pastor, ab 1896 in Lennewarden/Groß-Jungfernhof, ab 1892 zugleich Propst Riga/Land, verheiratet mit der Gutsherrentochter Katharina von Roth, wegen öffentlicher Kritik am Terror der lettischen Revolutionäre im Pfarrhof erschossen – wie seine Frau, die ihn warnen wollte.

Lit.: O. Schabert, Märtyrerbuch, 53-56; O. Michaelis, Märtyrerbuch, 63 f.; M. Ottow/ W. Lenz (Hg.), Prediger, 487, Nr. 2110.

Taurit, Wilhelm

* 20.09.1870 Dahlen/Livland (Dole/Lettland)
† 23.11.1906 Dahlen/Livland (Dole/Lettland)

Pastorensohn, Pastor, ab 1895 auf der Dünainsel Dahlen, ab 1900 Redakteur der »Mitteilungen und Nachrichten«, verheiratet mit Magdalene Kaehlbrandt, wegen öffentlicher Kritik am Terror der lettischen Revolutionäre im Pfarrhaus erschossen.

Lit.: O. Schabert, Märtyrerbuch, 57-59; O. Michaelis, Märtyrerbuch, 64; M. Ottow/ W. Lenz (Hg.), Prediger, 447, Nr. 1860.

Busch, Julius

* 07.10.1879 Birsgallen/Kurland (Birzgale/Lettland)
† 29.07.1907 bei Nerft/Kurland (Nereta/Lettland)

Pastorensohn, Pastor, ab März 1907 in Nerft und Ilsenberg, unverheiratet, wegen öffentlicher Kritik an der atheistischen Propaganda der lettischen Revolutionäre auf dem Weg zum Gottesdienst in der Filialgemeinde zusammen mit seinem Kutscher (Name nicht überliefert) erschossen.

Lit.: O. Schabert, Märtyrerbuch, 61 f.; O. Michaelis, Märtyrerbuch, 64 f.; T. Kallmeyer, Prediger, 295.

Adolphi, Heinrich und seine Ehefrau Ellen, geb. **Brandt,** verw. **Krause**

* 09.10.1852 Wenden/Livland (Cesis/Lettland) * 03.09.1860 Palzmar/Livland (Palsmane/Lettland)
† 21.02.1918 bei Walk/Livland (Valga/Estland)

Arztsohn, Pastor, ab 1879 in Adsel/Livland, nach dem Tod der ersten Frau in zweiter Ehe verheiratet mit der Pastorentochter Ellen Brandt, verweigerte im Januar 1918 die Herausgabe der Kirchenschlüssel an die lettischen Bolschewiken, wurde deshalb mit seiner Frau zeitweise nach Walk ins Gefängnis gebracht, als die deutschen Truppen näherrückten, wurde das Ehepaar als »Spione« verhaftet, verschleppt und von den begleitenden Rotarmisten in Kawershof bei Walk erschlagen.

Lit.: O. Schabert, Märtyrerbuch, 63-66; O. Michaelis, Märtyrerbuch, 65; M. Ottow/ W. Lenz (Hg.), Prediger, 151, Nr. 3.

Tschischko, (Cisko), Ludwig

* 18.06.1858 Komoddern/Gouvernement Kowno (Litauen)
† 21.02.1918 bei Wolmar/Livland (Valmiera/Lettland)

Sohn eines Arrendators, Lette, Pastor, ab 1910 in St. Matthiae/Livland, verheiratet mit Emilie Kampe, beim Vordringen der deutschen Truppen von den Bolschewiken im Februar 1918 verhaftet, verschleppt und erschossen.

Lit.: O. Schabert, Märtyrerbuch, 66-68; O. Michaelis, Märtyrerbuch, 103; M. Ottow/ W. Lenz (Hg.), Prediger, 457, Nr. 1923.

Jende, Adam

* 16.10.1861 Puiga bei Arras/Livland (Araksti/Lettland)

† 24.02.1918 bei Pleskau/Russland (Pskov/Russland)

Sohn eines Gesindebesitzers, Lette, erst Lehrer, dann Theologiestudium, Pastor, ab 1897 in Ronneburg/Livland, Vorsitz des Ronneburger Landwirtschaftsvereins, hatte kommunistische Versammlung in seiner Kirche verhindert, beim Vordringen der deutschen Truppen von den Bolschewiken/Rotgardisten verhaftet, verschleppt und erschossen.

Lit.: O. Schabert, Märtyrerbuch, 68-70; O. Michaelis, Märtyrerbuch, 103; M. Ottow/ W. Lenz (Hg.), Prediger, 284, Nr. 852.

Hesse, Carl

* 13.07.1875 Theal bei Sagnitz/Livland (bei Sangaste/Estland)

† 18.12.1918 Wrangelstein/Estland (Maidla/Estland)

Pastorensohn, Pastor ab 1907 in Jewe/Estland, verheiratet mit Magdalene Lemm, 1915/16 verbannt nach Sibirien, nach Abzug der deutschen Truppen von Bolschewisten verhaftet, gefoltert und erschossen.

Lit.: O. Schabert, Märtyrerbuch, 70-73; O. Michaelis, Märtyrerbuch, 65 f.; E. Amburger (Hg.), Pastoren Estland, 45 f., Nr. 52.

Mühlen, Harriet von zur

* um 1881 (?)

† 06.01.1919 Wesenberg/Estland (Rakvere/Estland)

Lebte ledig mit ihrer verwitweten Mutter zusammen in Estland, als die Bolschewisten ihre Mutter erschießen wollten, bat die 37-jährige darum, anstelle ihrer Mutter zu sterben, mit Pastor Walter Paucker und vielen anderen in Wesenberg erschossen – die Mutter überlebte die Bolschewistenherrschaft.

Lit.: O. v. Taube, Märtyrer, 15 f.

Paucker, Walter

* 07.03.1878 St. Simonis/Estland (Simuna/Estland)
† 06.01.1919 Wesenberg/Estland (Rakvere/Estland)

Pastorensohn, Pastor, ab 1907 in Wesenberg, unverheiratet, trotz Fluchtmöglichkeiten beim Einzug der Bolschewisten im Dezember 1918 in der Gemeinde geblieben und verhaftet, hingerichtet (erschossen).

Lit.: O. Schabert, Märtyrerbuch, 73-76; O. Michaelis, Märtyrerbuch, 106; E. Amburger (Hg.), Pastoren Estland, 77, Nr. 148.

Bielenstein, Hans (Johannes)

* 13.02.1863 Neu Autz/Kurland (Jaunauce/Lettland)
† 13.01.1919 Bauske/Kurland (Bauska/Lettland)

Pastorensohn, Pastor, ab 1901 in Alt- und Neu-Rahden, verheiratet mit Ingeborg von Wadenstjerna, 1915 von der deutschen Okkupationsbehörde als Amtsvorsteher eingesetzt, deshalb von den Bolschewisten verhaftet und erschossen.

Lit.: O. Schabert, Märtyrerbuch, 86-89; O. Michaelis, Märtyrerbuch, 66; T. Kallmeyer, Prediger, 257 f.

Hahn, Traugott

* 01.02.1875 Rauge/Livland (Rõuge/Estland)
† 14.01.1919 Dorpat/Livland (Tartu/Estland)

Sohn des Pastors und späteren Evangelisationspredigers Traugott Hahn Sen., Pastor, ab 1902 in Dorpat an der Universitäts-Kirche und zugleich Privatdozent, später a. o.

Professor an der Theologischen Fakultät, verheiratet mit Anna von zur Mühlen, kam im Dezember 1918 der Ausweisung durch die Bolschewisten nicht nach, am 3. Januar 1919 verhaftet und kurz vor der Befreiung zusammen mit dem russisch-orthodoxen Bischof Platon u. a. erschossen.
Lit.: O. Schabert, Märtyrerbuch, 76-85; O. Michaelis, Märtyrerbuch, 67-69; J. Erb, Geduld, 27; M. Ottow/W. Lenz (Hg.), Prediger, 253, Nr. 649; S. Hermle, Hahn.

Schwartz, Wilhelm

* 04.11.1864 Dorpat/Livland (Tartu/Estland)
† 14.01.1919 Dorpat/Livland (Tartu/Estland)

Pastorensohn, Pastor-Diakonus, ab 1890 in Dorpat-St. Johannis, verheiratet nach dem Tod seiner ersten Frau in zweiter Ehe mit Adele Elby, Bezirksvorsteher der kirchlichen Armenpflege, Präses des Jünglingsvereins, wohl als Opfer einer Verwechslung mit einem anderen Pastor Schwartz kurz vor der Befreiung von Bolschewisten erschossen.
Lit.: O. Schabert, Märtyrerbuch, 86; O. Michaelis, Märtyrerbuch, 70; M. Ottow/W. Lenz (Hg.), Prediger, 422, Nr. 1706.

Bernewitz, Alexander

* 26.05.1856 Kandau/Kurland (Kandava/Lettland)
† 16.01.1919 Kandau/Kurland (Kandava/Lettland)

Pastorensohn, Pastor, ab 1889 in Kandau, verheiratet mit Emilie Auguste Kröger, 1909 Propst Diözese Kandau, viel krank, deshalb Adjunkte ab 1896, stand in schweren Auseinandersetzungen mit den lettischen Gemeindemitgliedern, während der deutschen Okkupation Mitglied des baltischen Landesrates, als die Bolschewisten die Stadt besetzten, wurde er verhaftet und erschossen.
Lit.: O. Schabert, Märtyrerbuch, 89-93; O. Michaelis, Märtyrerbuch, 70 f.; T. Kallmeyer, Prediger, 245.

Moltrecht, Karl (Carl)

* 12.05.1860 St. Matthiae/Livland (Matrisi/Lettland)
† 20.01.1919 bei Tuckum/Kurland (Tukums/Lettland)

Pastorensohn, Pastor, ab 1891 in Dondangen/Kurland, verheiratet nach dem Tod der ersten Frau in zweiter Ehe mit Betty Bose, ab 1900 Piltenscher Propst, von den Bolschewisten verhaftet und zusammen mit Gutsbesitzern erschossen.

Lit.: O. Schabert, Märtyrerbuch, 93-96; O. Michaelis, Märtyrerbuch, 71; M. Ottow/W. Lenz (Hg.), Prediger, 346, Nr. 1231.

Marnitz, Xaver (von)

* 09.08.1858 Papendorf/Livland (Rubene/Lettland)
† 30.01.1919 Riga/Livland (Lettland)

Pastorensohn, Pastor ab 1892 in Uexküll-Kirchholm/Livland, 1907 Propst Riga-Land (1917/18 Vertretung im nahen Baldohn/Kurland), verheiratet nach dem Tod der ersten Frau in zweiter Ehe mit Else Berting, wegen Amtshandlungen an Rekonvertiten 1889 und 1894 jeweils für einige Monate suspendiert, 1915-1917 nach Taschkent verbannt, u. a. wegen angeblicher Beteiligung an der Hinrichtung eines lettischen Revolutionärs, dem er aber nur den letzten Beistand geleistet hatte, von den Bolschewisten in Riga am 12. Januar 1919 verhaftet, ermordet.

Lit.: O. Schabert, Märtyrerbuch, 86; O. Michaelis, Märtyrerbuch, 70; M. Ottow/W. Lenz (Hg.), Prediger, 329, Nr. 1126.

Grüner, Wilhelm

* 01.09.1891 Appricken/Kurland (Apriki/Lettland)
† 07.02.1919 Wenden/Livland (Cesis/Lettland)

Pastorensohn, Pastor, ab 1918 in Ronneburg/Livland, unverheiratet, am 12. Januar 1919 nach dem Gottesdienst in der Kirche verhaftet, u. a. wegen Ermahnungen zur christlichen Erziehung der Kinder und wegen Waffenbesitzes von den Bolschewisten hingerichtet (erschossen).

Lit.: O. Schabert, Märtyrerbuch, 113-116; O. Michaelis, Märtyrerbuch, 72 f.; M. Ottow/ W. Lenz (Hg.), Prediger, 247, Nr. 613.

Bosse, Heinrich

* 06.08.1871 Wohlfahrt/Livland (Evele/Lettland)
† 16.02.1919 Bickernscher Wald bei Riga/Livland (Bikernieki/Lettland)

Pastorensohn, Pastor, ab 1910 in Wohlfahrt, verheiratet mit Wilhelmine Förster, vor den Bolschewisten nach Riga geflohen, dort später von Bolschewisten verhaftet, weil er einen kommunistischen Agitator beim deutschen Militär angezeigt haben sollte, der von einem Feldgericht zum Tode verurteilt worden war, in der Haft Folter, getötet.

Lit.: O. Schabert, Märtyrerbuch, 110-113; O. Michaelis, Märtyrerbuch, 73 f.; M. Ottow/ W. Lenz (Hg.), Prediger, 182, Nr. 197.

Berg, Eugen

* 24.08.1855 Pernigel/Livland (Liepupe/Lettland)
† 14.03.1919 Bickernscher Wald bei Riga/Livland (Bikernieki/Lettland)

Pastorensohn, Pastor ab 1886 in Palzmar-Serbigal/Livland, verheiratet mit Nancy Adolphi, wegen Amtshandlungen an Rekonvertiten 1889 und 1893 jeweils mehrere Monate suspendiert, flüchtete im Dezember 1918 nach Riga, dort später von Kommunisten auf dem Weg zu einem kranken Gemeindemitglied erkannt und verhaftet, trotz einer Eingabe seiner Gemeinde erschossen.

Lit.: O. Schabert, Märtyrerbuch, 117 f.; O. Michaelis, Märtyrerbuch, 74; M. Ottow/ W. Lenz (Hg.), Prediger, 168 f., Nr. 115.

Rutkowski, Arnold und Ehefrau Elisabeth, geb. von **Bahder**

* 16.02.1865 Hofzumberge/Kurland (Tervete/Lettland) * (?)
† 14.03.1919 Mitau/Kurland (Jelgava/Lettland)

Pastorensohn, Pastor ab 1891 in Hofzumberge (Nachfolger seines Vaters), verheiratet mit Elisabeth von Bahder, im Februar 1919 von den Bolschewisten verhaftet, im Gefängnis in Mitau zusammen mit seiner Frau, die sich vehement für die Freilassung ihres Mannes eingesetzt hatte, erschossen.

Lit.: O. Schabert, Märtyrerbuch, 96 f.; O. Michaelis, Märtyrerbuch, 74 f.; T. Kallmeyer, Prediger, 629.

Scheinpflug, Theodor

* 06.05.1862 Pernau/Livland (Pärnu/Estland)
† 14.03.1919 Bickernscher Wald bei Riga/Livland (Bikernieki/Lettland)

Pastorensohn, Pastor ab 1891 in Pernigel/Livland, verheiratet mit Elisabeth Guleke, 1917 von russischer Soldateska vorübergehend verhaftet, war Vertrauensmann der deutschen Besatzungsmacht, bei Abzug der Deutschen am 29. Dezember 1918 nach Riga geflüchtet, dort am 27. Januar 1919 von den Bolschewisten verhaftet, erschossen.

Lit.: O. Schabert, Märtyrerbuch, 119-122; O. Michaelis, Märtyrerbuch, 75; M. Ottow/ W. Lenz (Hg.), Prediger, 404, Nr. 1601.

Treu, Paul Fromhold (genannt: Paul Fromhold-Treu)

* 22.05.1854 Nitau/Livland (Nitaure/Lettland)
† 16.03.1919 Riga/Livland (Lettland)

Pastorensohn, Pastor, ab 1896 in Riga-St. Trinitatis, verheiratet mit Marie Kaehlbrandt, 1891 zeitweise abgesetzt wegen »Hinderung« eines Übertritts zur orthodoxen Kirche, am 4. Januar 1919 von den Bolschewisten verhaftet, wegen angeblicher Beteiligung an Hinrichtungen durch Kriegsgerichte 1905 – er hatte den Verurteilten nur das letzte Geleit gegeben – im Gefängnis erschossen.

Lit.: O. Schabert, Märtyrerbuch, 122-127; O. Michaelis, Märtyrerbuch, 76; M. Ottow/ W. Lenz (Hg.), Prediger, 456, Nr. 1915.

Schlieps, Marie

* 09.07.1881 Lyswa bei Perm/Russland
† 18.03.1919 bei Mitau/Kurland (Jelgava/Lettland)

Lehrerin, Diakonisse, Oberin der Mitauer Schwesternschaft, als ein bolschewistischer Kommissar trotz sorgsamer Pflege im Diakonissenhaus starb, wurde sie im Februar 1919 wegen angeblicher Vergiftung verhaftet, kurz vor der Befreiung wurde sie mit anderen Gefangenen in Richtung Riga verschleppt, auf dem Weg erschossen.

Lit.: A. Katterfeld, Blutzeugin; O. Michaelis, Märtyrerbuch, 76-78; O. Schabert, Bildnisse, 39 (»Märtyrer«); J. Erb, Geduld, 102.

Bötticher, Bernhard von

* 01.09.1870 Autzenbach bei Autz/Kurland (Auce/Lettland) (?)
† 19.03.1919 Riga/Livland (Lettland)

Stadtmissionar in Riga, als er trotz eines Verbots der Stadtmission durch die Bolschewisten weiter seelsorgerlich tätig war, wurde er verhaftet, erschossen.

Lit.: O. Michaelis, Märtyrerbuch, 79; O. Schabert, Bildnisse, 40 (»Märtyrer«).

Strautmann, Christoph

* 11.11.1860 Schnickern/Kurland (Snikere/Lettland)
† 19.03.1919 bei Alt-Rahden/Kurland (Vecsaule/Lettland)

Lehrerssohn, Lette, zunächst Lehrer, dann Theologiestudium, lettischer Pastor ab 1896 in Bauske/Kurland, nach dem Tod der ersten Frau in zweiter Ehe verheiratet mit Baroness Olga Helene Alice von der Ropp, ab 1904 kurländischer Direktor der lettisch-literärischen Gesellschaft, von den Bolschewiken zum Tode verurteilt und erschossen.

Lit.: O. Schabert, Märtyrerbuch, 97-100; O. Michaelis, Märtyrerbuch, 104; T. Kallmeyer, Prediger, 683.

Wachtsmuth, Paul

* 15.05.1879 Mitau/Kurland (Jelgava/Lettland)
† 20.03.1919 Riga/Livland (Lettland)

Sohn eines Advokaten, 1905 Pastor und Rektor der Mitauer Diakonissenanstalt, verheiratet mit Marianne Schwartz, als ein bolschewistischer Kommissar trotz sorgsamer Pflege im Diakonissenhaus starb, wurde er zusammen mit der Oberin Schlieps wegen angeblicher Vergiftung verhaftet, kurz vor der Befreiung wurde er mit anderen Gefangenen nach Riga verschleppt, dort im Gefängnis umgekommen.

Lit.: O. Schabert, Märtyrerbuch, 100-105; O. Michaelis, Märtyrerbuch, 79-81; T. Kallmeyer, Prediger, 712.

Hassmann (Hasmanis), Edgar

* 31.01.1884 Luhde/Livland (Luke/Estland)
† 26.03.1919 Riga/Livland (Lettland)

Sohn eines Krügers und späteren Besitzers einer Hoflage, Lette, Pastor, ab 1915 in Salisburg/Livland, verheiratet mit Maria Elisabeth Abb, Anfang 1918 in bolschewistischer Haft, floh vor den Bolschewisten nach Riga, dort 1919 später verhaftet, zusammen mit Propst Carl Schlau auf dem Gelände des Bruderfriedhofs erschossen.

Lit.: O. Schabert, Märtyrerbuch, 127 f.; O. Michaelis, Märtyrerbuch, 104 f.; M. Ottow/W. Lenz (Hg.), Prediger, 259, Nr. 689.

Schlau, Carl

* 10.02.1851 Riga/Livland (Lettland)
† 26.03.1919 Riga/Livland (Lettland)

Sohn eines Regierungsrates, Dr. phil., Pastor ab 1884 in Salis/Livland, ab 1890 Propst Sprengel Wolmar, verheiratet mit Charlotte Hoerschelmann, 1894 wegen Amtshandlungen an Rekonvertiten mehrere Monate suspendiert, 1905 zwei Monate aus Salis vertrieben, 1916-1918 ins Gouv. Vologda ausgewiesen, wo er internierte deutsche Zivilgefangene betreute, von den Bolschewisten ab Ende Januar (oder Februar) 1919 inhaftiert, erst in Wolmar, dann im Rigaer Zentralgefängnis, auf dem Gelände des Bruderfriedhofs erschossen.

Lit.: O. Schabert, Märtyrerbuch, 128-134; O. Michaelis, Märtyrerbuch, 81 f.; J. Erb, Geduld, 113; M. Ottow/W. Lenz (Hg.), Prediger, 408, Nr. 1621.

Wühner, Richard

* 16.09.1872 Tarwast/Livland (Tarvastu/Estland)
† 03./04.05.1919 Pleskau/Russland (Pskov/Russland)

Sohn eines Küsters und Lehrers, Este, Pastor, ab 1897 in der estnischen Gemeinde in Walk/Livland, verheiratet mit Adele Schasmin, von den Bolschewisten vor ihrem Abzug am 31. Januar 1919 verhaftet und über Riga nach Pleskau verschleppt, schließlich als »Spion« im Gefängnis Pleskau inhaftiert und erschossen.

Lit.: O. Schabert, Märtyrerbuch, 134-137; O. Michaelis, Märtyrerbuch, 107; M. Ottow/W. Lenz (Hg.), Prediger, 483, Nr. 2084.

Walter, Arthur

* 20.09.1860 Riga/Livland (Lettland)
† 16.05.1919 Riga/Livland (Lettland)

Sohn eines Apothekers, Pastor, ab 1907 an der Neuen St.-Gertrud-Kirche in Riga, verheiratet mit Hedwig Hermine Walter, von den Bolschewisten 1919 verhaftet, im Gefängnis aufgrund der Haftbedingungen an Flecktyphus erkrankt und gestorben.

Lit.: O. Schabert, Märtyrerbuch, 173 f. (»Konfessor«); M. Ottow/W. Lenz (Hg.), Prediger, 468, Nr. 1993.

Bergengruen, Hermann

* 08.06.1872 Bilderlingshof (Riga-Strand)/Livland (Jurmala/Lettland)
† 22.05.1919 Riga/Livland (Lettland)

Sohn eines Kaufmanns (Ältere Große Gilde Riga), Pastor,

ab 1907 in Wenden/Livland in der deutschen St.- Johannis-Gemeinde, verheiratet mit Else Bornhaupt, 1915-1917 nach Sibirien verbannt, mit einem Großteil seiner Gemeinde vor den Bolschewisten im Dezember 1918 nach Riga geflüchtet, dort in der vakanten St.-Petri-Gemeinde Dienst getan, am 6. April 1919 in der Sakristei verhaftet, im Rigaer Zentralgefängnis kurz vor der Befreiung erschossen.

Lit.: O. Schabert, Märtyrerbuch, 137-140; O. Michaelis, Märtyrerbuch, 82 f.; M. Ottow/W. Lenz (Hg.), Prediger, 169, Nr. 118.

Doebler, Erhard

* 04.08.1882 Riga/Livland (Lettland)
† 22.05.1919 Riga/Livland (Lettland)

Sohn eines Advokaten, Pastor, ab 1915 Oberpastor an St. Jakob in Riga, verheiratet mit Alma von Samson-Himmelstjerna, 1916/17 verbannt nach Charkov und Saratow, von den Bolschewisten am 4. März 1919 verhaftet, im Rigaer Zentralgefängnis kurz vor der Befreiung erschossen.

Lit.: O. Schabert, Märtyrerbuch, 140-148; O. Michaelis, Märtyrerbuch, 83 f.; M. Ottow/W. Lenz (Hg.), Prediger, 208, Nr. 361.

Eckhardt, August

* 20.04.1868 Riga/Livland (Lettland)
† 22.05.1919 Riga/Livland (Lettland)

Sohn des Sekretärs des livländischen Statistischen Komitees, Pastor, ab 1906 am Rigaer Dom, verheiratet mit Antonie Heyer, 1907-1913 Herausgeber des Rigaer Kirchenblattes, ab 1913 Herausgeber der Zeitschrift »Glaube und Leben«, am 3. Januar 1919 von den Pastoren Rigas zum Propst gewählt, von den Bolschewisten am 6. April 1919 während des Gottesdienstes verhaftet, im Rigaer Zentralgefängnis kurz vor der Befreiung erschossen.

Lit.: O. Schabert, Märtyrerbuch, 148-152; O. Michaelis, Märtyrerbuch, 84 f.; M. Ottow/W. Lenz (Hg.), Prediger, 214, Nr. 397.

Hoffmann, Theodor

* 01.02.1865 St. Petersburg

† 22.05.1919 Riga/Livland (Lettland)

Sohn eines Apothekers, Pastor, ab 1893 Nachmittagsprediger an St. Peter in Riga, verheiratet mit Lucie Schumacher, von den Bolschewisten während des Konfirmationsgottesdienstes bei der Abendmahlsfeier verhaftet, im Rigaer Zentralgefängnis kurz vor der Befreiung erschossen.

Lit.: O. Schabert, Märtyrerbuch, 152-155; O. Michaelis, Märtyrerbuch, 86 f.; M. Ottow/ W. Lenz (Hg.), Prediger, 275, Nr. 792.

Klot, Marion von

* 30.03.1897 Puikeln/Livland (Puikule/Lettland)

† 22.05.1919 Riga/Livland (Lettland)

Sängerin, Anfang April 1919 von den Bolschewisten auf der Suche nach ihren verhafteten Verwandten selbst wegen ihrer adligen Herkunft verhaftet, im Rigaer Zentralgefängnis tröstete sie die Mitgefangenen durch ihren Gesang geistlicher Lieder (u. a. »Weiß ich den Weg auch nicht, du weißt ihn wohl«), kurz vor der Befreiung erschossen.

Lit.: J. Erb, Wolke III, 470-474; J. Erb, Geduld, 178.

Savary, Eberhard

* 12.04.1863 Beatenthal/Livland (Savarini/Lettland)

† 22.05.1919 Riga/Livland (Lettland)

Sohn eines Landwirtes, Pastor, ab 1915 in Loddiger/Livland, verheiratet mit Bertha Hasselblatt, im April 1919 mit seiner Frau und den anderen Deutschbalten der Gemeinde von Bolschewisten verhaftet, am 10. April 1919 ins Gefängnis Segewold gebracht, später ins Zentralgefängnis nach Riga überführt, dort kurz vor der Befreiung schwer krank erschossen.

Lit.: O. Schabert, Märtyrerbuch, 156-159; O. Michaelis, Märtyrerbuch, 87; M. Ottow/W. Lenz (Hg.), Prediger, 402, Nr. 1590.

Scheuermann, Eugen

* 12.09.1856 Riga/Livland (Lettland)
† 22.05.1919 Riga/Livland (Lettland)

Sohn eines Kaufmanns, Pastor, ab 1898 an der Lutherkirche in Riga, verheiratet mit Adele Pawlowsky, während der lettischen Revolution 1905/06 einen Mordanschlag schwer verletzt überlebt, 1914-1918 als angeblicher deutscher Spion nach Sibirien verbannt, einer seiner Söhne wurde von den Bolschewisten im Gefängnis in Tuckum erschossen, er selbst am 5. April 1919 verhaftet, im Rigaer Zentralgefängnis kurz vor der Befreiung erschossen.

Lit.: O. Schabert, Märtyrerbuch, 159-162; O. Michaelis, Märtyrerbuch, 87 f.; M. Ottow/W. Lenz (Hg.), Prediger, 404 f., Nr. 1605.

Taube, Theodor

* 01.02.1864 St. Petersburg
† 22.05.1919 Riga/Livland (Lettland)

Arztsohn, Pastor, ab 1904 in der deutschen Gemeinde an der Martins-Kirche in Riga, verheiratet mit Luise Rahlenbeck, von den Bolschewisten am 5. April 1919 verhaftet, im Rigaer Zentralgefängnis kurz vor der Befreiung erschossen.

Lit.: O. Schabert, Märtyrerbuch, 162-165; O. Michaelis, Märtyrerbuch, 88 f.; M. Ottow/W. Lenz (Hg.), Prediger, 446, Nr. 1856.

Treu, Ernst Fromhold (genannt Ernst Fromhold-Treu)

* 03.02.1861 Oppekaln/Livland (Apukalns/Lettland)
† 22.05.1919 Riga/Livland (Lettland)

Pastorensohn, Pastor, nach Scheidung der ersten Ehe verheiratet mit Amalie Nackunstz, 1904 auf eigenen Wunsch aus dem Kirchendienst entlassen und Direktor der Kolonie minderjähriger Verbrecher in Rodenpois, ab 1907 Leiter der Blindenanstalt in Strasdenhof bei Riga, von den Bolschewisten verhaftet, im Rigaer Zentralgefängnis kurz vor der Befreiung erschossen.

Lit.: O. Schabert, Märtyrerbuch, 165-167; O. Michaelis, Märtyrerbuch, 85 f.; M. Ottow/W. Lenz (Hg.), Prediger, 455, Nr. 1913.

Wilpert, Ludwig von

* (?)
† 22.05.1919 Riga/Livland (Lettland)

Sammler der Stadtmission in Riga, von den Bolschewisten verhaftet, im Rigaer Zentralgefängnis kurz vor der Befreiung erschossen.

Lit.: O. Michaelis, Märtyrerbuch, 89.

Kaspar, Wilhelm

* 03.01.1853 Rauden/Kurland (Lettland)
† 23.05.1919 Wenden/Livland (Cesis/Lettland)

Sohn eines Gutsverwalters, Pastor, ab 1891 in Schujen-Lodenhof/Livland, verheiratet mit Elisabeth Teraud, von den Bolschewisten wegen Waffenbesitzes als »Konterrevolutionär« am 4. März 1919 verhaftet, im Gefängnis in Wenden wegen angeblicher Denunziation eines Agitators bei der deutschen Okkupationsmacht angeklagt, im Gefängnis aufgrund der Haftbedingungen an Flecktyphus erkrankt und gestorben.

Lit.: O. Schabert, Märtyrerbuch, 175-179 (»Konfessor«); M. Ottow/W. Lenz (Hg.), Prediger, 290, Nr. 885.

Frese, Eduard

* 19.11.1871 Pönal/Estland (Lääne-Nigula/Estland)
† 27.05.1919 Riga/Livland (Lettland)

Pastorensohn, Pastor, ab 1902 in Waiwara/Estland, verheiratet mit Lisbeth Brehm, vor den Bolschewisten mit seiner Familie über Dorpat nach Riga geflüchtet, dort Vertretungsdienste, von den Bolschewisten am 9. April 1919 verhaftet, im Gefängnis aufgrund der Haftbedingungen an Flecktyphus erkrankt, wenige Tage nach der Befreiung am 22. Mai 1919 daran gestorben.

Lit.: O. Schabert, Märtyrerbuch, 174 f. (»Konfessor«); E. Amburger (Hg.), Pastoren Estland, 38, Nr. 33.

Uhder, Konstantin

* 19.02.1870 Wolmarshof/Livland (Valmieras m./Lettland)
† 29.05.1919 Alt-Schwaneburg/Livland (Vecgulbene/Lettland)

Sohn eines Lehrers, Lette, Pastor, ab 1906 in Aahof/Livland, verheiratet, 1917 zeitweise von den Bolschewisten verhaftet, am 25. November 1918 nach Riga geflohen, nach der Befreiung Rigas begab er sich am 28. Mai 1919 zu seiner Familie nach Alt-Schwaneburg, dort von den Bolschewisten als deutscher Spion verurteilt und erschossen.

Lit.: O. Schabert, Märtyrerbuch, 167 f.; O. Michaelis, Märtyrerbuch, 105; M. Ottow/ W. Lenz (Hg.), Prediger, 458, Nr. 1933.

Cleemann, Gustav und seine Ehefrau Olga, geb. **Bernsdorff**

* 16.09.1858 Riga/Livland (Lettland) * 22.02.1859 (?)
† 30.05.1919 Riga/Livland (Lettland) † 02.06.1919 Riga/Livland

Sohn eines Notars, Pastor, ab 1907 in der deutschen Jesus-Gemeinde in Riga, verheiratet mit der Stadtwrakerstochter Olga Bernsdorff, am 4. Mai 1919 von den Bolschewisten verhaftet, im Zitadellengefängnis aufgrund der Haftbedingungen an Flecktyphus erkrankt, wenige Tage nach der Befreiung durch seine Söhne am 22. Mai 1919 daran gestorben – wie auch seine ebenfalls inhaftierte Frau.

Lit.: O. Schabert, Märtyrerbuch, 179 f. (»Konfessor«); M. Ottow/W. Lenz (Hg.), Prediger, 197, Nr. 288.

Rosenberg (Rozenbergs), Peter (Peteris)

* 28.06.1871 Kemeri/Livland (Lettland)
† 10.06.1919 Riga/Livland (Lettland)

Sohn eines Gesindewirtes, Lette, Pastor, ab 1911 an St. Martin in Riga, verheiratet mit Marie Dihrik, am 2. April 1919 von den Bolschewisten verhaftet, im Gefängnis aufgrund der Haftbedingungen mit Flecktyphus infiziert, wenige Tage nach der Befreiung am 22. Mai 1919 brach die Krankheit aus, an der er starb.

Lit.: O. Schabert, Märtyrerbuch, 180-182 (»Konfessor«); M. Ottow/W. Lenz (Hg.), Prediger, 394 f., Nr. 1543.

Bidder, Oskar

* 27.03.1866 Mitau/Kurland (Jelgava/Lettland)
† 12.07.1919 Moskau

Arztsohn, Pastor, ab 1910 Religionslehrer und Gefängnisprediger in Riga, verheiratet mit Marie Hermine Petri, 1914-1917 nach Russland verschickt, 1919 von den Bolschewisten verhaftet, kurz vor der Befreiung Rigas mit Gefangenen aus dem Frauengefängnis von den abziehenden Bolschewisten im Mai nach Moskau verschleppt, dort im Gefängnis aufgrund der Bedingungen von Verschleppung und Haft an der Ruhr erkrankt und gestorben.

Lit.: O. Schabert, Märtyrerbuch, 182 f. (»Konfessor«); M. Ottow/W. Lenz (Hg.), Prediger, 174 f., Nr. 147.

Geist, Alfred

* 28.11.1863 Riga/Livland (Lettland)
† 12.07.1919 Riga/Livland (Lettland)

Sohn eines Stadtwrakers, Pastor, ab 1888 in der reformierten Gemeinde in Riga, verheiratet mit Martha Ottilie Wagner, am 19. März 1919 von den Bolschewisten verhaftet, aufgrund der Haftbedingungen an Flecktyphus und

Lungenentzündung erkrankt, nach der Befreiung aus dem Rigaer Zentralgefängnis am 22. Mai 1919 nach monatelanger Krankheit gestorben.

Lit.: O. Schabert, Märtyrerbuch, 183-186 (»Konfessor«); M. Ottow/W. Lenz (Hg.), Prediger, 233, Nr. 521.

Gilbert, Wilhelm

* 24.12.1868 Hofzumberge/Kurland (Tervete/Lettland)
† 16./17.11.1919 bei Siuxt/Kurland (Dzukste/Lettland)

Sohn eines Landwirtes, Lette, zunächst Lehrer, dann Theologiestudium, Pastor, ab 1906 in Siuxt/Kurland, verheiratet mit Lilly Ernestine Felix, am 27. November 1905 nachts im Pastorat Würzau, das er als Pastor-Vikar vertrat, von aufrührerischen Bauern überfallen, im Dezember 1918 brachte er vor den herannahenden Bolschewisten seine Familie nach Deutschland in Sicherheit und trat als Feldprediger in die Baltische Landeswehr ein, nach der bolschewistischen Herrschaft im November 1919 vom lettischen Militär des Landesverrats beschuldigt, bei der Überführung zur Gerichtsverhandlung in Riga von einem Soldaten erschossen.

Lit.: O. Schabert, Märtyrerbuch, 169-172 (172: »Die Kurländische Synode [1920] beschloß, Gilbert zu den Märtyrern der Kirche zu zählen.«); O. Michaelis, Märtyrerbuch, 105 f.; T. Kallmeyer, Prediger, 359.

Gross, Erwin

* 14.09.1870 Riga/Livland (Lettland)
† 10.02.1920 Velikie Luki/Russland

Sohn eines Dozenten am Polytechnikum, Pastor, ab 1907 in Roop-Hochrosen/Livland, verheiratet mit Marie Kügler, floh im Dezember 1918 vor den Bolschewisten nach Riga, kehrte nach dessen Einnahme durch die »Roten« in seine

Gemeinde zurück, wurde dort am 15. Januar 1919 verhaftet, Mitte Mai 1919 wurde er vom Gefängnis in Wenden nach Rußland verschleppt, schließlich starb er im Gefängnis von Velikie Luki im Gouvernement Pleskau (Pskov) infolge der Haftbedingungen.

Lit.: O. Schabert, Märtyrerbuch, 186-188 (»Konfessor«); M. Ottow/W. Lenz (Hg.), Prediger, 245, Nr. 598.

Da fast alle deutschbaltischen Pastoren im Rahmen der Umsiedlung und Nachumsiedlung »heim ins Reich« zusammen mit ihren deutschen Gemeindegliedern zwischen 1939 und 1941 das Baltikum verließen, blieb ihnen die Verfolgung unter sowjetischer Herrschaft 1940/41 und ab 1944 erspart – allerdings kamen einige von ihnen dann bei der Einnahme und Besetzung des Warthegaus durch sowjetische Truppen ums Leben. Die estnischen und lettischen Pastoren dagegen blieben zumeist im Baltikum bei ihren Gemeinden und hatten unter dem stalinistischen Terror zu leiden. Viele wurden umgebracht oder sind in andere Teile der UdSSR deportiert worden und dort verschollen.

Heinrich Rathke

Todesopfer des Stalinismus im Bereich der ehemaligen Sowjetunion

Dieses Verzeichnis beschränkt sich auf deutschsprachige evangelische Christen, die in der Zeit des Stalinismus im Bereich der ehemaligen Sowjetunion für ihren Glauben mit dem Leben bezahlt haben. Gewissermaßen als Vorboten dieser Verfolgung sind einige Personen aufgenommen, die durch Repressionen im Russischen Reich vor der Herrschaft des Stalinismus umgekommen sind. Die meisten der verzeichneten Opfer waren Russlanddeutsche, die an der Wolga, in der Ukraine, im Kaukasus und anderen Gebieten ansässig waren. Später wurden sie nach Osten, vor allem nach Kasachstan, Sibirien und Mittelasien verschleppt. Mindestens ein Drittel von ihnen soll umgekommen sein. Die »Baltischen Märtyrer und Konfessoren« sind in diesem Buch mit einem eigenen Verzeichnis vertreten, auch wenn einige von ihnen zu einer Zeit zu Tode kamen, als Kurland, Livland und Estland noch zum Russischen Reich gehörten, bzw. aus dem Baltikum von Bolschewisten nach Russland verschleppt wurden und dort starben.

Die genannten Personen stehen beispielhaft für unzählige andere, die ein ähnliches Schicksal erlitten haben, hier aber nicht erwähnt werden konnten, die unbekannt geblieben oder verschollen sind. Die Pastoren der Evangelisch-Lutherischen Kirche in Russland sind dank guter Quellen relativ stark vertreten; das darf aber nicht vergessen lassen, dass ein Vielfaches von Gemeindegliedern ebenso zu Tode gebracht wurde.

Vorboten einer Zeitenwende

Ab 1890 entstanden in Russland geheime revolutionäre Zirkel, die stark vom Marxismus geprägt waren. 1905 kamen am »Blutigen Sonntag« im Januar in Sankt Petersburg und im Moskauer Dezemberaufstand die revolutionären Kräfte zum Ausbruch. Im gleichen Jahr gewährte die Regierung die Grundrechte, die Glaubensfreiheit gehörte dazu. Die Vorrechte der Kirchen wurden eingeschränkt, Kirchenfeindlichkeit zeigte sich öffentlich. Mit zunehmender Russifizierung wurden die seit Katharina II. bestehenden Privilegien der »russischen Untertanen deutscher Volkszugehörigkeit« aufgehoben. Das führte zu einer starken Auswanderungswelle von Russlanddeutschen, vor allem in die USA, und zu Feindseligkeiten gegen diese Minderheit in Russland.

Der Erste Weltkrieg

Mit Ausbruch des Krieges 1914 wurden die Russlanddeutschen zu Feinden des Russischen Reiches erklärt, die deutsche Sprache öffentlich verboten, Versammlungen stark eingeschränkt.

Nach der Oktoberrevolution von 1917

Nach der Februarrevolution dankte Zar Nikolaus II. Anfang März 1917 ab. Mit dem Aufstand am 25. Oktober 1917 in Petrograd (Sankt Petersburg) und anschließend in Moskau übernahmen die Bolschewisten unter Führung Lenins die Macht. Die baltischen Staaten Estland, Lettland und Litauen wurden nach zeitweiliger deutscher Besetzung und blutigen Auseinandersetzungen mit bolschewistischen Truppen 1918/19 selbständig. Der kirchenfeindliche Kurs der Sowjets (Lenins geheimer Rundbrief ans Politbüro vom 19. März 1922) traf zunächst vor allem die Russisch-Orthodoxe Kirche. Die Lutheraner konnten 1924 und 1928 noch eine Generalsynode halten. Am 20. Februar 1924 wurde die »Autonome Sozialistische Sowjetrepublik der Wolgadeutschen« gegründet. Erste Märtyrer gab es aber auch unter den Evangelischen.

Der Höhepunkt der Verfolgung

1928 begannen die Kollektivierungen, die ersten Kirchen wurden geschlossen. 1929 brachte die »Verordnung über Herstellung der Religionsgemeinschaften« erhebliche Einschränkungen für das kirchliche Leben. 1929/30 kam es zu den ersten Massendeportationen. Zur Charakteristik dieser Jahre gehörte aber auch, dass 1926 und 1932 Erweckungsbewegungen durch die lutherischen Gemeinden gingen. Die Christen würden in den kommenden Jahren den Trost des Evangeliums nötig haben.

Ab 1931 wurde in Workuta/Komi-Gebiet am Eismeer durch Gefangene ein Straflager eingerichtet, in dem zeitweise über 100.000 Gefangene leben mussten und Zehntausende umgebracht wurden. Workuta entwickelte sich zum Symbol der etwa 150 GULags (Glavnoe upravlenie lagerej: Hauptverwaltung für Lager; hier: einzelne Straflager) in der Sowjetunion.

1937/38 Stalinistischer Terror im Extrem

Die Maßlosigkeit spiegelt ein Dekret von Stalin, Molotow und Kaganowitsch vom 30. Juli 1937 wider, wonach 258.950 Menschen zu erschießen oder zu zehn Jahren Lagerhaft zu verurteilen seien. Es ist nicht das einzige Dekret dieser Art. Die Presse stachelte gleichzeitig dazu an, dass die Tätigkeit des »Bundes der kämpfenden Gottlosen« zu intensivieren ist. Am 7. August 1938 wurde als letzte die Peter-Paul-Kirche in Moskau geschlossen. Bald darauf konnte kein Pastor mehr tätig sein. Sie wurden mit vielen ihrer Gemeindeglieder verhaftet, teilweise umgebracht oder starben an den Folgen der Haft, sind untergetaucht oder ins Ausland gegangen. Ein Überlebender, Pastor Johannes Schleuning aus Neu-Norka/Saratov an der Wolga, stellt rückblickend fest: »Mit dem Jahr 1937 hört die Evangelisch-Lutherische Kirche in Russland auf, als organisierte Kirche zu bestehen.« (J. Schleuning, Stummen, 118.)

Zweiter Weltkrieg: Verbannung – Trud-Armee

Sehr bald nach dem deutschen Überfall auf die Sowjetunion am 22. Juni 1941 wurde mit dem Dekret des Obersten Sowjets vom 28. August 1941 die massenhafte Deportation der Russlanddeutschen aus dem westlichen Teil der Sowjetunion vor allem nach Kasachstan, Sibirien und Mittelasien verfügt. Viele Familien wurden getrennt, Männer und Frauen kamen zur Zwangsarbeit in die »Trud-Armee« (Arbeits-Armee). Man schätzt, dass in diesen Jahren bis zu einem Drittel der Verschleppten umgekommen ist. Gegen Ende des Krieges entstand eine Art Burgfrieden zwischen der Staatsführung der Sowjetunion und der Russisch-Orthodoxen Kirche, um alle Kräfte gegen den Feind von außen zu verbünden. Das bedeutete aber kein Ende der kirchenfeindlichen Maßnahmen. Diese verstärkten sich nach Kriegsende wieder.

Nach Stalins Tod 1953

Unter Chruschtschow wurde zwar der stalinistische Personenkult zurückgenommen und der massive Terror eingeschränkt. Aber unter seiner Führung begannen auch neue antikirchliche Aktionen: massive antikirchliche Propaganda, Schließung der letzten orthodoxen Ausbildungsstätten und weiterer Kirchen. Das Dekret vom 13. Dezember 1955 »über die Aufhebung der Beschränkungen der Deutschen und deren Familienangehörigen, die sich in Sondersiedlungen befinden« erleichterte zwar das Zusammenkommen der Familien. Doch blieben sie an die Verbannungsgebiete gebunden, mussten massive Einschränkungen beim Gebrauch der deutschen Sprache, bei der Pflege deutscher Kultur und im kirchlichen Leben weiterhin ertragen.

Baumann, Christian
* 04.02.1833 Münklingen/Württemberg
† 27.10.1904 Prisib/Ukraine (Taurien)

Baumann, Marie, geb. von **Lemm**
* 09.12.1838 Reval (Tallinn)/Estland
† 27.10.1904 Prisib/Ukraine (Taurien)

Die im Herbst 1904 zusammen mit ihrer Tochter ermordeten Eheleute Baumann gehören zu den frühen Opfern in vorstalinistischer Zeit. Ab 1890 entstanden in Russland geheime revolutionäre Zirkel, die stark vom Marxismus geprägt waren. Im Januar 1905 kamen am »Blutigen Sonntag« in Sankt Petersburg sowie im Moskauer Dezemberaufstand die revolutionären Kräfte zum Ausbruch. Antichristliche Haltung und Kirchenfeindlichkeit kennzeichneten die revolutionären Gruppen. Opfer dieser Entwicklung fanden sich auch in den baltischen Kirchen. Die Pastoren Schilling, Grühn, Taurit und Busch wurden in der Zeit von 1905 bis 1907 in Livland und Kurland von Revolutionären erschossen. Hinzu kam in Russland ein verstärktes Nationalbewusstsein, das sich auch gegen die seit Katharina II. eingewanderten »russischen Untertanen deutscher

Volkszugehörigkeit« richtete. Das sind Hintergründe für die Ermordung der Pfarrerfamilie Baumann. Christian Baumann, württembergischer Pfarrerssohn, hatte in Tübingen Theologie studiert. 1857 ließ er sich für den Kirchendienst in Russland beurlauben. Nun tat er dort Dienst, wohin hundert Jahre zuvor viele Württemberger ausgewandert waren. Stationen seines Dienstes waren neben Sankt Petersburg die Gemeinden Marienfeld im Gebiet Tiflis, Bergdorf und Arzis in der Südukraine, Nemirov in der Westukraine und schließlich ab 1881 Prisib im ehemaligen Bessarabien (Südukraine). Dort wurde er am 27.10.1904 mit Frau und Tochter ermordet.

Lit.: E. Amburger, Pastoren Russlands, 255, Nr. 51; K. Stumpp, Verzeichnis, 123, Nr. 41; Heimatbuch 1956, 67-72.

Müller, Marcus

* 24.06.1847 Frasadingen/Kanton Schaffhausen
† 26.09.1905 Tiflis/Grusinien (Georgien)

Auch Marcus Müller ist ein Opfer der revolutionären Unruhen, mit denen sich die Oktoberrevolution von 1917 schon lange vorher ankündigte. Müller kam aus der Schweiz, sein Vater war Maurer im Kanton Schaffhausen. Im Kanton Aargau heiratete er 1874 die Missionarstochter Susanne Huber, die am 16.2.1852 in Caliust/Indien geboren wurde. Marcus Müller hatte zunächst den Beruf eines Blattmachers erlernt. Dann besuchte er ab 1868 die Missionsanstalt in Basel. Am 2.7.1874 wurde er in Basel eingesegnet, am 24.8.1874 in Stuttgart ordiniert. Am 22.9.1874 reisten die Eheleute zum Dienst in den Südkaukasus. Von 1874 bis 1883 war Müller Pastor im Kirchspiel Marienfeld im Gebiet Tiflis. 1883 wurde er Pastor in Helenendorf/Gebiet Tiflis und dann Oberpastor der transkaukasischen Kolonien. Bei revolutionären Unruhen in Tiflis wurde er erschossen.

Lit.: Brüderbuch im Archiv der Baseler Mission; E. Amburger, Pastoren Russlands, 421, Nr. 797; K. Stumpp, Verzeichnis, 161, Nr. 686.

Busch, Nikolaus

* 25.02.1863 Paplacken/Kurland
† 03.06.1909 bei Balaj/Sibirien

Busch, Emil

* 06.12.1870 Pernigel/Livland
† 21.03.1920 Smolensk/Russland

Mit Nikolaus und Emil Busch wird an zwei Pastoren aus dem Baltikum erinnert, die später im Wolgagebiet und andern Gebieten Dienst getan haben und dort bei revolutionären Unruhen ermordet wurden. Nikolaus Busch, Sohn eines Schneidermeisters, studierte 1884 bis 1889 in Dorpat (Tartu) Theologie und wurde nach einem Probejahr an der St.-Michaelis-Kirche in Moskau am 26. No-vember 1889 ordiniert. Nach kurzer Tätigkeit auf der Bergseite der Wolga wurde er 1891 Pastor im Kirchspiel Tobolsk mit Sitz in Omsk/Sibirien. Ab 1896 versorgte er die Deportierten-Gemeinde in Bulanka am sibirischen Fluss Jenissei, zu der neben deutschen auch estnische Gemeindeglieder gehörten. Bevor er 1909 einer Berufung nach Tomsk folgen konnte, wurde er am 3. Juni bei Balaj in Sibirien ermordet. Bischof Theophil Meyer besuchte im Sommer 1926 auf seiner Visitationsreise das Grab von Busch auf dem Friedhof von Krasnojarsk am Jennessi/Sibirien.

Emil Busch aus Pernigel hatte auch in Dorpat studiert. 1899 wurde er in Saratov an der Wolga ordiniert und war zunächst als Vikar in den Kirchspielen Stephan und Carycin tätig. Von 1901 bis 1911 arbeitete er als Pastor in Rosenheim (Podstepnaja) im Gebiet Samara, ab 1911 in Smolensk am Dnjepr/Russland. Emil Busch wurde wäh rend der revolutionären Unruhen am 21.03.1920 in Smolensk erschossen. – Auch sein Nachfolger, Gustav Schwalbe, wurde 1930 von der GPU verhaftet und erschossen. Seitdem kam kein Pastor mehr nach Smolensk. Christen konnten sich nur heimlich treffen.

Lit.: E. Amburger, 280, Nr. 163 und 279, Nr. 160; T. Meyer, Sibirien, 151; K. Stumpp, Verzeichnis, 129, Nr. 127 und Nr. 125.

Heinzelmann, Heinrich

* 07.01.1865 (?)
† nach 1915 verschollen

Zahlreiche Russlanddeutsche hatten Anfang des 20. Jahrhunderts Russland verlassen, weil sie die veränderten Verhältnisse schmerzlich spürten. Ein wachsendes russisches Nationalbewusstsein richtete sich auch gegen die einst eingewanderten Deutschen. Die zunehmenden revolutionären Strömungen waren mit antichristlichen und kirchenfeindlichen Aktionen verbunden. Mit dem Ausbruch des Ersten Weltkrieges wurden 1914 die Russlanddeutschen zu Feinden des Russischen Reiches erklärt. Die deutsche Sprache wurde öffentlich verboten, Versammlungen stark eingeschränkt. Nach der Oktober-Revolution von 1917 gehörten dann Gottlosen-Propaganda und Christenverfolgung zunehmend zum System der neuen Macht. In diesem Spannungsfeld lebte mit vielen anderen Christen der Pastor Heinrich Heinzelmann. Er erhielt seine theologische Ausbildung an einem Seminar in den USA. Am 27.09.1891 wurde er ordiniert. Danach tat er seinen Dienst als Pastor in Transkaukasien (Grusinien/Georgien). Zunächst versorgte er Kirchgemeinden um Tiflis: 1902 bis 1904 in Alexandershilf, 1904 bis 1906 in Elisabethtal, 1906 bis 1910 in Katharinenfeld. Seit 1910 war er Oberpastor der transkaukasischen Gemeinden.1915 wurde er nach Sibirien verbannt. Ob er noch kurze Zeit nach Katharinenfeld zurückkehren konnte, bleibt ungewiss. Über die näheren Umstände seines Todes wissen wir nichts.

Lit.: E. Amburger, Pastoren Russlands, 343 f., Nr. 440; K. Stumpp, Verzeichnis, 142, Nr. 402.

Wuchrer, Samuel

* 04.12.1887 Katharinenfeld bei Tiflis/Georgien
† 13.08.1919 Annenfeld-Georgenfeld bei Tiflis

Als Samuel Wuchrer am 13.08.1919 in Annenfeld-Georgenfeld/Südkaukasus ermordet wurde, war er der erste von drei Pastoren, die in dieser Gemeinde Dienst taten und dann als Märtyrer starben. Pastor Ludwig Steinwand, bis 1923 in Annenfeld, wurde mehrmals verhaftet, erblindete in der Haft und soll nach 1930 in einem Lager nahe Rostov verhungert sein. Vier Jahre blieb die Gemeinde ohne Pastor. Emil Reusch amtierte dann noch sieben Jahre in Annenfeld und versuchte in dieser Zeit auch die bedrängte Gemeinde in Baku zu unterstützen. 1936 wurde er verhaftet, die Umstände seines Todes blieben ungewiss. Samuel Wuchrer war als Sohn eines Siedlers im Gebiet Tiflis/Transkaukasien geboren. Er hatte in Dorpat (Tartu)/Estland zwei Jahre Physik und Mathematik, danach vier Jahre Theologie studiert. Am 17.Oktober 1913 wurde er ordiniert und begann seinen Dienst in Annenfeld-Georgenfeld/Tiflis. Dort wurde er am 13.08.1919 angeblich von Tartaren ermordet. Das Ehepaar war gerade sechs Jahre verheiratet. Die Ehefrau fiel später den Verfolgungen zum Opfer. Sie wurde um 1937 verhaftet und zu 10 Jahren Zwangsarbeit verurteilt. Aufgrund der Haftbedingungen erlitt sie bleibende Lähmungen. Um 1969 starb sie in Zelinograd, einem Verbannungsort, wo der Kollege ihres Mannes, Eugen Bachmann, zur gleichen Zeit heimlich eine Gemeinde sammelte.

Lit.: E. Amburger, Pastoren Russlands, 517, Nr. 1245; E. Bachmann, Ende, 152 f.; K. Stumpp, 181, Nr. 1012.

Willigerode, Paul

* 17.04.1859 Dorpat (Tartu)/Estland
† 19.09.1919 Moskau

Paul Willigerode entstammte einer baltischen Pastorenfamilie. Er wuchs in Dorpat auf und heiratete dort 1882 Alice Wellmann. Nach sechsjährigem Studium in Dorpat und der Ordination am 15.08.1882 war er drei Jahre in der Pfarre Testama und danach von 1909 bis 1914 an der St. Marienkirche in Dorpat tätig. Er war Mitglied des Generalkonsistoriums der Kirche. 1914 berief ihn die Evangelisch-Lutherische Kirche in Russland als Generalsuperintendent und als Vizepräsident des Konsistoriums nach Moskau. 1919 wurde er verhaftet. Unter den Haftbedingungen wurde er wahnsinnig und nahm sich am 19. September 1919 im Gefängnis das Leben. Seine Ehefrau starb am 07.10.1934 in Leningrad. Der Sohn Adalbert Willigerode, Pastor in Moskau, an der Wolga und ab 1923 in Estland, überlebte und starb 1950 als Pastor in Feldberg/Mecklenburg.

Lit.: E. Amburger, Pastoren Russlands, 513, Nr. 1225; K. Stumpp, Verzeichnis, 180, Nr. 993.

Hohloch, Johannes

* 18.05.1865 Neu-Teplitz/Bessarabien (Südukraine)
† (?) 1919 Grunau

Pastor Johannes Hohloch war eines der ersten Opfer der antikirchlichen Aktionen nach Ausbruch der Revolution von 1917 in Russland. Johannes Hohloch kam aus Bessarabien/Südukraine, studierte in Dorpat (Tartu) Theologie und heiratete eine Pastorentochter aus Recknitz/Mecklenburg. Die Ehefrau starb, als Hohloch nach sechs Jahren

Dienst in Hoffnungstal, Gebiet Cherson/Südukraine 1902 in das Kirchspiel Grunau im Gebiet Eketerinoslav wechselte. Hohloch wirkte siebzehn Jahre als Pastor in dieser Gemeinde, bis er kurz nach Ausbruch der Revolution in Grunau ermordet wurde.

Auf einem Foto von 1924 sieht man die Pastoren vom Propstbezirk Saporoshje/Südukraine, unter ihnen Johann Föll vom Kirchspiel Grunau. An der Ecke, links im Bild, sitzt ein Zivilist mit Aktentasche. Es ist der zur Überwachung der Synode abkommandierte Parteifunktionär. Man ahnt, unter welchem Druck die Gemeinden mit ihren Pastoren in jener Zeit standen. Nachdem schon Pastor Hohloch vom Kirchspiel Grunau 1919 von umherziehenden Revolutionsbanden ermordet war, wurde sein Nachfolger, Pastor Föll, 1930 verhaftet und verbrachte drei Jahre in sibirischen Zwangsarbeitslagern. Dann konnte er nach Deutschland entkommen. Ein Vikar von Pastor Föll in Gronau, Friedrich Braatz, wurde 1934 zum ersten Mal verhaftet und wahrscheinlich 1937 erschossen. Wieviele Gemeindeglieder aus den 20 deutschen Dörfern im lutherischen Kirchspiel Grunau als Christen verhaftet und umgekommen sind, übersehen wir nicht.

Lit.: E. Amburger, Pastoren Russlands, 358, Nr. 507; K. Stumpp, Verzeichnis, 145, Nr. 456.

Jundt, Johannes

* 29.08.1857 Kolonie Chabag (Schabo)/Bessarabien (Ukraine)
† 26.12.1918 oder 26.12.1920 Kronau/Südukraine

Johannes Jundt war der Sohn eines Kolonisten und Weinbauern. Er besuchte eine Privatschule und wurde zunächst Dorflehrer in Katharinenstadt auf der Wiesenseite der Wolga. 1881 bis 1886 studierte er in Dorpat (Tartu) Theologie und wurde am 25.10 1887 in Odessa ordiniert. 33 Jahre konnte er als Pastor in Bessarabien/Südukraine wirken, ab 1908 im Kirchspiel Kronau in der 2. Südrussischen Propstei. Zur Gemeinde gehörten 16 Dörfer mit etwa 7.200 deutschen Gemeindegliedern, dazu einige wenige Tschechen, Letten und Esten. Während des Ersten Weltkrieges wurde Jundt nach Weizenfeld im Wolgagebiet verbannt. Kurz nach Ausbruch der Revolution von 1917 kam er ums Leben. Die näheren Umstände seines Todes sind nicht bekannt. Fest steht sein Todestag, der 26. Dezember (1918 oder 1920), der Gedenktag des Erzmärtyrers Stephanus. Im Spruch dieses kirchlichen Gedenktages lesen wir: »Der Tod seiner Heiligen wiegt schwer vor dem Herrn. Dir will ich Dank opfern und des Herrn Namen anrufen.« (Psalm 116, 15.17) Nach Johannes Jundt kamen in schneller Folge noch fünf Pastoren in das Kirchspiel Kronau. Johann Föll konnte nach dreijähriger Zwangsarbeit nach Deutschland entkommen. Woldemar Schlupp blieb nur zwei Jahre in der Gemeinde. Der Nachfolger, Theodor Kludt, blieb drei Jahre, wurde später verhaftet und wahrscheinlich 1935 erschossen. Dann folgten 1931 und 1934 Michael Baumann und Adolf Funke. Beide waren in Kurzkursen im Predigerseminar Leningrad ausgebildet. Sie wurden verhaftet, zu jahrelanger Verbannung verurteilt und blieben verschollen.

Lit.: E. Amburger, Pastoren Russlands, 370 f., Nr. 564; K. Stumpp, Verzeichnis, 148, Nr. 500.

Cholodetzky, Emil

* 12.10.1874 Zmerinka/Podolien (Westukraine)
† 12.10.1924 (oder1931?) Simferopol (?)/Krim

Emil Cholodetzky gehörte noch zu der Generation russlanddeutscher Pastoren, die eine geordnete theologische Ausbildung durchlaufen konnte. Viele der Pastoren in der lutherischen Kirche Russlands hatten an der Universität in Dorpat

(Tartu)/Estland studiert; dorthin zog es auch viele Theologen aus Deutschland. Cholodetzky kam aus der Westukraine und hatte das Gymnasium in Kisinev besucht. Nach dem theologischen Examen folgte ein Jahr als Assistenz-Pastor (Vikar) in Hoffnungstal, Gebiet Cherson und danach fünf Jahre als Pastor in Glückstal. 1908 übernahm er das Kirchspiel Zürichtal auf der Krim mit 33 deutschen Gemeinden. In diesen großen Kirchspielen war es üblich, dass häufig der Lehrer oder ein »Bruder« am Sonntag die Predigt las, wenn der Pastor nicht in diese Gemeinde kommen konnte. Auch der kirchliche Unterricht wurde meist von ihnen übernommen. So waren die Gemeindeglieder gerüstet, sich in den schweren Verfolgungszeiten unter Gottes Wort zu sammeln. Dabei benutzten sie immer wieder das bei den Wolgadeutschen vertraute Predigtbuch von Carl Blum. So mussten auch die Gemeinden im Kirchspiel Zürichtal auf der Krim sehr bald ohne einen Pastor auskommen. Emil Cholodetzky wurde 1931 erschlagen. Andere Nachrichten besagen, er sei 1924 in Simferopol erschossen worden.

Lit.: E. Amburger, Pastoren Russlands, 284, Nr. 179; K. Stumpp, Verzeichnis, 130, Nr. 135.

Schultz, Siegfried

* 24.10.1888 Oberpahlen/Livland (Estland)
† 27.08.1926 Tara/Westsibirien

Mit Siegfried Schultz beginnt 1926 die Reihe der Märtyrer im Gebiet Omsk. Auch der Nachfolger Friedrich Merz wurde 1930 verhaftet und deportiert. Er blieb verschollen. Wilhelm Lohrer, der sein Vikariat in Omsk absolvierte, wurde später verhaftet und 1934 zum Tode verurteilt. Siegfried Schultz hatte nach dem Abitur in Dorpat dort auch Theologie studiert. Er wurde im ersten Weltkrieg zum Militärdienst eingezogen und kam schon 1918 kurz in

Haft. Danach nahm er an theologischen Kursen in Sankt Petersburg/Leningrad teil und wurde dort 1922 ordiniert. 1922-1925 war er in Novgorod tätig, dann in Omsk, einem Kirchspiel von der Größe Deutschlands. Bei einer großen Besuchsreise durch das Kirchspiel erschoss ihn in Tara ein Kommunist auf offener Straße.

Bald darauf wurde die Katharinenkirche in Omsk enteignet und zu einem GPU- und Atheismusmuseum umgewandelt. Fünfundsiebzig Jahre später erinnert sich der jetzige Pastor der wiedererstandenen evangelisch-lutherischen Gemeinde in Omsk: »Die Kommunisten beendeten das Gemeindeleben und belebten es dennoch ungewollt neu.(...) Die Christen haben alles im Geheimen gemacht, aber haben ihren Glauben weiterhin gelebt, soweit dies möglich war.(...)Sie waren von der Brüdertradition geprägt, in der Laien tauften und predigten.« Sieben Hausgemeinden gab es in den sechziger Jahren, bis die Gemeinde 1970 unter der Leitung von Nikolaus Schneider ein Bethaus kaufte. Ab 1992 konnte in Omsk eine Kirche und ein Gemeindezentrum gebaut werden. »Damit bewahrheitet sich das Wort Jesu an Petrus: ›Die Pforten der Hölle sollen die Gemeinde nicht überwältigen.‹ (Mt. 16,18)«

Lit.: E. Amburger, Pastoren Russlands, 469, Nr. 1022; E. Bachmann, Ende, 148, Nr. 47; Der Bote, 1/2001, 38; G. Krodel, Lutherans in Russia, 2; K. Stumpp, Verzeichnis, 170, Nr. 857.

Kluck, Arthur

* 28.10.1891 Dunaevcy/Podolien (Westliche Ukraine)
† nach 1928 in Sibirien verschollen

Kluck, Bertha, geb. **Behning** , Ehefrau

* (?) in Saratov
† (?) nach 1935 verschollen in Sibirien

Ehepaar Kluck gehört zu der großen Schar von Christen, deren Lebens- und Leidensweg völlig im Dunkeln endet.

Ein Leidensgefährte schrieb noch 1980: »Über ihr Leben, Leiden und Sterben ist nichts bekannt.« Inzwischen kann als gesichert gelten, dass Arthur Kluck nach 1928 in Sibirien umgebracht wurde. Arthur Kluck, in der westlichen Ukraine geboren, besuchte das Gymnasium in Sankt Petersburg, studierte 1910 bis 1915 Theologie in Dorpat, dem heutigen Tartu/Estland und legte seine theologische Abschlussprüfung in Moskau ab. Nach der Eheschließung mit Bertha Behning, Tochter von Pastor Liborius Behning aus Saratov, begann er 1920 seinen Dienst in Frank, im mittleren Wolgagebiet. Danach war er 1920 bis 1928 als Pfarrer in Marxstadt/Katharinenstadt im Wolgagebiet. Ein Gemeindeglied aus Frank erinnert sich an diese Zeit: »Wir haben viel durchgemacht von 1928 bis 1935, da war Hunger, Krankheit, Verfolgung. Aber der Herr hat uns aus aller Not geholfen und erhalten bis auf den heutigen Tag. Das ist alles aus Gottes Gnade geschehen, nicht aus unsern Werken, sondern aus Gottes Liebe und Erbarmen!« 1926 konnte Pastor Kluck noch eine Predigtreise zu den verwaisten Gemeinden in Sibirien machen. 1928 wurde er an den Jenissej in Sibirien verbannt, danach in den Ural. Schließlich soll er in Sibirien umgekommen sein. Seine Ehefrau wurde 1935 ins östlichste Sibirien nach Chabarowsk verbannt und blieb dort verschollen.

Lit.: E. Amburger, Pastoren Russlands, 381, Nr. 608; E. Bachmann, Ende, 143, Nr. 24; H. Rathke, Sammlung Briefe und Berichte: K. Gettmann, 08.04.2002; K. Stumpp, Verzeichnis, 150, Nr. 536.

Giess, Emilia von, verheiratete **Rsabckova**

* (?) 1900 Riga
† 03.08.1929 Baku
und Ehemann * (?)
† (?) 1930 GULag Solovki-Inseln

Erst siebzig Jahre später kam die Enkelin, Sadagat Alijewa,

dem gewaltsamen Tod ihrer Großeltern auf die Spur. Beim Lesen der Kinderbibel mit ihrer inzwischen verstorbenen Tochter fand sie den Weg in die gerade wiedererstandene lutherische Gemeinde von Baku. Dort erfuhr sie, wie vor 60 Jahren sieben Mitglieder des Kirchgemeinderats und schließlich auch der damalige Pastor Paul Hamberg verhaftet, zum Tode verurteilt und erschossen wurden. Die Kirche wurde entweiht und zweckentfremdet. Als Sadagat Alijewa 1997 weiter nachforschte, stellte sie fest, dass zu den Opfern der stalinistischen Verfolgung auch ihre Großmutter Emilia von Giess gehörte. Sie hatte in ihrer Heimatstadt Riga als Krankenschwester gearbeitet und kam 1921 durch die Heirat nach Baku. Dort war sie Gemeindeglied der lutherischen Gemeinde. 1926 wurde ihr Ehemann verhaftet, zu zehn Jahren Zwangsarbeit verurteilt und in den GULag auf den Solowki-Inseln verbannt. 1928 konnte sie ihn dort noch mit der fünfjährigen Tochter Elli besuchen. 1930 wurde ihr Mann erschossen. Emilia von Giess, verheiratete Rsabekova, kam schon ein Jahr vorher im Alter von 29 Jahren um. Im Archiv aus damaliger Zeit heißt es lakonisch: »Emilia Leopoldovna Rsabekova ist auf Grund von Verfügung Nr. 400 vom 13.8.1929 als verstorben anzusehen.« Dies alles ging der Enkelin 1997 in der Kirche von Baku durch den Sinn: »Großmutter war Mitglied unserer Kirche, und jetzt komme ich, deine Enkelin, hierher. Ich sehe alle mit meinen und ihren Augen. ›Du siehst mich, und ich fühle, wie sich deine Seele beruhigt.‹«

Lit.: Der Bote, 1/2001, 33.

Kaufmann, David

* (?) 1897 Alexandertal/Gebiet Saratov (an der Wolga)

† (?) 1930 Nordkaukasus (?)

Der Vorvorgänger von David Kaufmann im Kirchspiel Stephan (Wodjanoi-Bujerak) an der Wolga, Alfred Kleindienst (1917-1918), überlebte und hat 1968 über seine Wolgazeit und die Vorgänge in der Gemeinde Stephan berichtet. Es gehörten 15.162 Eingepfarrte zum Kirchspiel. Auf Pastor Kleindienst folgte für nur zwei Jahre Max Maier, der zugleich Propst auf der Bergseite der Wolga war.

1929 begann David Kaufmann seinen Dienst als Pastor des Kirchspiels. Er war in der Gemeinde Alexandertal an der Wolga aufgewachsen und hatte bis 1928 das Predigerseminar der Evangelisch-Lutherischen Kirche in Russland in Leningrad besucht. Am 14. Oktober 1928 wurde er im Kirchspiel Balzer an der Wolga ordiniert und war dort für ein Jahr als Vikar tätig. Nach dem Dienstantritt in seiner ersten eigenen Gemeinde Stephan wurde er bald verhaftet. Er soll 1930 im Nordkaukasus erschossen worden sein. Sein Studienkollege Eugen Bachmann vermutete, dass Kaufmann erst um 1935 nach einer erneuten Verhaftung umgekommen sei. Nach der Verhaftung von Pastor Kaufmann blieb das große Kirchspiel Stephan unbesetzt. Die Christen versammelten sich, solange sie nicht verbannt waren, heimlich.

Lit.: E. Amburger, Pastoren Russlands, 374, Nr. 581; E. Bachmann, Ende, 143, Nr. 23; A. Kleindienst, Wolgazeit, 20 ff.; K. Stumpp, Verzeichnis, 149, Nr. 512.

Schwalbe, Gustav

* (?) 1886 Lettland
† 30.09.1930 Smolensk

1920 war der Pastor der lutherischen Gemeinde in Smolensk am Dnepr, Emil Busch, ermordet worden. Zwei Jahre danach begann Gustav Schwalbe seinen Dienst in der Gemeinde, zu der mehr als 1.000 Letten und rund 800 Deutsche gehörten. Schwalbe hatte eine Ausbildung als Diakon, wurde nun aber um den Dienst als Pastor in der lutherischen Kirchgemeinde Smolensk gebeten. 1930 verhaftete ihn die Geheimpolizei GPU und beschuldigte ihn der »Spionage«. Am 30.09.1930 wurde er in Smolensk erschossen. Er war der zweite Märtyrer unter den Pastoren in Smolensk. Der kirchenfeindliche Kurs der bolschewistischen Revolution erreichte in den nächsten Jahren seinen Höhepunkt. In die Gemeinde Smolensk kam kein Pastor mehr.

Lit.: E. Amburger, Pastoren Russlands, 469, Nr. 1024; E. Bachmann, Ende, 148, Nr. 48; G. Krodel, Lutherans in Russia,2; K. Stumpp, Verzeichnis, 171, Nr. 858, 208.

Schtscherbakowskaja, Chara Aronowna

* (?) 1911 Witebsk

† nach 1930

Chara Schtscherbakowskaja wurde in Witebsk (Vicebsk/Weißrussland) geboren. Sie war jüdischer Abstammung. Als junger Mensch kam sie nach Sankt Petersburg (Leningrad) und wurde dort als Kontoristin tätig. Damals hatte Helmuth Hansen, Pastor an der Petrikirche und zugleich Dozent am Seminar der lutherischen Kirche, Kinder und Jugendliche zu christlicher Unterweisung gesammelt und damit den Unwillen der Behörden erregt. Chara Schtscherbakowskaja nahm an diesen Jugendkreisen teil. So wurde sie 1930 im Prozess gegen Pastor Helmut Hansen mit angeklagt und verurteilt. Sie ist wahrscheinlich nach 1930 in der Haft umgekommen oder umgebracht worden. Von ihrem Schicksal erfuhr man erst sechzig Jahre später durch Einsicht in das Archiv der Verwaltung des Sicherheitsdienstes im Gebiet Sankt Petersburg (Leningrad).

Lit.: E. Bachmann, Ende, 140, Nr. 14; Der Bote, 1/1996, 38; W. Sorokin/M. Schkarowskij/T. Tazenko, Martyrologium, 398.

Frischfeld, Arnold

* 25.10.1875 Sankt Petersburg
† 1930/1931 Solovki-Inseln ?

Arnold Frischfeld, Sohn eines Telegraphisten in Sankt Petersburg, besuchte dort die Petrischule. Nach dem Theologiestudium in Dorpat wurde er am 28.04.1902 in Sankt Petersburg ordiniert und begann als Pastor in Neusatz und Djelal in Südrussland. 1914 kam er an die St. Michaeliskirche in Petersburg, ab 1918 versorgte er dort auch die Katharinenkirche. Daneben arbeitete er nach Einrichtung des Predigerseminars als Dozent für Exegese des Alten und Neuen Testaments. »Als Studenten hörten wir gern und mit Gewinn seine tiefgründigen Predigten. Er war nicht nur Pastor, sondern auch Gelehrter, Dichter, Musiker«, erinnert sich einer seiner Studenten. Am 18.12.1929 wurde er verhaftet und ins berüchtigte Straflager auf den Solovki-Inseln im Weißen Meer gebracht. Nach vier Jahren Haft wurde er wegen Krankheit entlassen, musste jedoch als Verbannter in Archangelsk bleiben. Dorthin folgte ihm seine Frau. Er erblindete und wurde schwer krank. Eines Tages verhaftete ihn die GPU aus dem Krankenbett heraus, seitdem blieb er verschollen. Nachforschungen in den Archiven haben ergeben, dass er 1930/31 in der Haft umgekommen sein soll. Seine Ehefrau starb 1942 in Leningrad während der Belagerung durch die Deutschen. – In einem Gedicht von Arnold Frischfeld spüren wir seine Frömmigkeit: «So hast du nun gesiegt, mein schlichter Glaube, Du hast dich, Himmelskraft, aufs neu bewährt ... Du wuchst mir in des Lebens Finsternissen,... Du bist das Gut, um das ich schwer gerungen. Du bist der Segen, den ich mir erfleht.«

Lit.: E. Amburger, Pastoren Russlands, 318, Nr. 322; E. Bachmann, Ende, 139, Nr. 11; W. Sorokin/M. Schkarowskij/T. Tazenko, Martyrologium, 373; K. Stumpp, Verzeichnis, 136, Nr. 230.

Rath, Georg

* 19.01.1865 Hoffnungsfeld/Gebiet Cherson (Südukraine)
† 28.05.1931 Saporoshje am Dnepr

Georg Rath war das Kind eines Siedlers in der Südukraine. Das Gymnasium besuchte er in Reval (Tallinn) in Estland. 1886 begann er zunächst ein veterinärmedizinisches Studium in Dorpat (Tartu). Nach einem Jahr wechselte er zur Theologie. Am 12.07.1892 wurde er in Moskau ordiniert und begann seinen Dienst zunächst als Vikar in Kiew. Es folgten neun Jahre als Pastor im Kirchspiel Neu-Stuttgart in Südrussland. 1907 wechselte er in das Kirchspiel Alexandrovsk, das aus dem großen Kirchspiel Jekaterinoslav (später Dnepropetrovsk) ausgegliedert war. Georg Rath war der erste Pastor in dem neu gegründeten Kirchspiel Alexandrovsk (seit 1921 hieß es Saporoshje). Sechs deutsche Dörfer mit 7.000 Gemeindegliedern gehörten zur Kirchgemeinde. 1924 wurde Georg Rath auch zum Propst des Bezirks Saporoshje berufen. Er sollte der erste und auch der letzte Pastor dieses neugegründeten Kirchspiels werden. 1930 wurde er verhaftet. Am 28.05.1931 (oder am 31.01.1931 ?) ist er umgekommen.

Lit.: E. Amburger, Pastoren Russlands, 440, Nr. 887; K. Stumpp, Verzeichnis, 164, Nr. 753, 217.

Hoerschelmann, Ferdinand sen.
und Sohn Ferdinand jun.

* 27.08.1855 Kosch/Estland * 04.10.1887 Hochheim/Krim
*† 15.10.1931 Minusinsk/Sibirien † 23.02.1932 bei Novosibirsk

Ferdinand Hoerschelmann wuchs in Estland auf, besuchte die Domschule in Reval (Tallinn) und studierte von 1876 bis 1882 in Dorpat (Tartu) Theologie. 1883 wurde er in Moskau ordiniert. Als Pastor auf der Krim in Hochheim und in Neusatz begleitete er 1887 bis 1891 Samuel Keller, der später auch in Deutschland wirkte, auf seinen Evangelisationsreisen. Später wurde Hoerschelmann auch Propst der Krim. »Er war für die Gläubigen die höchste geistliche Autorität auf dem Territorium der ganzen Krim und führte ein strenges kirchliches Regiment ... Dabei war er ein kindlich-frommer Mensch und war in allem, was er tat, auf die Ehre Gottes bedacht«, so ein Zeitzeuge. 1929 wurden für kurze Zeit verhaftet, kam nach Sibirien und konnte dort noch in der Gemeinde Slavgorod wirken. Er kümmerte sich dort auch um die estnische evangelische Gemeinde. 1930 wurde er aus dem Gottesdienst heraus erneut verhaftet und starb am 15.10.1931 im Gefängnis Minusinsk/Ostsibirien. Eugen Bachmann, der mit ihm als Pastor in Russland wirkte, sagt: »Er war wohl der populärste evangelische Geistliche, den ich gekannt habe und allgemein geliebt und geachtet!« – Der Sohn Ferdinand jun., genannt Fridolin, war zehn Jahre lang Pastor in Neusatz auf der Krim und in Moskau. 1929 wurde er verhaftet, nach Sibirien deportiert und kam bei Novosibirsk beim Holzfällen ums Leben. – Ein weiterer Sohn von Ferdinand Hoerschelmann sen. war Organist an der Petri-Pauli-Kirche in Moskau, wurde später verhaftet und ist im Straflager umgekommen.

Lit.: E. Amburger, Pastoren Russlands, 355, Nr.494-495; E. Bachmann, Ende, 142, Nr. 19-20; K. Stumpp, Verzeichnis, 144, Nr. 444.

Allas, Ewald

* 03.04.1871 Karris/Insel Ösel
† nach 1931 in Sibirien

Ewald Allas entstammte einer estnischen Familie, wuchs auf der Insel Ösel auf und besuchte dort das Gymnasium in Arensburg. Als er 1892 das Theologiestudium in Dorpat (Tartu)/Estland begann, konnte er nicht ahnen, dass er eines Tages in Uljanowsk, der Heimatstadt Lenins, die 1931 zur »Stadt des Atheismus« erklärt wurde, das schmerzliche Ende seines Dienstes als Pastor erleben würde. Am 14.06.1898 wurde er ordiniert und war vier Jahre lang als Assistenz-Pastor im Wolgagebiet und auf der Krim tätig. Nach fünf Jahren Dienst in Samara begann er 1915, zwei Jahre vor Beginn der Revolution, seinen Dienst in Simbirsk. Hier bekam er die harten Auswirkungen der bolschewistischen Revolution für das kirchliche Leben besonders zu spüren.1929 wurde er verhaftet. 1930 wurde die Kirche geschlossen. Simbirsk wurde in Uljanosk umbenannt.

Ewald Allas wurde zu sechs Jahren Verbannung verurteilt und an den Jenessi/Sibirien verbannt. Er soll dort zeitweise frei gelebt haben, blieb aber schließlich verschollen.

Lit.: E. Amburger, Pastoren Russlands, 247, Nr. 11; Der Bote, 2/2000, 38; K. Stumpp, Verzeichnis, 121, Nr. 8.

Steinwand, Ludwig

* 07.10.1889 Worms, Gebiet Cherson/Südrussland
† nach 1931 bei Rostov am Don

Ludwig Steinwand studierte zusammen mit seinem Bruder Friedrich in Dorpat (Tartu) Theologie. Danach wurde er zunächst Hauslehrer in Samarkand/Usbekistan. 1917 heiratete er in Dorpat Sigrid Peterson. Im gleichen Jahr wurde er in Pjatigorsk/Nordkaukasus ordiniert und war vier Jahre im Kirchspiel Katharinenfeld, danach weitere vier Jahre im Kirchspiel Annenfeld in Transkaukasien/Südkaukasus tätig. 1927 wechselte er ins Kirchspiel Jekaterinoar (Krasnodar) im Nordkaukasus, eine Gemeinde mit 3.500 Gemeindegliedern, darunter 1.050 Esten und einige Letten. Dort wurde er nach 1928 mehrfach verhaftet. Er erblindete in der Haft. 1934 lebte er wieder in Krasnodar, jedoch ohne Amt. Nach erneuter Verhaftung verlor sich die Spur von ihm und seiner Familie. Erst um 1960 traf Pastor Eugen Bachmann, der nach der Haftzeit in Zelinograd/Nordkasachstan eine lutherische Gemeinde gesammelt hatte, die Ehefrau Sigrid Steinwand. Sie war, wie viele andere Gemeindeglieder, verhaftet und während des Zweiten Weltkrieges nach Karaganda, 200 Kilometer südlich von Zelinograd, verschleppt worden. Sie wusste von ihrem Mann, dass er in einem Straflager bei Rostov am Don zusammen mit seinem Sohn verhungert war.

Lit.: E. Amburger, Pastoren Russlands, 484 f., Nr. 1091; E. Bachmann, Ende, 149, Nr. 55; G. Krodel, Lutherans in Russia, 1; K. Stumpp, Verzeichnis, 174, Nr. 896 f.

Erbes, Johannes

* 27.03.1869 Dönhof (Gololobovka)/Gebiet Saratov

† 26.02.1932 Semipalatinsk

Johannes Erbes war fast dreißig Jahre Pastor auf der Wiesenseite der Wolga im Kirchspiel Kukkus. Bei seinem Dienstantritt gehörten rund 14.000 Gemeindeglieder zur Kirchgemeinde. Als er 1930 verhaftet wurde, war menschlich gesehen das Ende der Kirchgemeinde abzusehen. Der Nachfolger Otto Harff wurde schon nach einem Jahr verhaftet, kam noch einmal frei und war zeitweise als Lehrer in Perm tätig. Nach 1937 ist er umgekommen. Wieweit die Gemeindeglieder bis zur Verbannung noch heimlich zusammenkommen konnten, ist wenig bekannt. Johannes Erbes kam aus einer Kolonistenfamilie und hat zunächst fünf Jahre als Volksschullehrer in Rosenberg im Gebiet Saratov gearbeitet. 1892 besuchte er eine Privatschule in Dorpat (Tartu). Dort schloss sich nach 1894 das Theologiestudium an. Am 10.05.1901 wurde er in Krasnojar ordiniert. Nach kurzem Vikariat als Adjudant des Propstes der lutherischen Gemeinden auf der Wolga-Wiesenseite kam Erbes als Pastor nach Kukkus. Dort wurde er 1930 in Haft gehalten und im Dezember 1931 nach Semipalatinsk in Südsibirien (Kasachstan) verbannt. Am 26.02.1932 ist er im Straflager an Fleckfieber gestorben.

Lit.: E. Amburger, Pastoren Russlands, 306, Nr. 272; K. Stumpp, Verzeichnis, 133, Nr. 190.

Lockenberg, Johannes

* 19.03.1870 Odessa

† nach 1932 verschollen

Die letzte Station auf dem Lebensweg von Johannes Lockenberg war das sibirische Kirchspiel Barnaul-Tomsk, in einer Ausdehnung von 1.000 x 800 Kilometern, damals jedoch das kleinste der drei sibirischen Kirchspiele der Evangelisch-Lutherischen Kirche in Russland. Etwa 2.500 Deutsche, 2.500 Esten und 500 Letten gehörten zum Kirchspiel. Lockenberg entstammte einer russlanddeutschen Pastorenfamilie. Sein Großvater war in Dorpat/Estland, sein Vater in Niznij Novgorod und er selbst in Odessa geboren. Johann Lockenberg besuchte die Petrischule in Sankt Petersburg und ein Privatgymnasium in Dorpat (Tartu). Dort schloss sich 1888 bis 1894 das Theologiestudium an. Nach der Ordination am 19.09.1896 folgten viele verschiedene Stationen im Pfarr- und Schuldienst: er war Vikar in Heimtal/Wolhynien (Ukraine), Lehrer und Gefängnisprediger in Sankt Petersburg, Lehrer an der Petrischule in Reval (Tallinn) und Ekaterinburg. 1910 ging er für vier Jahre als Pfarrer nach Zeulenroda in Thüringen. Von 1914 bis 1921 war er wieder Lehrer im Gebiet Ekaterinoslav (Dnepropetrowsk) und im Transbaikal-Gebiet in Sibirien. 1924 wurde er sogenannter Pastor vicarius im Kirchspiel Tomsk-Barnaul. Dort besuchte ihn 1926 Bischof Theophil Meyer auf seiner großen sibirischen Visitationsreise. Bis 1927/28 konnte er noch offiziell im Kirchspiel arbeiten. Unter welchen Umständen sein Dienst endete, ist nicht bekannt. Seit 1932 blieb er endgültig verschollen. Seitdem war kein Pastor mehr im Kirchspiel Tomsk/Barnaul tätig.

Lit.: E. Amburger, Pastoren Russlands, 403, Nr. 713; T. Meyer, Sibirien, 131; K. Stumpp, Verzeichnis, 157, Nr. 620.

Mayer, Richard
* 03.10.1869 Marienfeld bei Tiflis/Georgien
† Febr. 1933 Moskau

Mayer, Herbert (Sohn)
* 18.11.1909 Tiflis
† Juli 1937 Ortotschali bei Tiflis, erschossen

Mayer, Erika (Tochter)
* 15.05.1910 Tiflis
† Sept.1937 Gulripschik

Zusammen mit Pastor Richard Mayer ist auch ein großer Teil seiner Familie hingerichtet worden oder in der Verbannung umgekommen. Die Wurzeln der Familie Mayer gehen zurück zu den Auswanderern aus Württemberg, die nach 1800 nach Georgien kamen. Vater Mayer war Kaufmann und Fabrikant in Tiflis. Sein Sohn Richard machte Abitur in Tiflis und studierte in Dorpat (Tartu) Theologie. Nach der Ordination am 31.05.1898 war er 32 Jahre lang Pastor in Tiflis. 1931 wurde er verhaftet und nach Sibirien verbannt. Zeitweise lebte er frei in Tomsk, wurde dann erneut verhaftet und im Februar 1933 in Moskau erschossen. Auch zwei Kinder von Pastor Mayer fielen dem stalinistischen Terror zum Opfer. Sein Sohn Herbert wurde im Juli 1937 bei Tiflis erschossen. Seine Tochter Erika, zunächst Studentin an der Musikakademie in Leningrad, kam im September 1937 auf dem Transport in die Verbannung ums Leben. Die übrige Familie wurde nach Kasachstan verbannt. Die Ehefrau Emilie Wetzel ist dort 1947 verstorben. Nach der Verhaftung von Pastor Mayer gab es kein offizielles kirchliches Leben in Tiflis mehr. Die kirchlichen Gebäude wurden enteignet und 1946 von Kriegsgefangenen abgerissen. Am 26.10.1997 konnte auf dem Gelände des ehemaligen deutschen Friedhofs die neue lutherische Versöhnungskirche eingeweiht werden. Im Versammlungsraum hängt ein Bild von Pastor Richard Mayer.

Lit.: E. Amburger, Pastoren Russlands, 412, Nr. 754; Der Bote, 1/1997; Prospekt der Versöhnungskirche Tbilissi, 2001; H. Rathke, Berichte 2001 (Nichte Waltraut Friedrich); K. Stumpp, Verzeichnis, 158, Nr. 649.

Heptner, Nathanael

* 11.10.1862 Rosenberg, Gebiet Saratov an der Wolga
† 17.03.1933 Spolosno an der Lena/Sibirien

Bevor Nathanael Heptner 1933 in der Verbannung umkam, hatte er schon mehrfach für seinen unerschrockenen Dienst in der Kirche Haft und Verbannung auf sich nehmen müssen. So schreibt einer seiner Weggefährten: »Er war ein Vorbild für seine geistlichen Kinder!« Aufgewachsen war Heptner in einem Pfarrhaus. Sein Vater Emil Heptner war Pastor in Rosenthal und in Naeb im Wolgagebiet. Der Sohn Nathanael besuchte die St. Petrischule in Sankt Petersburg. Von 1881 bis 1894 studierte er in Dorpat (Tartu) Philosophie und Theologie. Nach der Ordination am 22.08.1895 wurde er Nachfolger seines Vaters in Naeb an der Wolga. 1920 übernahm er auch das Amt des Vizepräsidenten im Oberkirchenrat der Deutschen Evangelischen Kirche in Russland. 1922 wurde er verhaftet und verbrachte vier Jahre im Gefängnis von Katharinenstadt. Nach der Freilassung wurde er neben seinem Dienst in der Gemeinde Naeb zugleich Propst in Katharinenstadt für die Wolga-Wiesenseite. 1928 und 1929 verbrachte er wieder in Haft und wurde danach nach Sibirien verbannt. Dort kam er für kurze Zeit frei und kehrte ins Wolgagebiet zurück. Noch 1929 wurde er in Samara erneut verhaftet und zu zehn Jahren Zwangsarbeit verurteilt. Wegen Alter und Kränklichkeit wurde die Haft in Verbannung umgewandelt. In einem Arbeitslager in Spolosno an der Lena starb er am 17. März 1933.

Lit.: E. Amburger, Pastoren Russlands, 347, Nr. 456; E. Bachmann, Ende, 140, Nr. 17; A. Krodel, Lutherans in Russia, 2; A. Stumpp, Verzeichnis, 143. Nr. 416.

Gettmann, Friedrich

* um 1880 Frank/Wolgagebiet

† nach 1933

Konrad Gettmann, der Enkel von Friedrich Gettmann, ist uns um 1975 in seiner lutherischen Gemeinde in Kasachstan als »Bruder« und Laienprediger begegnet. Damals erzählte er uns schon von der Verfolgungszeit im Kirchspiel Frank an der Wolga, vom Tod des Großvaters und der eigenen Verbannungszeit in Sibirien und Kasachstan. 1996 schrieb er in einem Brief: »Wir haben viel erlebt in Russland, vor unsern Augen haben sie Pastoren in Hafft und Gefängnis gespärt und ermordet, weil sie an Gott geglaubt haben, im 2. Weltkrieg alle Mannschaft von 18 bis 60 Jahre uns in die Konzentrazionslager gespärt und verhungern laßen (...) im Gebiet Schebalinsk waren wir 75000 mann, in 2 Jahren blieben 50 % am Leben.« Dann berichtet Gettmann von den Pastoren aus Frank. Näheres davon kann man im Lebenslauf von Pastor Konrad Staab lesen, der 1932 umgebracht wurde, er war der letzte Pastor der Gemeinde. Vorher war schon Pastor Arthur Kluck 1920 verhaftet worden und ist in Sibirien verschollen. Schließlich erzählt Gettmann von seiner eigenen Familie. Sie waren Bauern an der Wolga. »1928 haben sie vernichtet all unser hab und gut abgenommen; Großvater, Bruder und Onkel in Bann (getan) und verurteilt: zu 3 zu 5, bis 10 Jahre nach Sibirien. Großvater kam frei wegen seines Alters. Durfte bei seiner Tochter wohnen im Heimats Dorf Frank. (...) Aber mein Großvater Gettmann Friedrich wurde im Jahre 1933 (erneut) verhaftet und nach Engels ins Gefängniß gespert, das war damals die Haubstadt der Wolgadeutschen Republik. Dort ist er auch vernichtet worden in dem Gefängniß! Als ein fester Glaubens Mann!«

Lit.: K. Stumpp, Verzeichnis, 192; Sammlung H. Rathke, Briefe Konrad Gettmann (Enkel), 18.12.1996.

Eichhorn, Eduard

* 02.12.1882 Holstein (Verchnaja Kulakinka)/Gebiet Saratov
† nach 1933 verschollen

Der Lebensweg von Eduard Eichhorn ist gekennzeichnet von den Wirren der ersten Revolutionsjahre nach 1917. Er wuchs an der Wolga als Kind einer Bauernfamilie auf. Der Ortsname weist schon auf die bäuerlichen Verhältnisse hin. 1911 begann er in Dorpat (jetzt Tartu)/Estland mit dem mathematisch-physikalischen Studium, wechselte aber bald zur Theologie. Als er 1917 sein Studium beendet hatte, legte er in Moskau seine theologische Prüfung ab. Zwölf Jahre lang war er Pastor in Messer an der Wolga, im Gebiet Saratov. Schließlich blieb er als letzter Pastor auf der Bergseite, der Westseite der Wolga. Die anderen Pastoren waren verhaftet worden oder hatten die Gemeinde verlassen. Auch Eduard Eichhorn trat 1930 von seinem Amt zurück. Heute wissen wir von einem Gemeindeglied, wie es damals in der Gemeinde zuging. Irina (Irene) Stürz, die später als Verbannte in Almaty/Kasachstan lebte, erzählt, dass damals ihr Vater und Großvater an der Wolga umgebracht wurden. 1932 kehrte Eichhorn in sein Amt und in seine Gemeinde zurück. Schon im folgenden Jahr wurde er verhaftet und verbannt. Seine Spur verliert sich. Er bleibt verschollen.

Lit.: E. Amburger, Pastoren Russlands, 303, Nr. 260; Sammlung H. Rathke, Berichte, Briefe I. Stürz, 2002; K. Stumpp, Verzeichnis, 132, Nr. 185.

Meyer, Theophil

* 05.05.1865 Allendorf/Livland (Estland)
† 28.04.1934 Moskau

Bischof Theophil Meyer ist nicht eines gewaltsamen Todes gestorben. Dennoch soll er in diesem Zusammenhang genannt werden. Denn nachdem er sich in schwerster Zeit im Dienst der Evangelisch-Lutherischen Kirche in Russland verzehrt hatte, war auch seine Lebenskraft erschöpft. Er starb, – und bald meinten viele, die Kirche in Russland sei auch gestorben und für immer verschwunden. Theophil Meyer wurde in Livland, dem heutigen Estland geboren, besuchte dort die Schule und studierte von 1886 bis 1889 in Dorpat. Es folgten zwanzig Jahre Pfarrdienst in Bessarabien (Ukraine), vor allem in Cherson. Dort fand er seine Frau Eugenie Schreiber, die in Jalta auf der Krim geboren war. Von 1910 bis 1927 war Theophil Meyer Pastor an der Petri- und Pauli-Kirche in Moskau. Mit der Neukonstituierung der Evangelisch-Lutherischen Kirche nach der Revolution wurde Meyer 1924 Bischof der Kirche für den Moskauer Bezirk und Präsident des Oberkirchenrats. 1923 vertrat er die Lutheraner in Russland auf dem Lutherischen Weltkonvent in Eisenach. Vor allem hat er in unermüdlichem Reisedienst den Zusammenhalt der Kirche gestärkt und die bedrängten Gemeinden ermutigt. Sein Bericht der großen Sibirienreise ist erhalten geblieben. In der Vorahnung schwerster Verfolgung schrieb er den Gemeinden: »(...) Laßt euch von niemanden irre machen, lebt nur in vollem Glauben, so ist es vor Gott richtig. Betet, betet und glaubt.(...)Wenn keine Bibeln mehr da sein werden, so sollt ihr den Kindern, der Jugend, allen erzählen vom allerbarmenden Heiland (...). Bald, bald kommt die Zeit, wo das alles nötig ist und Gott es von euch fordern wird.«

Lit.: E. Amburger, Pastoren Russlands, 415, Nr. 770; Der Bote, 2/1997, 32; Th. Meyer, Nach Sibirien, Leipzig 1928; K. Stumpp, Verzeichnis, 159, Nr. 661.

Merz, Friedrich

* 05.01.1884 Lichtental/Bessarabien (Ukraine)
† (?) 1934 Solovki-Inseln

»Gedenket! Hinter jedem Namen der hier Aufgeführten steht ein zerstörtes Eheleben, ein zerschlagenes Familienglück, ein ausgelöschter Zukunftstraum ...« So schreibt Eugen Bachmann, ein persönlicher Freund und Studienkollege von Friedrich Merz fünfzig Jahre später, als er all die in Erinnerung ruft, die in schwerer Verfolgungszeit umkamen. Mit Friedrich Merz wurden auch seine Frau und die Kinder liquidiert. Sie blieben verschollen. Friedrich Merz wurde in Sarata am Schwarzen Meer geboren. Er kam aus einer Kolonistenfamilie. Nach dem Theologiestudium in Dorpat (Tartu)/Estland wurde er am 28.06.1915 in Glückstal im heimatlichen Bessarabien ordiniert. Dort und in Hoffnungstal war er kürzere Zeit als Vikar tätig, bis er 1927 seinen Dienst als Pastor im Kirchspiel Omsk in Sibirien begann. Dort war sein Vorgänger, Siegfried Schulz, ein Jahr zuvor auf einer Besuchsreise durch das riesige Kirchspiel in Tara von einem

Kommunisten erschossen worden. Sehr bald bekam auch Pastor Merz mit seiner Familie und den Gemeindegliedern die kirchenfeindliche Haltung der Behörden und der Agitationstrupps zu spüren. 1930 wurde er zum ersten Mal verhaftet. Nach der Freilassung erfolgte bald eine erneute Verhaftung und Verurteilung zu zehn Jahren Zwangsarbeit. Die Haft im Zwangsarbeitslager auf den Solovki-Inseln hat er nur kurze Zeit ertragen, 1934 starb er an Flecktyphus.

Lit.: E. Amburger, Pastoren Russlands, 414, Nr. 764; E. Bachmann, Ende, 145, Nr. 32. 153, G. Krodel, Lutherans in Russia, 1; K. Stumpp, Verzeichnis, 159, Nr. 657.

Birth, Gustav

* 02.03. 1887 Mirau, Kreis Maiupol (Schdanow)/Ukraine
† (?) nach 1934 Halbinsel Kola

Gustav Birth wuchs in einer Kolonistenfamilie in der Ukraine auf. 1911 begann er ein Jurastudium in Dorpat (Tartu)/Estland und schloss 1912 bis 1917 das Theologiestudium an. In Dorpat heiratete er 1915 Elsa Bucholz. Die theologische Prüfung legte Gustav Birth 1917 in Moskau ab und begann seinen Dienst in der Evangelisch-Lutherischen Kirche in Russland. Zehn Jahre war er Pastor in dem südrussischen Kirchspiel Friedenfeld. Fünf Jahre nach seinem Fortgang wurde sein Nachfolger Simon Kludt dort verhaftet und bald danach hingerichtet. Gustav Birth wurde 1928 Pastor der Kirchgemeinde Charkow und zugleich Propst im dortigen Bereich. 1933 konnte er noch Bischof Malmgren in Leningrad besuchen. Am 15.01.1934 wurde er verhaftet und zu zehn Jahren Straflager verurteilt. Später ist er im Straflager Meddvez'ja Gora auf der Halbinsel Kola am Eismeer umgekommen.

Lit.: E. Amburger, Pastoren Russlands, 264, Nr. 93; E. Bachmann, Ende, 137, Nr. 4; K. Stumpp, Verzeichnis, 126, Nr. 73.

Lohrer, Wilhelm

* um 1900 auf der Krim
† nach 1934 Sibirien (?)

Als im Mai 1992 bei der Grundsteinlegung für eine neue lutherische Kirche in Omsk/Sibirien an das Zeugnis der Märtyrer erinnert wurde, war auch Wilhelm Lohrer mit eingeschlossen. Um 1900 wurde er auf der Krim geboren. Eine akademische theologische Ausbildung war nicht mehr möglich. So besuchte er 1927/28 theologische Kurse auf dem Predigerseminar in Leningrad. Sein Probejahr machte er bei Pastor Merz in Omsk, der bald danach verhaftet und verurteilt wurde und in der Haft umkam. Lohrer machte von Novosibirsk aus weite Reisen durch ganz Sibirien und versorgte die zerstreuten und bedrängten evangelischen Gemeinden. Verfolgungen zwangen ihn, dieses Arbeitsfeld aufzugeben. Er konnte noch einige Jahre in Dönhof an der Wolga und in Eupatoria auf der Krim als Pastor arbeiten. Am 06.02.1934 wurde er verhaftet, zu sieben Jahren Zwangsarbeit verurteilt und nach Omsk verbannt. Hier wurde er wieder verhaftet und am 17.11.1943 zum Tode verurteilt. Soviel geht aus den Nachrichten seines am gleichen Tag verhafteten Studienfreundes Eugen Bachmann hervor. Nähere Umstände seines Todes sind nicht bekannt. Manche vermuten, er sei schon früher umgekommen. Über Jahrzehnte versammelten sich nun die Christen Sibiriens heimlich. Einer von ihnen, der Schlosser und Fernfahrer Nikolaus Schneider, hat sie gesucht, besucht und gesammelt. 1992 wurde er ihr »Bischof«. Er predigte bei der Grundsteinlegung in Omsk über Offenbarung 8, 3+11: »... du hast mein Wort bewahrt und meinen Namen nicht verleugnet.« Dabei erinnerte er auch an jene 500 orthodoxen Priester und Mönche, die man damals bei Tobolsk auf einem Lastkahn zerquetscht und ertränkt hatte.

Lit.: E. Amburger, Pastoren Russlands, 404, Nr. 717; E. Bachmann, Ende, 144, Nr. 29; H. Rathke, Tagebücher, 1, 16-20; K. Stumpp, Verzeichnis, 157, Nr. 62.

Luft, Eduard

* 19.11.1890 Ksenievka, Kreis Mariupol (Schdanow)/Südrussland
† nach 1934

Eduard Luft wurde in einer Kolonistenfamilie geboren. Er begann 1912 ein Jurastudium in Dorpat (Tartu)/Estland. In Dorpat heiratete er 1914 seine erste Frau, Marta Aerfeldt, die bald verstarb. Von 1914 bis 1917 konnte er als einer der letzten in Dorpat ein ordentliches Theologiestudium absolvieren. Von 1918 bis 1922 versorgte er das Kirchspiel Neu-Stuttgart in Südrussland. Seine beiden Nachfolger in dieser Gemeinde, Simon Kludt (1923-1928) und Karl Krentz (1929-1933), wurden beide später verhaftet und sind in der Haft umgekommen. Eduard Luft ging 1922 in die Gemeinde Prisib, am Zufluss der Molocnaja ins Asowsche Meer. Dort gründete er bald eine freie Gemeinde, schied aus der evangelisch-lutherischen Kirche Russlands aus und wurde führend in der Freikirche tätig. 1934 wurde er verhaftet und blieb seitdem verschollen.

Lit.: E. Amburger, Pastoren Russlands, 119; 405, Nr. 722; K. Stumpp, Verzeichnis, 157, Nr. 628.

Witt, Gustav

* 15.03.1885 Arzis/Bessarabien (Südukraine)
† nach 1934

Nach den Jugendjahren in Bessarabien kam Gustav Witt zum Schulbesuch und zum Studium nach Dorpat (Tartu)/Estland. Nach zweijährigem Jurastudium wechselte er 1911 zur Theologie und schloss das Studium 1916 mit der theologischen Prüfung in Sankt Petersburg ab. Seine erste

Pfarrstelle war Alt-Schwedendorf in der zweiten südrussischen Propstei. Wie der Name der Kirchgemeinde mit ihren acht Dörfern schon sagt, gehörten neben 1.800 Deutschen auch 700 Schweden zur Gemeinde. 1923 wechselte Witt in das Kirchspiel Hochheim/Naiman auf der Krim im gleichen Propsteibezirk. Später übernahm er auch das Propstamt für diesen Bereich. 1934 wurde Witt verhaftet und zu fünf Jahren Straflager verurteilt. Im berüchtigten GULag Workuta in der Komi-Republik (Nordural) traf er seinen Nachbarpastor von der Krim, Eugen Bachmann, wieder. Von ihm stammen die letzten spärlichen Nachrichten. Witt arbeitete im Lager als Buchhalter und wurde dann entlassen. Bald nach seiner Rükkkehr zur Familie verhaftete man ihn erneut und verbannte ihn nach Sibirien. Dort blieb er verschollen, was heißen kann, dass er 1937/ 1938 umgekommen ist.

Lit.: E. Amburger, Pastoren Russlands, 515, Nr. 1235; E. Bachmann, Ende, 151, Nr. 65, 217-220; K. Stumpp, Verzeichnis, 180, Nr. 1003.

Kludt, Simon

* (?) 1881

† Sept. 1935 Saporoshje oder Melitopol/Ukraine

Simon Kludt ist als Sohn einer Kolonistenfamilie in Bessarabien, der heutigen Ukraine, aufgewachsen. Genaueres über seinen Lebensweg erfahren wir aus einer Adressenliste der Evangelistenschule St. Chrischona bei Basel in der Schweiz. Dort wurde Kludt ausgebildet. Seine erste Gemeinde Neuhoffnung, in der er 1908 bis 1923 als Pastor tätig war, gehörte zeitweise zu den separierten Gemeinden in Bessarabien. Danach war er fünf Jahre in Neu-Stuttgart, weitere fünf Jahre in Charkov/Friedenfeld im Amt. Wahrscheinlich kam er schon 1933 in Haft. Nach einer erneuten Verhaftung 1935 wurde er wegen angeblicher Spionage für Deutschland zum Tode verurteilt. Mit seinem Amtsbruder Friedrich Deutschmann und einem Gemeindeglied saß er 48 Tage lang in der Todeszelle in Saporoshje. Am Tag vor seinem Tod erhielt er von seiner Frau noch ein Päckchen, das er unter den Mitinsassen verteilte. In der folgenden Nacht wurde Pastor Kludt mit anderen aufgerufen. Sein Gruß an Frau und Kinder war: »Sagt ihnen, ich habe die Krone des Lebens gewonnen.« Er wurde abgeführt und erschossen. Pastor Deutschmann wurde zu 10 Jahren Zwangsarbeit »begnadigt« und musste in den Erzgruben von Temirtau/Westsibirien (Nordkasachstan) arbeiten. Dort ist er wahrscheinlich umgekommen.

Lit.: E. Amburger, Pastoren Russlands, 381, Nr 609; E. Bachmann, Ende, 143, Nr. 25; H. Roemnich, Kirche in Russland, 44; K. Stumpp, Verzeichnis, 150 f., Nr. 537.

Fiechtner, Marie

* um 1865

† August 1935

Marie Fiechtner gehörte zur großen Schar von Diakonissen unter den Russlandeutschen. Den entscheidenden Anstoß zur Mutterhaus-Diakonie hatte der Arzt Dr. Karl von Mayer 1859 mit der Gründung des »Evangelischen Hospitals« in Sankt Petersburg gegeben, angeregt und unterstützt durch Pastor Paul Seeberg von der St. Annenkirche. Enge Beziehungen gab es zu Wilhelm Löhe und den Diakonissen in Neuendettelsau. Marie Fiechtner verbrachte ihre Jugendjahre in Hoffnungsfeld/Bessarabien (Ukraine). Dort war ihr Vater als Lehrer tätig. 1881 trat sie als Diakonissenschülerin in das Alexander-Asyl in Sarata bei Odessa ein. 1885 wurde sie als Diakonisse eingesegnet. Zu ihren Aufgabenfeldern gehörten die Versorgung von Typhuskranken in Hoffnungsthal, das Alexander-Asyl in Sarata und die Barmherzigkeitsanstalt in Kiew. Es folgten bis 1918 Tätigkeiten in Odessa und Saratov an der Wolga. Als nach dem Ersten Weltkrieg große Hungersnot im Wolgagebiet herrschte, wurde Schwester Marie 1921 mit 200 Waisenkindern in die deutschen Dörfer im Süden geschickt. Sie wirkte als Diakonisse, mehr oder weniger bedrängt, bis am 8.April 1929 ein Erlass des Sowjets der Volkskommissare alle diakonische Arbeit der Kirche untersagte. Marie Fiechtner hielt sich weiter an das Gelöbnis der Diakonissen, »die mit Ernst Christen sein wollen und ihre Liebe zu ihrem Heiland Jesus Christus mit all ihrer Zeit, ihren Gaben und Kräften den Bedürftigen widmen, ohne die Frage zu stellen: ›Was wird mir dafür?‹« Dann verliert sich ihre Spur. Eine letzte Nachricht besagt, dass sie das Schicksal der deutschen Kolonisten geteilt habe. 1935 soll sie gestorben, umgekommen sein.

Lit.: Stoldt, Diakonissenarbeit, 235-246; K. Stumpp, Verzeichnis, 125, Nr. 54a.

Boese, Ernst

* 17.08.1893 Vojtivic/Podolien (Ostukraine)
† nach 1935

Als Ernst Boese 1935 in seine erste Pfarrstelle kam, die auch seine letzte sein sollte, trat er schon in die Spur der Verfolgten. Sein Vorvorgänger Karl Zimmer war verhaftet worden und blieb im Straflager verschollen. Sein Vorgänger Johann Seydlitz, inzwischen auf der Krim, wurde dort verhaftet. Nun kam Ernst Boese frisch vom Predigerseminar in Leningrad mitten hinein in die Verfolgungswelle gegen Christen und Kirche. Das Kirchspiel Paulskoje im Wolgagebiet war erst 1905 gegründet worden, mit vier Einzelgemeinden und über 11.000 Gemeindegliedern, darunter ein Teil Reformierte. Nur der erste Pastor des

Kirchspiels, Karl Cramer, konnte noch wenige Jahre im Frieden in der Gemeinde arbeiten. Pastor Ernst Boese wurde 1935 nach sieben Dienstjahren verhaftet und zu zehn Jahren Verbannung verurteilt. Von da an blieb er verschollen. Er war der letzte Pastor der Gemeinde vor den Jahrzehnten der Verfolgung. Boese war am 1. Advent 1928 ordiniert worden. Nun kam für ihn gewissermaßen der letzte Advent: »Seht auf und erhebt eure Häupter, weil sich eure Erlösung naht.« (Lukas 21,28.)

Lit.: E. Amburger, Pastoren Russlands, 267, Nr. 106; E. Bachmann, Ende, 137, Nr. 5; K. Stumpp, Verzeichnis, 127, Nr. 86.

Frank, Wilhelm

* 03.09.1888 Chutor Kecug,Gebiet Cherson/Südrussland
† nach 1935 verschollen

Wilhelm Frank war in einer Kolonistenfamilie in Worms/Südrussland aufgewachsen. Er besuchte ein Privatgymnasium in Dorpat (Tartu)/Estland und begann dort 1910 ein Jurastudium. 1913 bis 1916 schloss sich das Theologiestudium an. Vor seinem Dienst als Pastor in Kassel war er auf der Krim im Kirchspiel Neusatz tätig. Das Kirchspiel Kassel gehörte zum Gebiet Odessa und umfasste zwölf deutsche Gemeinden. Franks Vorgänger war 1922 nach Worms-Johannistal gewechselt, dort 1935 verhaftet worden und soll nach schlimmen Haftjahren umgekommen sein. Man spricht von einem Todesurteil am 12.04.1945. Auch Wilhelm Franks Ende blieb im Dunkel. Nach zwölf Dienstjahren in Kassel wurde er am 23.01.1935 verhaftet und zu neun Jahren Deportation verurteilt. In einem Lager in Sibirien soll er zeitweise als Tischler gearbeitet haben, dann verliert sich seine Spur.

Lit.: E. Amburger, Pastoren Russlands, 316, Nr. 314; E. Bachmann, Ende, 1338, Nr. 9; K. Stumpp, Verzeichnis, 135, Nr. 222.

Schilling, Johannes
* um 1885 im Wolgagebiet
† nach 1935

Johannes Schilling gehörte zur jüngeren Pastorengeneration der evangelisch-lutherischen Kirche in Russland. Diese Pastoren konnten nach der Revolution von 1917 nicht mehr die übliche theologische Ausbildung durchlaufen und waren bald nach ihrem Dienstbeginn dem sich verschärfenden stalinistischen Terror ausgesetzt. Es sind nur wenige Nachrichten und Spuren über ihre Haft und über ihr Ende bekannt. Von Johannes Schilling wissen wir, dass er im Wolgagebiet aufgewachsen ist. Mit Eugen Bachmann zusammen studierte er 1929 bis 1930 am lutherischen Predigerseminar in Leningrad. Nur vier Jahre konnte er in seiner ersten Gemeinde Gnadentau im Wolgagebiet tätig sein. 1904 zählte man 13.806 Gemeindeglieder in diesem Kirchspiel. Man sagte von ihm: »Er war die Güte selbst und voll Vertrauen zu seinen Mitmenschen.« Am 23.02.1935 wurde er verhaftet und zu zehn Jahren Zwangsarbeit verurteilt. Er soll im Arbeitslager verhungert sein, weil er sich gegenüber den »harten Typen« nicht behaupten konnte; man stahl ihm seine spärlichen Essensrationen.

Lit.: E. Amburger, Pastoren Russlands, 458, Nr. 975; E. Bachmann, Ende, 148, Nr. 46; K. Stumpp, Verzeichnis, 168, Nr. 827.

Göhring, Johann
* 07.06.1876 Alexanderhof, Gebiet Jekaterinoslav/Dnepr
† nach 1935

Johann Göhring war zunächst in Südrussland auf dem Gebiet der Inneren Mission tätig. Diakonissen, die in Kaiserswerth oder Neuendettelsau ausgebildet oder von dort ausgesandt waren, arbeiteten in vielen Bereichen der Diakonie, in Waisenhäusern und Krankenhäusern. So war

Johann Göhring bis 1929 als Stadtmissionar in Odessa tätig. Dann wird das Dekret des Sowjets der Volkskommissare seiner Arbeit ein Ende gesetzt haben. In Artikel 51 wurde den religiösen Gesellschaften die Arbeit von Unterstützungs- und Hilfskassen, von Sanatorien und ärztlichen Diensten und irgendwelche Hilfe an ihre Mitglieder untersagt. Göhring besuchte nun die theologischen Kurse am Predigerseminar in Leningrad und wurde 1930 ordiniert. Drei Jahre war er in Kiew tätig, danach begann er 1933 seinen Dienst als Pastor in Novograd-Volynsk/Wolhynien (Westukraine). Dort war sein Vorgänger Nikolai Trippel, mit dem er die theologischen Kurse in Leningrad besucht hatte, schon 1930 verhaftet worden und in der Verbannung in Baschkirien verschollen. Drei Jahre danach begann nun Johann Göhring seinen Dienst und wurde zwei Jahre später verhaftet und sofort zum Tode verurteilt. Später wurde er zu zehn Jahren Verbannung »begnadigt«, in Karelien soll er im Straflager erblindet und verhungert sein.

Lit.: E. Amburger, Pastoren Russlands, 324, Nr. 350; K. Stumpp, Verzeichnis, 137, Nr. 255.

Frasch, Johann

* um 1900 auf der Krim

† 07.08.1936 (?)

Johann Frasch besuchte als einer der Letzten die theologischen Kurse auf dem Predigerseminar in Leningrad. 1932 begann er seinen Dienst als Pastor in Novotscherkask, der Hauptstadt im Don-Gebiet, verbunden mit den Gemeinden Rostov und Taganrog. Schon nach drei Jahren wurde seinem Wirken und damit auch der gesamten Gemeindearbeit im Kirchspiel Novotscherkask ein Ende gesetzt. Johann Frasch wurde verhaftet und am 3.2.1935 zu zehn Jahren Deportation verurteilt. Am 7.8.1936 starb er im Straflager an TBC.

Lit.: E. Amburger, Pastoren Russlands, 316 f., Nr. 316; E. Bachmann, Ende, 139, Nr. 10; K. Stumpp, Verzeichnis, 136, Nr. 224.

Baschwitz, Alfred

* 19.09.1871 Orel (Orjol)/Russland
† 10.08.1936

Alfred Baschwitz wuchs als Sohn eines Kaufmanns im russischen Schwarzerdegebiet an der Oka, südlich von Moskau, auf. Die Schule besuchte er in Mitau/Lettland und begann 1892 mit dem Theologie-Studium in Dorpat (Tartu)/Estland. Danach arbeitete er einige Jahre als Realschullehrer in Moskau. 1903 bis 1904 lernte er die diakonische Arbeit von »Vater Bodelschwingh« in Bethel bei Bielefeld kennen. Schließlich wurde er am 29. Juni 1904 in Moskau ordiniert. Es ist der Tag, an dem die Kirche der Apostel Petrus und Paulus gedenkt, die als Märtyrer in Rom ihr Leben ließen. Sollte das ein Vorzeichen für den weiteren Weg und das Ende von Alfred Baschwitz sein? Er begann seinen Dienst an der Petri-Pauli-Kirche in Moskau, wo er für zwei Jahre dem Hauptpastor zugeordnet war. Dann kehrte er in seine engere Heimat zurück und wurde ab 1906 Pastor in Kursk. 1926 wurde er frühzeitig emeritiert. Er war schon acht Jahre im Ruhestand, als man ihn 1934 verhaftete. Zwei Jahre später, am 10.8.1936, verstarb er in der Haft.

Lit.: E. Amburger, Pastoren Russlands, 254, Nr. 45; K. Stumpp, Verzeichnis, 123, Nr. 35.

Goebel, Richard

* 1891 im Wolgagebiet
† 1936 in Sibirien

Richard Goebel gehörte zu den jungen Theologen, die in den ersten vier Jahren des 1925 in Leningrad gegründeten Predigerseminars noch relativ ruhig und intensiv studieren konnten. 1929 brachte das neue Dekret »Über die religiösen Vereinigungen« eine erhebliche Verschärfung der Situation für die Kirche. Zu dieser Zeit begann Richard Goebel seinen Dienst als Pastor im Kirchspiel Armawir im Nordkaukasus. Wegen einer Hungersnot sah er sich zeitweise gezwungen, in die Kirchgemeinde Alexandershilf/Helenendorf im Südkaukasus auszuweichen. Im Herbst 1933 wurde Pastor Goebel verhaftet, verbrachte den Winter in der Haft und wurde im Mai 1934 zu zehn Jahren Straflager verurteilt. Er kam ins Komi-Gebiet, berüchtigt durch die GULags von Workuta. Im Straflager begegnete ihm sein früherer Studienkollege vom Predigerseminar Leningrad, Eugen Bachmann. Dieser war inzwischen Pastor an der Annenkirche in Leningrad und zeitweise Dozent am Seminar gewesen. Bachmann überlebte. Durch ihn wissen wir vom weiteren Schicksal von Richard Goebel. Da er an Tuberkulose litt, wurde er in ein »besseres« Lager nach Sibirien überführt. Dort starb er 1936.

Lit.: E. Amburger, Pastoren Russlands, 324, Nr. 349; E. Bachmann, Ende, 139, Nr. 12; K. Stumpp, Verzeichnis, 137, Nr. 253; H. Tschoerner, Predigerseminar, 60-63.

Krentz, Karl

* 24.02.1898 Taganrog/Don-Gebiet
† 1936 bei Tomsk

Karl Krentz, in Taganrog am Asowschen Meer geboren, wuchs in einem evangelisch geprägten deutschen Siedlungsgebiet auf. Zum Kirchspiel gehörten 23 deutsche Dörfer mit fast 8.000 Gemeindegliedern. Ein herkömmliches Theologiestudium war für ihn nicht mehr möglich. Er gehörte zu den ersten Studenten am 1925 in Leningrad gegründeten Predigerseminar der lutherischen Kirche. 1929 wurde er ordiniert. Er begann seinen Pfarrdienst im

Kirchspiel Neu-Stuttgart/Südrussland. Dort waren vor ihm schon Pastor Eduard Luft und Pastor Simon Kludt. Sie wechselten in andere Pfarren, wurden dort verhaftet und sind 1934 umgekommen. Karl Krentz sollte der dritte und nun letzte Pastor im Kirchspiel Neu-Stuttgart sein, der um seines Dienstes willen verhaftet wurde und dann umgekommen ist. Nur vier Jahre konnte er als Pastor tätig sein. Nach seiner Verhaftung und Verurteilung 1934 kam er zunächst ins Lager »Marijinskije Lagerja« in Sibirien. Später wurde er in ein Lager bei Tomsk/Sibirien überführt. Dort kam er in einem Steinbruch ums Leben.

Lit.: E. Amburger, Pastoren Russlands, 389 f., Nr. 650; E. Bachmann, Ende, 144, Nr. 28; K. Stumpp, Verzeichnis, 153, Nr. 571.

Trube, Friedrich sen.

* um 1900 (?)
† um 1936

Vom christlichen Zeugnis und Tod des Vaters Trube wäre kaum etwas bekannt geworden, wenn nicht 1992 Besucher aus Deutschland von seinem Sohn Friedrich Trube in Kasachstan erfahren hätten, wie es den Gemeinden im Wolgagebiet in der Verfolgungszeit ergangen war. Die Familie Trube lebte von der Landwirtschaft. Als nach der Revolution von 1917 im Jahre 1924 die »Autonome Sozialistische Sowjetrepublik der Wolgadeutschen« gegründet wurde, hoffte man noch auf erträgliche Zeiten. Doch längst war 1922 in einem Geheimbefehl Lenins die radikale Zerstörung des Glaubens und die gnadenlose Liquidierung der Geistlichkeit beschlossen worden. Bald waren die Gemeinden ohne Pastoren. Heimlich trafen sich die Christen in den Häusern, lasen die Bibel miteinander und beteten, so auch in der Familie Trube an der Wolga. Eines Tages kam eine bolschewistische Truppe ins Haus und sah an der Wand den

Kruzifixus. Sie bedrängte und bedrohte den Vater, den Kruzifixus von der Wand zu nehmen, zu zerbrechen und dem Glauben abzuleugnen. Er weigerte sich. Da führte man ihn vors Haus und erschoss ihn vor den Augen der eignen Familie. Dies Zeugnis bis in den Tod nahm die Familie mit, als sie nach Hitlers Einmarsch in die Sowjetunion 1941 mit den andern Wolgadeutschen in die Straflager Sibiriens, Kasachstans oder Mittelasiens verschleppt wurde. Der Sohn Friedrich Trube wurde Mitbegründer und später Prediger der lutherischen Gemeinde in Taldy-Kurgan. Als »Propst« betreute der Laienprediger dann auch die lutherischen Gemeinden im weiten Umkreis bis nach Tekeli an der russisch-chinesischen Grenze.

Lit.: Sammlung H. Rathke, Berichte, Trube jun. in Taldy-Kurgan1992.

Steinwand, Friedrich

* 26.04.1888 Worms/Gebiet Cherson, Südrussland
† nach 1936

Der Vater von Friedrich Steinwand, Pastor Daniel Steinwand, war seit 1886 im Kirchspiel Worms und danach 1908 bis 1919 Pastor und Propst in Odessa. Zwei seiner Söhne, Friedrich und Ludwig, wurden auch Pastoren. Beide sind der stalinistischen Verfolgung zum Opfer gefallen. Zu diesem russlanddeutschen Pastorengeschlecht gehörte auch Eduard Steinwand, zunächst in Prisib und Eugenfeld Pastor, später der Leiter der Theologischen Lutherakademie in Dorpat (Tartu) und schließlich von 1950 bis 1958 Professor für Praktische Theologie und die Theologie des christlichen Ostens in Erlangen. Friedrich Steinwand studierte 1907 bis 1915, fast gleichzeitig mit seinem jüngeren Bruder Ludwig, Theologie in Dorpat (Tartu). 1911 wurde er Lehrer, dann Direktor des Gymnasiums in Tarutino/Bessarabien. 1919 wurde er in Odessa ordiniert und begann seinen Dienst als Pastor im

Kirchspiel Neu-Freudenthal, Gebiet Cherson, mit acht deutschen Einzelgemeinden. Friedrich Steinwand gehörte zu den Mitgliedern der Generalsynode, die 1924 die Evangelisch-Lutherische Kirche in Russland konstituierten und die beiden Bischöfe Arthur Malmgren und Theophil Meyer in die Leitung beriefen. 1933 konnte Friedrich Steinwand wegen der Verfolgung sein Amt nicht weiterführen. Er wurde Arbeiter in Moskau. Trotzdem wurde er dort verhaftet, zur Zwangsarbeit verurteilt und deportiert. Er blieb verschollen.

Lit.: E. Amburger, Pastoren Russlands, 484, Nr. 1090; E. Bachmann, Ende, 149, Nr. 55; K. Stumpp, Verzeichnis, 174, Nr. 896 e.

Moderau, Georg

* 06.12.1896 Zmerinka/Wolhynien (Westukraine)
† nach 1936

Georg Moderau besuchte nach dem Schulabschluss das Polytechnische Institut in Kiew und arbeitete danach als Kassierer und Buchhalter. Dann belegte er bis 1933 die theologischen Kurse in Leningrad und war dort auch zeitweise als Küster an der St. Nikolaikirche tätig. Nach der Ordination machte er sein Probejahr in Charkow, um dann als Pastor in seine Heimat Wolhynien zurückzukehren. Dort war er längere Zeit als Pastor in Uvarovka/Emitschin tätig. Am 5.1.1935 wurde er verhaftet. Aus dem Gefängnis in Shitomir überführte man ihn dann als »Schwerverbrecher« nach Kiew. Dort wurde er im Mai 1935 zu acht Jahren Zwangsarbeit verurteilt. Zunächst kam er in ein Lager an der mongolischen Grenze, danach in das Marininskij-Lager bei Novosibirsk. Seitdem ist er verschollen.

Lit.: E. Amburger, Pastoren Russlands, 418, Nr. 784; E. Bachmann, Ende, 146, Nr. 34; W. Sorokin/M. Schkarowskij/T. Tazenko, Martyrologium, 369; K. Stumpp, Verzeichnis, 160, Nr. 675.

Springer, Edgard
* um 1900 Kaukasus
† 08.03.1937

Die Familie Springer lebte um die Jahrhundertwende 1900 im Kaukasus. Sohn Siegfried Springer wurde dort am 18.3.1930 in Mineralnije Wody geboren, später wird er Bischof der Evangelisch-Lutherischen Kirche in Westrussland. Vorher musste die Familie schwere Verfolgungszeiten durchleben. Vater Edgard Springer unterrichtete an der Pädagogischen Fachschule in Wannowskoje (Eigen- oder Eugenfeld) die Fächer Deutsch, Literatur und Geschichte. Am 11.9.1937 wurde er verhaftet und am 8.3.1938 erschossen. 1944 wurde die Familie beim Rückzug der deutschen Truppen nach Deutschland ausgesiedelt. Der Sohn Siegfried Springer wurde in Deutschland Pastor und Beauftragter für Aussiedlerarbeit sowie Leiter der Kirchlichen Gemeinschaft der Evangelisch-Lutherischen Deutschen aus Russland. 1992 baten ihn die wieder öffentlich geduldeten Gemeinden in Russland um Hilfe. Er wurde bischöflicher Visitator und später Bischof der Evangelisch-Lutherischen Kirche im Europäischen Russland, die inzwischen wieder 200 Gemeinden und religiöse Gruppen zählt. So knüpfte der Sohn an das »Erbe der Väter« an, an das Vermächtnis all jener Frauen und Männer, die in stalinistischer Zeit für ihren Glauben umgekommen sind. Vater Springer gehörte zu ihnen. Der Sohn Siegfried Springer sagte im Jahre 2000 in einem Interview: »Aber ich habe gelebt und gewartet, bis in der Sowjetunion das Ende des Kommunismus kommt, um als Missionar dorthin zu gehen.«

Lit.: S. Springer, Anmerkungen zum Schicksal eines Volkes, 1997; Der Bote, 1/2000, 37.

Koch, Albert

* 23.12.1888 Gnadental/Bessarabien (Ukraine)
† nach August 1937 Moskau (?)

Albert Koch war Bauernsohn. Er besuchte in Bessarabien die Schule und danach das russische Lehrerseminar in Bejranca. Nach dem Abschluss des Gymnasiums in Dorpat (Tartu) studierte er dort 1907 bis 1910 Jura und danach bis 1914 Theologie. Nach zwei praktischen Jahren in Großliebenthal/Gouv. Cherson wurde er 1918 ordiniert. Zehn Jahre wirkte er nun als Pastor in Groß-Liebenthal. Den atheistischen Machthabern war er ein Dorn im Auge, weil er großen Einfluss in der Bevölkerung hatte und die atheistische Propaganda mit großer Überzeugungskraft bekämpfte. 1928 und 1930 wurde er verhaftet. Im Mai 1930 inszenierte man in Odessa einen Schauprozess gegen ihn. Das Urteil lautete: fünf Jahre Straflager mit nachfolgender Verbannung. Als Verbannter lebte er in Kursk als Buchhalter, seine Familie konnte zu ihm kommen. 1935 wurde er wieder verhaftet und auf Bewährung freigelassen. Als man ihn am 31.8.1937 erneut verhaftete, verschwand er hinter den Mauern des berüchtigten Butyrka-Gefängnisses in Moskau. Dort ist er wahrscheinlich 1937 umgekommen. – Seine Frau Irmgard, Tochter des Pastors Daniel Steinwand, blieb zunächst in Kursk und konnte während des Zweiten Weltkrieges nach Deutschland ausreisen. – Auch der Bruder von Albert Koch, der weithin als Leiter des Evangelischen Hospitals in Odessa bekannte Dr. Koch, wurde verhaftet und ins GULag »Kolyma« verschleppt, später nach Workuta, wo sich seine Spur verliert.

Lit.: E. Amburger, Pastoren Russlands, 383 f., Nr. 620; E. Bachmann, Ende, 143 f., Nr. 26; K. Stumpp, Verzeichnis, 151, Nr. 545.

Unger, Peter

* 1903 Prostonorje/Orenburg
† 15.09.1937 Maikuduk/Kasachstan

Am 11.6.1996 besuchten wir auf einer unserer Reisen nach Kasachstan und Mittelasien die Bergbaustadt Karaganda. Im Herrnhuter Losungsbuch lasen wir aus Jesaja 30: »ER wird dir antworten, sobald ER's hört. Und der HERR wird euch in Trübsal Brot und in Ängsten Wasser geben.« Sollte das eine Erinnerung an die vielen Christen sein, die seinerzeit nach Karaganda und Umgebung verschleppt wurden und umgekommen waren? Am Stadtrand von Karaganda hielten wir Gottesdienst im lutherischen Bethaus von Maikuduk. Man nannte diesen Ort auch »Klein-Berlin«, weil dort fast nur verschleppte Russlanddeutsche lebten. Nach dem Gottesdienst erzählten uns einige Überlebende aus der Verfolgungszeit. Damals, um 1937, auf dem Höhepunkt des stalinistischen Terrors, gab es keine lutherischen, baptistischen oder mennonitischen Bethäuser, keine orthodoxe Kirche. Nur heimlich konnten die Christen miteinander beten und Gottes Wort lesen, wenn noch eine Bibel durchgerettet war. So wurde nun der Lehrer Peter Unger aus Maikuduk einer der Glaubenszeugen aus damaliger Zeit. 1937 wurde er verhaftet, am 10.9.1937 zum Tode durch Erschießen verurteilt und am 15.9. hingerichtet. Ende Oktober waren es wieder 42 mennonitische Gemeindeglieder, die als »Mitglieder einer revolutionären aufständischen faschistischen Spionageorganisation« zum Tode durch Erschießen verurteilt wurden, 38 wurden hingerichtet. An anderer Stelle haben wir von Familie Nazarenus und der Ehefrau von Ludwig Steinwand berichtet, die in Karaganda Zwangsarbeit leisten mussten.

Lit.: Aquila-Information der Mennoniten 2/2000, 27-28; 1/2001, 21-23; H. Rathke, Tagebücher 1996, Nr. 14, 78.

Friedrichson, Maria
und die Märtyrer von Baku

* 1879 Valk/Baltikum
† 16.09.1937 Baku/Aserbaidschan

Am 16. September 1937 wurden sieben Gemeindeglieder der evangelisch-lutherischen Kirchgemeinde Baku nach mehrmonatiger Haft, nach Verhören und Folter zum Tode verurteilt und erschossen. Sechzig Jahre später gelang es Tamara Gumbatowa in Baku, wieder eine lutherische Gemeinde zu sammeln und registrieren zu lassen. Sie forschte nun in den Archiven des sowjetischen Geheimdienstes GPU und bekam so Einblick in die grausame Verfolgung und Liquidierung der »Märtyrer von Baku«. Maria Friedrichson war in friedlichen Zeiten in die Erdöl- und Industriestadt Baku gekommen. Sie hielt sich zur lutherischen Gemeinde, in der Paul Hamberg als Pastor tätig war. Mit wachsender stalinistischer Verfolgung verließ er mit Frau und Kleinkind zeitweise die Gemeinde. In einem Verhörprotokoll der GPU vom 27.4.1937 lesen wir die Aussage des Gemeindegliedes Jon Winter: »Wir mussten damals einen schweren Schlag einstecken. … Wir haben nach einem neuen Pastor gesucht, führten Verhandlungen mit den Pastoren Feller und Reisch aus Schamchor, Wenzel aus Narimanow und Sterl aus Moskau. Um eigene Verlegenheit vor den Machtorganen zu verbergen, haben wir Maria Friedrichson mit dem Lesen von Gebeten und Predigten beauftragt, sonst wäre die Kirche geschlossen worden.« So sorgte sich nun Maria Friedrichson, die frühere Erzieherin, um die Gemeinde. Mit 58 Jahren wurde sie am 19.8.1937 als »Pastor« der Gemeinde Baku zusammen mit anderen Gemeindegliedern verhaftet, zum Tode verurteilt und am 16.9.1937 erschossen.

Lit.: E. Bachmann, Ende, 139 f.; T. Gumbatowa, Glocke, 1-5; G. Kretschmar, Märtyrer, 58-71; I. Timm, Mecklenburgische Kirchenzeitung, 16.05.1999, 8.

Winter, Jon

* 1874 Kerro/Baltikum
† 16.09.1937 Baku/Aserbaidschan

Ditzel, Christian

* 1875 Baku/Aserbaidschan
† 16.09.1937 Baku/Aserbaidschan

Jon Winter, ein Baltendeutscher, war erst 1933 zur Evangelisch-Lutherischen Gemeinde in Baku gekommen. Im Rahmen einer Aktion der Sowjetmacht zur »Vernichtung der konterrevolutionären Elemente« wurde er am 17. März 1937 verhaftet. Am 23.6. folgte die Verhaftung von drei Mitgliedern des Kirchgemeinderats, unter ihnen der Vorsitzende Christian Ditzel. Ihm warf man »antisowjetische Tätigkeit und Organisierung einer faschistischen Gruppe in der lutherischen Gemeinde« vor. Nach den Kirchenältesten kamen bald drei in der Gemeinde aktive Frauen in Haft. Wie die Verhafteten die Verhöre und Folterungen bewältigten, lässt sich nur aus den jetzt zugänglichen NKWD-Protokollen erahnen. Einmal fragte der Untersuchungsrichter: »Weshalb habt ihr so hartnäckig um das Erhalten der Kirchgemeinde gekämpft? Warum habt ihr letztes Geld für Kirchensteuer eingebracht?« Darauf die Verhafteten: »Uns war klar, dass die Schließung der lutherischen Kirche mit der Enthauptung aller Deutschen und Gläubigen, die in ihren Wänden einen Zusammenhalt fanden, gleichzusetzen wäre. Es wäre wie eine Kreuzigung ...« Schließlich erfüllte sich diese Vorahnung. Am 16.9.1937 wurden alle sieben Gemeindeglieder erschossen. Ihnen folgte am 1.11.1937 Pastor Hamberg. 1962 wurden die Urteile gegen den Kirchgemeinderat als gesetzeswidrig außer Kraft gesetzt, Pastor Hamberg wurde 1989 rehabilitiert.

Lit.: T. Gumbatowa, Glocke, 1-5; G. Kretschmar, Märtyrer, 67-71.

Tennikowa, Ida

* 1866 Kirowobad/Sowjetunion

† 16.09.1937 Baku/Aserbaidschan

Karpenko, Amalia

* (?) im Gebiet Saratov/Wolga

† 16.09.1937 Baku/Aserbaidschan

Beide Frauen hielten sich zur evangelisch-lutherischen Kirchgemeinde in Baku. Wir lesen in noch erhaltenen Unterlagen, wie auch nach der Revolution von 1917 zur Zeit von Pastor Hamberg sich die Gemeindeglieder trotz aller Behinderungen der Sowjetmacht um das Gemeindeleben mühten. Der Kirchgemeinderat arbeitete an der Begrünung des Friedhofes. Es wurde eine Tür zum Altarvorraum eingebaut, Brennholzvorräte wurden angeschafft. Die Renovierungsarbeiten am Kirchendach beaufsichtigte man sorgfältig. Ida Tennikowa, Lehrerin für Deutsch und Musik, arbeitete in der Kirchgemeinde als Sekretärin. Vom Beruf des Gemeindegliedes Amalia Karpenko wissen wir nichts. 1931 fand die letzte Gemeindeversammlung statt. Dabei wurde der letzte Kirchgemeinderat gewählt. Am 28. Juli 1937 wurde Ida Tennikowa verhaftet. Man warf ihr wegen ihrer kirchlichen Tätigkeit »Teilnahme an einer faschistischen Aufklärungsorganisation und konterrevolutionäre Versammlungen in der Kirche« vor. Später wurde auch Amalia Karpenko wegen »konterrevolutionärer Tätigkeit unter der Arbeiterschaft der Stadt Baku« verhaftet. Beide Frauen erlitten am 16.9.1937 zusammen mit den anderen »Märtyrern von Baku« den Tod durch Erschießen. Später wurden die Kirche und andere Kirchengebäude enteignet und entweiht.

Lit.: T. Gumbatowa, Glocke, 1-5; G. Kretschmar, Märtyrer, 60-65.

Wagner, Rudolf

* 1876 Narwa/Estland
† 16.09.1937 Baku/Aserbaidschan

Tyssen, Dietrich

* 1871 Deutschland
† 16.09.1937 Baku/Aserbaidschan

Wagner und Tyssen waren Mitglieder des Kirchgemeinderates der lutherischen Gemeinde in Baku. Tyssen war als Architekt in dem Erdölbetrieb »Asnefteprojekt« tätig. Seine Kenntnisse kamen auch der Erhaltung der kirchlichen Gebäude in Baku zugute. Als um 1930 die kommunistischen Behörden die Demontage der Kirche und den Abbau der Glocken anstrebten, beauftragte der Kirchgemeinderat Pastor Hamberg, mit Hilfe des deutschen Konsuls in Tbilissi die Glocken zu retten. In der späteren Gerichtsverhandlung wurde dies belastend als Versuch gewertet, einen ausländischen Staat gegen die Sowjetmacht in Anspruch zu nehmen. Der Kirchgemeinderat suchte in seiner bedrängten Lage die Unterstützung von Oberpastor Emil Reisch (Reusch) aus dem Kaukasus. Auch dies wird Tyssen, nachdem er am 23.7.1937 verhaftet worden war, zur Last gelegt. Reisch hatte, glaubt man den Protokollen, geraten, die Kirchenältesten sollten unbedingt die Gemeindearbeit stärken und so die Gemeinde am Leben erhalten, den Behörden aber keinen Anlass zu Beschwerden geben. Neben Tyssen hatte sich Rudolf Wagner besonders aktiv für die Erhaltung der Kirche und des Gemeindelebens eingesetzt. Er wurde am 23.6.1937 verhaftet und wegen »konterrevolutionärer Tätigkeit im Auftrag ausländischer Geheimdienste« angeklagt. Schließlich waren es sieben Glieder der evangelisch-lutherischen Gemeinde Baku, die in der Haft verhört und gefoltert, zum Tode verurteilt und am 16.9.1937 erschossen wurden.

Lit.: T. Gumbatowa, Glocke, 1-5; G. Kretschmar, Zeugen, 58-71.

Thorassjanz, Ossip
* 28.08.1881 Baku/Aserbaidschan
† 23.10.1937 Wladikavkas (Ordschenikidse)/Kaukasus

Thorassjanz kam aus einer armenischen, kleinbürgerlichen Familie in Baku. 1905 heiratete er in Dorpat (Tartu)/Estland Therese Külpe. Er hatte seit 1901 in Dorpat Theologie studiert und wurde 1908 in Baku ordiniert. Seinen Dienst begann er in den armenisch-lutherischen Gemeinden von Baku und Pensa. Auswirkungen der Pogrome gegen die Armenier in der Türkei zeigten sich 1918 kurzfristig auch in Baku. Viele konnten sich damals in die beiden lutherischen Kirchen retten, die noch unangetastet blieben. Als die Gemeinde in Baku einen Pastor nicht mehr bezahlen konnte, folgte Ossip Thorassjanz 1924 einem Ruf in die deutsche lutherische Gemeinde Wladikawkas/Kaukasus, zu stalinistischer Zeit umbenannt in Ordschenikidse (Gefährte Stalins). Dort wurde Thorassjanz am 16.6.1936 verhaftet. Seine Taschenbibel, die er mitnehmen durfte, zeigte später, wie intensiv er in der Haftzeit aus der Bibel gelebt hat. Das Wort Gottes war für ihn »der Betrübten Brot« (Hosea 9,1). Die weißen Rückseiten der Landkarten in der Bibel sind voller Notizen. Inzwischen war der Sohn Bruno Pastor in Michaelisdorf bei Ordschenikidse, dazwischen einige Jahre bei der Armee. 1936 konnte er seinen Vater in der Haft besuchen, bevor dieser am 23.10.1937 als »Volksfeind« erschossen wurde. Die Trostlieder der Kirche begleiteten ihn, darunter auch: »Segne und behüte, Herr, durch deine Güte ...« Der letzte Satz von seiner Hand ist: »Gelobt sei der Dreieinige Gott.«

Lit.: E. Amburger, Pastoren Russlands, 492, Nr. 1126; E. Bachmann,

Ende, 150, Nr. 58-59; K. Stumpp, Verzeichnis, 175, Nr. 921-922; G. Kretschmar, Märtyrer, 60-65; Der Bote, 1/2202, 30-34.

Hamberg, Paul

* 1905 Sankt Petersburg
† 01.11.1937 Baku/Aserbaidschan

Paul Hamberg wuchs in Sankt Petersburg auf. Nach theologischen Kursen am Predigerseminar machte er ein Probejahr bei Pastor Hanson in Byten/Krim. Am 1.9.1929 kam er als Pastor mit seiner jungen Frau nach Baku; 1930 wurde ein Sohn geboren. Größere Schwierigkeiten für die kirchliche Arbeit deuteten sich an. 1930 sollten die Glocken von den Kirchtürmen entfernt werden. 1934 wurde der kränkliche Pastor zum Militärdienst in Duschanbe gezwungen, nach sechs Monaten aber wieder entlassen. Nur für kurze Zeit kehrte er in die Gemeinde Baku zurück. Dann legte er Ende 1934 sein Amt nieder. Wollte er sich mit seiner zarten Frau und dem Kleinkind retten oder die Gemeinde entlasten? Hamberg schlug sich in den nächsten Jahren als Übersetzer, Lehrer und Krankenpfleger durch. Die Gemeinde hat seinen Fortgang als schweren Schlag empfunden und vergeblich nach einem andern Pastor gesucht. Maria Friedrichson übernahm die Pastorenpflichten, bis sie am 19.8.1937 verhaftet wurde. Drei Wochen später wurde auch der ehemalige Pastor Hamberg verhaftet, zusammen mit Kirchenältesten und Gemeindegliedern zum Tode verurteilt und am 1.11.1937 in Baku erschossen. Seine Frau blieb verschollen, der kleine Sohn wurde wahrscheinlich unter anderem Namen in ein Heim gebracht. 1989 wurde Paul Hamberg von den Behörden rehabilitiert. Als 1997 nach 60 Jahren wieder die ersten Täuflinge am Altar standen, trat die 85-jährige Käthe Hildebrandt, ehemals Haustochter bei Hambergs, dazu und schlug mit einem Segenswort die Brücke zu den Märtyrern von damals.

Lit.: E. Amburger, Pastoren Russlands, 336, Nr. 407; E. Bachmann, Ende, 139 f., Nr. 13; T. Gumbatova, Glocke, 1-5; G. Kretschmar, Märtyrer, 66-67; Mecklenburgische Kirchenzeitung, 23.11.1997; W. Sorokin/M. Schkarowskij/T. Tazenko, Martyrologium, 364; K. Stumpp, Verzeichnis, 140.

Ullmann, Paul Gottlieb

* 05.03.1893 Podgaizi/Westukraine
† 25.12.1937 im Gebiet Kiew

Die Großfamilie Ullmann lebte vor der Revolution von 1917 in dem Kirchspiel Lutzk, verbunden mit dem Kirchspiel Roshioschtsche in Wolhynien/Westukraine. Später verzog Paul Ullmann in das Kiewer Gebiet, heiratete dort seine Frau Fjoka Jakowlewna, die Töchter Galina, Maria und Lydia wurden geboren. Auf dem Höhepunkt des stalinistischen Terrors 1937/1938 wurde der Vater verhaftet, zum Feind des Volkes erklärt und Weihnachten1937 erschossen. Über das Schicksal der Familie war nichts bekannt, bis sich 1999 die Tochter Lydia Shichareva im Kirchenblatt der Evangelisch-Lutherischen Kirche in Russland (ELKRAS) meldete. Sie war beim Tod des Vaters zehn Jahre alt, wurde von der Familie getrennt und hatte die Verfolgungszeit überlebt. Nach der politischen Wende unter Präsident Gorbatschow (Perestroika) konnte sie 1991 durch Nachfrage beim KGB das Datum der Hinrichtung ihres Vaters erfahren. Der Vater wurde rehabilitiert. Aus der Heimatgemeinde von Paul Ullmann wissen wir, dass bis 1939 dort noch der Vikar Otto Frank, geb. 18.7.1909, tätig war. Wahrscheinlich ist auch er der stalinistischen Verfolgung zum Opfer gefallen.

Lit.: Der Bote, 4/1999, 45; K. Stumpp, Verzeichnis, 226; 136, Nr. 222 a.

Wiebe, Cornelius

* um 1900 Ukraine
† 27.12.1937 (?)

»In diesen Tagen werden auch, wie man sagt, die Toten wach.« So schrieb uns in der Adventszeit 1988 Lena Wiebe aus Novosibirsk in Erinnerung an ihren erschossenen Vater, an ihren ermordeten Mann und viele andere, die in den »schrecklichen Jahren« umgekommen waren. Die Botschaft vom Kind in der Krippe, das selbst von Mord und Totschlag bedroht war, und die Erwartung des kommenden HERRN halfen den Christen in den schlimmen Verfolgungszeiten. Wir hatten Lena Wiebe kennen gelernt, als wir zwölf Jahre vorher die mennonitische und die lutherische Gemeinde in Novosibirsk besuchten. Damals wusste Lena Wiebe noch kaum etwas über das Ende von Vater und Ehemann. Sie erzählte, wie sie in ihrer Heimat in der Ukraine als Landleute gelebt hatten, mit einem starken Rückhalt in ihrer Kirchgemeinde. Sie waren zehn Geschwister, von denen nur drei die Zeit von Verfolgung und Verbannung überlebten. Vater und Ehemann wurden 1937/1938 verhaftet und verschleppt. Die Mutter kam um, als die Kinder noch klein waren. Nach Stalins Tod, als Chruschtschow Parteichef der Sowjetunion war, wurde 1962 Vater Cornelius Wiebe formal rehabilitiert; als Todesursache wurde eine Blutkrankheit genannt. Erst 1988 konnte Lena Wiebe bei erneuter Rückfrage an die Behörden offiziell erfahren, dass ihr Vater am 27.12.1937 erschossen worden sei. So wurden die Adventszeit und das Christfest für sie eine Zeit besonderer Besinnung und Erinnerung.

Lit.: H. Rathke, Sammlung Berichte und Briefe, Lena Wiebe, 1976-95.

Pfeiffer, Arthur

* 18.01.1897 Lodz/Polen
† 30.10.1972 Moskau (erlebte 1937 eine Schein-Erschießung)

Arthur Pfeiffer soll unter den zu Tode gekommenen Opfern auch erwähnt werden als Beispiel, dass viele wie er bis an die Grenze des Todes getrieben wurden. Er war nach seiner Verhaftung 1934 in einem GULag in Sibirien schon mit andern zum Erschießen bestimmt. Die Todestruppe wurde im Laufschritt durch den Schneesturm an den Exekutionsort getrieben. Im letzten Augenblick wurde die Erschießung aufgehoben. Arthur Pfeiffer, Bruder des am 31.07.1939 im Moskauer Burtyka-Gefängnisses erschossenen Pastors Emil Pfeiffer, war zunächst als Lehrer tätig. Ein Theologiestudium war nach der Revolution von 1917 kaum mehr möglich. Später besuchte er, wie sein Bruder, theologische Privatkurse bei Bischof Malmgren in Leningrad und wurde danach ordiniert. Von 1925-34 war er Pastor in Jagodnaja Poljana (Gouv. Saratov). Mehrmals wurde er verhaftet und am 02.12.1934 zu fünf Jahren Verbannung verurteilt. Zehn Jahre brachte er in Arbeitslagern in Sibirien und in der Verbannung bei Alma-Ata/Kasachstan zu, danach vier Jahre in der Trud-Armee bei Moskau. Nach dem Ende des Zweiten Weltkrieges gehörte er mit Eugen Bachmann (Zelinograd) und Schlundt (Prochladny) zu den wenigen überlebenden russlanddeutschen Pastoren. Arthur Pfeiffer hat dann von Moskau aus heimliche Gemeinden von Evangelischen besucht, deren Leiter ausgebildet und beauftragt. Von ihnen wurde später Erich Schacht aus Sisran besonders bekannt. Pfeiffer und Schacht sind wir 1972 und später begegnet.

Lit.: E. Amburger, Pastoren Russlands, 434, Nr. 855; E. Bachmann, Ende, 146 f., Nr. 37; H. C. Diedrich, In memoriam A. Pfeiffer; H. Rathke, Berichte, Briefe; E. Schacht, In Russland erlebt; W. Sorokin/M.

Schkarowskij/T. Tazenko, Martyrologium, 370 f.; K. Stumpp, Verzeichnis, 163, Nr. 730.

Braatz, Friedrich

* Gatcina/Gebiet Sankt Petersburg
† 1937 Cibju/Komigebiet

Friedrich Braatz wuchs in der deutsch-finnisch-estnischen Gemeinde Gatcina bei Sankt Petersburg auf. Bis 1846 war diese lutherische Gemeinde rein deutsch, später kamen vor allem Esten und auch Finnen dazu. Bis 1928 besuchte er das lutherische Predigerseminar in Leningrad, machte das Probejahr bei Pastor Föll in Grunau und übernahm 1931 das Kirchspiel Ludwigstal in der Südukraine mit 24 deutschen Gemeinden. Hier wurde er am 09.12.1934 verhaftet. Die Advents- und Weihnachtszeit musste er im Gefängnis verbringen. Am 07.01.1935 wurde er zu zehn Jahren Verbannung verurteilt. Er kam in ein Straflager am Eismeer. Dort traf er seinen Studienfreund Eugen Bachmann. Sie konnten zunächst Verbindung zueinander halten. Nach schweren GPU-Verhören wurden sie getrennt. Braatz kam ins Lagergefängnis. Bachmann konnte noch beobachten, wie 100 Menschen aus dem Gefängnis nach zwei Wochen unter schärfster Bewachung mit Hunden bei bis zu 60 Grad minus in die Taiga getrieben wurden. Dort wurden sie, nur mit Unterwäsche bekleidet, in einem Gefängnis aus Holzstämmen gefangen gehalten. Pastor Friedrich Braatz soll Ende 1937 in der Taiga erschossen worden sein. Bachmann schließt seinen Bericht: »Viele hunderttausende Sowjetbürger, die im Schreckensjahr 1937/38 verhaftet wurden, sind spurlos verschwunden! Es gab nur Gerüchte über ihre Verschleppung; man nannte den eisigen Norden, die Inseln im Eismeer (Waigatsch, Novaja-Semlja … u. a. Orte …) Eltern und Geschwister in

Gatschina bei Leningrad haben wohl lange auf ihren Fritz (Braatz) gewartet, aber er ist nie heimgekehrt!«

Lit.: E. Amburger, Pastoren Russlands, 270, Nr. 121; E. Bachmann, Ende, 137, Nr. 6; K. Stumpp, Verzeichnis, 127, Nr. 101.

Muß, Kurt

* 10.12.1896 Sankt Petersburg
† 1937

Kurt Muß besuchte die lutherische Sankt-Annen-Schule in Sankt Petersburg und begann 1915 das Theologiestudium in Dorpat (Tartu oder Jurjew)/Estland. Nach der Revolution von 1917 war ein weiteres Studium erst ab 1925 am Seminar in Leningrad möglich. Daher schrieb sich Kurt Muß als Gasthörer beim orthodoxen theologischen Institut ein. In seiner Bewerbung heißt es: »(…)Nach Abschluss des Kurses erhebe ich keine Ansprüche auf irgendein geistliches Amt. Aber ich bin von dem Wunsch erfüllt, den in Jurjew angefangenen Unterricht fortzusetzen(…).« Muß wurde 1926 in der Jesus-Christus-Gemeinde tätig; später wurden die Gottesdienste in den Räumen der Sankt-Michaelis-Kirche gehalten. Er galt als ein glänzender Prediger. Besonders bemühte er sich um die Jugendarbeit und die Kindergottesdienste. Zeitweise war er in Haft, kam aber wieder frei. Nach Annahme des Gesetzes vom 08.04.1929, das die religiöse Bildung und Erziehung von Minderjährigen streng verbot, begannen Massenverhaftungen. Kurt Muß, seine Frau und einige Gemeindeglieder wurden am 17.12.1929 verhaftet in der Angelegenheit »Theologische Kreise in den lutherischen Kirchen Leningrads«. Muß wurde am 17.9.1930 von der politischen Verwaltung des Leningrader Militärkreises zu zehn Jahren Lager verurteilt. Er kam in das berüchtigte Solowezker Lager »besonderer Bestimmung«. 1937 wurde er zur Todesstrafe verurteilt und erschossen.

Lit.: E. Amburger, Pastoren Russlands, 423, Nr. 806; Der Bote, 3-4/ 1996, 15; W. Sorokin/M. Schkarowskij/T. Tazenko, Martyrologium, 369; K.. Stumpp, Verzeichnis, 161, Nr. 690.

Eisel, Heinrich

* Neuhussenbach-Brunnental/Gebiet Samara an der Wolga
† 1937 Brunnental

1992 wurden nach der Grundsteinlegung für eine neue lutherische Kirche in Omsk/Sibirien drei Brüder in verschiedene Gebiete der ehemaligen Sowjetunion entsandt, um die vielen zerstreuten und oft unbekannten evangelischen Gemeinden zu suchen, zu besuchen und zu sammeln. So zog Heinrich Rathke von Omsk gen Süden nach Kasachstan. Einer seiner Begleiter war Heinrich Mehling, Laienprediger einer Hausgemeinde in Viktorovka, Gebiet Kokschetau. Er erzählte, wie sie an der Wolga die stalinistische Verfolgung erlebt hatten. Seine Heimatgemeinde Neuhussenbach gehörte zum Kirchspiel Brunnental mit mehr als 10.000 Gemeindegliedern. Nach der Revolution richtete sich der Hauptstoß der Kirchenfeindlichkeit zuerst gegen die orthodoxe Kirche. Mit Ausrufung der Wolga-Republik schien sich für die Russlanddeutschen sogar eine positive Entwicklung anzubahnen. Doch dann erreichte die Verfolgung auch dies Dorf. Karl Mehling berichtet: »In den Jahren 1928-1937 waren mehrere Christen aus unserer Dorfgemeinde verhaftet worden: Alexander Bechtold, Emanuael Besel, Georg und Johannes Stroh, Konrad Lese, Konrad Hill, Philipp Rutz, Heinrich Eisel, der Großvater meiner Frau. Nur die jüngeren ›Brüder‹ Alexander Bechtold und Emanuael Besel haben die schlimmen Zeiten überlebt und kamen zurück. Alle anderen waren erschossen worden oder sind vor Hunger verstorben. Eines ist klar. Sie sind nicht mehr zurück gekommen. Die zwei älteren

Söhne von Heinrich Eisel – Heinrich und Alexander – waren Augenzeugen der Hinrichtung ihres eigenen Vaters gewesen ... Unter den Verfolgten und Gejagten und Verhafteten war auch der Schulmeister von Hussenbach ... Verhaftet war auch Pastor Grusnick.«

Lit.: Sammlung H. Rathke, Briefe, Mehling, 2001.

Pineker, Ferdinand sen.

* (?)

* 1937 Dolinka bei Karaganda (?)

Ferdinand Pineker lebte im Dorf Moos bei Saratov im Wolgagebiet. Sein Sohn Ferdinand Pineker jun. erlebte mit, wie 1937 vierzehn Männer aus der Gemeinde von der GPU verhaftet wurden. Neben seinem Vater Ferdinand Pineker, dem Onkel Wilhelm Pineker und seinem Vetter Wilhelm Pineker waren es der Lehrer Unger, Jakob Keil, Johannes Bergmann, Abraham Wins und Sohn, Leo Schwengler und einige andere Männer. Im Jahr 2000 kann uns Ferdinand Pineker jun. in einem Brief davon berichten: »Sie wurden alle in die Taiga gebracht und von dort kam kein einziger zurück.« Sein Vater sei an einer Leberkrankheit gestorben, hieß es damals. 1968 gab es nach Anfrage eine so genannte Rehabilitation und es wurde zugegeben, die Männer seien erschossen worden. Als wir um 1980 in der lutherischen Gemeinde Dolinka bei Karaganda Gottesdienst hielten, wurde noch nicht laut darüber gesprochen, dass dort und bei Abai zwei der größten Straflager waren, in denen viele Verhaftete umgekommen waren oder erschossen wurden. Der inzwischen alt gewordene Sohn schreibt in der Erinnerung an die Verfolgungszeit: »Das habe ich alles überlebt ... Ganz genau so war ich ausgesetzt nach der Verhaftung des Vaters in 1938. Nichts zu reisen, nichts zu speisen, wie die Vögel. Nur das einzige Vertrauen auf Gott, den himmlischen Vater. Er hat uns unterstützt, behüt' und bewahrt ...«

Lit.: H. Rathke, Sammlung Briefe und Berichte (Pineker), 2000.

Gesswein, Arthur sen.

* (?)

† um 1937

In seinem Buch »Kelch aus Gottes Hand« schildert Arthur Gesswein jun., wie der Terror der stalinistischen Verfolgung in seinem Heimatdorf Grüntal wütete. »Mit am schlimmsten aber waren die großen Säuberungsaktionen, die im Jahre 1935 ihren Anfang nahmen. Er (Stalin) begann damit, zunächst die meisten seiner alten bolschewistischen Mitkämpfer ermorden zu lassen. (...) Doch auch das einfache Volk blieb nicht verschont. Millionen von Menschen wurden hingerichtet oder in Arbeitslager geschickt. Furcht und Terror verbreiteten sich im ganzen Land.« In diesen Strudel wurden auch die Christen mit hineingezogen. Wenn sie sich offen zu ihrem Glauben bekannten, war dies erst recht Anlass, sie als »Spione«, als »Trotzkisten« oder »Hochverräter« zu verurteilen. So wurde Arthur Gesswein eines Tages auch verhaftet und zu 25 Jahren Zwangsarbeit verurteilt. Dabei erinnerte er sich, wie sein Vater auf gleiche Weise verhaftet worden war und dann nie mehr zurückkehrte. »Alles schriftliche Material, was nur irgendwie mit Gott zu tun hatte, Bibel, Gesangbücher, Aufzeichnungen usw. ... nahmen sie mit ... Wer wusste, ob auch ich den Weg meines Vaters gehen würde. Vielleicht war es das letzte Mal, dass ich meine Familie sah.« Und so betete Arthur Gesswein unter Drohen und Spott der Häscher: »Herr, Du hast in Deinem Wort gesagt, Du bist der Vater für Witwen und Waisen. Bis jetzt konnte ich für sie sorgen, aber von nun an gebe ich sie in Deine Hände. Hilf auch

Olga, wenn ihre Stunde kommt und stehe ihr und den lieben Kindern bei. Sei auch bei mir, wenn ich jetzt den schweren, unbekannten Weg antrete, den ich gehen muss, und führe Du alles zu einem guten Ende. Herr, Dir wollen wir vertrauen. Amen.«

Lit.: A. Gesswein, Kelch, 8 ff., 176 ff.

Maier, Albert

* 16.04.1892 Totanajk/Taurien (Südukraine)
† nach 1937 Sibirien

Pastor Albert Maier war der letzte von vier Pastoren im Kirchspiel Charkow, die alle Opfer der stalinistischen Verfolgung wurden. Vor ihm waren schon die Pastoren Birth, Kludt und Moderau verhaftet worden und dann umgekommen. Albert Maier kam aus einer Kolonistenfamilie in der Südukraine und heiratete 1923 Emma Steinwand, Tochter des Schuldirektors in Neusatz/Krim. Albert Maier hatte die Schule in Sankt Petersburg besucht. 1913 bis 1918 studierte er Theologie in Dorpat (Tartu), machte 1919 sein Examen beim Konsistorium in Sankt Petersburg und wurde 1919 ordiniert. 14 Jahre war er Pastor im Kirchspiel Eugenfeld/Südrussland. 1934 wechselte er nach Charkow. Zwei Jahre nach seinem Amtsantritt wurde er verhaftet. Er kam 1937 in ein Straflager nach Birobidzan in Ostsibirien. Dort ist er wahrscheinlich umgekommen oder erschossen worden. Drei Kinder nahm der Onkel, Pastor Eduard Steinwand, später Professor in Erlangen, in Pflege.

Lit.: E. Amburger, Pastoren Russlands, 407, Nr. 731; K. Stumpp, Verzeichnis, 159, Nr. 651 a.

Uhle, Gustav

* 22.05.1891 Zawerce
† nach 1937

Pastor Gustav Uhle war nach dem Theologiestudium in Dorpat (Tartu) von 1917 bis 1920 Pastor in Rostov am Don, danach zwei Jahre in Ludwigstal bei Dnepropetrowsk und schließlich von 1921 an im Kirchspiel Heimtal/Wolhynien (Westukraine). Zum Kirchspiel gehörten damals mehr als 17.000 Gemeindeglieder in 79 Gemeinden. So war es unumgänglich, dass in den einzelnen Gemeinden Küster und Lehrer regelmäßig Dienste in der Kirchgemeinde übernahmen, wie Gottesdienst, Konfirmandenunterricht u. a. Einer dieser Küsterlehrer war Gottlieb Schacht. Sein Sohn, der die stalinistischen Straflager überlebte, schildert, wie sein Vater zusammen mit Pastor Uhle am 3.Oktober 1933 verhaftet wurde. Sie wurden ins Gebietsgefängnis der GPU nach Kiew eingeliefert. Lebensmittelzuteilung und Besuchserlaubnis wurden ihnen verweigert, weil sie »ihre konterrevolutionäre Tätigkeit nicht zugeben wollten«. Frau Uhle und Familie Schacht fanden Hilfe bei Nonnen des orthodoxen Klosters in Kiew. Bald wurden auch die Nonnen verhaftet. Der deutsche Botschafter meinte, Familie Schacht und Uhle nicht helfen zu können, weil die Verhafteten keine deutschen Staatsbürger seien. Schacht und Uhle wurden am 25.02.1934 zu je fünf Jahren Zwangsarbeitslager verurteilt. Es wurden dann auch weitere Gemeindeglieder verhaftet, unter ihnen der Sohn des Küsterlehrers Schacht. In der Haft erreichte ihn noch ein Brief seines Vaters, bevor dieser umkam. Pastor Uhle soll nach Karaganda/Kasachstan gekommen sein. »Dort hat sich jede Spur von ihm verloren«, schreibt Erich Schacht später.

Lit.: E. Amburger, Pastoren Russlands, 499, Nr. 1157; E. Schacht, Russland mit Jesus, 33-34; K. Stumpp, Verzeichnis, 177, Nr. 944.

Schultz, Leo

* 25.12.1877 Sankt Petersburg
† 1937/38 bei Leningrad

Leo Schultz entstammte einer deutschen Familie aus Sankt Petersburg. Dort besuchte er das Gymnasium. In Dorpat (Tartu) studierte er 1896 bis 1900 Theologie. Am 22.11.1902 wurde er in Sankt Petersburg ordiniert. Er war von 1902 bis 1911 Pastor an der deutsch-russischen Marienkirche und an den städtischen Armenhäusern sowie Lehrer der St.-Petri-Mädchenschule. 1921 wurde er Pastor der abgeteilten estnischen Gemeinde Moloskowitz und Mitglied des Estnischen Konsistoriums. Daneben bediente er die finnischen Gemeinden in Mosloskowitz, Kattila, Novasolka und Gubanitz. Ab 21.9.1924 war er auch Propst für das West-Ingermanland. Am 2.8.1937 wurde er im Gottesdienst in Moloskowitz verhaftet. Alle Kirchen seines Bezirks wurden geschlossen. Lange vermutete man, Leo Schultz sei deportiert worden und in einem Straflager umgekommen. Nach 1990 wurde durch Einsicht in die Archive der Sicherheitsorgane im Gebiet Sankt Petersburg bekannt, dass Pastor Leo Schultz am 19.11.1937 zum Tode durch Erschießen verurteilt und danach in der Lewaschowsker Heide hingerichtet wurde. Auch die beiden Glieder seiner Kirchgemeinde Christian Summer (1874-1937) und Heinrich Summer (1908-1937) wurden zusammen mit Pastor Leo Schultz verhaftet, verurteilt und hingerichtet.

Lit.: E. Amburger, Pastoren Russlands, 468 f., Nr. 1021; W. Sorokin/ M. Schkarowskij/T. Tazenko, Martyrologium, 375.

Hamm, Vater und Sohn

* um 1900
† 1937/38

»In den 1937/38er Jahren haben wir unsere Lieben verloren. Sie nahmen uns unsere Männer und vernichteten sie.« So schrieb uns im Oktober 1991 Maria Hamm aus der Mennonitengemeinde in Novosibirsk. Wir hatten sie schon früher bei einem Besuch lutherischer Gemeinden in Sibirien kennen gelernt. Sie erzählte von ihrem Vater, der sie schon früh im Glauben geprägt hatte. »Oft ging er mit uns ins Feld. Er sang so gern den Choral: ›An des ewgen Vaters Hand und am Wanderstabe, wandle ich durchs ganze Land, bis zu meinem Grabe‹ ... Dazu kam das Lied ›Harre meine Seele‹.« In solchem Glauben gegründet, hat die Familie Hamm die schweren Wege gehen können. Nachdem der Vater umgekommen war, wurde auch der Ehemann von Maria Hamm, Lehrer für Mathematik und Physik an einer lutherischen Schule, umgebracht, zusammen mit dem Direktor Nürnberg. Maria Hamm berichtet dann, wie sie selbst auf dem Weg in die Verbannung in Sibirien mit 300 Frauen in einer russisch-orthodoxen Kirche eingeschlossen wurde, am nächsten Tag wurden sie 120 Kilometer weit getrieben. Viele kamen um. Sie gehören mit zu den Opfern, an die wir denken. Als Maria Hamm nach der Verbannungszeit in Novosibirsk Wohnung fand, hat sie ihr Haus für die Zusammenkünfte der Mennoniten geöffnet. Dort begegneten wir ihr. Die Gespräche mit ihr und ihre Briefe sind ein eindrucksvolles Zeugnis, wie das Gedenken an die Verfolgungszeit und die Opfer Frucht trägt. Noch als Neunzigjährige hat sie Enkeln und Urenkeln und manchem in der Gemeinde Wegweisung für den Glauben geben können.

Lit.: H. Rathke, Sammlung Berichte und Briefe, Maria Hamm, 1977-1995.

Hanson, Arthur

* 18.11.1866 Reval (Tallinn)/Estland
† zwischen 1937 und 1943

Hanson, Amalie, geb. **Braun**

* 27.01.1876 Agaj/Krim
† 10.02.1943 im Gefängnis

Von drei verhafteten Töchtern kam eine im Straflager um. Nach dem Schulbesuch in Reval und dem Theologiestudium in Dorpat (Tartu) war Hanson 37 Jahre lang als Pastor in Bessarabien tätig, zunächst in Dzelal und Neusatz auf der Krim, von 1899 bis 1912 in Arcis und danach bis 1930 in Byten auf der Krim. 1926 machte er eine Predigtreise durch Sibirien. Auf einer weiteren Predigtreise durch die Krim begleitete ihn 1929 Pastor Eugen Bachmann aus Leningrad, der die Straflager am Eismeer überlebte und nach dem Zweiten Weltkrieg in Zelinograd/Kasachstan wieder eine lutherische Gemeinde sammelte. Arthur Hanson wurde am 8.2.1930 verhaftet und in ein Straflager nach Novosibirsk und Tomsk in Sibirien verschickt. 1931 durfte er zu seiner Familie zurück, die inzwischen in Ivanovka bei Moskau wohnte. Eine Pfarre durfte er nicht mehr übernehmen, war aber noch als Berater des Evangelischen Oberkirchenrats tätig. Im April 1937 wurde Arthur Hanson erneut verhaftet und blieb verschollen. 1943 erklärten ihn die Behörden für tot.

Lit.: E. Amburger, Pastoren Russlands, 338, Nr. 414; E. Bachmann, Ende, 140, Nr. 15; K. Stumpp, Verzeichnis, 140, Nr. 382.

Hansen, Helmuth

* 13.03.1892 Tiflis
† nach 1938

Hansen, Erna, geb. **Spennemann**

* 01.09.1889 Sankt Petersburg
† nach 1937 im Gefängnis (Suizid?)

Helmuth Hansen war vielen Gemeindegliedern und Pastoren in und um Sankt Petersburg in guter Erinnerung als Dozent für Neues Testament am Predigerseminar, als Pastor in Strelna bei Sankt Petersburg und ab 1918 an der Petrikirche in Sankt Petersburg. Als sein Vater Hermann Hansen von Tiflis und Baku nach Sankt Petersburg gekommen war, besuchte der Sohn Helmuth dort die St. Annenschule. Er studierte 1911 bis 1916 in Dorpat (Tartu) Theologie und machte 1916 in Petrograd (Leningrad) sein Examen. Neben Gemeindearbeit und Dozententätigkeit am Seminar sammelte Hansen Kinder und Jugendliche zu christlicher Unterweisung und erregte auch damit den Unwillen der Regierung. Im Dezember 1929 wurde er zusammen mit seiner Frau und den aktiven Mitgliedern der Jugendgruppen verhaftet. Alle wurden zu verschiedenen Haftstrafen verurteilt. Die drei Söhne des Ehepaars waren gerade sechs, acht und zehn Jahre alt. Die Ehefrau Hansen kam 1933 aus dem Straflager zurück, wurde erneut verhaftet und soll sich im Gefängnis mit Tabletten vergiftet haben. Helmut Hansen, zu zehn Jahren Straflager verurteilt und ins Solovki-GULag verbannt, wurde 1938 als arbeitsunfähig entlassen. Später wurde er erneut verhaftet, und seine Spur verliert sich. Auch über das Schicksal der drei Söhne ist nichts bekannt.

Lit.: E. Amburger, Pastoren Russlands, 337, Nr. 412; E. Bachmann, Ende, 140, Nr. 14; Der Bote, 1/1996, 38; G. Krodel, Lutherans in Russia, 1; K. Stumpp, Verzeichnis, 140, Nr. 379 a.

Reichert, Paul

* 27.06.1875 Kamysin/Gouvernement Saratov an der Wolga
† 03.01.1938 in der Lewaschower Heide bei Leningrad

Paul Reichert war als Sohn eines Siedlers im Wolgagebiet geboren, besuchte das Gymnasium in Astrachan und studierte 1895 bis 1901 in Dorpat (Tartu)/Estland Theologie. Seine erste Pfarrstelle war von 1904 bis 1921 in Balzer im Wolgagebiet. Danach zog er nach Petrograd (Leningrad), versorgte dort die Gemeinden Aleksandrovka und Neu-Saratovka. (Diese Kirche wird nach Jahrzehnten der Entweihung jetzt als Seminar der lutherischen Kirche in Russland (ELKRAS) genutzt.) 1933 begann Paul Reichert seinen Dienst an der Petri-Kirche in Leningrad, zugleich wurde er als Dozent für Praktische Theologie und Religionspädagogik am Theologischen Seminar in Leningrad tätig. Am 17. November 1937 verhaftete ihn die GPU zusammen mit seinem Sohn, Pastor Bruno Reichert. Man beschuldigte ihn der Spionage und der Abhaltung konterrevolutionärer Versammlungen. Am 26. Dezember, dem Tag des Erzmärtyrers Stephanus, wurde er zur Höchststrafe verurteilt und am 3. Januar 1938 erschossen. Im Martyrologium der Russisch-Orthodoxen Kirche von 2002 wird in einem lutherischen Anhang (von T. Tazenko) auch seiner gedacht. Die Innenseiten vom Umschlag dieses Buches zeigen Aufnahmen von der Massenhinrichtungsstätte in der Lewaschower Heide, zunächst für Jahrzehnte von Wald und Heide überwuchert, inzwischen als Gedenkstätte hergerichtet. Neben Paul Reichert gehören auch sein Sohn Bruno Reichert, Alexander Willigerode, Helmut Hansen und Heinrich Behrendts zu den Pastoren, die an der Petrikirche in Leningrad tätig waren und die ihren Dienst in der Kirche mit dem Tod bezahlten.

Lit.: A. Amburger, Pastoren Russlands, 441, Nr. 894; E. Bachmann, Ende, 147, Nr. 39; Der Bote, 3/1997, 6-9; S. Reder/H. Rathke, Predigthilfen, II, 252 f.; W. Sorokin/M. Schkarowskij/T. Tazenko, Martyrologium, 371 f.; K. Stumpp, Verzeichnis, 164 f., Nr. 758.

Berger, Sergej

* (?) 1895

† 03.01.1938

Bitsch, Josef

* (?) 1905 Kolonie Novo-Alexandrovskoi

† 03.01.1938

Dauwalter, Georg

* (?) 1908 Sankt Petersburg

† 03.01.1938

Deters, Edgard

* 19.10.1910

† 03.01.1938

Diese vier Männer gehörten dem Kirchgemeinderat der Petrikirche in Sankt Petersburg (Leningrad) an. Sergej Berger war vom Mai 1935 bis Oktober 1937 auch Vorsitzender des Kirchgemeinderats. Berger war als Buchhalter tätig, Bitsch arbeitete ebenso wie Deters in einer Leningrader Fabrik. Als die Schikanen gegen Christen und Kirche und der stalinistische Terror 1937 ihren Höhepunkt erreichten, wurde am 17.11.1937 Paul Reichert, Pastor an der Petrikirche in Leningrad, verhaftet. Wenige Tage danach, am 23.11.1937, wurden auch die Mitglieder des Kirchgemeinderats Berger, Bitsch und Deters verhaftet, am 11.12.1937 dann auch Georg Dauwalter. Pastor Paul Reichert war schon am 26.12.1937 zum Tod durch Erschießen verurteilt worden, ebenso sein Sohn Bruno Reichert. Am 02.01.1938 folgte der Prozess gegen die Kirchgemeinderatsmitglieder, die auch alle zum Tode verurteilt wurden. Das Urteil wurde an allen in der Lewaschower Heide bei einem Dorf in der Nähe von Leningrad vollstreckt.

Lit.: E. Bachmann, Ende, 147; Der Bote, 3/1997, 6-9; W. Sorokin/M. Schkarowskij/T. Tazenko, Martyrologium, 377, 378, 381.

Kern, Jakob
* (?) 1900
† 03.01.1938
Stitnik, Alfred
* (?) 1867 Saratov
† 03.01.1938
Ulrich, Heinrich
* (?) 1906 Novo-Saratovka
† 03.01.1938
Ulrich, Christian
* (?) 1901 Schlüsselburg
† 03.01.1938

Im Zusammenhang mit dem Prozess gegen Kirchenvorstandsmitglieder der Petrikirche und gegen die Pastoren Paul und Bruno Reichert wurden auch diese Glieder anderer Gemeinden verhaftet, zum Tode verurteilt und am 3.1.1938 in der Lewaschower Heide bei Leningrad erschossen. Jakob Kern arbeitete als Kolchos-Arbeiter auf dem Kolchos »Krasni-Mechanisator« in Novo-Saratovka bei Leningrad. Er gehörte dort zum Kirchgemeinderat. Am 9.12.1937 wurde er verhaftet. Alfred Stitnik war Apotheker. Er war in verschiedenen lutherischen Kirchgemeinden, zuletzt in der Petrikirche Mitglied des Kirchenvorstands. Er wurde am 23.11.1937 verhaftet. Heinrich Ulrich arbeitete als Kraftfahrer in Novo-Saratovka und gehörte dort zum Kirchgemeinderat. Am 11.12.1937 wurde er verhaftet. Auch Christian Ulrich arbeitete in Novo-Saratovka und war Mitglied des Kirchgemeinderats. Er wurde am 9.12.1937 verhaftet. Mit der Verurteilung und Hinrichtung dieser Gemeindeglieder und Pastoren war das öffentliche Leben ihrer Kirchgemeinden erloschen. Die Petrikirche in Leningrad wurde enteignet und später zu einem Hallenschwimmbad umgebaut, seit 1992 wird sie wieder kirchlich genutzt. Auch die lutherische Kirche in

Novo-Saratovka wurde zweckentfremdet. Seit wenigen Jahren ist dort das Seminar der Evangelisch-Lutherischen Kirche (ELKRAS).

Lit.: W. Sorokin/M. Schkarowskij/T. Tazenko, Martyrologium, 383, 394, 395 f.

Reichert, Bruno

* 09.04.1908 Balzer/Gouvernement Saratov an der Wolga
† 03.01.1938 in der Lewaschower Heide bei Leningrad

Bruno Reichert teilte das Schicksal seines Vaters. Mit 29 Jahren wurde er zusammen mit seinem Vater Paul Reichert in einer Einöde abseits von Leningrad erschossen. Beide waren am 17. November 1937 in Leningrad verhaftet worden. Dort wurde ihnen am zweiten Weihnachtstag, dem Gedenktag des ersten christlichen Märtyrers Stephanus, vom NKWD der Prozess gemacht: Höchststrafe, Tod durch Erschießen. Eine Woche später wurde das Urteil vollstreckt. Bruno Reichert war im Pfarrhaus von Balzer/ Wolgagebiet aufgewachsen. Nach dem Umzug nach Leningrad besuchte er dort die Petrischule. Ein geordnetes Theologiestudium war nicht mehr möglich. Bruno Reichert nahm 1932 bis 1933 an biblischen Kursen in Leningrad teil und war danach als Praktikant in den umliegenden Gemeinden von Leningrad tätig, so auch in Novo-Saratovka. Als Pastor unterstützte er auch seinen Vater an der Petrikirche in Leningrad. Nach der Verhaftung von Vater und Sohn Reichert verfügte der örtliche Sowjet die Schließung der Petrikirche. Als am 24.12.1937 die Gemeindeglieder zum Festgottesdienst kamen, standen sie vor verschlossenen Türen. Zwei Tage später wurde das Todesurteil über Vater und Sohn Reichert gesprochen, kurz danach die Erschießung vollstreckt. Am 20.02.1938 wurden die Schlüssel der Petrikirche abgegeben. Den formellen Beschluss zur Schließung der Petrikirche fasste das Exekutiv-Komitee des Leningrader Gebiets erst am 02.08.1938.

Lit.: A. Amburger, Pastoren Russlands, 441, Nr. 893; E. Bachmann, Ende, 147, Nr. 40; Der Bote, 3/1997, 6-9; W. Sorokin/M. Schkarowskij/T. Tazenko, Martyrologium, 371; K. Stumpp, Verzeichnis, 164 f., Nr. 759.

Schmidt, Waldemar

* 1861 Livland (Estland)

† 03.01.1938 Lewaschower Heide bei Leningrad

Fuhrmann, Boris

* (?) Sankt Petersburg

† 1938

Der junge Kunststudent Boris Fuhrmann und der fast achtzigjährige Direktor des lutherischen Waisenhauses in Sankt Petersburg wurden Zeugen für ihr Bekenntnis zum christlichen Glauben. Boris Fuhrmann studierte an der Kunstakademie in Sankt Petersburg. Er gehörte zur Kirchgemeinde der Katharinenkirche. Schon im Februar 1930 wurde er verhaftet und angeklagt. Bei einer erneuten Verhaftung im Jahre 1938 wurde er der Zugehörigkeit zu einer antisowjetischen Gruppe und zum »Jugendbund« bezichtigt. Er wurde zum Tode verurteilt und danach erschossen. Waldemar Schmidt war in Livland (Estland) aufgewachsen. In Sankt Petersburg war er in christlichen Wohltätigkeitseinrichtungen tätig und leitete 1895 bis 1917 das lutherische Waisenhaus. 1930 ging er in den Ruhestand, arbeitete aber noch im Kirchgemeinderat der Petrigemeinde mit. Im Zusammenhang mit den Prozessen gegen den Pastor der Petrigemeinde, Paul Reichert, wurde er am 23.11.1937 verhaftet, am 2.1.1938 zum Tode verurteilt und danach erschossen.

Lit.: W. Sorokin/M. Schkarowskij/T. Tazenko, Martyrologium, 396 f.

Bodungen, Ferdinand
* 25.11.1872 Sankt Petersburg
† 15.01.1938 in der Lewanowski-Heide bei Leningrad

Ferdinand Bodungen kam aus einer Arztfamilie in Sankt Petersburg. Dort besuchte er bis 1893 die Petrischule. 1893 bis 1898 studierte er in Dorpat (Tartu)/Estland Theologie. Danach war er zunächst als Lehrer in Sankt Petersburg und in Peterhof tätig. Am 21.5.1901 wurde er ordiniert und war danach mit zeitweiligen Unterbrechungen Pastor von Peterhof, daneben auch Lehrer der deutschen Sprache am Progymnasium. Am 27.11.1937 wurde er verhaftet. Erst nach 1990 wird durch Einsicht in die GPU-Archive im Leningrader Bezirk bekannt, dass Ferdinand von Bodungen wegen »revolutionärer Agitation« angeklagt und zum Tode verurteilt wurde. In der Lewaschowker Heide, nahe einem kleinen Dorf bei Sankt Petersburg, wurde er am 10.1.1938 erschossen. Die Massengräber von damals sind heute von Wald bedeckt, mit vielen Gedenktafeln an den Bäumen.

Lit.: E. Amburger, Pastoren Russlands, 266, Nr. 102; W. Sorokin/M. Schkarowskij/T. Tazenko, Martyrologium, 361 f.

Fischer, David
* (?) 1871 Katharinenstadt (Marxstadt)/Wolgagebiet
† 10.11.1937 Engels

Fischer, Andrej (Bruder)
* (?) 1884
† 22.05.1938 Saratov

Fischer, Johannes (Bruder)
* (?) 1885
† 21.08.1938

Vom Leben und gewaltsamen Ende der Brüder Fischer ließ sich der Leiter des Heimatmuseums in Marx an der Wolga, Nikolai Titow, im Sommer 1992 von dem Sohn des David Fischer erzählen. David Fischer jun. war nach der Verhaftung des Vaters verschleppt worden, lebte dann in Sibirien und Kasachstan und erfuhr erst 1992 aus den GPU-Archiven vom gewaltsamen Tod des Vaters und seiner Brüder. Vater David Fischer wuchs in der lutherischen Gemeinde Katharinenstadt/Rosenheim auf, auf der Wolga-Wiesenseite. Dort wurde er Gehilfe des Küsters und Schulmeisters. Bald konnte er Religionsunterricht erteilen. Er wurde Küster, Lehrer, Organist und Chorleiter der lutherischen Kirche in Katharinenstadt, 1924 bis 1930 in Rosenheim und dann wieder in Katharinenstadt. Als die Kirche von den neuen Machthabern geschlossen wurde, hielt er zuhause Gottesdienste. Davon ließ er sich auch durch Drohungen nicht abbringen. In der Frühe des 05.08.1937 verhafteten ihn die Tschekisten. Er konnte seiner Frau nur noch zurufen: »Kümmere dich um die Kinder!« Erst 1991 erfuhr der Sohn von der Staatsanwaltschaft Saratov: Ihr Vater wurde am 08. November 1937 wegen sowjetfeindlicher Agitation angeklagt und zur Höchststrafe – der Erschießung – verurteilt. Das Urteil wurde am 10. November 1937 vollstreckt, wahrscheinlich in Engels. Im nächsten Jahr traf zwei seiner Brüder ein ähnliches Schicksal. Andrej wurde am 22.05., Johannes am 21.08.1938 erschossen.

Lit.: Neues Leben, Deutsch-Russische Zeitung, Juni 1992, 15.

Fehler, Theodor

* (?) 1895 Michelfeld/Nordkaukasus
† 03.03.1938 Novosibirsk(?)

Über den Tod von Theodor Fehler gibt es widersprüchliche Nachrichten. Es spricht vieles dafür, dass er nach seiner Verhaftung und Deportation nach Sibirien am 3.3.1938 erschossen wurde. Es war der Höhepunkt des stalinistischen Terrors. Eugen Bachmann, der zusammen mit Fehler in Leningrad studiert hatte, will 1957 in Zelinograd Nachrichten erhalten haben, wonach Fehler die Haft überlebte und nach dem Krieg in Novosibirsk gestorben sei. Fehler war bei Wladikawkas im Nordkaukasus aufgewachsen. Er gehörte 1925 zu den ersten Studenten im neugegründeten Predigerseminar in Leningrad. Im Entsendungsgottesdienst im Sommer 1928 in der Annenkirche in Leningrad predigte Bischof Malmgren über die zweite Bitte des Vaterunsers: »Dein Reich komme!« Für die Absolventen predigte Johannes Schlundt. Er sprach von der Herrlichkeit des Amtes, das die Versöhnung predigt. Studienleiter Propst Wacker, hatte miterlebt, wie sich die Absolventen über den Abschluss des Studiums freuten und fuhr dann fort: »Aber unermesslich größer ist die Freude der Gemeinden, die, oft seit mehr als einem Jahrzehnt ohne geistliche Bedienung, mit Ungeduld der Stunde warten, wo sie wieder einen Prediger und Seelsorger als den ihren begrüßen können.« Theodor Fehler war im Anschluss an das Studium in Leningrad vom Gustav-Adolf-Verein nach Leipzig zu einem einjährigen Zusatzstudium eingeladen worden. Die sowjetischen Behörden lehnten ab. So ging Theodor Fehler 1928 in seine nordkaukasische Heimat zurück als Pastor von Georgsfeld und Katharinenfeld. Dort konnte er noch acht Jahre als Pastor wirken, bevor er verhaftet und zu zehn Jahren Zwangsarbeit verurteilt wurde. Wie er umkam, wissen wir nicht.

Lit.: E. Amburger, Pastoren Russlands, 310, Nr. 289; E. Bachmann, Ende, 138, Nr. 8; K. Stumpp, Verzeichnis, 133, Nr. 201; H. Tschoerner, Predigerseminar, 60-62.

Mittelstädt, Reinhold

* (?) 1888 Wlayn, Kreis Novograd-Wolynskij/Ukraine
† 27.04.1938 Mosyr

Reinhold Mittelstädt lebte als selbständiger Bauer in der westlichen Ukraine. In diesem Gebiet, damals als Wolhynien bekannt, gab es viele große deutsche Kolonistengebiete. Novograd-Wolynskij hatte neben einer baptistischen auch eine lutherische Kirchgemeinde. Deren letzter Pastor wurde 1935 verhaftet und zum Tode verurteilt. Reinhold Mittelstädt war Vorsteher der baptistischen Gemeinde. Im Winter 1932 wurde er zum ersten Mal verhaftet und zu fünf Jahren Zwangsarbeit verurteilt. Fast vier Jahre musste er am Moskau-Wolga-Kanal arbeiten. Schon ein Jahr später folgte die erneute Verhaftung am 7.11.1937. Am 29.3.1938 wurde er vom Volkskommissariat des Inneren zur Höchststrafe – dem Tod durch Erschießen – verurteilt. Das Urteil wurde am 27.4.1938 in der Stadt Mosyr vollstreckt. So geht es aus einer Archivbescheinigung des Obersten Gerichts der Weißrussischen Republik vom 5.10.1961 hervor, die 1995 dem überlebenden Sohn Ruben Mittelstädt zugestellt wurde. Gleichzeitig wurde damit die Rehabilitierung ausgesprochen.

Lit.: Sammlung H. Rathke, Briefe Dürr/Mittelstädt, 2001.

Pahl, Ernst

* 1893 Sankt Petersburg

† 28.06.1938 Lewaschowsker Heide bei Leningrad

Ernst Pahl gehörte zu den vielen Gemeindegliedern, kirchlichen Mitarbeitern und Pastoren, die 1937/1938 in und um Leningrad verhaftet und verurteilt wurden. Viele von ihnen wurden im Wald- und Heidegebiet Lewaschowsker Heide bei Sankt Petersburg erschossen und verscharrt. Jahrzehntelang blieb dieses Verbrechen verborgen. Nach 1990 wurde in der Lewaschowsker Heide eine Gedenkstätte eingerichtet. Ernst Pahl lebte in Novo-Saratovka bei Sankt Petersburg, damals ein deutsches Kolonistendorf. Noch heute findet man auf dem Friedhof bei der Kirche viele deutsche Gräber. Die lutherische Kirche von Novo-

Saratovka, über Jahrzehnte entweiht und zweckentfremdet, dient heute als Seminar der Evangelisch-Lutherischen Kirche in Russland und anderen Staaten. Ernst Pahl arbeitete in einer technischen Fabrik. Er gehörte dem Kirchgemeinderat an und war für kirchliche Sammlungen verantwortlich. Diese Tatsache sowie Zugehörigkeit zu einer »konterrevolutionären Widerstandsgruppe« wurden ihm nach seiner Verhaftung am 21.03.1938 vorgeworfen. Am 13.06.1938 wurde er zum Tode verurteilt, am 28.06.1938 erschossen.

Lit.: W. Sorokin/M. Schkarowskij/T. Tazenko, Martyrologium, 391.

Meiser, Christian

* 1872 Neu-Balzer

† 1938

Den Sohn Alexander Meiser trafen wir 1992 als Laienprediger im Bethaus der Gemeinde Novaja-Schulba in Nordkasachstan. Er erzählte von seiner Familie und der stalinistischen Verfolgungszeit. Der Enkel schreibt 2002 in einem Brief: »Mein Großvater Christian Mößer (Meiser) ist geboren 1872 in Neu-Balzer in Russland an der Wolga. Mit seiner Frau Marielisbeth hatten sie die Kinder Christian (1900), Katerina (1902), Manuel (1904), Johannes (1907), Mariaj (1909), Alexander (1912), Ottilia (1915). Er war ein Bauer, mit seiner Familie haben sie ihr Land verarbeitet und sich ernährt. 1933 war Hungersnot, die Pferde sind gestohlen und die Ältesten sind ausgezogen in andere Dörfer. Mein Großvater war ein Prediger. Im Jahr 1938 wurde er in der Nacht abgeholt von der Polizei. Er wurde gequält. Er sollte sich von Gott absagen. Die Kommunisten hatten keinen Gott. Ein Mann hat (uns) ein Blatt geschrieben (aus dem Gefängnis). Dort stand, dass Christian Meiser wird gequält Tag und Nacht, geschlagen, ohne Essen und

Trinken 9 Tage. Er soll sich vom Glauben absagen, dann wollten sie ihm Essen geben. Er wurde hingerichtet und keine Spuren hinterlassen, bis heutigen Tag. Wir haben geschrieben, gesucht nach ihm.«

Lit.: H. Rathke, Berichte bei Besuchen in Kasachstan 1992, 1994; Briefe Meiser 1982-1992.

Fahrendrusch, Vater und Sohn

* um 1885, * um 1911
† 1938, † 1938

Im Mai 1993 besuchten wir, ein evangelischer Helferkreis aus Schwerin/Mecklenburg, lutherische Gemeinden in Kasachstan und Kirgistan. Die Fahrt führte uns auch ins abgelegene Brno-Oktjabrske (zu deutsch: »Stürmischer Oktober«) bei Dschambul im Süden Kasachstans. Dort lebten zu 90 % verschleppte Russlanddeutsche, etwa 1942 aus dem Wolgagebiet in die Straflager nach Sibirien und dann zur Zwangsarbeit nach Kasachstan und Mittelasien verschleppt. Nach Jahrzehnten der Isolierung kommen wir nun zu Besuch. So erfahren wir dieses und jenes Schicksal. Friedrich Fahrendrusch, inzwischen 75 Jahre alt, erzählt von dem Höhepunkt der stalinistischen Verfolgung 1937/1938. Die Presse stachelte den »Bund der kämpfenden Gottlosen« zu rücksichtslosem Kampf gegen Kirche und Gläubige auf. Stalin, Molotow und Kaganowitsch hatten in einem Dekret vom 30.7.1937 verfügt, 258.950 Menschen zu erschießen. Jeder, der dem bolschewistischen System missfiel, wurde gnadenlos liquidiert. So wurde im August 1938 als letzte die Peter-und-Paul-Kirche in Moskau geschlossen. Bald darauf arbeitete kein Pastor mehr. Rückblickend schreibt Johannes Schleuning, einer der wenigen überlebenden Pastoren: »Mit dem Jahr 1937 hört die Evangelisch-Lutherische Kirche in Russland auf, als organisierte Kirche zu existieren.« Doch heimlich trafen sich die Christen, um miteinander Gottes Wort zu hören und zu beten. Zu den »Brüdern«, bei denen man zusammenkam, gehörte auch Vater Fahrendrusch. Das wurde bekannt. Der Sohn musste miterleben, wie Vater und Bruder 1938 erschossen wurden, als Zeugen ihres evangelischen Glaubens.

Lit.: J. Schleuning, Stummen, 118; H. Rathke, Tagebücher, 12/70, Sammlung Briefe/Berichte 2001.

Semke, Christian

* (?) 1907 in Wolhynien (Westukraine)
† (?) 1938 Workuta/Komi-Republik

Christian Semke ist in sehr jungen Jahren der stalinistischen Verfolgung zum Opfer gefallen. Bis 1929 nahm er an den theologischen Kursen im lutherischen Predigerseminar in Leningrad teil. 1930 begann er seinen Dienst als Pastor im Kolonistendorf Grashdanka bei Leningrad. 1932 wurde er zur Armee eingezogen. Sehr bald nach seiner Rückkehr wurde er 1934 verhaftet und in die Komi-Republik (Nordural) verbannt. Von dort konnte er fliehen. Heimlich kehrte er nach Leningrad zurück. Dort nahm er Verbindung zu seinem Studienfreund Eugen Bachmann auf. Das deutsche Generalkonsulat in Leningrad konnte ihm kein Asyl gewähren. So stellte er sich der GPU und wurde erneut in ein Straflager gebracht, in das inzwischen auch Pastor Eugen Bachmann aus Leningrad eingeliefert worden war. Schriftlich konnten sie dort den Kontakt miteinander suchen. 1937 wurde Christian Semke in das Lager Workuta in der Tundra gebracht und dort 1938 erschossen.

Lit.: E. Amburger, Pastoren Russlands, 473, Nr. 1042; E. Bachmann, Ende, 149, Nr. 52; W. Sorokin/M. Schkarowskij/T. Tazenko, Martyrologium,365; K. Stumpp, Verzeichnis, 172, Nr. 871.

Berendts, Heinrich und Ehefrau Hedwig,
geb. **Malmgren**
* 22.07.1892 Sankt Petersburg
† (?) 1938 (?)

Heinrich Berendts kam aus einer Petersburger Kaufmannsfamilie. Er besuchte 1925 bis 1928 das Predigerseminar der lutherischen Kirche in Leningrad. 1923 heiratete er Hedwig Malmgren, die Tocher des damaligen Bischofs Arthur Malmgren. Drei Jahre war er als Pfarrer in Leningrad und daneben als Dozent für Hebräisch am Seminar tätig. Schon 1931 wurde er zeitweise aus dem Stadtgebiet von Leningrad verbannt. 1932 folgte die Ausweisung für drei Jahre aus Leningrad. Er sei »Brennholzräuber«, sein Schwiegervater habe illegal Holz gekauft. Nach kurzer Tätigkeit im Wolgagebiet kam Ehepaar Berendts im März 1933 in die lutherische Gemeinde Taschkent in Usbekistan. 1996 erinnert sich bei der Jahrhundert-Feier der Kirche das frühere Gemeindeglied Nikolaj Bendinger: Nach dem Tod von Pastor Justus Jürgenssen und der Verhaftung seiner Frau »kam 1933 Heinrich Berendts mit seiner Frau Hedwig ... Sie spielte die Orgel ... 1937 wurden der Pastor und seine Frau verhaftet. Nach der Verhaftung wusste keiner, was mit ihnen geschehen war. Es war eine schreckliche Zeit. Jeder hatte Angst vor dem anderen, und keiner erkundigte sich nach ihrem Schicksal«. Später wurde auch Bendinger mit seiner Familie deportiert, er selbst kam zur »Trud-Armee«, also ins Zwangsarbeitslager. Das Ehepaar Berendts blieb verschollen und wird wie viele andere Christen in den Straflagern umgekommen oder umgebracht worden sein. Im Juli 2001 überreichen staatliche Repräsentanten von Usbekistan dem lutherischen Bischof in Usbekistan, Kornelius Wiebe, Dokumente aus dem persönlichen Archiv von Pastor Heinrich Berendts. Sie könnten weiteren Aufschluss über sein Schicksal und seinen Tod geben.

Lit.: E. Amburger, Pastoren Russlands, 260, Nr. 73; E. Bachmann, Ende, 136f., Nr. 3; Der Bote, 3/1997, 6-9; 100 Jahre Kirche Taschkent, 54-56; K. Stumpp, Verzeichnis, 125, Nr. 56.

Schacht, Gottlieb

* 26.02.1886 Maidan/Wolhynien (Westukraine)
† (?) 1938 oder später

Gottlieb Schacht war als Küsterlehrer in der Kirchgemeinde von Pastor Gustav Uhle in Heimtal tätig. Ohne den Dienst der Küsterlehrer und auch der »Brüder« in den einzelnen Dörfern wäre der Dienst des Pastors nicht möglich gewesen. So gehörten zum Kirchspiel Heimtal um 1900 etwa 17.000 Gemeindeglieder in 79 Gemeinden. Um 1922 erlebten diese Gemeinden eine Erweckung. Dies konnte den neuen kirchenfeindlichen Machthabern nicht gefallen. 1924 wurde Gottlieb Schacht als Lehrer abgesetzt. 1929/1930 wurde durch neue Bestimmungen die kirchliche Arbeit massiv eingeschränkt. Pastor Uhle hielt heimlich Gottesdienste. Auch beim Küsterlehrer Schacht versammelten sich die Christen. Am 03.10.1933 wurden Küster Schacht und Pastor Uhle verhaftet. Danach wurde der Sohn des Küsters, Erich Schacht, »als Sohn des Pfaffen«, auch verhaftet. Fünf Jahre später waren Vater und Sohn immer noch in Haft, wurden von einem Lager zum andern gebracht. Mit Datum vom 12.4.1938 erreichte den Sohn der letzte Brief seines Vaters aus dem Lager Marinskij: »Mein liebes Kind Erich, ich schreibe schon ein paar Tage an diesem Brief. Meine Hände zittern und meine Gedanken können sich vor Schwäche und Schmerzen nicht mehr zusammenfassen. Ich spüre, daß es heimwärts geht. So bitte ich unsern lieben Vater im Himmel, er möge mir Kraft verleihen. ... Betet auch fleißig für mich. Seid alle dem Herrn befohlen. Lebt wohl, ich werde zu meinem himmlischen Vater heimgehen. Dein dich liebender Vater Gottlieb Schacht.« Der Sohn, Erich Schacht, überlebte, wurde nach 1945 von Pastor Arthur Pfeiffer in Moskau heimlich als Prediger ausgebildet und besuchte viele Gemeinden.

Lit.: E. Amburger, Pastoren Russlands, 499, Nr. 1157; E. Schacht, Russland erlebt mit Jesus, 11, 35, 74 f.

Staab, Konrad

* 06.12.1891 Atkarsk/Saratov an der Wolga
† nach 1938 Kamysin (?)

Konrad Staab wurde 1891 in einer Siedlerfamilie an der Wolga geboren, dort besuchte er auch die Realschule. In Dorpat (Tartu) in Estland begann er 1912 ein Mathematik-Physik-Studium; 1914 wechselte er zur Theologie. Dann geriet er in die Wirren der Oktoberrevolution von 1917. Nur bruchstückhaft wissen wir, wie sein Leben weiter verlief. Er soll noch an Predigerkursen der lutherischen Kirche in Leningrad teilgenommen haben. 1922 bis 1925 wirkte er als Pfarrer in der Gemeinde Kamysin an der Wolga, danach einige Jahre in Frank. Die letzten drei Pfarrer dieser Gemeinde hatten ihren Dienst in der Kirche mit dem Leben bezahlt, wurden umgebracht oder blieben verschollen. Von Konrad Staab hört man erst wieder, als er 1934 in Kamysin verhaftet wurde. 2002 hat dann ein deutscher Aussiedler aus Kasachstan, früher Gemeindeglied in Frank/Wolgagebiet, genauere Nachricht mitgebracht: »Die erste Seele, (die ein Opfer der Verfolgung wurde), war unser Pastor, Staab, Konrad, Im Dorf Frank, an dem Wolgadeutschen Gebiet, in der alten Heimat Ort. Der Pastor hat gedient im Frankeren Kirchspiel von 1925 bis 1930; im Oktober Monat wurde er verhaftet, verurteilt auf 2 Jahre nach Sibirien, verschickt in den Wald (zur Zwangsarbeit). 2 Jahre hatte er abgebüßt, und kam frei. Aber im Dorf durfte er nicht bleiben, dann ist er ausgewandert nach Kamyschin. Dort wurde er wieder verhaftet, und dort wurde er auch umgebracht wegen seines festen Glaubens.«

Lit.: E. Amburger, Pastoren Russlands, 480, Nr. 1071; H. Rathke, Briefsammlung (K. Gettmann, 08.04.2002); K. Stumpp, Verzeichnis, 173, Nr. 891.

Koch, Dr. med.,...

* um 1885
† nach 1938

Dr. med. Koch war Arzt am Evangelischen Hospital in Odessa. Die Diakonische Arbeit der Evangelisch-Lutherischen Kirche in Russland hatte um 1850 durch Anstöße aus Deutschland ihren Anfang genommen. Dr. Karl von Mayer gründete 1859 in Sankt Petersburg das »Evangelische Hospital«. Um die gleiche Zeit entstand in Hoffnungstal das erste Diakonissen-Mutterhaus, in den Anfängen begleitet durch Diakonissen aus Kaiserswerth und Neuendettelsau. Bald gab es an vielen Orten diakonische Einrichtungen, das »Evangelische Hospital« in Odessa gehörte dazu. Dr. med. Koch, der an diesem evangelischen Krankenhaus arbeitete, kam aus einer Bauernfamilie in Sarata am Schwarzen Meer. Sein Bruder Albert wurde Pastor und ist wahrscheinlich 1937 im berüchtigten Burtika-Gefängnis in Moskau umgekommen. Dr. Koch aus Odessa konnte vor 1930 noch zu einem Ärztekongress nach Moskau kommen. Dort traf er Eugen Bachmann, damals in der Ausbildung und später Pastor. E. Bachmann überlebte und wusste vom weiteren Schicksal von Dr. Koch. Nach einem Dekret der Volkskommissare von 1929, Artikel 68, wurde »religiösen Gesellschaften untersagt, ihren Mitgliedern irgendwelche Hilfe zu gewähren«. Jegliche kirchlich-diakonische Arbeit war nun endgültig verboten. Die diakonischen Mitarbeiter waren ebenso wie Pastoren und Gemeindeglieder dem Terror ausgesetzt. Dr. Koch wurde verhaftet und in das berüchtigte Straflager »Kolymma« verbannt, das auch Hinrichtungslager an einem der sibirischen Flüsse war. Er soll noch einige Zeit als Arzt gearbeitet haben. Er wird dort auch umgekommen sein.

Lit.: E. Amburger, Pastoren Russlands, 383 f.; E. Bachmann, Ende, 144; I. Stoldt, Diakonissenarbeit, 235-246.

Heine, Wilhelm

* 13.11.1866 Sigonpulam/Sumatra

† um 1938 Simferopol

Der Vater von Wilhelm Heine stammte aus einer Kolonistenfamilie in der Südukraine, die aus Sachsen eingewandert war. Der Vater wurde in dem Missionshaus in Barmen ausgebildet und war 1861 bis 1873 als Missionar auf Sumatra tätig. Dort wurde Wilhelm Heine jun. geboren. Nach der Rückkehr des Vaters in das Kirchspiel Neu-Stuttgart besuchte der Sohn das Gymnasium in Katharinenstadt und Saratov und studierte 1884 bis 1889 in Dorpat (Tartu)/Estland Theologie. Am 01.05.1891 wurde er in Tiflis ordiniert und war zunächst einige Jahre als Vikar seines Vaters in Stuttgart und als Hauslehrer in Sankt Petersburg tätig. Von 1909 bis 1913 schied er aus dem geistlichen Amt aus. Danach war er Pastor in der neu gegründeten Kirchgemeinde Schidlowo/Südukraine. 1930 wechselte er in das Kirchspiel Katharinenfeld im Kaukasus, wurde dort aber sehr bald verhaftet und für vier Jahre nach Tomsk in Sibirien verbannt. 1934 bis 1937 konnte er frei, aber ohne Amt, in Feodosia auf der Krim leben. 1937 wurde er erneut verhaftet und starb bald darauf im Gefängnis Simferopol auf der Krim.

Lit.: E. Amburger, Pastoren Russlands, 342, Nr. 435; E. Bachmann, Ende, 140, Nr. 16; K. Stumpp, Verzeichnis, 141, Nr. 399.

Streck, Alexander mit Frau und Tochter

* 25.06.1883 Popovka, Kreis Kamysin, Wolgagebiet
† nach 1938 (?)

Alexander Streck war von 1928 bis 1936 der letzte Pastor an der Petri-Pauli-Kirche in Moskau. Mit ihm wurde fast seine ganze Familie liquidiert. Alexander Streck war als Sohn eines Siedlers und Lehrers im Gebiet Saratov an der Wolga geboren. Sein Theologiestudium beendete er 1913 in Dorpat (Tartu). Er war von 1914 bis 1924 in Grimm/Wolgagebiet und von 1924 bis 1928 in Astrachan als Pastor tätig. 1928 ging er an die Petri-Pauli-Kirche in Moskau. Wenige Jahre vorher hatte in dieser Kirche noch der inzwischen verstorbene Bischof Theophil Meyer gepredigt. Von dessen mutigen Predigten schrieb eine Kirchenälteste, die eine lange Haft überlebt hatte: »Den Prediger hat sichtbarlich Gott geschützt. Oft dachte man, heute nacht kommen sie und holen ihn ab. Aber nein, er ist seines Todes gestorben. ... Öffentlich hat er gesagt: Von den Pastoren ist nur einer geblieben und es kommt bald die Zeit, daß niemand mehr da sein wird, auch kein Gotteshaus, also müßt ihr ein jeder, so wie die ersten Christen, taufen, trauen, zum Abendmahl zusammenkommen ...« Und so kam es sehr bald. Pastor Streck konnte noch kurze Zeit unter dem Schutz der deutschen Botschaft in Moskau in Freiheit leben. 1936 wurde er verhaftet, eine letzte Nachricht kam 1938, dann blieb er verschollen. Seine Ehefrau wurde bald nach ihm verhaftet und wurde später noch einmal beim Straßenbau in Archangelsk am Eismeer gesehen. Sie muss dort umgekommen sein. Eine Tochter starb in Sibirien im Straflager, eine andere in Kasachstan.

Lit.: E. Amburger, Pastoren Russlands, 487, Nr. 1102; E. Bachmann, Ende, 150, Nr. 57; J. Schleuning, ...und siehe, 123; K. Stumpp, Verzeichnis, 174, Nr. 905.

Walther, Irene

* um 1905
† nach 1990

Irene Walther steht hier als Zeuge für viele in den Moskauer lutherischen Gemeinden, die die stalinistische Verfolgung überlebt haben. Sie war über 80 Jahre alt, als wir sie 1990, nach der politischen Wende unter Gorbatschow, bei den wieder erlaubten Gottesdiensten in einem ehemaligen Kino bei der Petri-Pauli-Kirche trafen. Die Kirche diente da noch als Filmfabrik, der Turm beschädigt, die Turmuhr hatte man am KGB-Gebäude in Moskau angebracht. Irene Walther erinnerte sich mit anderen Überlebenden daran, wie Bischof Theophil Meyer noch vor seinem Tod 1934 die Gemeinde auf die Zeiten ohne Pastoren vorbereitet hatte. Sie musste miterleben, wie 1936 mit Alexander Streck der letzte Pastor verhaftet und umgebracht wurde. Vorher hatte er noch vier Männer und fünf Frauen beauftragt, die Verantwortung für die Gemeinde zu übernehmen. Einer von ihnen schreibt später: »Da kam der 4.11.1936. In der Nacht sind wir alle vier arretiert worden, wir drei und der letzte Pastor Streck, der sein Leben hingegeben hat im Gefängnis als Märtyrer 1938. ... Wir alle drei kamen in die Verschickung nach Sibirien. Der alte Mann ist bald danach als Märtyrer gestorben, die Frau hat noch gelebt bis 1943. Ich war der Jüngste und hab es ausgehalten.«

Lit.: E. Amburger, Pastoren Russlands, 487, Nr. 1102; G. Krodel, Notes on Lutherans, 1; H. Rathke, Sammlung Berichte und Briefe, 1990; J. Schleuning, Stummen, 125 f.

Pfeiffer, Emil

* 26.04.1891 Norka an der Wolga
† 31.07.1939 Moskau

Emil Pfeiffer wuchs im Wolgagebiet auf. Nach Schule und Seminar war er dort zunächst als Lehrer tätig. Als er sich entschloss, Pastor zu werden, war ein reguläres Theologiestudium in Dorpat (Tartu)/Estland nicht mehr möglich. So nahm Emil Pfeiffer in Leningrad an theologischen Privatkursen bei Arthur Malgren, dem späteren Bischof, teil. 1925 wurde er Pastor in seinem Heimatdorf Norka an der Wolga. Edith Müthel, die Tochter von Emil Pfeiffer, erinnert sich nach Jahrzehnten, wie man damals am Glauben der Väter festhielt. Im Frühjahr sammelte sich die Gemeinde vor der Feldarbeit zur »Ackerbetstunde«. »Knieend baten sie Gott um Kraft und Ausdauer, die Feldarbeiten zu vollenden, … sie baten, ihren Glauben an Gott und Jesus Christus zu stärken, dass sie nicht von Gottes Wegen abweichen. Dann wurde das Vaterunser gebetet …« Sehr bald sollten sie und insbesondere Pastor Pfeiffer diese Kraft des Glaubens nötig haben. Emil Pfeiffer wurde am 2.12.1934 verhaftet und zu fünf Jahren Verbannung verurteilt. Er lebte als Verbannter in Alma-Ata in Kasachstan. Dort verhaftete man ihn am 20.8.1937 erneut. Er kam ins Burtyka-Gefängnis nach Moskau. Am 31.7.1939 wurde er erschossen. Auch sein Bruder Arthur Pfeiffer, zuletzt Pastor in Jagodnaja an der Wolga, wurde 1934 verhaftet und verbrachte schreckliche Jahre in den GULags Sibiriens, bis hin zu einer Scheinerschießung. Er überlebte und verstarb 1972 in Moskau.

Lit.: E. Amburger, Pastoren Russlands, 434, Nr. 856; E. Bachmann, Ende, 143, Nr. 25; Der Bote, 1/2000, 27; Frauenkalender 2001, deutsch/russisch, 114-119; W. Sorokin/M. Schkarowskij/T. Tazenko, Martyrologium, 371; K. Stumpp, Verzeichnis, 150, Nr. 537.

Simon, Octav

* (?) 1894 Cherson

† nach 1939

Octav Simon besuchte bis 1913 die Schule in Moskau. Als er beruflich in Samara und Moskau tätig war, wurde er 1921 schon einmal verhaftet, weil er für die kirchliche Jugendarbeit gesammelt hatte. 1922 begann er mit theologischen Privatkursen in Petrograd, wurde 1924 ordiniert und schloss sein Studium 1925 ab. Zwei Jahre arbeitete er in der Kirchgemeinde Strelna bei Leningrad und wurde dann Pastor an der St.-Peter-und-Paul-Kirche in Leningrad. Daneben arbeitete er auch an der Leningrader St. Katharinen- und St. Annenkirche. Am 17. Mai 1935 wurde er verhaftet und am 01.11.1935 zu sechs Jahren Zwangsarbeit verurteilt. Er ging durch verschiedene Lager, im Dezember 1939 soll er noch im Lager Segeschski in Karelien gewesen sein. Vorher traf er auf dem Weg zum Erschießungslager Schelesnyj Ostrow (Eiserne Insel) auf Erich Schacht, der als bewusster Christ und »Bruder« seiner lutherischen Gemeinde schon länger in Haft war. Erich Schacht erinnert sich 1998: »Im Januar 1938 traf ich mich wiedermal mit Pastor Simon im Kontor des Hauptlagers.« Sie tauschten sich über ihre Erfahrungen und Nachrichten aus andern Straflagern aus. Dann sagte er (Simon): »So müssen auch wir zu jeder Zeit für die Ewigkeit bereit sein.« Erich Schacht berichtet dann weiter: »Das Wort Gottes aus dem kleinen Neuen Testament gab uns Mut, wenn auch die Tränen flossen über dem, was der Herr uns zu tragen auferlegt hatte.«

Lit.: E. Amburger, Pastoren Russlands, 476, Nr. 1055; E. Schacht, Russland erlebt mit Jesus, 70, 73; W. Sorokin/M. Scharawskij/T. Tazenko, Martyrologium, 372; K. Stumpp, Verzeichnis, 172, Nr. 882.

Wenzel, Otto

* 05.07.1897 Aleksandropol/Gebiet Erivan (Armenien)
† nach 1939

Otto Wenzel war ein besonders beliebter Dozent am evangelisch-lutherischen Predigerseminar in Leningrad und unterrichtete dort Hebräisch, alttestamentliche Theologie und Exegese. Sein Vater war Apotheker. Die Schule besuchte Otto Wenzel in Dorpat (Tartu) und begann dort 1915 das Theologiestudium. Die Wirren vom Zweitem Weltkrieg und Revolution hinderten ihn am weiteren Studium. Zeitweise war er Geschichtslehrer in Helenendorf im Kaukasus. 1922 konnte er sein Theologiestudium in Leipzig fortsetzen. Er wurde dort besonders geprägt durch den Alttestamentler Rudolf Kittel. Nach dem Examen gewann Bischof Malmgren ihn als Alttestamentler für das Predigerseminar in Leningrad. Seine Studenten begeisterte er. »Er wurde von uns hochgeachtet und umschwärmt ... Er war ein sehr gelehrter Herr und ein eifriger Alttestamentler.« Von seinen Bibelstunden schreibt einer der Studenten, er habe ihnen »das biblische Wort so innig ans Herz gelegt, dass sie ihnen zu heiligen Weihestunden wurden«. 1928 bis 1936 arbeitete Wenzel als Pastor in der Gemeinde Helenendorf im Kaukasus (Georgien). Mehrfach wurde er verhaftet. 1936 war er vorübergehend frei und in Baku als Lehrer tätig. Nach erneuter Verhaftung wurde er 1939 zum Tod durch Erschießen verurteilt. Seitdem blieb er verschollen.

Lit.: E. Amburger, Pastoren Russlands, 509, Nr. 1206; E. Bachmann, Ende, 151, 212 f.; G. Krodel, Lutherans in Russia, 1; W. Sorokin/M. Schkarowskij/T. Tazenko, Martyrologium, 363; K. Stumpp, Verzeichnis, 179, Nr. 978; H. Tschoerner, Predigerseminar, 44-45.

Seib, Eduard

* 26.12.1872 Bergdorf/Gebiet Cherson
† 12.01.1940 Kasachstan (?)

Seib, Woldemar

* 02.03.1889 Cherson/Südukraine
† (?) 1943 bei Tomsk

Aus der Familie des Kolonisten, Lehrers und Küsters Valentin Seib und seiner Frau Friederike Lachenmaier gingen drei Pastoren hervor. Die Brüder Eduard, Otto und Woldemar studierten alle in Dorpat (Tartu). Otto Seib wurde nach der Ordination zunächst Pastor in seinem Heimatort Bergdorf, später in Schlangendorf und Mühlhausen und reiste 1931 nach Deutschland aus. Seine beiden Brüder sind nach schwerer Haft- und Verbannungszeit 1940 und 1943 umgekommen. Der ältere Bruder Eduard Seib hatte seinen Dienst im Kirchspiel Messer/Gebiet Saratov begonnen und war daneben von 1900 bis 1903 auch Direktor der Anstalten der Inneren Mission in Beideck. Nach zehn Jahren Dienst in Warenburg wurde er 1918 Pastor in Saratov. Dort kam er 1924 zwei Monate in Haft und wechselte danach in das Kirchspiel Taganrog mit 22 deutschen Dörfern. 1931 wurde er erneut verhaftet und in die Hungerwüste am Aralsee verbannt, später nach Kursk. Nach zwei Jahren ohne Amt in Taganrog wurde er 1936 nach Sibirien verbannt und galt seit 1938 in Kasachstan als verschollen. Er soll 1940 gestorben sein. Sein Bruder Woldemar Seib war seit 1914 Pastor in Kassel, seit 1922 in Worms-Johanistal/Gebiet Cherson. 1928 wechselte er nach Dnepropetrowsk (früher Ekaterinoslav). Dort wurde er am 03.01.1935 verhaftet, zu zehn Jahren Zwangsarbeit verurteilt und in das Lager Marijnsk/Sibirien verbannt. Bei der Arbeit im Steinbruch bei Tomsk ist er 1943 ums Leben gekommen.

Lit.: E. Amburger, Pastoren Russlands, 472-473, Nr. 1038, 1039, 1040; E. Bachmann, Ende, 149, Nr. 51; G. Krodel, Lutherans in Russia, 1; K. Stumpp, Verzeichnis, 172, Nr. 866, 867, 868.

Rusch, Konstantin

* 1894 Huck, Kirchspiel Norka/Wolgagebiet
† 23.06.1941 Komi-Gebiet

Nur zwei Jahre hat Konstantin Rusch als Pastor an der Wolga arbeiten können, bis nach elf Jahren Zwangsarbeit und Verbannung ein gewaltsamer Tod seinem Leben ein Ende gesetzt hat. Er war im Kirchspiel Norka an der Wolga geboren, zu dem um 1900 mehr als 22.000 Reformierte und 385 Lutheraner gehörten. Rusch besuchte bis 1928 das evangelisch-lutherische Predigerseminar in Leningrad und wurde in Sarepta an der unteren Wolga ordiniert. Schon 1929 wurde er verhaftet, zu zehn Jahren Straflager verurteilt und auf die Solovecki-Inseln im Weißen Meer verbannt. Später kam er in das Straflager Uchto-Ishemskij in der Komi-Republik und begegnete dort seinem früheren Studienkollegen und Freund Eugen Bachmann. Rusch konnte aufgrund guter Beziehungen, die er inzwischen im Lager erworben hatte, Bachmann vor der mörderischen Waldarbeit bewahren. Später war Rusch im Verbannungsgebiet als Apothekenverwalter tätig. In der Nacht nach dem Einmarsch der deutschen Truppen in die Sowjetunion, am 23.6.1941, wurde Konstantin Rusch als Geisel erschossen.

Lit.: E. Amburger, Pastoren Russlands, 454, Nr. 953; E. Bachmann, Ende, 148, Nr. 44, 218; G. Krodel, Lutherans in Russia 1; K. Stumpp, Verzeichnis, 167, Nr. 807.

Neufeld, Abram

* 1906 Karaguj/Gebiet Orenburg
† 27.06.1942 Karaganda

Abram Neufeld kam aus einer Bauernfamilie (Kulaken), die im Gebiet Orenburg eine Landwirtschaft von etwa 60 Hektar bearbeitete. 1930 wurde die Familie »entkulakisiert« und nach Kasachstan ausgesiedelt. Abram Neufeld arbeitete zunächst als Lehrer, später als Statistiker und Betriebswirt in verschiedenen staatlichen Betrieben, zuletzt im Bergbaureparaturbetrieb Karaganda. In der Arbeitssiedlung Maikuduk bei Karaganda fand er Kontakt zu einer Mennonitengruppe. 1940 war Neufeld schon einmal wegen des »Verdachts der Verbindung zu einer illegalen sektiererischen Gruppe« verhaftet, aber wieder freigelassen worden. Am 1.Januar 1942 trafen sich einige Mennoniten in der Wohnung von Abram Neufeld. Danach griff die GPU erneut zu. Er wurde zusammen mit einigen anderen aus der Versammlung verhaftet und am 05.06.1942 im Namen der Kasachischen Sowjetischen Sozialistischen Republik angeklagt. Im jetzt zugänglichen Protokoll lesen wir aus dem »Geständnis« von Abram Neufeld: »Der Hauptgrund meiner Bekanntschaft mit Heinrich Funk, Peter Hildebrandt, Peter Pauls, Abram Pauls, Gerhard Dyck, Heinrich Pauls und Gustav Neufeld ist unsere gemeinsame religiöse Überzeugung als gläubige Mennoniten. Manchmal versammelten wir uns, lasen religiöse Bücher und sangen religiöse Lieder.« Das Gericht verhängte am 05.06.1942 das höchste Strafmaß, Erschießung und Konfiszierung des Vermögens. Einspruch sollte im Laufe von 72 Stunden möglich sein. Abram Neufeld legte sofort Einspruch ein. Trotzdem wurde das Urteil am 27.06.1942 bestätigt und sofort vollstreckt. Abram Neufeld und drei der Mitangeklagten Mennoniten wurden erschossen.

Lit.: Aquila-Informationsdienst 4/2001, 22-27.

Nazarenus, Theodor
* um 1937
† 1941/1942 in Karaganda/Kasachstan

Nazarenus, Friedrich
* um 1939
† 1941/1942 in Karaganda/Kasachstan

Mit diesen beiden Kindern soll an die vielen tausend Kinder erinnert werden, die in den Verfolgungszeiten zusammen mit ihren Eltern umgebracht wurden, verhungerten, erfroren. Pastor Eugen Bachmann, der jahrelange Haft überlebte, schrieb 1982 in Erinnerung an die Opfer: »Gedenket! – Hinter jedem Namen der hier Aufgeführten steht ein zerstörtes Eheleben, ein zerschlagenes Familienglück, ein ausgelöschter Zukunftstraum! Die alleingelassenen Ehefrauen werden alle zu Witwen, die Kinder zu Waisen.« Die Eltern von Theodor und Friedrich Nazarenus lebten im Wolgagebiet, der Vater arbeitete als Tischler. Zwei Söhne wurden geboren. Die Familie hielt sich treu zur lutherischen Kirche, man ging regelmäßig in den Gottesdienst und danach in die in vielen Gemeinden übliche Brüder-Versammlung. So konnten sich die Laien, als in der stalinistischen Zeit fast alle Pastoren verschleppt oder umgebracht waren, heimlich auf Friedhöfen und in den Häusern um Gottes Wort sammeln. Wurden sie von der GPU entdeckt, so musste oft die ganze Familie dafür büßen. Familie Nazarenus wurde mit vielen anderen verschleppt, als 1941 Hitler den Krieg gegen die Sowjetunion begann. Der Vater kam für Jahre zur Zwangsarbeit nach Sibirien, in die Trud-Armee. Die Mutter wurde in die Bergwerke von Karaganda geschickt. Dort musste sie bei Wintereinbruch mit den Kindern in Erdhöhlen hausen. Viele Kinder sind an Hunger oder im Frost gestorben. Theodor und Friedrich Nazarenus gehörten dazu. Heinrich Nazarenus sammelte nach der Rückkehr aus Sibirien heimlich eine Hausgemeinde und wurde Vorsteher und Prediger, als die lutherische Gemeinde in Karaganda registriert wurde.

Lit.: Sammlung H. Rathke, Berichte, Briefe, persönl. Begegnungen.

Schall, Fritz sen.

* um 1900
† 1942

Sein Sohn erzählte uns 1992 und schrieb später in einem Brief: »Meine Herkunft möchte ich euch schreiben. Ich bin vom Kaukasus, im Georginer Land haben wir gewohnt. Unsere Voreltern sind dort geboren. Auch wir sind 1941 grausam verschleppt worden. Das geschah auf den Winter. Der Vater wurde verhaftet. Er mußte 1942 eines gewaltsamen Todes sterben. Wir waren drei Brüder und zwei Schwestern mit der Mutter. Die Mutter war geistlich in der armen Zeit. Wir mußten anhaltend beten. Sie sagte, wir haben uns versündigt beim Lieben Gott, das ist die Strafe. Und so haben wir gelebt bis 1975.« Das ist das unmittelbare Zeugnis von einer unter Tausenden von Familien, die 1941 nach dem Einmarsch der deutschen Truppen in die Sowjetunion aus ihrer Heimat an der Wolga, der Ukraine, dem Kaukasus nach Sibirien, Kasachstan und Zentralasien verbannt worden waren. Männer und viele Frauen kamen in die Arbeitslager der Trud-Armee. Tausende wurden erschossen oder kamen vor Hunger und Kälte um. Es fällt schwer zu unterscheiden, ob die Glaubenshaltung der Opfer oder die politischen Verhältnisse der Grund für Verfolgung und Terror waren. Das Zeugnis von Familie Schall aber zeigt, wie der Glaube in der Verfolgungszeit trug und prägte. Fritz Schall jun. hat später in einer heimlichen Gemeinde in Kasachstan als Laie die

Bibel ausgelegt, getauft, beerdigt und das Abendmahl ausgeteilt. Er schreibt dazu: »Der Herr hat mich gerufen mit einem heiligen Ruf, mich wissen lassen einen Teil seines Geheimnisses, dass ich ›Bruder‹ bin beinahe 17 Jahre. Dass ich längst, wie es steht geschrieben, Lehrer sein müßte. Und tu immer noch an den ersten Buchstaben rum machen, und doch hat die Gemeinde mir ein Amt gegeben, das die Versöhnung lehrt.«

Lit.: H. Rathke, Briefe und Begegnungen in Kasachstan, 1992-1996, Brief F. Schall, 30.07.1992.

Baumann, Michael
* (?)
† 1942 (?)
Baumann, Lene
* (?)
† (?)

Die Geschwister Baumann entstammen einer russlanddeutschen Kolonistenfamilie. Michael Baumann besuchte das nach der Revolution von 1917 in Leningrad eingerichtete lutherische Seminar. Nach einem Praktikum bei Pastor Koch in Großliebenthal in der Ukraine war er von 1934 an Pastor in Kronau. Unter schwerem Druck der GPU verzichtete er dort auf sein offizielles Amt, gab es aber dennoch nicht völlig auf. So wurde er erneut verhaftet und am 28.03.1935 zu zehn Jahren Straflager verurteilt. Er kam in den berüchtigten GULag »Medweshaja Gora« auf der Halbinsel Kola (an der Barentsee). Pastor Eugen Bachmann, der überlebte, vermutete noch 1980, dass sein Freund 1937/38 erschossen worden sei. Inzwischen wissen wir von der Tochter Baumanns, Alija Stoljarowa, dass sie noch um 1940 Post von ihrem Vater aus dem Lager erhalten hatte. Darin schrieb Baumann: »Jede Minute muß man auf der Hut sein. (...) Dieses Schimpfen, diese Schläge das belastet mich sehr und tötet mich moralisch. ... Der Gedanke, dass irgendwo in der Ferne meine Kinder sind – geistlich zusammen mit mir – gibt mir die Kraft weiter zu leben.« 1942 kam die Nachricht, er sei gestorben; als Todesursache wurde Herzschlag genannt. Wir müssen davon ausgehen, dass Michael Baumann gewaltsam umgebracht wurde. Baumann war der letzte Pastor in Kronau. Ab 1934 musste sich die Gemeinde heimlich ohne Pastor zusammenfinden. Mit Michael Baumann mussten auch seine Eltern und seine Schwester Lene leiden. Sie wurden in die Taiga verschleppt. Lene Baumann wurde dort brutal erschlagen und dann an den eigenen Haaren an einem Ast aufgehängt.

Lit.: E. Amburger, Pastoren Russlands, 256, Nr. 52; E. Bachmann, Ende, 136, Nr. 2; Der Bote, 1993/4, 23. K. Stumpp, Verzeichnis, 42, Nr. 124; 216.

Vogel, Karl

* 26.12.1896 Kolonie Orlovskoe/Samara im Wolgagebiet
† 10.02.1943

Karl Vogel war der letzte Pastor in der Stadtgemeinde Odessa. Er blieb auch in seinem Amt, nachdem alle kirchliche Arbeit verboten, die kirchlichen Gebäude enteignet und viele Gemeindeglieder und Pastoren verhaftet und verurteilt worden waren. Einer der Vorgänger von Karl Vogel, Pastor Friedrich Merz (1916-1919), später noch Pastor in Hoffnungstal und Omsk, wurde dort 1930 verhaftet, deportiert und blieb verschollen. Zwei Jahre lang war dann Gotthold Winger Pastor in Odessa, danach wurde er dort Rektor des Diakonissenhauses »Alexanderasyl«. Er ging beim Abzug der deutschen Truppen nach Deutschland. Georg Schilling, von 1920 bis 1933 Pastor und Propst in Odessa, konnte noch mit 71 Jahren als Ruheständler nach Deutschland übersiedeln. Karl Vogel war nach Abschluss der theologischen Ausbildung am Predigerseminar in Leningrad von 1932 bis 1933 Pastor in Hoffnungstal/Südukraine. 1933 übernahm er mit der Stadtgemeinde in Odessa auch das Kirchspiel Groß-Liebental bei Odessa mit drei Gemeinden. 1937 wurde er verhaftet und zu zehn Jahren verschärften Arbeitslagers verurteilt. Das bedeutete auch Schreibverbot. Es wurde bekannt, dass er am 10.2.1943 im Arbeitslager verstorben ist.

Lit.: E. Amburger, Pastoren Russlands, 503, Nr. 1172; E. Bachmann, Ende, 150, Nr. 61; K. Stumpp, Verzeichnis, 177, Nr. 951.

Suppers, Georg

* (?)

† um 1943

Von Georg Suppers haben wir keine genaueren Lebensdaten. Er war, wie viele seiner Leidensgefährten, aus dem Wolgagebiet bei Saratov 1941 zur Zwangsarbeit nach Kasachstan verschleppt worden. Dort versammelte er sich heimlich mit anderen lutherischen Christen. Er gehörte zu den »Brüdern«, die schon früher an der Wolga in den großen Kirchspielen bei den Gebetsstunden die Versammlung geleitet und die Bibel ausgelegt hatten. Nun konnte er diesen Dienst auch in der Verbannung tun. Einer, der dabei war, berichtet uns 2001 in einem Brief von dem Tod Georg Suppers: »Der damals schon hochbejahrte Mann wurde verhaftet. Man hatte ihm vorgeschlagen, er solle sich doch von Gott absagen, vor seinen Brüdern, und dann hatte man ihm das Leben versprochen. Worauf er aber sagte: ich kann es nicht. Gott hat immer zu mir gehalten, und ich halte zu Gott. Dafür wurde er umgebracht.«

Lit.: Sammlung H. Rathke, Briefe Mehling, 2001.

Zietz, Heinrich sen.

* um 1900 Halbstadt/Altai-Gebiet in Sibirien
† 1943 Tula/Russland

Die Familie Zietz lebte im Gebiet Barnaul/Halbstadt in Südsibirien. Durch Besuche bei dem Sohn Heinrich Zietz im Ferganatal in Usbekistan und bei Gottesdiensten 1996 in der lutherischen Kirche von Taschkent erfuhren wir vom Schicksal der Familie Zietz. Der Sohn erinnerte sich an seine gläubigen Eltern. Letzter Pastor im sibirischen Kirchspiel Tomsk-Barnaul war Johannes Lockenberg. Nur bis 1928 konnte er dort offiziell arbeiten. Seit 1932 blieb er endgültig verschollen. Auch viele Gemeindeglieder hat die Verfolgung getroffen. So wurde der Vater Zietz schon vor dem Zweiten Weltkrieg verhaftet und kam 1943 im Lager in Tula um. Der Sohn verbrachte 25 Jahre im Zwangsarbeitslager und kam schließlich als Verbannter nach Usbekistan in Zentralasien. Dort leitete er als »Bruder« eine lutherische Gemeinde. Im handgeschriebenen Liederbuch der Gemeinde fand sich dieses Lied, das in den Verfolgungszeiten entstanden war: »Heimatloses Kind. Ein Freund der Heimatlosen ist Jesus alle Zeit, weil er für jeden Menschen hat einen Platz bereit. … Ja, heimatlose Seelen führt er dem Vater zu, drum komm zu diesem Heiland, der Heimatlosen Ruh.«

Lit.: H. Rathke, Sammlung Berichte/Briefe (Zietz) 1993-1998.

Reusch, Emil

* 30.08.1893 Bettinger (Barataevka)/Wolgagebiet
† 23.11.1944 ?

Emil Reusch war als Lehrerssohn in Gebiet Saratov an der Wolga geboren, hatte die Schule in Wladikavkas im Kaukasus besucht und 1914 mit dem Theologiestudium in Dorpat (Tartu) begonnen. Sein theologisches Abschlussexamen machte er in Petrograd(Sankt Petersburg) bei Pastor Malmgren. 1919-1925 war er Pastor in Taganrog-Jeisk im Don-Gebiet und ging dann nach Transkaukasien. Bis 1934 wirkte er in der Pfarre Annenfeld, danach bis zu seiner Verhaftung noch zwei Jahre in Tiflis. Zugleich war er dort Oberpastor der lutherischen Gemeinden in Transkaukasien. Als Pastor Hamberg in Baku sein Amt niedergelegt hatte, versuchte die dortige Gemeinde Pastor Reusch für Baku zu gewinnen. Reusch blieb in Tiflis, hat aber der bedrängten Gemeinde in Baku nach Kräften geholfen und geraten. In den Protokollen des NKWD in Baku liest man, dass »Reisch (Reusch) behauptet habe, die Kirche befinde sich in einer sehr schweren Lage. Man müsse sie jedoch am Leben erhalten und die Gemeindearbeit verstärken«. Reusch rät, Übereinstimmung mit den sowjetischen Gesetzen zu suchen, Juristen heranzuziehen und auch Beschwerden an höhere Institutionen zu verfassen. In diesem Sinne wird er auch selbst versucht haben, in seinen Gemeinden im Kaukasus als Pastor zu wirken. 1936 wurde auch er in Tiflis/Grusinien (Georgien) verhaftet. Seine Spur verliert sich. Er soll am 21.10.1937 erschossen worden sein. Sein Amtskollege Eugen Bachmann vermutete, er sei erst 1944 gestorben.

Lit.: E. Amburger, Pastoren Russlands, 444 f., Nr. 911; E. Bachmann, Ende, 147, Nr. 42; T. Gumbatova, Glocke, 5; K. Stumpp, Verzeichnis, 165, Nr. 772.

Zeisler, Andreas

* um 1900 Krim

† 1946 Alejsk/Altai-Gebiet in Sibirien

Als 1929 der zweite Kurs des 1925 in Leningrad gegründeten evangelisch-lutherischen Predigerseminars ordiniert und in die Gemeinden entsandt wurde, war in der Sowjetunion gerade das Dekret über die Religionsgemeinschaften verschärft worden. Alle Aktivitäten außerhalb des Gottesdienstes waren praktisch verboten, Kinder- und Jugendarbeit strengstens untersagt. Die Gottlosenpropaganda wurde noch aggressiver. In dieser Situation begann Andreas Zeisler den Dienst als Pastor in seiner ersten Gemeinde Millerowa im Don-Gebiet. Nach vier Jahren heiratete er dort Vera Krämer. Kurz darauf wurde er am 17.9.1933 verhaftet. Ein Mitstudent aus Leningrad konnte verfolgen, wie er sich mutig verteidigte. Am 8.12.1935 wurde er zu zehn Jahren Straflager verurteilt und ins Petschora-Gebiet am Nordural deportiert. Durch den Zweiten Weltkrieg verlängerte sich seine Haft. Nach Ende des Krieges kam er frei und verdiente sich sein Brot als Nachtwächter der russisch-orthodoxen Kirche in Alejsk im Altai-Gebiet/Südsibirien. Er wartete vergeblich auf Frau und Kind, die auch interniert worden waren. Eines Nachts wurde er überfallen, ermordet und, mit Steinen beschwert, in den nahen Fluss geworfen. Erst nach Monaten fand man die Leiche. Zu einer Aufklärung des Mordes kam es nicht.

Lit.: E. Amburger, Pastoren Russlands, 518 f., Nr. 1253; E. Bachmann, Ende, 151 f., Nr. 67; G. Krodel, Lutherans in Russia, 2; K. Stumpp, Verzeichnis, 182, Nr. 1019; H. Tschoerner, Predigerseminar, 62-64.

Deutschmann, Friedrich

* 1883
† vor 1959

Friedrich Deutschmann konnte keine geordnete theologische Ausbildung erhalten. Er hat 1924/1925 in Leningrad an theologischen Privatkursen teilgenommen. Danach begleitete er den von der Generalsynode der Evangelisch-Lutherischen Kirche in Russland gewählten Bischof Theophil Meyer auf seiner Visitationsreise vom 30.5. bis 23.8.1926 durch Sibirien. Während der Reise wurde er zum Pastor von Slavgorod in Westsibiren gewählt. Wenige Jahre danach war hier einer der Hauptorte von Massenerschießungen des NKWD. Deutschmann wechselte1930 als Pastor von Slavgorod nach Hochstädt in der Südukraine. Hier wurde er am 12.4.1935 verhaftet. Er saß fast 50 Tage zusammen mit anderen zum Tode verurteilten Christen im Gefängnis von Saporoshje in der Todeszelle. Der mitgefangene Pastor Simon Kludt wurde im September 1935 erschossen. Pastor Deutschmann wurde zu zehn Jahren Verbannung und Zwangsarbeit »begnadigt«. Er arbeitete in den Erzgruben von Temirtau, im Erz- und Steinkohlerevier von Karaganda in Kasachstan. Sein früherer Amtskollege Eugen Bachmann, der nach der Entlassung aus dem GULag 1960 wieder heimlich mit kirchlicher Arbeit in Zelinograd/Kasachstan begonnen hatte, vermutete, dass Deutschmann den Massenerschießungen 1937/38 zum Opfer gefallen sei. Möglicherweise aber ist er erst später bei der Zwangsarbeit in Temirtau umgekommen.

Lit.: E. Amburger, Pastoren Russlands, 292, Nr. 216; E. Bachmann, Ende, 138, Nr.7; T. Meyer, Sibirien, 89; J. Schnurr, Kirchen, 44; K. Stumpp, Verzeichnis, 131, Nr. 157.

Wiebe, Otto

* 1905 in der Krim

† 1964 Karaganda

Otto Wiebe gehörte zu Zehntausenden von Verbannten, die aus politischen, religiösen und zuweilen auch kriminellen Gründen zur Zwangsarbeit in Kasachstan verurteilt waren. Ihnen war neben anderen Beschränkungen jegliche religiöse Betätigung, sogar das häusliche Gebet und Bibellesen, verboten. Jedoch fanden sich heimlich Kreise und Hausgemeinden von Christen verschiedener Konfessionen zusammen. Mennoniten im Stadtteil 33 von Karaganda kauften 1957 eine Lehmhütte und bauten sie zum Bethaus um. Prediger der Gemeinde wurde Otto Wiebe. Er war auf der Krim aufgewachsen und schon 1937 zu zwölfjähriger Zwangsarbeit verurteilt, die er in Norilsk am Polarkreis verbrachte. 1949 kam er von dort zu seiner nach Kasachstan deportierten Familie. 1957 schloss er sich der Mennonitengemeinde in Karaganda an. Als das erste Bethaus der Gemeinde geschlossen war, versammelte sich die Gemeinde im Haus von Otto Wiebe. 1962 wurden in einem ersten Prozess drei Gemeindeglieder verurteilt. Am 23.1.1963 wurde auch Otto Wiebe verhaftet und wegen »Fortsetzung der illegalen Versammlungen und der die Gesellschaft gefährdenden religiösen Beeinflussung« zu vier Jahren Haft verurteilt. »Als nach der Verkündigung des Urteils Otto Wiebe das Wort gegeben wurde, stand der alte stille Mann in grauer Gefängniskleidung auf, und erzählte dem Gericht, den bewaffneten Soldaten und den Geschwistern, die reichlich erschienen waren, seine Bekehrung. Er pries den Namen des Herrn und rief die Jünger zu Jesus«, so berichtet es einer der Anwesenden. Im Januar 1964 starb Otto Wiebe in der Haft in einem der vielen Straflager bei Karaganda.

Lit.: Aquila-Information der Mennoniten, 2/2001, 18-30.

Gedenken in der Untergrundkirche

Im Mai 1998 besuchten wir in Tadschikistan die zu Stalins Zeiten dorthin verschleppten Christen, sowohl evangelische als auch katholische Gemeinden. Die Reise führte uns bis in die Bürgerkriegsgebiete, so auch nach Kurgan-Tschube, nahe der afghanischen Grenze. In Duschanbe besuchten wir, wie schon in früheren Jahren, die Schwestern der Mutter Teresa (Sisters oft Charity), die wir mehrmals auch mit Medikamenten unterstützt hatten. In ihrem Holzhäuschen am Stadtrand hatten sie, drei Schwestern aus Indien und Schwester Christine aus Riesa in Sachsen, eine Medizinstation und auch eine kleine Kapelle. Als wir zu Besuch kamen, führten sie uns in die »Katakombenkirche«. Der Zugang zu dem kleinen Raum im Keller, mit Altar und 12 kleinen Kreuzwegstationen, in Holz geschnitzt, war nur über eine unauffällige Klapptür, die noch durch einen Schrank verdeckt war, zu finden. Dort hielten wir miteinander eine Andacht im Gedenken an die Opfer der Verfolgungszeit. Vor den Schwestern der Mutter Teresa hatten in Tadschikistan die »Eucharistischen Schwestern« gearbeitet. In dieser unterirdischen Kapelle beteten sie damals für die Bedrängten. Zu den Opfern zählen all die Frauen, Männer und Kinder, die als Zeugen ihres Glaubens und in der Kraft ihres Glaubens den gewaltsamen Tod erlitten haben. Wir dachten bei diesem Gedenken in Tadschikistan auch an eine Reihe junger Christen, vor allem Mennoniten, die aus Glaubensgründen im Afghanistan-Krieg den Wehrdienst verweigert hatten und standrechtlich erschossen worden sind. In verschiedenen Familien wurde uns davon berichtet.

Lit.: H. Rathke, Tagebücher, Briefe, 1985-1998.

Gekreuzigt wie der Apostel Andreas

Nach dem Zeugnis der Kirchenväter brachte der Apostel Andreas das Evangelium durch Armenien und Turkestan bis in die Gebiete am Schwarzen Meer. Die Kirche in Russland verehrt ihn als ihren Apostel. Er wurde, nach dem mutigen Bekenntnis vor dem Statthalter, am Schrägkreuz hingerichtet. Er soll es geküsst haben, bevor er daran geschlagen wurde, in der Gewissheit, er gehe seinem Meister entgegen. Andreas hat in der Neuzeit in Russland Nachfolger gefunden. Ein Prediger aus Südsibirien erzählte und schrieb uns nicht nur aus der stalinistischen Verfolgungszeit, »als im Jahre 38 viele (um ihres Glaubens Willen) erschossen wurden«. Er dachte an die Gegenwart und schrieb im Jahre 1985: »... und heute wollen sie auch nichts von Gott wissen.« Und dann erzählte er, wie es dem eigenen Enkel erging, wie sie ihn kreuzweis und verquer mit Stricken in einer Garage aufgehängt haben, um ihn so »verrecken« zu lassen. Eine ganz ähnliche Art der Hinrichtung schildert der kirgisische Schriftsteller Dschingis Aitmatow in seinem Roman »Der Richtplatz«. Da gerät der ausgestoßene Priesterzögling und Gottsucher Awdij (Kallistratow) in der südkasachischen Steppe unter die Meute der brutalen Sowjetfunktionäre und Antilopenjäger. Das wird für ihn im wörtlichen Sinne zu einem Kreuzweg. Er muss vor ihnen knien, sie verspotten und misshandeln ihn. Nach einer gotteslästerlichen Hass-Tirade kreuzigen sie ihn auf besondere Weise. Sie hängen ihn mit Stricken verquer, nach Art des Andreaskreuzes, auf und lassen ihn jämmerlich und einsam verenden. Nur die Wölfin Akbara »blickte durchdringend in die Gesichtszüge des Gekreuzigten und hub an, still zu winseln«.

Lit.: D. Aitmatow, Richtplatz, 299-300; H. Rathke, Sammlung Briefe (E. Springer), 1988.

Heinrich Rathke

Todesopfer des Stalinismus in Jugoslawien

Popp, Philipp

* 23.03.1893 Beschanija/Jugoslawien

† 29.06.1945 Maksimir bei Zagreb/Jugoslawien

Philipp Popp wuchs in einer Bauernfamilie der so genannten »Donauschwaben« im ehemaligen Jugoslawien auf. In Schule und Studium erlernte er neben Deutsch auch Serbokroatisch und Ungarisch, so dass er später in drei Sprachen predigen konnte. 1917 wurde er Pfarrer der deutschen evangelischen Gemeinde in Zagreb. Dort heiratete er die Lehrerin Malwine Schmidt. Nach dem Zerbrechen der Donau-Monarchie organisierte Popp den Zusammenschluss der evangelischen Gemeinden im neu entstandenen Staat, dem späteren Jugoslawien. Popp promovierte zum Thema »Religion und Ethik«, schloss ein Jurastudium mit dem Diplom an und erhielt 1936 den Dr. theol. h. c. der Universität Breslau. Im März 1931 wurde er durch Landesbischof Heinrich Rendtorff aus Mecklenburg als Landesbischof der Deutschen Evangelisch-Christlichen Kirche A. B. im Königreich Jugoslawien eingeführt. Er hatte enge Beziehungen zur katholischen und orthodoxen Kirche und suchte ökumenische Verbindung zu Skandinavien, Österreich und Deutschland. In den Wirren des Zweiten Weltkrieges, der Besetzung durch die Deutschen und des Partisanenkrieges suchte er immer wieder den Bedrängten zu helfen und zu vermitteln. Er setzte sich für die verfolgten orthodoxen Serben ein. Zweimal versuchte man, ihn für die Befreiungsarmee der Partisanen Titos zu gewinnen. Er aber blieb bei seiner Gemeinde und Kirche. Er blieb auch nach Abzug der deutschen Truppen mit dem Hinweis, dass der Hirte seine Herde nicht verlässt. Am 9.5.1945 wurde Philipp Popp nach dem Einmarsch der II. Partisanenarmee verhaftet, von einem Standgericht zum Tode verurteilt und am 30. Juni im Wald von Maksimir erschossen. Sein Grab blieb unbekannt.

Lit.: M. Merkle, Hirte und Märtyrer; G. Waldmann, Verbrechen, 266 f.; G. Klapper, Weltkirche, 1-12; E. Popp, Hirte.

Retzer, Emanuel

* 13.02.1912 Obresch/Syrmien (Österreich-Ungarn)
† 1944/1945 Sowjetunion (?)

Emanuel Retzer ist im Banat, dem Siedlungsgebiet der so genannten »Donauschwaben« geboren und aufgewachsen. Nach dem frühen Tod der Eltern kam er mit sechs Jahren in ein Waisenhaus und besuchte das Gymnasium in Neusatz und Semlin. Danach studierte er Theologie in Leipzig und Wien und machte 1938 sein theologisches Examen. Im Januar 1938 begann er als Pfarrer in Neu-Pasua. Zwei Jahre später wurde er von Bischof Popp nach Heideschütz im Banat berufen. Zunächst unterstützte er den alten Pastor, übernahm aber bald die gesamte Gemeindearbeit. Daneben schrieb er in kurzer Zeit eine Geschichte seiner evangelischen Kirchgemeinde Heideschütz. Am 11.6.1944 hielt er die letzte Konfirmation in seiner Kirchgemeinde. Nach dem Rückzug der deutschen Truppen blieb er bei seiner Gemeinde. Er musste zusehen, wie viele Gemeindeglieder gequält, enteignet und in Lager getrieben wurden. Im November 1944 wurde er verhaftet und kam, halb totgeschlagen, in ein Lager. Mit einigen seiner Gemeindeglieder wurde er zur Zwangsarbeit in die Sowjetunion transportiert. Im Winter 1944/1945 ist er gestorben, entweder schon auf dem Transport oder in einem Lager in der Sowjetunion.

Lit.: M. Rometsch in: »Donauschwabe«, 03.10.1982.

Kund, Wilhelm

* 1880 Oberschützen/Burgenland (Österreich)
† 1945 Rudolfsgnad

Wilhelm Kund ist im Burgenland im ehemaligen Österreich-Ungarn geboren und aufgewachsen. Er wurde Pfarrer in Pantschowa. Im späteren Jugoslawien galt er als einer der führenden Theologen der dortigen evangelischen Kirche. Wegen seiner offenen Einstellung zu andern Kirchen und Nationalitäten wurde er von extrem national eingestellten Landsleuten wenig geschätzt. 1944 kam er mit anderen arbeitsfähigen Deutschen in das Arbeitslager Rudolfsgnad. Dort wurde der 65-jährige Geistliche schwer misshandelt und verletzt. Trotz Verbotes betete er heimlich mit anderen Lagerinsassen. Er wurde durch die kommunistischen Partisanen erneut schwer misshandelt und starb bald darauf im Gefängnis.

Lit.: G. Wildmann, Verbrechen, 259.

Klein, Franz

* 22.08.1879 Neu-Werbaß/Batschka (Österreich-Ungarn)
† 1946 Kruschiwel/Jugoslawien

Franz Klein wuchs in der von den »Donauschwaben« besiedelten Batschka auf, einem Gebiet, das später zu Jugoslawien, zum Teil auch zu Ungarn gehörte. Er galt als umfassend gebildeter Mensch und vorzüglicher Theologe. Er war Pfarrer in Katsch in der Batschka. Im Kirchlichen Mitteilungsblatt seines Seniorats fanden sich immer wieder Beiträge von seiner Hand. Seinen Predigten spürte man die enge Verbundenheit mit dem Leben seiner Gemeindeglieder ab. Zu seinen slawischen Pfarramtskollegen von der orthodoxen Kirche, Pop Djoka und Pop Milivoje, pflegte er gute Beziehungen. Im Herbst 1944 begab er sich nicht, wie der größte Teil seiner Gemeinde, mit auf die Flucht. Er wurde im Dezember 1944, schwer zuckerkrank, verhaftet und von den Partisanen in das Lager Jarek gebracht. Trotz Verbotes betreute er dort seine Leidensgefährten. 1946 verhungerte er im Lager.

Lit.: G. Wildmann, Verbrechen, 262 f.

Heinrich Rathke

Todesopfer des Stalinismus in der Sowjetischen Besatzungszone (SBZ) und in der DDR

Der Weg der Christen und der Kirchen in den vier Jahren unter sowjetischer Administration und danach in 40 Jahren »Diktatur des Proletariats« im »ersten deutschen Arbeiter- und Bauernstaat« war sehr geprägt durch die jeweilige politische und gesellschaftliche Situation. Der »Antifaschismus« sollte einen klaren Trennungsstrich zur Hitlerzeit setzen, mit den Verantwortlichen der Hitlerzeit und für die Kriegsverbrechen sollte hart abgerechnet werden. Das traf auch Christen, die sich zu sehr dem Hitlerregime verpflichtet hatten. Die Kirche erlebte in den Erschütterungen von Kriegsende und Zusammenbruch aber auch einen starken Zulauf. Man erhoffte sich unter den Alliierten wieder größere Freiheit für kirchliche Arbeit. Mancher Christ hoffte, dass mit dem Sozialismus auch bestimmte christliche Anliegen, vor allem im sozialen Bereich, stärker zur Geltung kommen könnten. Doch zeigten sich sehr bald auch andere Tendenzen. Die Verfolgung der »Jungen Gemeinde« erreichte 1953 mit massenhaften Verhaftungen und Relegierungen von den Oberschulen und Universitäten ihren Höhepunkt. Die zwangsweise Überführung von Privateigentum und Privatbetrieben in Volkseigentum traf viele Christen in ihrer Existenz. Später war es auch die wachsende Militarisierung der Gesellschaft und der ideologische Zwang, die zu einer kritischen Stellung der Kirche gegenüber dem Staat führten. Christen mussten es sich gefallen lassen, dass kirchliches Engagement und kritisches

Verhalten in der Öffentlichkeit politisch als »Boykotthetze«, als »feindlich-negativ« gebrandmarkt und bestraft wurden.

1945 bis 1989 sind für SBZ und DDR auch viereinhalb Jahrzehnte beschwiegene Geschichte. Die öffentliche Berichterstattung war tendenziös und oft gefälscht. Das gilt auch für staatliche Archive. Da auch die innerkirchlichen Archive vor dem Zugriff des Staates und den Zuträgern des Geheimdienstes nicht sicher waren, informieren sie weithin nur versteckt und verklausuliert über die staatliche Repression und ihre Opfer.[1] Viele Betroffene haben über ihre eigenen Leiden und das Schicksal ihrer Angehörigen erst Jahre nach der Wende von 1989 ihr Schweigen gebrochen.

So schwanken auch die Angaben über die Zahl der Opfer. 1992 wird unter der Überschrift »Eine Bilanz des Schreckens« von 180.000 bis 200.000 Menschen gesprochen, die von 1945 bis 1949 durch sowjetische Militärtribunale in der SBZ aus politischen Gründen verhaftet, verurteilt, zum Teil in die Sowjetunion deportiert wurden. Man geht davon aus, dass etwa 80.000 bis 95.000 von

1 Solche »versteckten und verklausulierten Akten« fanden sich häufig getrennt von den offiziellen Akten, etwa in den Handakten des Bischofs oder anderen persönlich gehaltenen Notizen. Die Fürbittlisten der EKD mit den Namen der Verhafteten in der SBZ und später DDR fand ich »getarnt« in den Akten »Die Eingaben des OKR an die Behörden«, mitten unter Aktenvorgängen über Lebensmittelkarten, Kohlezuweisungen für Gemeinderäume usw. Es kann hier nicht weiter ausgeführt werden, wie der Staatsicherheitsdienst der DDR durch eingeschleuste Spitzel (IMs) versuchte, Kenntnis von internen Akten zu bekommen oder sie sogar verschwinden zu lassen.

2 H. Schmidtke, Bilanz, 56.

ihnen starben oder hingerichtet wurden (darunter viele, die für Verbrechen in der Hitlerzeit verantwortlich gemacht worden sind).[2] Es kommen Zehntausende hinzu, die oft schon als Kinder aus der SBZ in die Sowjetunion verschleppt wurden und zum Teil spurlos verschwanden. Von 1949 bis 1969 sollen in der DDR etwa 75.000 Menschen aus politischen oder auch religiösen Gründen verhaftet worden sein. Von ihnen sollen etwa 5.000 in der Haft verstorben oder hingerichtet worden sein. Für die Zeit von 1969 bis 1989 wird die Zahl der Verhafteten ähnlich hoch sein, die Zahl der Toten wesentlich geringer. Es ist erschütternd festzustellen, wie sowohl in den Lagern der Sowjetischen Militäradministration als auch in den Stasi-Gefängnissen die Verstorbenen, die Umgebrachten und auch die Hingerichteten meist »spurlos verschwunden« sind. Es gibt nur wenige nachweisbare Begräbnisplätze. Man meinte es ernst mit der »Liquidierung« oder »Zersetzung«, wie es im Tscheka- oder Stasi-Jargon hieß.[3] So mag es nicht verwundern, wenn ein Historiker noch 1995 schreibt, die DDR-Kirchen hätten »keine Stalinopfer zu beklagen gehabt«[4].

Denken wir an die Tausende von Christen, die im Bereich der Sowjetunion ihr Glaubenszeugnis mit dem Tod bezahlt haben, so nimmt sich daneben die Zahl von Opfern im Bereich von SBZ und DDR sehr bescheiden aus. Bei diesem und jenem wird sich die Frage stellen, die 1974 auch orthodoxe Theologen für ihre Kirche bewegte: Können wir jetzt schon unterscheiden zwischen Märtyrern

3 Erschüttert liest man die Broschüre von H. Bohley, Spurensicherung, die Geschichte der Urnen von Torgauer Häftlingen auf dem Gertraudenfriedhof Halle. Nicht einmal die Asche der Umgebrachten sollte auffindbar sein und zum Gedenken Anlass geben können.

4 R. F. Goeckel, Kirche, 66 f.

und denen, die als Christen aus anderen, politischen Gründen umgebracht wurden? Die Aufstellung, die ich für diesen Band erarbeitet habe, umfasst 23 Namen von Christen, die in unserem Bereich umgekommen sind. Wie schon eingangs erwähnt, gibt es dafür aus der Zeit vor der Wende von 1989 keine offiziellen Quellen außer den Fürbittlisten, die noch bis in die fünfziger Jahre von der EKD an die Gliedkirchen gegeben wurden. Außer sehr verstreuter Literatur seit 1990 über evangelische Märtyrer in Ländern des Ostblocks habe ich die Archive unserer Evangelisch-Lutherischen Landeskirche Mecklenburgs heranziehen können. So ist diese Liste sicher in mancher Hinsicht noch zu ergänzen und zu korrigieren.

Diese Zusammenstellung versucht, für ein weites, schwer zugängliches Feld einen ersten Überblick zu gewinnen. Vor der »Wende« 1989/90 wurde in der DDR über Opfer des Stalinismus aus bekannten Gründen kaum öffentlich gesprochen. Archive geben wenig her, zumal bei »vergessenen Opfern«, die bewusst »liquidiert« und »zersetzt« wurden, wie es im GPU- und Stasi-Jargon hieß.

Als Vorarbeit zu diesem Gedenkbuch wurden für den evangelischen Bereich die folgenden Namen zusammengetragen und »entdeckt«. Es fehlt der zeitliche und auch persönliche Abstand, um zu beurteilen, wer als Märtyrer, wie auch immer man es beschreibt, gelten kann. Für die Fürbitten-Listen der Bekennenden Kirche von 1935 bis 1944 galt, dass aufzunehmen sei, wer »um des Evangeliums und um des Bekenntnisses willen verhaftet wurde«. Zum System des Stalinismus gehörte, auch die aus Glaubensgründen Verfolgten als Staatsfeinde, als »Konterrevolutionäre« und anderes mehr hinzustellen.

Für die letzten um 1957 in der DDR erschienenen Fürbitten-Listen nannte Präses Kurt Scharf den Grundsatz, aufzunehmen, »wer durch die Haft der Ausübung des aktiven Dienstes in der Kirche und Gemeinde bzw. wer der Vorbereitung zu solchem Dienst entzogen wird«[5]. Dabei waren Ehrenamtliche und aktive Gemeindeglieder kaum im Blick.

Büchsel, Friedrich

* 02.07.1883 Stücken bei Potsdam
† 05.05.1945 Rostock

Friedrich Büchsel war der Sohn eines Pfarrers und Enkel des Theologen Professor Carl Büchsel. Er besuchte das Gymnasium in Cottbus und Münster (Westfalen) und studierte Theologie in Tübingen und Halle (Saale). 1907 wurde er Inspektor am Predigerseminar in Soest (Westfalen) und 1909 am Tholuckkonvikt in Halle. Seine akademische Tätigkeit begann Friedrich Büchsel 1911 als Privatdozent in Halle. 1916 wurde er ao. Professor in Greifswald. Von 1918 bis 1945 lehrte er als ordentlicher Professor für Neues Testament in Rostock. Theologisch war er geprägt durch Martin Kähler und Wilhelm Lütgert. Die johanneische Theologie war sein besonderes Arbeitsgebiet. Er schrieb verschiedene Kommentare zu neutestamentlichen Schriften. Sein letztes gedrucktes Werk »Jesus. Verkündigung und Geschichte« wurde erst posthum veröffentlicht (1947). Während der Naziherrschaft schloss sich Büchsel der Bekennenden Kirche an. In den Wirren des Kriegsendes wurde er am 5.5.1945 von den einmarschierenden sowjetischen Truppen erschossen, als er sich schützend vor Frau und Familie stellte.

5 Archiv Oberkirchenrat Schwerin, 280/I 9 g, Schreiben der EKD-Kirchenkanzlei, Berliner Stelle vom 13.09.1957, Aktenzeichen KB II 1688/57 II K.

Lit.: N. Beste, Kirchenkampf, 134 ff., 361; G. Haendler, Rostocker Anmerkungen, 52; G. Quell, Nachruf auf F. B., in: ThLZ 73, 1948, 176 ff.

Schindler, Hilda

* um 1930 Gressow bei Wismar
† nach 1970 in Tadschikistan verschollen

Hilda Schindler wurde vor Ende des Zweiten Weltkrieges in der evangelischen Kirchgemeinde Gressow bei Wismar konfirmiert. Als im Herbst 1945 die britische Besatzung abzog, wurde sie von den nachrückenden sowjetischen Truppen mit anderen Jugendlichen von der Straße weg verhaftet und verschleppt. Etwa 25 Jahre später kam auf Umwegen ein mühselig geschriebener Brief von Hilda Schindler aus Leninabad in Tadschikistan nach Gressow. Sie bat um ihren Konfirmationsschein und erzählte, wie sie sich als Christin isoliert und bedrängt fühlte. Wir konnten sie auf eine evangelische Gemeinde in Tadschikistan hinweisen. Dann verliert sich ihre Spur. – 1986 schrieb Emilie Geworski aus der Gemeinde Duschanbe/Tadsch.: »Unsere Gemeinde feierte jetzt Jubiläum. 30 Jahre zurück irrten wir ohne Gotteswort wie Schafe ohne Hirten. Dann kam ein Bauersmann aus dem Gefängnis u. er fing an bei seiner Schwester Wohnung mit wenige Menschen Gottesdienste zu machen. Das war der Anfang 1956 im Sommer. So kommen immer mehr und mehr dazu ...« – Eine Leidensgefährtin von Hilda Schindler beschrieb den Weg, den Tausende mit ihnen gegangen waren: »Ich bin in Glückstal in der Ukraine geboren ... Unser Vater wurde ohne Ursache beschuldigt, dass er Pastoren und Predigern geholfen hätte ... Unser lieber Vater hat bestimmt auch nicht aufgehört im Gefängnis für seine Familie zu beten, obwohl er selbst große Not, Hunger und Folterungen ertragen musste. Die letzte Nachricht haben wir vor 1939 bekommen. Jetzt ist er verschollen. 1943 sind wir in den Warthegau umgesiedelt … 1945 wohnten wir bei Perleberg, wurden von den Sowjets zwangsweise nach Sibirien verschleppt.« Dort teilte die Familie das Los des Vaters oder auch von Hilda Schindler.

Lit.: Sammlung H. Rathke, Brief aus Leninabad und Duschanbe/Tadschikistan; Kahle, Dokumente, 181 f.

Eine junge Frau aus Stintenburg/Schaalsee

* um 1917 (?)
† 19.06.1946 Stintenburg am Schaalsee/Mecklenburg

Der Ortspastor der evangelischen Kirchgemeinde Lassahn bei Zarrentin am Schaalsee teilte seiner Kirchenbehörde in Schwerin am 17.6.1946 mit: »Am 17. Juni 46 ist in Stintenburg, Kirchgemeinde Lassahn, woselbst eine russische Grenzstation liegt, eine 29-jährige Frau und Mutter um die Mittagszeit verschwunden und erst am 7. Juli im See gefunden worden. Der Untersuchungsbefund der Mordkommission hat folgendes ergeben: Betäubung mit Schlag durch einen stumpfen Gegenstand auf den Kopf, schwere Vergewaltigung, Tod durch Ertrinken. – Mord.« Diese Frau steht beispielhaft für viele Ungenannte, Unbekannte und Vergessene, die im Krieg und in der Nachkriegszeit Opfer von Vergewaltigungen wurden. In der Fernseh- und Buchdokumentation »Erinnerungen für die Zukunft« werden im Kapitel »Das Grab am Schweriner See. Frauenschicksale« ähnliche Schicksale geschildert. So zum Beispiel: Eine junge Frau zieht man tot aus dem See und buddelt irgendwo am See ein Loch und legt sie hinein. Ilse ist dabei, sie schweigt; nach einer Weile sagt sie leise: ›Sie ist ins Wasser gegangen, weil sie in der Schule fünfundzwanzigmal vergewaltigt worden ist.‹ … Dann haben wir alles zugeschaufelt und weg war sie. Keinen Hinweis gibt es auf das Grab am

Schweriner See, kein Kreuz, keinen Stein, kein Zeichen.«

Lit.: Archiv Oberkirchenrat Schwerin, 17.07.1946, /381/ I 9 g; E. J. Walberg/T. Balzer, Erinnerungen, 30-41.

Lohmeyer, Ernst

* 08.07.1890 Dorsten/Westfalen

† 19.09.1946 Greifswald/Vorpommern

Ernst Lohmeyer wurde in einem westfälischen Dorfpfarrhaus geboren. In Tübingen, Leipzig und Berlin studierte er Theologie, Philosophie und orientalische Sprachen und schloss das Studium mit doppelter Promotion ab. 1918 begann er seine akademische Laufbahn als Privatdozent in Heidelberg, 1920 wurde er als Nachfolger von Rudolf Bultmann nach Breslau berufen. Die 13 Jahre in Breslau waren für ihn eine glückliche und produktive Phase. Hier verfasste er u. a. die Kommentare zur Offenbarung und zum Philipperbrief. Seine kritische Haltung gegenüber dem Nationalsozialismus wurde schon vor 1933 deutlich. Offen stellte er sich an die Seite jüdischer Kollegen und unterstützte in einem Offenen Brief Martin Buber. 1934 schloss er sich der Bekennenden Kirche an. Aufgrund eines »Generalplans« zur Entfernung missliebiger Theologieprofessoren wurde Lohmeyer 1934 nach Greifswald strafversetzt. Hier widmete er sich ausschließlich der wissenschaftlichen Arbeit, unterbrochen durch vier Jahre Wehrdienst. Lohmeyer war am 29.4.1945 an der kampflosen Übergabe von Greifswald beteiligt. Am 3.Mai übernahm er das Prorektorat und wurde am 15. Mai auf Veranlassung der russischen Kommission als erster Nachkriegsrektor vorgeschlagen. Am Tag vor der festlichen Einführung verhaftete ihn der NKWD. Er wurde am 28. August zum Tod durch Erschießen verurteilt. Das Urteil wurde am 19.9.1945 in Greifswald vollstreckt. Nähere Umstände wie auch der Begräbnisort sind unbekannt. Manche Sätze in Lohmeyers Werken, etwa in der Auslegung des Vaterunsers (6. Bitte) klingen wie ein Vermächtnis: »Der Märtyrer, welcher leidend Gottes Wahrheit bezeugt ... steht in der Versuchung vor Gott. Seine Versuchung ist seine Begnadigung.«

Lit.: Fürbitten-Liste der EKD, 01.02.1952, Nr. 1: G. Haendler, Rostocker Anmerkungen, 50 f.; G. Haufe, 50. Todestag, 7 f.; W. Schuller, Die Verstummten sprechen, Frankfurter Allgemeine Zeitung, 03.09.1997, 1; E. Lohmeyer, Vaterunser, 142.

Michaelsen, Gerhard

* um 1900
† 21.02.1947 Fünfeichen/Neubrandenburg (Mecklenburg-Vorpommern)

Gerhard Michaelsen wuchs in Pommern auf und wurde Verwaltungsbeamter und Bürgermeister in Cammin. Obwohl Mitglied der NSDAP, bekam er bald Ärger mit seinen Vorgesetzten. In der Reichspogromnacht am 9.11.1938 ließ er als Bürgermeister die Synagoge von der Polizei sperren. So blieb sie vor Übergriffen bewahrt. Michaelsen wurde nach Calbe/Saale strafversetzt, später nach Gnesen. Er blieb bei seiner kritischen Haltung. Schließlich hatte Gauleiter Franz Schwede-Coburg gegen ihn eine Anklageschrift mit 20 Punkten vorgelegt. Michaelsen konnte sich der Einweisung ins KZ durch Meldung zur Ostfront entziehen. Als er sich in Kurland weigerte, an der Ermordung von 25.000 Juden teilzunehmen, wurde er in die Verwaltung nach Stettin geschickt. Dort wurde die Familie ausgebombt und zog zu den Eltern nach Greifswald. Wenige Tage nach der Übergabe der Stadt an die Rote Armee wurde Gerhard Michaelsen von der Straße weg verhaftet. Ein letztes Lebenszeichen kam aus dem Internierungslager Fünfeichen bei Neubrandenburg/ Meckl. Hier wie in Sachsenhausen und Buchenwald waren 1945 vermeintliche Nazis und »Werwolf«-Mitglieder und Kriegsteilnehmer zusammen mit vielen anderen inhaftiert, die ohne jeglichen Grund verhaftet worden waren. Viele von ihnen wurden hingerichtet oder starben auf andere Weise. Als Todesdatum wurde für Gerhard Michaelsen später der 21.2.1947 festgesetzt; genauere Umstände sind nicht bekannt. Weihnachten 1946 schrieb er in einem herausgeschmuggelten Gedicht:«... Zu unserm Gott bet' jetzt alltäglich ich./erbarm dich unser, Herr, erbarme dich./Von ihm und Christus hatt' ich mich entfernt,/ zurückzufinden hab' ich hier gelernt./Dein Will' geschehe, wie im Himmel so auf Erden.«

Lit.: Mecklenburgische Kirchenzeitung, 24.12.2000, 7.

Einsiedel, Horst von

* 07.06.1905 Dresden

† Frühjahr 1948 Sachsenhausen/Oranienburg (?)

Horst von Einsiedel wuchs in einer Arztfamilie auf. Nach dem Schulbesuch in Dresden studierte er Rechts-, Staats- und Wirtschaftswissenschaften in Breslau und Kiel, hier u. a. bei Adolf Löwe, einem führenden Vertreter des religiösen Sozialismus. Aus dem Kreis um Eugen Rosenstock heraus beteiligte er sich an den Arbeitslagern der deutschen Jugendbewegung. Nach längeren Auslandsstudien in den USA und England bekam er 1934 eine Anstellung im Statistischen Reichsamt Berlin, danach in der Reichsstelle Chemie und Wirtschaftsgruppe Chemische Industrie. Hier organisierte er schon eine oppositionelle Gruppe. 1939 begann seine Zusammenarbeit mit Moltke. Seit 1940 gehörte er zum engeren »Kreisauer Kreis«, Arbeitsgruppe Wirtschaft. In einem Text zum Bereich Wirtschaft schrieb er im April 1942: »Nur die Fähigkeit, jede Schöpfung Gottes, insbesondere aber jeden einzelnen Menschen ernst zu nehmen, wird es ermöglichen, dieser Aufgabe gerecht zu werden und dienend an der Gestaltung mitzuwirken. Hier liegt der Grund, auf dem jede Wirtschaftslenkung aufbauen muss.« Der Verfolgung des »Kreisauer Kreises« nach dem 20.7.1944 entging er. Sofort nach dem Kriegende stellte er sich dem Neuaufbau zur Verfügung, zunächst in der Wirtschaftsverwaltung des Berliner Magistrats, dann bei der Abteilung Planung für die Industrie bei der Zentralverwaltung für die sowjetische Besatzungszone. Im Oktober 1945 wurde er nach wiederholten Verhören durch die sowjetische Geheimpolizei verhaftet. Er ging durch verschiedene Lager, zeitweise offenbar auch in Moskau. Im Frühjahr 1948 soll er in Sachsenhausen an Hungertyphus gestorben sein.

Lit.: P. Steinbach/J. Tuchel, Lexikon des Widerstandes, 156-159; R. Bleistein (Hg.), Kreisauer Kreis, 38, 84, 180-182.

Ihmels, Werner

* 14.01.1926 Leipzig
† 25.06.1949 Bautzen/Sachsen

Werner Ihmels wuchs in einer kirchlich geprägten Familie auf. Er gehörte seit 1936 zu einem illegalen Schülerbibelkreis. 1943 wurde er als Luftwaffenhelfer einberufen und noch kurz vor Kriegsende an die Front befohlen. In seinem Tagebuch lesen wir: »Der Nationalsozialismus hat abgewirtschaftet … Mein Glaube aber ist, daß Gott mich führen wird, wie es ihm gefällt.« Nachdem er am 7.5.1945 in amerikanische Kriegsgefangenschaft geriet, notierte er: »Mitzudulden und mitzubüßen, das ist jetzt das Einzige, was wir tun können. Uns selbst aber stärke Gott der Herr den Glauben in dieser Endzeit. Ja, komme bald Herr Jesus!« Nach seiner Entlassung sammelte Werner Ihmels in Leipzig wieder seinen Jugendkreis und begann ein Praktikum im kirchlichen Jugendamt Leipzig. Als man ihn als kirchlichen Vertreter in den Leipziger Jugendausschuss berufen wollte und er gar der Freien Deutschen Jugend und der CDU beitreten sollte, rang er mit der Frage, ob ein Christ eine politische Aufgabe übernehmen dürfe. Er entzog sich dem nicht, hielt aber auch nicht mit seiner Kritik an dem zunehmenden politischen Druck zurück. Einer aus seinem Kreis denunzierte ihn. Als er am 11.9.1947 zum Theologiestudium nach Tübingen reisen wollte, wurde er vom sowjetischen NKWD verhaftet und blieb zunächst spurlos verschwunden. Weihnachten 1948 entdeckte Bischof Hahn ihn bei einem Gottesdienst im Zuchthaus Bautzen, inzwischen war er zu 25 Jahren Arbeitslager verurteilt. Ahnungsvoll hatte er schon am 6.4.1947 einen Abschiedsbrief an seine Eltern geschrieben. In einem Abschiedskassiber aus Bautzen heißt es. »Gott hat einen Weg für mich, der mich zu ihm in sein Reich führen wird.« Am 25.6.1949 starb er an einer Lungenembolie.

Lit.: F. Ihmels, Räderwerk; C. M. Raddatz, Ihmels; H. Krüger, Begegnungen mit W. Ihmels; Univ. Leipzig (Hg.), Studentischer Widerstand, 72-87.

Wandrei, Kurt

* 03.10.1927
† 29.03.1949 Bautzen

Wolf, Joachim

* 05.02.1928
† 18.02.1950 Bautzen

Kurt Wandrei aus Berlin-Schöneberg und Joachim Wolf aus Berlin-Schöneweide waren Studenten an der Humboldt-Universität in Berlin. Beide schlossen sich als evangelische Christen der von Jakob Kaiser u. a. gegründeten Christlich-Demokratischen-Union an. Wolf wurde später auch Vorsitzender der Jungen Union. Joachim Wolf wurde am 8.3.1947 verhaftet und vermutlich im Juni 1948 vom

Sowjetischen Militärtribunal Berlin-Lichtenberg wegen »Verleumdung und Hetze« zu 25 Jahren Zwangsarbeit verurteilt. Er starb am 18.2.1950 in Bautzen. Kurt Wandrei wurde am 27.12.1947 verhaftet und vom Sowjetischen Militärtribunal Potsdam wegen angeblicher Spionage zu 25 Jahren Zwangsarbeit verurteilt. Er starb am 29.3.1949 in Bautzen. Ein Überlebender aus dem »Gelben Elend« (Zuchthaus Bautzen), Friedrich Ninnemann, erinnert sich an die Haftzeit: »... Nun bin ich allein, mich hungert. ... Hunger ist auch, wenn ich mich nach Gottes Wort sehne, wenn ich einen Satz aus dem dicken Buch lesen möchte. Aber das dicke Buch ist nicht da, Gottes Wort ist nicht da. ... Mich hungert nach dem Zuspruch für den Tag, für das Herz.« Aus seiner Haftzelle hatte er den Blick auf den »Karnickelberg«, wo viele Verschollene verscharrt sein sollen, und schreibt: »Jeder, der in ›Bautzen‹ gewesen ist, wusste vom Karnickelberg, aber geredet hat keiner davon. ... Worte zum Gedenken. Ein paar kleine Kreuze aus Stein, für die vierhundert, die noch gefunden wurden. ... Spät, aber noch nicht zu spät, wird der Opfer von Diktatur gedacht.«

Lit.: G. Buchstab, Verfolgt und entrechtet, 313 f.; 500, F. Ninnemann, Bautzen (Maschinenschriftlich), 8, 14.

Lansemann, Robert

* 24.07.1908 Wismar/Mecklenburg
† 19.04.1951 Schwerin (?)

Robert Lansemann setzte sich schon als Theologiestudent in Münster für die Bekennende Kirche ein. 1939 promovierte er bei Wilhelm Stählin zum Lic. theol. mit einer Arbeit über »Die Heiligentage, besonders die Marien-, Apostel- und Engeltage in der Reformationszeit«. Da die deutschchristliche Kirchenleitung ihm die Ordination verweigerte, wurde er bei der BK ordiniert. Seine Gemeindearbeit in Wismar und zeitweise in Neubrandenburg wurde von der Kirchenleitung kritisch verfolgt. Er geriet auch in Konflikt mit der Gestapo, u. a. wegen »böswilliger, gehässiger Äußerungen über das Deutschlandlied«. Für Lansemann war es unmöglich, neben dem Bekenntnis zum 1. Gebot auch »Deutschland über alles« zu singen. Nach Kriegsende erregte Lansemann wieder Anstoß bei den Behörden wegen seiner Jugendarbeit, seines Einsatzes für bedrängte Gemeindeglieder und seiner deutlichen Predigten. Ein Mitglied der Jungen Gemeinde, das später Pastor wurde, schreibt: »Er wollte uns einen lebendigen, entschiedenen Glauben vermitteln.« Im Dezember 1950 übergab der Staatssicherheitsdienst der DDR Lansemann nach einer 12-stündigen Hausdurchsuchung an den sowjetischen NKWD als »Spion, Provokateur und Klassenfeind«. Jahrelang blieb sein weiteres Schicksal unbekannt. Am 20.4.1954 teilte die Kirchenkanzlei der EKD aufgrund einer Mitteilung des sowjetischen Botschafters Semjonow zu Lansemann und vier weiteren verhafteten Pastoren mit: »Wir müssen annehmen, dass diese fünf Brüder in der Sowjetunion verstorben sind.« Erst nach der »Wende« 1989/90 gilt nach Auskunft der Obersten Militärstaatsanwaltschaft in Moskau der 19.4.1951 als Todesdatum.

Lit.: Fürbitten-Liste der EKD, 20.04.1954. Archiv Oberkirchenrat/ 232/I9; Mecklenburgica Sacra, Meckl. Kirchengeschichte, 1/1998, 153-166; H. Rathke, Gedenket…, in: Mecklenburgische Kirchenzeitung, 12.02.1995,4; J. Schmit-Pohl, Strahlungen, 63-68.

Gnettner, Reinhard

*26.06.1897 Görlitz/Niederschlesien (Sachsen)
† 27.06.1951 Moskau

Reinhard Gnettner begann 1927 seinen Dienst als Pfarrer in der Kirchgemeinde Tschöplowitz/Groß-Neudorf (Bezirk Breslau). 1946 übernahm er eine Pfarrstelle in Fürstenberg, Kreis Frankfurt/Oder. – Die Stadt wurde 1961 mit Stalinstadt zu Eisenhüttenstadt vereinigt und zu einer »sozialistischen Stadt« erklärt. – Reinhard Gnettner hatte sich seit 1945 neben seiner kirchlichen Tätigkeit auch in der von Jakob Kaiser mitbegründeten Ost-CDU engagiert und deren Gleichschaltung mit der Politik der Sozialistischen Einheitspartei Deutschlands (SED) kritisiert. Am 6.8.1950 wurde Reinhard Gnettner durch den sowjetischen Geheimdienst (NKWD) verhaftet. Seine kritische Haltung als Christ und als CDU-Mitglied wurde ihm als Verstoß gegen die Verfassung der DDR ausgelegt. Im Frühjahr 1951 kam er vor das Sowjetische Militärtribunal in Potsdam. Nun wurde ihm auch die Verbindung zum Ehepaar Gerhard und Anna Schubert aus Guben zur Last gelegt, die sogenannte »Gruppe Schubert«. Am 4.4.1951 wurde er in einem Geheimprozess zusammen mit dem Ehepaar wegen angeblicher Spionage und Antisowjethetze zum Tod durch Erschießen verurteilt und im Mai 1951 in die Sowjetunion verschleppt. Das Urteil wurde am 27. Juni in Moskau vollstreckt. Seine Kirche und die Angehörigen blieben lange Zeit im Ungewissen. Im April 1953 stand Gnettner noch auf der Fürbitten-Liste der EKD.

Lit.: Fürbitten-Listen der EKD bis 20.04.1953, I, Nr. 10; H. Bräuer, Vergessen; G. Buchstab, Verfolgt, 132 f.

Bolle, Friedrich

* 06.01.1880
† Juli 1951 Taischet/Sowjetunion

Friedrich Bolle wurde nach seiner Ausbildung Diplom-Ingenieur und war als Baumeister tätig. Nach 1945 arbeitete er in der Berlin-Brandenburgischen Kirche als Kirchenbaurat in Potsdam. Neben seiner kirchlichen Arbeit engagierte er sich nach dem Zusammenbruch der Naziherrschaft auch in der von Jakob Kaiser und anderen gegründeten Ost-CDU. Er hielt sich mit seiner Kritik am SED-Regime und dem sich anbahnenden Anpassungskurs der Ost-CDU nicht zurück. Am 18.7.1950 wurde er verhaftet und zu zehn Jahren Zwangsarbeit verurteilt. In dem Prozess wurde ihm besonders die Bekanntschaft mit dem ebenfalls evangelischen Ehepaar Erwin und Charlotte Köhler zur Last gelegt. Sie waren bereits am 28.3.1950 verhaftet, am 2.12.1950 zum Tode verurteilt und am 20.2.1951 in der Sowjetunion hingerichtet worden. Ihnen war u. a. vorgeworfen worden, durch Vermittlung französischer Offiziere Medikamente für Kinder beschafft zu haben. Wohin Friedrich Bolle zur Zwangsarbeit verschleppt wurde, blieb zunächst unklar. Heimkehrer meinten, ihn in der Sowjetunion gesehen zu haben. Im Mai 1953 wurde er noch in den Fürbitten-Listen der EKD genannt. Am 8.2.1954 schrieb dann die Kirchenkanzlei der EKD: »Leider müssen wir befürchten, dass der Kirchenbaurat Dipl. Ing. Friedrich Bolle, Potsdam, nicht heimkehrt. Man vermutet, dass er 1952 in der UdSSR verstorben ist.« Inzwischen ist bekannt, dass er im Januar 1951 aus der DDR in die Sowjetunion verschleppt wurde und dort im Juli (?) 1951 im Lager Taischet umgekommen ist.

Lit.: Fürbitten-Listen der EKD, u.a. 10.05.1953 I, Nr.7; G. Buchstab, Verfolgt, 92 f.

Pieper, Johannes

* 15.05.1905 Gnesen

† 31.12.1951 für tot erklärt

Fischer, Martin

* (?) 1895

† nach Oktober 1945

Johannes Pieper steht für viele Frauen und Männer, die in den Jahren nach Ende des Zweiten Weltkrieges verhaftet wurden und spurlos verschwunden sind. Die Eheleute Pieper kamen mit ihren drei Kindern 1945 als Flüchtlinge nach Schwerin. Johannes Pieper fand Anstellung bei der Evangelischen Stadtmission in Schwerin und wurde Büroleiter. Am 10.10.1946 wurde er auf dem Nachhauseweg auf offener Straße verhaftet. Alle Nachfragen bei der örtlichen Polizei und beim sowjetischen Stadtkommandanten blieben ergebnislos. Im April 1950 wandte sich die Ehefrau, Hedwig Pieper, nach vielen anderen Nachforschungen an das Ministerium des Inneren der 1949 gegründeten Deutschen Demokratischen Republik. Die amtliche Auskunft und Antwort bestand schließlich nur darin, dass am 16.12.1953 durch einen gebührenfreien Beschluss des Kreisgerichts »der verschollene Angestellte Johannes Pieper ... für tot erklärt wird. Als Zeitpunkt des Todes wird der 31. Dez. 1951, 24 Uhr festgestellt.« Für einige Jahre fand man ihn noch unter den Verhafteten und Verschollenen auf den Fürbitten-Listen der Evangelischen Kirche in Deutschland. Einer von vielen weiteren Verschollenen ist der Pfarrer Martin Fischer aus Blankenberg, Kirchenkreis Ziegenrück, Kirchenprovinz Sachsen. Er wurde 1945 von der Straße weg verhaftet, kam ins Straflager Bautzen IV und später vermutlich ins ehemalige KZ Buchenwald. Seit Oktober 1945 ist er verschollen.

Lit.: Archiv des Oberkirchenrats in Schwerin, /57/ I 9 g; Fürbitten-Listen der EKD; Information von Prof. Dr. Harald Schultze, Magdeburg, 23.04.1999; Mecklenburgische Kirchenzeitung 11.1.1948, 1.

Gedowski, Karl-Alfred

* 31.01.1927 Rostock

† 1952 in der Sowjetunion

Karl-Heinz Gedowski verlebte die Jugend in Güstrow/ Mecklenburg. Er wurde am Ende des Zweiten Weltkrieges noch zum Wehrdienst eingezogen und geriet in englische Kriegsgefangenschaft. Nach der Rückkehr aus der Kriegsgefangenschaft besuchte er in Güstrow die John-Brinckmann-Schule. In dieser Schule war auch der später als Schriftsteller bekannt gewordene Uwe Johnson; dessen Vater war von der sowjetischen Besatzungsmacht verhaftet worden, kam ins Straflager Fünfeichen und ist seitdem verschollen. An der John-Brinckmann-Schule in Güstrow kam es zu massiver Bedrohung und Verfolgung der evangelischen Jungen Gemeinde. Auch nicht kirchlich gebundene Mitschüler, unter ihnen Uwe Johnson, protestierten gegen diese Aktionen, nachzulesen in Johnsons Roman «Jahrestage«. Aus diesem Umfeld kam Karl-Alfred Gedowski nach Rostock zum Sportstudium und wurde Lehrbeauftragter für Sport an der Universität. Politisch engagierte er sich in der LDP. Im Zusammenhang mit den Studentenprozessen gegen Arno Esch und andere wurde er am 26.6.1951 verhaftet. Am 6.12.1951 wurde er vom Sowjetischen Militärtribunal im Landgerichtsgebäude (und Stasi-Untersuchungsgefängnis) wegen Spionage zum Tode verurteilt. Dabei spielten auch die Verbindungen zur Studentengemeinde in West-Berlin eine Rolle. Gedowski kam zunächst in die Strafvollzugsanstalt Bautzen und wurde dann in die Sowjetunion deportiert. Dort wurde er 1952 hingerichtet.

Lit.: K. Wockenfuß, Einblicke, 53-60; H. Bernitt (VERS), Namen und Schicksale, 147.

Gürtler, Johannes
* 16.01.1905
† 27.06.1952
Johannes Gürtler aus Brieselang, Kreis Nauen/Brandenburg hatte sich schon als junger Mensch bewusst zu seinem

Glauben bekannt. Er war aktives Mitglied der Christlichen Pfadfinderschaft. Nach Hitlers Machtergreifung schloss er sich bald der Bekennenden Kirche an. Seine Tätigkeit als Elektro-Ingenieur bei der Firma Siemens in Berlin brachte ihn in Gewissenskonflikte, als er bei der Verstärkung der Rüstungsindustrie zur Geheimhaltung verpflichtet werden sollte. Er ließ sich darauf nicht ein und verlor seinen Arbeitsplatz. Nach dem Ende des Zweiten Weltkrieges fand er Arbeit bei einer kirchlichen Verwaltungsstelle in Berlin-Spandau. Er hielt sich regelmäßig zu den Gottesdiensten seiner Gemeinde. Ein ganz persönliches Anliegen von ihm war die Zusammenstellung wichtiger biblischer Worte und Begriffe zu einer Konkordanz. Sein Neues Testament hatte er immer griffbereit bei sich. Johannes Gürtler lag daran, sein Christsein auch im menschlichen Miteinander einzubringen. So arbeitete er nach dem Zweiten Weltkrieg in der CDU mit, zeitweise war er stellvertretender Bürgermeister in Brieselang. Auch nach der Teilung Deutschlands in zwei Staaten (1949) hielt er in der CDU-Arbeit an der Richtung von Jakob Kaiser und Ernst Lemmer fest und verweigerte sich dem verlangten Anpassungskurs an die SED. Täglich fuhr er mit seinem Fahrrad von Brieselang zu seiner kirchlichen Arbeitsstelle in Spandau. Im Juni 1952 stoppte ihn auf einem Waldweg eine Polizeistreife und brachte ihn ins Gefängnis nach Falkensee. Am nächsten Vormittag bekam seine Frau die Nachricht, er habe sich im Polizeigewahrsam erhängt. Nähere Umstände wurden nie bekannt. Die zur Beerdigung freigegebene Leiche zeigte Verletzungen und Spuren von Misshandlung, aber keinen Hinweis auf einen Selbstmord. Drei schulpflichtige Kinder blieben mit der Witwe zurück.

Lit.: G. Buchstab, Verfolgt und entrechtet, 353; Lebenserinnerungen von Ernst Gürtler (Bruder), maschinenschriftlich, 2.

Ebel, Rudolf

* 09.01.1890 ?

† (?) 1954 in der Sowjetunion (?)

Pickel, Georg

* 10.06.1919 (?)

† (?) 1954 in der Sowjetunion (?)

Meißner, Werner

* 26.06.1897 (?)

† 1954 in der Sowjetunion

Bei diesen drei Pfarrern blieben die Gründe für ihre Verhaftung, ihre Aufenthaltsorte in der Verhaftung und die Umstände ihres Todes trotz aller Nachforschungen unbekannt. Rudolf Ebel war Gefängnispfarrer in Halle und wurde am 5.8.1945 verhaftet. Georg Pickel war Pfarrer der Berlin-Brandenburgischen Kirche in Neutornow; er kam am 4.11.1946 in Haft. Werner Meißner war ebenfalls Pfarrer in Berlin-Brandenburg, in der Pfarre Markgrafpiefke. Zum Zeitpunkt der Verhaftung am 8.1.1948 war er Witwer und hatte fünf Kinder. In der Fürbitten-Liste der Kirchenkanzlei der Evangelischen Kirche in Deutschland vom 30.5.1953 wurden neben weiteren 66 verhafteten kirchlichen Mitarbeitern und Pfarrern auch die Pfarrer Ebel, Pickel und Meißner genannt. Diese Fürbitten-Liste schließt mit dem Bibelwort 2. Kor. 4,8-9. Als der Ratsvorsitzende der EKD, Otto Dibelius, in einem Brief vom 13.1.1954 an den Hochkommissar der UdSSR in Deutschland, Semjonow, erneut nach dem Verbleib verschiedener Pfarrer und kirchlicher Mitarbeiter fragte, hieß es in dem Antwortbrief vom 13.3.1954 u.a.: »Ebel, Meissner, Pickel, Vogel und Lansemann sind verstorben.« Alle weiteren Hinweise zu Zeitpunkt, Ort und näheren Umständen des Todes fehlten.

Lit.: Fürbitten-Listen der EKD, u. a. vom 30.05.1953, 1-5; vgl. Kurzbiographie zu R. Lansemann und R. Vogel.

Vogel, Rudolf

* (?)

† 1954 in der Sowjetunion (?)

Rudolf Vogel gehörte als Missionar zum Bund Evangelisch-Freikirchlicher Gemeinden (Baptisten). Er war in Berlin-Brandenburg tätig. Nach seiner Verhaftung am 6.12.1949 hatte sich die Berlin-Brandenburgische Kirche und die Evangelische Kirche in Deutschland auch für ihn eingesetzt. Er erschien immer wieder auf den Fürbitten-Listen der EKD. Der Ratsvorsitzende Otto Dibelius richtete dann 1954 für ihn ebenso wie für die Pfarrer Lansemann, Pickel, Ebel und Meißner an den Hohen Kommissar der UdSSR, Botschafter Semjonow, die dringliche Bitte, den Verbleib der Pfarrer zu klären. Nach der Antwort des Hohen Kommissars teilte die Kirchenkanzlei der EKD den Gliedkirchen am 20.4.1954 mit: »Wir müssen annehmen, dass diese 5 Brüder in der Sowjetunion verstorben sind.«

Lit.: Fürbitten-Liste der EKD vom 30.05.1953, I, Nr. 4; Archiv des Oberkirchenrats in Schwerin, /188/232/ I 9 g I.

Kästner, Alfred

* 14.09.1888 Klein-Burgk

† 1957/1959 (?)

Dr. Alfred Kästner, evangelischer Christ, war seit 1925 als Dozent am Pädagogischen Institut der Technischen Hochschule Dresden tätig. Im Zweiten Weltkrieg wurde er als Soldat eingezogen und geriet in sowjetische Kriegsgefangenschaft. Nach seiner Entlassung im Februar 1946 wurde er erneut verhaftet und blieb weiterhin interniert in Bautzen, Jamnitz und im ehemaligen Konzentrationslager Buchenwald. Nach seiner Entlassung im Februar 1950 trat er wenige Monate später in den kirchlichen Dienst als Bezirkskatechet in Pirna/Sachsen. Am 26.6.1952 wurde er

»unter Mitwirkung von Angehörigen der Besatzungsmacht« verhaftet. Es war die Zeit der Verfolgung der »Jungen Gemeinde«. Alle Versuche der Ehefrau, des Superintendenten und der Bischöfe Hahn und Noth, den Grund der Verhaftung und den Aufenthaltsort von Kästner zu erfahren, blieben erfolglos, ebenso die Einschaltung von Kirchenpräsident Niemöller und eine Eingabe an Ministerpräsident Otto Nuschke. Die Ehefrau Marthe Kästner verstarb im März 1958 nach einer schlimmen Leidenszeit. Nach einer Mitteilung aus dem Landeskirchenamt Dresden vom 26.6.1959 heißt es, »daß Bezirkskatechet Dr. Kästner im Jahre 1953 in der Sowjetunion verstorben ist«.

Lit.: Fürbitten-Liste der EKD, 30.05.1953/KB.II, 1449/53 II K, II, Nr.7. – Archiv der Evang.-Luth. Kirche in Sachsen, Best. 2, Az. 64 101 Pirna 47, 53.

Brüsewitz, Oskar

* 13.05.1929 Willkischken/Litauen
† 22.08.1976 Halle-Döhlau

Manche außergewöhnliche Umstände haben den Lebensweg von Oskar Brüsewitz bestimmt. Sein Vater Artur Brüsewitz hatte im Ersten Weltkrieg in russischer Kriegsgefangenschaft seine aus Sibirien stammende Ehefrau kennen gelernt. Der Sohn Oskar wuchs im Memelgebiet auf. Er erlernte den Beruf eines Schuhmachers und übte diesen Beruf bis 1964 aus. Nach 1945 lebte die Familie zunächst in Sachsen und zog dann nach Westfalen. Eine erste Ehe von Oskar Brüsewitz zerbrach. 1954 siedelte er in die DDR über. 1954 scheiterte der Versuch, eine Ausbildung an der Predigerschule Erfurt zu beginnen. 1955 heiratete er die Diakonisse Christa Rohland. Das Ehepaar schloss sich der Evangelisch-Freikirchlichen Elim-Gemeinde in Leipzig an. Dort empfing Brüsewitz am 22.4.1956 die so genannte

Geistestaufe. 1958 traten die Eheleute wieder in die lutherische Landeskirche ein. 1965 begann Oskar Brüsewitz die Predigerausbildung in Erfurt. Nach dem Examen wurde er 1969 Pfarrer in Rippicha bei Zeitz. Mit großem Eifer widmete er sich den Bauarbeiten an Pfarrhaus und Kirche. Abends leuchtete ein großes Neonkreuz vom Kirchturm. Nicht nur das, sondern auch seine intensive Jugend- und Kinderarbeit und seine deutlichen Predigten störten Staat und Stasi. Mit Plakaten wie diesem: »Ohne Regen, ohne Gott, geht die ganze Welt bankrott«, erregte er viel Anstoß. Bevor er sich am 18.8.1976 öffentlich verbrannte, hatte er dies als einen »Drei-Stufen-Plan« angedeutet. In einem Abschiedsbrief warnte er vor dem »scheinbaren tiefen Frieden, der auch in die Christenheit eingedrungen ist«, obwohl »zwischen Licht und Finsternis ein mächtiger Krieg tobe«.

Lit.: H. Schultze (Hg.), Das Signal; H. Müller-Enbergs u. a. (Hg.), Das Fanal; A. Silomon, in: K. J. Hummel/C. Strohm (Hg.), Zeugen, 439-458.

Domaschk, Matthias

* 12.06.1957 Görlitz/Sachsen
† 12.04.1981 Gera/Thüringen

Sein Vater war Abteilungsleiter beim volkseigenen Betrieb Carl Zeiss in Jena. 1970 zog die Familie nach Jena. Matthias Domaschk begann 1974 eine Berufsausbildung mit Abitur als Feinmechaniker bei VEB Carl Zeiss in Jena. Domaschk hielt sich seit 1972 zur Jungen Gemeinde in Jena-Lobeda, seit 1975 zur Jungen Gemeinde in Jena Stadt-Mitte. Es war die Zeit, in der das kritische Engagement junger, evangelischer Christen für Gerechtigkeit, Frieden und Umwelt zunahm und von staatlichen Stellen in der DDR observiert und bekämpft wurde. Matthias Domaschk beteiligte sich am Lyrikzirkel und Lesekreis der

Jungen Gemeinde. Er nahm aktiv an den Protestaktionen gegen die Ausbürgerung Wolf Biermanns teil und unterzeichnete eine Protestresolution von Künstlern. Es folgten erste Verhöre durch das Ministerium für Staatssicherheit. Domaschk organisierte mit anderen Hilfsaktionen für inhaftierte Jenenser Oppositionelle und beteiligte sich in Prag an der »Charta 1977«. Daraufhin wurde er vom Abitur ausgeschlossen. Nach Abschluss der Ausbildung als Feinmechaniker musste er seinen Dienst bei der Nationalen Volksarmee absolvieren. Nach der Entlassung arbeitete er als Maschinist. In Jena engagierte er sich in der Initiativgruppe für einen Sozialen Friedensdienst im Rahmen der Friedensbewegung. Am 10.4.1981 wurde er im Zug nach Berlin verhaftet und in die Untersuchungs-Haftanstalt des Staatssicherheitsdienstes in Gera gebracht. Am 12.4.1981 ist er nach zweiwöchigen Verhören unter noch ungeklärten Umständen zu Tode gekommen. Das MfS sprach als Schutzbehauptung von Suizid.

Lit.: B.-B. Barth u.a.(Hg.), Wer war Wer, 140 f.; R. Ellmenreich, Domaschk, www.havemann-gesellschaft.de.

Heinrich Rathke

Persönliches Nachwort

Das geht mich an. Das treibt mich um. Das wird mich weiter bewegen. Die Darstellung der Menschen in diesem Buch, der Opfer von Nationalsozialismus und Stalinismus, ist in mancherlei Beziehung sehr persönlich geprägt.

Es sind Menschen darunter, denen ich persönlich verbunden bin. Als nach dem Ende des Zweiten Weltkrieges Dietrich Bonhoeffers Briefe und Aufzeichnungen aus der Haft erstmalig veröffentlicht wurden, hat uns ein Theologieprofessor in Erlangen bei seinen Hausabenden daraus vorgelesen. Diese frühe Begegnung mit Bonhoeffer hat mich bis zum heutigen Tage persönlich und theologisch geprägt. Martin Luther King ist zu nennen, der am 13. September 1964 in der Berliner Marienkirche uns Christen im östlichen Deutschland zurief: »Einen großen, lebendigen, aktiven und öffentlichen Glauben, das ist der Glaube, den ich euch anempfehle.« Vier Jahre später, wenige Tage nach der Ermordung von Martin Luther King am 4. April 1968, wurden wir in einem überfüllten Jugendgottesdienst in Rostock daran erinnert. Viel später kam eine persönliche Begegnung mit der Witwe Coretta King in der Eben-Ezer-Baptist-Church in Atlanta hinzu.

Robert Lansemann aus Wismar habe ich noch kurze Zeit vor seiner Verhaftung durch die Stasi 1951 persönlich getroffen und gesprochen. Mit Karl-Alfred Gedovsky aus Güstrow war ich bei Kriegende in demselben britischen Gefangenenlager. Er ging von dort zurück in seine Heimat in Ostdeutschland, beteiligte sich aktiv an dem Neuaufbau in Deutschland. Für seine Zivilcourage ließ ihn der Stalinismus büßen, er wurde schließlich in Moskau erschossen. Wie anders hätte auch mein eigenes Leben verlaufen können! 35 Jahre DDR mit all den Auswirkungen im öffentlichen und kirchlichen Leben und in der eigenen großen Familie haben wir dann miterlebt: zunächst als Dorfpastor, dann in einem sozialistischen Neubaugebiet in Rostock, dreizehn Jahre als Bischof in Mecklenburg und danach noch sieben Jahre wieder als Gemeindepastor in der Kleinstadt Crivitz.

Viele persönliche Berichte über Opfer des Stalinismus in der Sowjetunion habe ich seit meiner Ernennung zum Beauftragten des Bundes der Evangelischen Kirchen in der DDR 1972 der Begegnung mit Christen im Baltikum, im europäischen Russland, vor allem aber in Sibirien, Kasachstan und Mittelasien zu verdanken. Erich Schacht aus Sysranam Ural war darunter. Er konnte noch kurz vor seinem Tod seine Erfahrungen aufschreiben, so u. a. den Bericht über den gewaltsamen Tod seines Vaters oder die erschütternde Darstellung seiner Erfahrung im Exekutionslager an dem sibirischen Fluss Kolyma. Ich erinnere mich an einen vierstündigen Gottesdienst im lutherischen Bethaus in Omsk/Sibirien. 15 Laienprediger wurden für ihren Dienst in sibirischen Gemeinden eingesegnet. Außerdem wurden drei von uns als eine Art Reiseprediger (»Bischöfliche Visitatoren«) eingesegnet und ausgesandt: Siegfried Springer ins westliche Russland, Manfred Brockmann in den fernen Osten nach Wladiwostok und ich nach Kasachstan. Nikolaus Schneider, der als Fernfahrer über Jahrzehnte ehrenamtlich die lutherische Gemeinde in Omsk gesammelt und betreut und viele Gemeinden ringsum besucht hatte, legte uns zur Einsegnung Offenbarung 3, 8 und 11 aus:

»Siehe, ich habe vor dir eine Tür aufgetan, und niemand kann sie zuschließen; denn du hast eine kleine Kraft und hast mein Wort bewahrt und hast meinen Namen nicht verleugnet. ... Siehe, ich komme bald; halte, was du hast, dass niemand deine Krone nehme.« Es war wie ein Vermächtnis aus der Zeit der Märtyrer. Schneider erinnerte an die Frauen, die heimlich in den Häusern, im Wald oder auf Friedhöfen beteten und Gottesdienste hielten, während die Männer in den GULags arbeiten mussten oder schon umgebracht waren. Und Nikolaus Schneider gedachte auch der 500 orthodoxen Priester und Mönche, die 500 km nördlich von Omsk, in Tobolsk am Irtysch, in einen Lastkahn getrieben wurden und dann von zwei großen Schiffen zerquetscht und lebendig versenkt wurden.

Diese persönlichen Berichte sind oft die einzige Quelle für die Darstellungen der Opfer des Stalinismus. Es ist »oral history«, wie Historiker sagen. Es ist dies aber auch kennzeichnend für das stalinistische System, sowohl in der Sowjetunion als auch später in den Ostblockstaaten einschließlich der Sowjetischen Besatzungszone und der DDR. Man wollte die Feinde des Systems »liquidieren« und »zersetzen«, so war die Sprachregelung bei NKWD und Stasi: wie sich ein Stoff in Säure zersetzt oder eine Flut alles mit sich fortreißt und untergehen lässt. So sollten die Opfer spurlos verschwinden. Und denen, die es miterlebten oder überlebten, wurde strengste Schweigepflicht auferlegt, wenn sie nicht das gleiche Schicksal erleiden wollten.

So hat sich eine jahrzehntelange Schicht des Schweigens über die damalige Zeit gelegt. Sie ist auch heute oft noch nicht aufgebrochen. Soll es bei den »vergessenen« Opfern des Stalinismus bleiben? Können wir uns durch eine »beschwiegene Geschichte« der persönlichen Verantwortung und Betroffenheit entziehen?

Allerdings muss uns die Maßlosigkeit des Terrors die Sprache verschlagen. Es sind nicht nur Tausende, sondern Millionen von Opfern, die keine Statistik mehr erfassen kann. So konnte in diesem Buch nur beispielhaft an Einzelnen dargestellt werden, was Tausende ebenso erlitten haben. Das gilt auch für viele Frauen und Kinder und unbekannte Gemeindeglieder ohne Rang und Titel, die in den Strudel des Terrors hineingerissen und zu Zeugen des Glaubens wurden. Die Methoden des Liquidierens und Zersetzens sind oft so entsetzlich, dass sich fast alles gegen eine Darstellung sträubt. Man denke daran, wie Erich Schacht in seinem Buch nicht nur sein eigenes Schicksal, den Tod seines Vaters und anderer Mitchristen schildert. Da berichtet er aus eigener Erfahrung andeutungsweise von jenem Exekutionsort am Fluss Kolyma in Sibirien, wo jede Nacht ein Sowjetoffizier sein Soll an Genickschüssen erledigt und dann die Leichen in eine Zerstückelungsmaschine fallen lässt; der sibirische Fluss nimmt die Überreste bis ins Eismeer mit; diese Opfer sind im wörtlichen Sinn »liquidiert«. So sah Alexander Solschenizyn in seinem Buch »Archipel GULAG« auch keine Möglichkeit, dieser Epoche des Grauens dokumentarisch oder historisch beizukommen, trotz aller Fülle von Material, die seine Bücher liefert. Daher gibt er seinem Buch »Archipel GULAG« den Untertitel: »Versuch einer künstlerischen Bewältigung«.

Wir sollten uns ebenso einer Bewältigung vom Glauben her stellen. Der polnische Philosoph Waldemar Chrostowsky hat von einer »Theologie nach Kolyma« gesprochen, die die Erfahrungen der Kirche unter der totalitären Diktatur kritisch verarbeitet. Wir werden Jesu Schrei am Kreuz »Mein Gott, mein Gott, warum hast du mich verlassen?« und die drei letzten Bitten des Vaterunsers, »vergib uns unsere Schuld...« – »führe uns nicht in Versuchung« – »erlöse uns von dem Bösen«, neu zu buchstabieren haben. Wenn wir uns aber dem Erinnern stellen, so begegnen uns Menschen, durch deren Leben und Leiden etwas hindurchklingt. So meint es das Wort Person im wörtlichen Sinne. Personen, die für die Würde des Menschen eintraten, zu denen standen und bei denen ausharrten, deren Würde mit Füßen getreten wurde. Menschen, die vor andern und für andere gegen Unmenschlichkeit und Terror einstanden. Pro-Existenz und Protestantismus im wirklichen Sinne. Menschen, die nicht nur innerlich ihre Frömmigkeit pflegten, sondern die draußen vor der Tür und vor dem Lager Zivilcourage bewiesen. Menschen, an denen spürbar wurde, woher sie die Kraft dazu nahmen, die Gottvertrauen aus der Tiefe heraus erlebt hatten.

Kürzlich ist das umfangreiche zweibändige Märtyrerbuch der Katholischen Kirche »Zeugen für Christus« erschienen. Auch die Russisch-Orthodoxe Kirche hat zur Jahrtausendwende ein entsprechendes Martyrologium für den Bereich der ehemaligen Sowjetunion vorgelegt. Beide Kirchen haben feste Kriterien für die Definition eines Märtyrers. Wir haben uns in diesem vorliegenden Buch damit begnügt, von «Opfern des Nationalsozialismus und des Stalinismus« zu sprechen. Sie sind Opfer, weil ihnen Leiden aufgezwungen wurde. Sie sind Opfer, die ein Recht auf Erinnern, Rehabilitierung und Wiedergutmachung haben. Es klingt wohl auch die ursprünglich religiöse Vorstellung mit, dass Opfer für andere mit gelitten haben. Unter den Millionen Opfern des Nationalsozialismus und des Stalinismus sind Christen,

– die das Leiden schicksalhaft erlitten haben;
– die es als Sühne für früheres Verhalten empfunden haben;

- die es als Preis für ihre politische Haltung und für persönliche Zivilcourage in Kauf genommen haben;
- die das Leiden als bewusste Herausforderung für ihren Glauben angenommen haben.

Wir begegnen diesen Opfern als die Überlebenden, als die Davongekommenen. Die jüngere Generation lebt in einer Welt, in der Diktatur und Terror in neuer Form den Menschen bedrohen. Wir sollten Dietrich Bonhoeffers letztes Gedicht im Sinn behalten, nicht nur die letzte Strophe sondern auch die Zeilen davor:

«Doch willst du uns noch einmal Freude schenken
an dieser Welt und ihrer Sonne Glanz,
dann wolln wir des Vergangenen gedenken,
und dann gehört dir unser Leben ganz.«

Von der »beschwiegenen Geschichte« zu Orten, Zeiten und Formen des Gedenkens und Erinnerns zu kommen, gibt uns die Kraft, uns für den Weg heute und morgen zu rüsten. Dazu möchte auch dieses Buch ein wenig helfen. »Gedenket an eure Lehrer, die euch das Wort Gottes gesagt haben; ihr Ende schaut an und folgt ihrem Glauben nach.« (Hebr. 13,7.)

Vielen ist zu danken, die geholfen haben, dass dieses Buch so erscheinen konnte. Persönlich möchte ich all jenen danken, die als Zeugen und Zeitzeugen, vor allem in den Gebieten ostwärts des Ural, uns begegnet sind und von ihrem Erleben erzählt haben. Danken möchte ich denen, die sich überwunden haben, das Schweigen über die eigene schwere Lebensgeschichte zu brechen. Danken möchte ich meiner Frau, die diese Arbeit unterstützt und begleitet hat und insbesondere über 2.000 Briefe unserer Freunde aus Sibirien, Kasachstan und Mittelasien durchgesehen hat und viele persönliche Zeugnisse über Opfer entdecken konnte.

Schwerin, den 3. Januar 2003
Heinrich Rathke

Dieses Datum erinnert daran, dass vor 65 Jahren mehr als zehn Gemeindeglieder der Petri-Kirche in Leningrad/ Sankt Petersburg, darunter die Pastoren Paul Reichert und Sohn Bruno Reichert, erschossen wurden.

Die Autoren

Björn Mensing, geb. 1962 in Lüneburg, Dr. phil., 1991 Promotion in Sozialgeschichte an der Universität München, Pfarrer der Evangelisch-Lutherischen Kirche in Bayern, seit 1996 Studienleiter im Evangelischen Bildungszentrum Bayreuth, von 1999 bis 2002 Teilbeurlaubung für ein Forschungsprojekt über Martyrien und ihre Rezeptionsgeschichte im deutschen Protestantismus, seit 2002 zugleich Pfarrer für Öffentlichkeitsarbeit im Dekanat Bayreuth. Nebenamtlicher Lehrbeauftragter für Kirchengeschichte an der Universität Bayreuth seit 1998 und seit 2002 auch an der Evangelischen Fachhochschule Nürnberg.

Heinrich Rathke, geb. 1928 in Mölln/Mecklenburg, Dr. theol., Dr. h. c., 1954 Übersiedlung von Bayern in die DDR, 1960 Promotion im Fach Neues Testament/Patristik an der Universität Rostock, war von 1954 bis zum Ruhestand 1991 Pastor, von 1971 bis 1984 Landesbischof der Evangelisch-Lutherischen Landeskirche Mecklenburgs, ab 1972 zudem Beauftragter des Bundes der Evangelischen Kirchen in der DDR für die Verbindung zur Russisch-Orthodoxen Kirche und von 1991 bis 1994 Bischöflicher Visitator der evangelisch-lutherischen Gemeinden in Kasachstan. 1957/58 nach Protesten gegen die Zwangskollektivierung der Landwirtschaft von der Stasi verhört, ab Anfang der achtziger Jahre verstärktes Engagement für Friedens-, Menschenrechts- und Umweltarbeit, 1989 als

Pastor von Crivitz Mitbegründer der „Politischen Bürgerinitiative Crivitz" und Vertrauensperson bei der Auflösung der Stasi-Einrichtungen im Landkreis, bis 1998 Mitglied und zeitweise Vorsitzender im Beirat des Bundesbeauftragten für die Stasi-Unterlagen. Er lebt heute in Schwerin.

Quellen- und Literaturverzeichnis

I. Zu den Beiträgen von Björn Mensing

A. Unveröffentlichte Quellen

1. Unveröffentlichte Manuskripte

Ludwig, Hartmut: Die Opfer unter dem Rad verbinden. Vor- und Entstehungsgeschichte, Arbeit und Mitarbeiter des »Büro Pfarrer Grüber«. Dissertation B. Berlin (Ost) 1988.

Möller, Klaus: Hans Leipelt und die Weiße Rose. Vortrag in der Freien Akademie der Künste Hamburg am 24.2.1986. Hamburg-Harburg 1986.

Perels, Joachim: Friedrich Justus Perels – Leben und (Nach)Wirken. Vortrag am 9.4.2002 bei einer Veranstaltung der Evangelischen Akademie zu Berlin in Berlin-Plötzensee.

Schmidt, Ernst Ludwig: Dokumentation über die Christin jüdischer Herkunft Elisabeth Braun, geboren am 24. Juli 1887 in München, ermordet am 25. November 1941 in Kaunas. Erlangen 2001.

2. Schriftliche und mündliche Auskünfte

Informationen von Annelis von Bernstorff an Heinrich Rathke im November 2001 (mündlich).

Informationen von Friedrich Braun, Erinnerungsstätte Brettheim, 3./4.1.2002 (mündlich).

Informationen Evang. Pfarramt Brettheim, 4.1.2002 (mündlich).

Information von Heike Götschel, Geschichtswerkstatt Bayreuth, 13.11.2002 (schriftlich).

Information von Dr. Beate Kosmala, Zentrum für Antisemitismusforschung Berlin, 08.01.2003 (mündlich).

Information von Dr. Hartmut Ludwig, Humboldt-Universität Berlin, 5.8.2002 (schriftlich).

Informationen von Albrecht Schönherr, 26.9.2000 (mündlich) und September 2001 (mündlich).

Informationen von Dr. Claudia Schoppmann, Zentrum für Antisemitismusforschung Berlin, 05.12.2001 (basiert auf einem Bericht von Charlotte Holzer) (schriftlich).

Informationen von Irmgard Sinner, geb. Lueben, an Heinrich Rathke, Dezember 2001 (mündlich).

B. Veröffentlichte Quellen und Darstellungen

Aichelin, Albrecht: Paul Schneider. Ein radikales Glaubenszeugnis gegen die Gewaltherrschaft des Nationalsozialismus (HUWJK. 6). Gütersloh 1994.

Aichelin, Albrecht: Paul Schneider (1897-1939). In: K.-J. Hummel/C. Strohm (Hg.): Zeugen, S. 72-86.

Alt, Karl: Todeskandidaten. Erlebnisse eines Seelsorgers im Gefängnis München-Stadelheim mit zahlreichen im Hitlerreich zum Tode verurteilten Männern und Frauen. München 1946 (überarbeitete Neuauflage: Überschreiten von Grenzen. Strafgefängnis München Stadelheim zwischen 1934 und 1945. Der evangelische Seelsorger und Zeitzeuge Karl Alt begleitet die zum Tode Verurteilten bis zu ihrer Hinrichtung. Texte, Briefe, Gespräche. München 1994).

Amburger, Erik (Hg.): Die Pastoren des Konsistorialbezirks Estland 1885-1919 (Quellen und Studien zur Baltischen Geschichte. 11). Köln; Wien 1988.

Aretin, Karl Otmar Freiherr von: Henning von Tresckow. In: R. Lill/H. Oberreuter (Hg.), 20. Juli (1984), S. 307-320.

Aretin, Karl Otmar Freiherr von: Henning von Tresckow. Patriot im Opfergang. In: K. v. Klemperer/E. Syring/R. Zitelmann (Hg.): »Für Deutschland« (1994), S. 287-310.

Asendorf, Manfred/Bockel, Rolf von: Demokratische Wege. Deutsche Lebensläufe aus fünf Jahrhunderten. Stuttgart; Weimar 1997.

Bab, Bettina/Weiß, Wolfgang: Festschrift 250 Jahre Dreifaltigkeit. 1739-1989. Beiträge zur Geschichte der Friedrichstadt und der Kirchengemeinde im ehemaligen Berliner Regierungsviertel. Unter Mitarbeit von Andreas Reich und Walther Thomas. Berlin 1990.

BBKL, siehe Biographisch-Bibliographisches Kirchenlexikon.

Benz, Wolfgang (Hg.): Lexikon des Holocaust. München 2002.

Benz, Wolfgang/Graml, Hermann/Weiß, Hermann (Hg.): Enzyklopädie des Nationalsozialismus. 2. Auflage. München 1998.

Benz, Wolfgang/Pehle, Walter H. (Hg.): Lexikon des deutschen Widerstandes. Aktualisierte Neuausgabe. Frankfurt/Main 2001.

Bethge, Eberhard: Dietrich Bonhoeffer. Theologe, Christ, Zeitgenosse. 8. Auflage. München 1994.

Bethge, Eberhard: In Zitz gab es keine Juden. Erinnerungen aus meinen ersten vierzig Jahren. München 1989.

Bethge, Eberhard: Modernes Märtyrertum als gemeinsames evangelisch-katholisches Problem. In: Bethge, Eberhard: Ohnmacht und Mündigkeit. Beiträge zur Zeitgeschichte und Theologie nach Dietrich Bonhoeffer. München 1969, S. 135-151.

Biographisch-Bibliographisches Kirchenlexikon. Begründet und hg. von Friedrich Wilhelm Bautz, fortgeführt von Traugott Bautz. Bd. 1-20. Hamm; ab Bd. 3 Herzberg 1975-2002.

Biographisches Handbuch des deutschen Auswärtigen Dienstes. 1871-1945. Bd. 1: A-F. Paderborn u. a. 2000.

Böhm, Boris (Bearb.): »Die Entscheidung konnte mir niemand abnehmen ...«. Dokumente zu Widerstand und Verfolgung des evangelischen Kirchenjuristen Martin Gauger (1905-1941) (Lebenszeugnisse – Leidenswege. 5). Dresden 1997.

Boyens, Armin: Kirchenkampf und Ökumene 1939-1945. Darstellung und Dokumentation unter besonderer Berücksichtigung der Quellen des Ökumenischen Rates der Kirche. München 1973.

Bracher, Karl Dietrich: Rüdiger Schleicher. In: J. Mehlhausen (Hg.): Zeugen (1998), S. 217-242.

Brakelmann, Günter: Helmuth James Graf von Moltke (1907-1945). In: K.-J. Hummel/C. Strohm (Hg.): Zeugen, S. 297-319.

Braun, Hannelore: Hermann Stöhr (1898-1940). In: K.-J. Hummel/C. Strohm (Hg.), Zeugen, S. 87-105.

Brautbriefe Zelle 92. 1943-1945. Dietrich Bonhoeffer, Maria von Wedemeyer. Hg. v. Ruth-Alice von Bismarck u. Ulrich Kabitz. München 1997.

Bühler, Anne Lore: Der Kirchenkampf im evangelischen München. Die Auseinandersetzung mit dem Nationalsozialismus und seinen Folgeerscheinungen im Bereich des Evang.-Luth. Dekanates München 1923-1950. Ein Kapitel der Geschichte des Evang.-Luth. Dekanates München (EAKGB. F 5). Nürnberg 1974.

Büttner, Ursula/Greschat, Martin: Die verlassenen Kinder der Kirche. Der Umgang mit Christen jüdischer Herkunft im »Dritten Reich«. Göttingen 1998.

Büttner, Ursula: Von der Kirche verlassen. Die deutschen Protestanten und die Verfolgung der Juden und Christen jüdischer Herkunft im »Dritten Reich«. In: U. Büttner/M. Greschat: Kinder, S. 15-69.

Büttner, Ursula: »Wohl dem, der auf die Seite der Leidenden gehört«. Der Untergang des Dichters Jochen Klepper mit seinen jüdisch-christlichen Angehörigen. In: U. Büttner/M. Greschat: Kinder, S. 123-149.

Christliche Frauen im Widerstehen gegen den Nationalsozialismus. Häftlinge im Frauenkonzentrationslager Ravensbrück von 1939-1945. Begleitbroschüre zur Ausstellung in der Mahn- und Gedenkstätte Ravensbrück 1998/99. Berlin 1999.

Der Christuszeuge Paul Schneider. Gedenkschrift anläßlich des 50. Todestages. Hg. von der Evangelischen Kirche im Rheinland. Düsseldorf 1989.

Coburger, Marlies: Die Frauen der Berliner Roten Kapelle. In: H. Coppi/J. Danyel/J. Tuchel (Hg.): Rote Kapelle (1994), S. 91-103.

Coppi, Hans/Danyel, Jürgen/Tuchel, Johannes (Hg.): Die Rote Kapelle im Widerstand gegen den Nationalsozialismus (Schriften der Gedenkstätte Deutscher Widerstand. A 1). Berlin 1994.

Coppi, Hans: Erwin Gehrts. In: H. Coppi/J. Danyel/J. Tuchel (Hg.): Rote Kapelle (1994), S. 226-234.

DBE, siehe Deutsche Biographische Enzyklopädie.

Deutsche Biographische Enzyklopädie. Hg. von Walther Killy. Bd. 1-12,2. München 1995-2000.

Dignath, Stephan (Hg.): Dr. Karl Sack. Ein Widerstandskämpfer aus Bosenheim. Bekenntnis und Widerstand. Gedenkschrift anläßlich der 40. Wiederkehr des Tages seiner Ermordung im KZ Flossenbürg am 9. April 1945. Hg. im Auftrag des ev. Kirchenvorstandes Bosenheim. Bad Kreuznach 1985.

Drobisch, Klaus/Fischer, Gerhard (Hg.): Ihr Gewissen gebot es. Christen im Widerstand gegen den Hitlerfaschismus. Berlin (Ost) 1980.

Eich, Ulrike: Suizid – Volksgerichtshof – Standgerichte: Die Opfer des 20. Juli. In: R. Lill/H. Oberreuter (Hg.): 20. Juli (1984), S. 393-409.

Elser, Johann Georg: Autobiographie eines Attentäters. Der Anschlag auf Hitler im Bürgerbräu 1939. Hg. von Lothar Gruchmann. Neuauflage. Stuttgart 1989.

Erb, Jörg: Blutzeugen des Kirchenkampfes. Lahr-Dinglingen 1967.

Erb, Jörg: Geduld und Glaube der Heiligen. Die Gestalten des evangelischen Namenkalenders. Kassel 1965.

Erb, Jörg: Die Wolke der Zeugen. Lesebuch zum evangelischen Namenkalender. Bd. 1-4. Kassel 1951-1963.

Erhart, Hannelore/Meseberg-Haubold, Ilse/Meyer, Dietgard: Katharina Staritz. 1903-1953. Dokumentation. Bd. 1: 1903-1942. Mit einem Exkurs Elisabeth Schmitz. Neukirchen-Vluyn 1999.

Der Evangelische Namenkalender. Hg. von der Lutherischen Liturgischen Konferenz Deutschlands. Hannover 1984.

Feil, Ernst (Hg.): Internationale Bibliographie zu Dietrich Bonhoeffer. International Bibliography on Dietrich Bonhoeffer. Gütersloh 1998.

Feurich, Walter: Paul Schneider (Christ in der Welt. 13). 3. Auflage. Berlin (Ost) 1989.

Forck, Bernhard Heinrich: Und folget ihrem Glauben nach. Gedenkbuch für die Blutzeugen der Bekennenden Kirche. Stuttgart 1949.

Gädeke, Reinhard: Theodor Noa. Der erste evangelische Jugendpfarrer in Hagen, ein Opfer der Rassengesetzgebung des »Dritten Reiches«. In: Heimatbuch Hagen und Mark 29 (1988), S. 128-138.

Gedenkstätten für die Opfer des Nationalsozialismus. Eine Dokumentation (Bundeszentrale für politische Bildung). Bd. 1, 2. Auflage. Bonn 1995; Bd. 2. Bonn 1999.

Gollwitzer, Helmut/Kuhn, Käthe/Schneider, Reinhold (Hg.): Du hast mich heimgesucht bei Nacht. Abschiedsbriefe und Aufzeichnungen des Widerstandes 1933-1945. München 1954 (gekürzte Ausgabe. 9. Auflage. Gütersloh 1999).

Greschat, Martin: Die christliche Mitgift Europas. Traditionen der Zukunft. Stuttgart; Berlin; Köln 2000.

Greschat, Martin: Friedrich Weißler. Ein Jurist der Bekennenden Kirche im Widerstand gegen Hitler. In: U. Büttner/M. Greschat: Kinder, S. 86-122.

Grewolls, Grete: Wer war wer in Mecklenburg-Vorpommern? Ein Personenlexikon. Bremen u. a. 1995.

Grünzinger, Gertraud: Elisabeth von Thadden (1890-1944). In: K.-J. Hummel/ C. Strohm (Hg.): Zeugen, S. 192-208.

Haasis, Hellmut G.: »Den Hitler jag' ich in die Luft«. Der Attentäter Georg Elser. Eine Biographie. Neuausgabe. Reinbek bei Hamburg 2001.

Hahn, Anny: D. Traugott Hahn. Weiland Professor an der Universität Dorpat. Ein Lebensbild aus der Leidenszeit der baltischen Kirche. Heilbronn 1929.

Hamm, Berndt: Schuld und Verstrickung der Kirche. Vorüberlegungen zu einer Darstellung der Erlanger Theologie in der Zeit des Nationalsozialismus. In: Stegemann, Wolfgang (Hg.): Kirche und Nationalsozialismus. 2. Auflage. Stuttgart; Berlin; Köln 1992, S. 13-49.

Harnack, Ernst von: Jahre des Widerstands. 1932-1935. Hg. von Gustav-Adolf von

Harnack. Pfullingen 1989.
Hauptmann, Peter: Art. Baltikum II: Das Christentum im Baltikum. In: TRE 5 (1980), S. 145-159.
Hauschild, Wolf-Dieter: Lehrbuch der Kirchen- und Dogmengeschichte. Bd. 2: Reformation und Neuzeit. Gütersloh 1999.
Herbrecht, Dagmar/Härter, Ilse/Erhart, Hannelore (Hg.): Der Streit um die Frauenordination in der Bekennenden Kirche. Quellentexte zu ihrer Geschichte im Zweiten Weltkrieg. Neukirchen-Vluyn 1997.
Hermle, Siegfried: Traugott Hahn (1875-1919). In: K.-J. Hummel/ C. Strohm (Hg.): Zeugen, S. 19-36.
Hesse, Eduard: Aus dem Leben und Sterben von Helmut Hesse. In: Monatshefte für Evangelische Kirchengeschichte des Rheinlandes 29 (1980), S. 269 ff.
Hey, Bernd/Rickling, Matthias/Stockhecke, Kerstin: Kurt Gerstein (1905-1945). Widerstand in SS-Uniform (Schriften des Landeskirchlichen Archivs der Evangelischen Kirche von Westfalen. 6). Bielefeld 2000.
Hiller von Gaertringen, Friedrich Freiherr (Hg.): Die Hassell-Tagebücher 1938-1944. Ulrich von Hassell. Aufzeichnungen vom Andern Deutschland. 2. Auflage. Berlin (West) 1989.
Hiller von Gaertringen, Friedrich Freiherr: Cäsar von Hofacker. In: J. Mehlhausen (Hg.): Zeugen (1998), S. 65-90.
Hochmuth, Ursel (Bearb.): Candidates of Humanity. Dokumentation zur Hamburger Weißen Rose anlässlich des 50. Geburtstages von Hans Leipelt. Hamburg 1971.
Hofmann, Martin/Lenz, Hans Friedrich/Schäfer, Pauf Gerhard/Flechsenhaar, Günther/Sames, Ernst (Hg.): Dokumentation zum Kirchenkampf in Hessen und Nassau. Bd. 4: Die Evangelische Landeskirche Nassau-Hessen. Frühjahr bis Herbst 1935. Hg. im Auftrage der Evangelischen Kirche in Hessen und Nassau. Darmstadt 1983.
Huber, Wolfgang (Hg.): Mut in böser Zeit. Gedenken an Dietrich Bonhoeffer und seine Freunde. Berlin 1995.
Huber, Wolfgang: »... das geistige Haupt der Bewegung zur Beseitigung des Führers.«. Ansprache zur Ausstellungseröffnung in Sachsenhausen. 9. April 1995. In: W. Huber (Hg.): Mut (1995), S. 37-42.
Hummel, Karl-Joseph/Strohm, Christoph (Hg.): Zeugen einer besseren Welt. Christliche Märtyrer des 20. Jahrhunderts. Hg. im Auftrag der Deutschen Bischofskonferenz und der Evangelischen Kirche in Deutschland. Leipzig; Kevelaer 2000.
Kallmeyer, Theodor: Die evangelischen Kirchen und Prediger Kurlands. Bearbeitet, ergänzt und bis zur Gegenwart fortgesetzt von G. Otto. 2. Ausgabe. Riga 1910.
Katterfeld, Anna: Die erste Blutzeugin im Diakonissenkleide. Ein Dank. Bethel bei Bielefeld 1920.
Katterfeld, Anna: Oskar Schabert. Ein Rufer Gottes. Ein Lebensbild (Väter der Lutherischen Kirche. 3). Erlangen 1936.
Kempner, Benedicta Maria: Priester vor Hitlers Tribunalen. Leipzig 1969.
Kißener, Michael/Schäfers, Bernhard (Hg.): »Weitertragen«. Studien zur »Weißen Rose«. Festschrift für Anneliese Knoop-Graf zum 80. Geburtstag. Konstanz 2001.

Klausa, Ekkehard: Politischer Konservatismus und Widerstand. In: P. Steinbach/J. Tuchel (Hg.): Widerstand gegen den Nationalsozialismus, S. 219-234.

Klemperer, Klemens von: Glaube, Religion, Kirche und der deutsche Widerstand gegen den Nationalsozialismus. In: Graml, Hermann (Hg.): Widerstand im Dritten Reich. Probleme, Ereignisse, Gestalten. Frankfurt/Main 1984, S. 140-156.

Klemperer, Klemens von/Syring, Enrico/Zitelmann, Rainer (Hg.): »Für Deutschland«. Die Männer des 20. Juli. Frankfurt/Main; Berlin 1994.

Kluge, Heidelore: Cato Bontjes van Beek. »Ich will nur eins sein, und das ist ein Mensch«. Das kurze Leben einer Widerstandskämpferin. 1920-1943. Stuttgart 1994.

Kneifel, Eduard: Die Pastoren der Evangelisch-Augsburgischen Kirche in Polen. Ein biographisches Pfarrerbuch mit einem Anhang. Selbstverlag Eging/Niederbayern 1967.

Köhler, Bruno: Gotha, Berlin, Dachau. Werner Sylten. Stationen seines Widerstandes im Dritten Reich. Stuttgart 1980.

Kosmala, Beate/Schoppmann, Claudia (Hg.): Überleben im Untergrund. Hilfe für Juden in Deutschland 1941-1945 (Reihe Solidarität und Hilfe. 5). Berlin 2002.

Krebs, Bernd: Nationale Identität und kirchliche Selbstbehauptung. Julius Bursche und die Auseinandersetzung um Auftrag und Weg des Protestantismus in Polen 1917-1939 (Historisch-Theologische Studien zum 19. und 20. Jahrhundert. 6). Neukirchen-Vluyn 1993.

Kremmel, Paul: Pfarrer und Gemeinden im evangelischen Kirchenkampf in Bayern bis 1939. Mit besonderer Berücksichtigung der Ereignisse im Bereich des Bezirksamts Weißenburg in Bayern (Studien zur neueren Kirchengeschichte. 1). Lichtenfels 1987.

Krieck, Manfred: Zuarin bis Schwerin. Eine Stadtchronik von 1160 bis 1990. Hamburg 1990.

Krötke, Wolf: Der zensierte Bonhoeffer. Zu einem schwierigen Kapitel der Theologiegeschichte in der DDR. In: C. Meier (Hg.): Bonhoeffer, S. 31-50.

Laack-Michel, Ursula: Albrecht Haushofer und der Nationalsozialismus. Ein Beitrag zur Zeitgeschichte (Kieler Historische Studien. 15). Stuttgart 1974.

Langevoort, Einbert-Jan: Gottfried Hötzel. Ein Mann und eine Stimme. Eine biographische Studie. Hg. von der Evangelischen Kirchengemeinde Düsseldorf-Heerdt unter Mitarbeit von Michael Füsgen, Martin Stöhr und Rüdiger Weyer. Waltrop 1996.

Leber, Annedore (Hg.): Das Gewissen steht auf. Lebensbilder aus dem deutschen Widerstand. 1933-1945. Gesammelt und hg. in Zusammenarbeit mit Willy Brandt und Karl Dietrich Bracher. Neu hg. von Karl Dietrich Bracher in Verbindung mit der Forschungsgemeinschaft 20. Juli. Mainz 1984.

Lekebusch, Sigrid: Not und Verfolgung der Christen jüdischer Herkunft im Rheinland 1933-1945. Darstellung und Dokumentation (Schriftenreihe des Vereins für Rheinische Kirchengeschichte. 117). Köln 1995.

Lexikon der deutschen Geschichte. Ereignisse, Institutionen, Personen. Von den Anfängen bis zur Kapitulation 1945. Unter Mitarbeit von Historikern und Archivaren hg. von Gerhard Taddey. 3. Auflage. Stuttgart 1998.

Lill, Rudolf (Hg.): Hochverrat? Neue Forschungen zur »Weißen Rose« (Portraits des Widerstands). Veränderte Neuauflage. Konstanz 1999.

Lill, Rudolf/Oberreuter, Heinrich (Hg.): 20. Juli. Portraits des Widerstands. Düsseldorf; Wien 1984.

Linck, Hugo: Der Kirchenkampf in Ostpreußen. 1933 bis 1945. Geschichte und Dokumentation. München 1968.

Loscher, Klaus/Hahn, Udo: »Ich habe nicht verleugnet«. Georg Maus. Leben und Wirken eines Religionslehrers im Dritten Reich. 2. Auflage. Wuppertal 1988.

Ludwig, Hartmut: Helga Barth 1912-1945. In: Christliche Frauen (1999), S. 9-11.

Ludwig, Hartmut: Ein kleines Licht im Dunkeln. Eine Gedenktafel am Haus Oranienburger Straße 20 in Berlin-Mitte erinnert an das »Büro Grüber« und eine Schule für »judenchristliche« Schülerinnen und Schüler. In: Die Kirche. Berlin-Brandenburgisches Sonntagsblatt. Nr. 44. 29.10.2000, S. 4.

Ludwig, Hartmut: »Wir sind Staatsfeinde«. In: Lutherische Monatshefte 1995, S. 26-29.

Ludwig, Hartmut: Für die Wahrheit des Evangeliums streiten. Zur Entlassung des Hilfspredigers Winfried Feldmann aus dem Dienst der Landeskirche 1939. In: Grosse, Heinrich W./Otte, Hans/Perels, Joachim (Hg.): Bewahren oder Bekennen? Die hannoversche Landeskirche im Nationalsozialismus. Hannover 1996, S. 105-126.

Ludwig, Hartmut: Edith Wolff 1904-1997. In: Christliche Frauen (1999), S. 89 f.

Ludwig, Hartmut: Als Zivilcourage selten war. Die evangelische Hilfsstelle »Büro Pfarrer Grüber«, ihre Mitarbeiter und Helfer im Rheinland 1938 bis 1940. In: Ginzel, Günther B. (Hg.): Mut zur Menschlichkeit. Hilfe für Verfolgte während der NS-Zeit (Mit-Menschlichkeit. 1). Köln 1993, S. 29-54.

Lühe, Irmgard von der: Elisabeth von Thadden. Eine Frau im Widerstand. Neuausgabe. Hildesheim 1989.

Majer-Leonhard, Fritz: Christuszeugen aus Israel. Lebensbilder von Judenchristen. Stuttgart 1955.

Majer-Leonhard, Fritz: Zeugen aus Israel. Hg. von Harald Fölsch. Stuttgart o.

Markschies, Christoph: Carl und Friedrich Goerdeler. In: J. Mehlhausen (Hg.), Zeugen (1998), S. 142-172.

Mehlhausen, Joachim (Hg.): ... und über Barmen hinaus. Studien zur Kirchlichen Zeitgeschichte. Festschrift für Carsten Nicolaisen zum 4. April 1994 (AKZG. B 23). Göttingen 1995.

Mehlhausen, Joachim: Jochen Klepper. Eine Gedenkrede und Anmerkungen zum Forschungsstand. In: Zeitschrift für Kirchengeschichte 104 (1993), S. 358-376.

Mehlhausen, Joachim (Hg.): Zeugen des Widerstands. Ehemalige Studenten der Universität Tübingen, die im Kampf gegen den Nationalsozialismus starben. 2. Auflage. Tübingen 1998.

Mehringer, Hartmut: Widerstand und Emigration. Das NS-Regime und seine Gegner (Deutsche Geschichte der neuesten Zeit). München 1997.

Meier, Christoph (Hg.): Dietrich Bonhoeffer. Seine Wirkungsgeschichte im geteilten und vereinigten Deutschland. Dokumentation einer Tagung in Heilsbronn vom 24. bis 26. März 1995 (Tutzinger Materialien. 77). Tutzing 1995.

Meier, Kurt: Der evangelische Kirchenkampf. Bd. 1: Der Kampf um die ›Reichskirche‹; Bd. 2: Gescheiterte Neuordnungsversuche im Zeichen staatlicher ›Rechtshilfe‹; Bd. 3: Im Zeichen des zweiten Weltkrieges. Halle an der Saale; Göttingen 1976; 1984.

Meier, Kurt: Kreuz und Hakenkreuz. Die evangelische Kirche im Dritten Reich. Neuausgabe. München 2001.

Meiser, Rudolf: Ansbach. Hort des Evang.-Luth. Landeskirchenrates in schwerer Zeit. In: 250 Jahre Barocke Kirche St. Gumbertus. Ansbach 1988, S. 209-222.

Meixner-Wülker Emmy: Zwiespalt. Jugend zwischen NS-Erziehung und -Verfolgung. Hamburg 1988.

Mensing, Björn: Martyrien und ihre Rezeptionsgeschichte im deutschen Protestantismus. Erinnerungskultur und Geschichtspolitik. In: B. Mensing/H. Rathke (Hg.): Widerstehen, S. 117-146.

Mensing, Björn: Pfarrer und Nationalsozialismus. Geschichte einer Verstrickung am Beispiel der Evangelisch-Lutherischen Kirche in Bayen (AKZG. B 26). Göttingen 1998 (2. und 3. Auflage. Bayreuth 1999 und 2001).

Mensing, Björn: »Ohne jede Rücksicht auf etwaige schlimme Folgen«. Walter Hildmanns Gautinger Kirchenkampf 1936-1939. In: J. Mehlhausen (Hg.): Barmen, S. 334-341.

Mensing, Björn/Rathke, Heinrich (Hg.). Widerstehen. Wirkungsgeschichte und aktuelle Bedeutung christlicher Märtyrer. Leipzig 2002.

Mensing, Wilhelm: Von der Ruhr in den GULag. Opfer des Stalinschen Massenterrors aus dem Ruhrgebiet. In Zusammenarbeit mit Peter Erler. Essen 2001.

Mertsching, Klaus: Erschlagen – Hingerichtet – In den Tod getrieben. Gewerkschaftler als Opfer des Nationalsozialismus. Bonn 1995.

Meyer, Winfried: Hans von Dohnanyi und die Häftlinge des 20. Juli im KZ Sachsenhausen. Vortrag anläßlich der Ausstellungseröffnung in Sachsenhausen, 9. April 1995. In: W. Huber (Hg.): Mut (1995), S. 20-36.

Meyer, Winfried (Hg.): Verschwörer im KZ. Hans von Dohnanyi und die Häftlinge des 20. Juli 1944 im KZ Sachsenhausen (Schriftenreihe der Stiftung Brandenburgische Gedenkstätten. 5). Berlin 1999.

Michaelis, Otto: Protestantisches Märtyrerbuch. Bilder und Urkunden der evangelischen Märtyrergeschichte aus vier Jahrhunderten. 3. Auflage. Stuttgart 1932.

Minkner, Detlef: Paul Mendelson. † 20. Mai 1952. Ein vergessenes Schicksal aus der Zeit des Kirchenkampfes in Berlin-Wedding. Berlin 1982.

Moll, Helmut (Hg.): Zeugen für Christus. Das deutsche Martyrologium des 20. Jahrhunderts. Hg. im Auftrag der Deutschen Bischofskonferenz. Bd. 1-2. 2. Auflage. Paderborn; München; Wien; Zürich 2000.

Moltke Almanach. Bd. 1: Die Herkunft der Mitglieder des engeren Kreisauer Kreises. Das biographische und genealogische Bild einer Widerstandsgruppe. Hg. von der Moltke-Stifung. Berlin 1984.

Moltmann, Jürgen: Klaus und Dietrich Bonhoeffer. In: J. Mehlhausen (Hg.): Zeugen (1998), S. 194-216.

Motikat, Lutz: Dietrich Bonhoeffer als Theologe (in) der DDR. In: C. Meier (Hg.): Bonhoeffer, S. 15-30.

Müller-Bohn, Jost: Siehe, ich sehe den Himmel offen. Briefe und Berichte christlicher Märtyrer. 1933-1945. Holzgerlingen 2000.

NDB, siehe Neue Deutsche Biographie.
Neander, Wilhelm/Intelmann, C. Helmut (Bearb.): Lexikon deutschbaltischer Theologen seit 1920. 2. Auflage. Hannover 1988.
Neue Deutsche Biographie. Hg. von der Historischen Kommission bei der Bayerischen Akademie der Wissenschaften. Bd. 1-20. Berlin 1952-2001.
Neues Lexikon des Judentums. Hg. von Julius H. Schoeps. Gütersloh 2000.
Nicolaisen, Carsten: Friedrich Justus Perels. In: K.-J. Hummel/C. Strohm (Hg.): Zeugen, S. 369-383.
Norden, Günther van: Die Barmer Theologische Erklärung und ihr historischer Ort in der Widerstandsgeschichte. In: P. Steinbach/J. Tuchel (Hg.): Widerstand gegen den Nationalsozialismus, S. 170-181.
Noss, Peter: Martin Albertz (1883-1956). Eigensinn und Konsequenz. Das Martyrium als Kennzeichen der Kirche im Nationalsozialismus. Neukirchen-Vluyn 2001.
Nowak, Kurt: Evangelische Kirche und Weimarer Republik. Zum politischen Weg des deutschen Protestantismus zwischen 1918 und 1932. 2. Auflage. Göttingen 1988.
Nowak, Kurt: Hermann Reinmuth (Christ in der Welt. 45). Berlin (Ost) 1978.
Nowak, Kurt: Hermann Reinmuth (1902-1942). In: K.-J. Hummel/C. Strohm (Hg.): Zeugen, S. 119-136.
Oehme, Werner: Märtyrer der evangelischen Christenheit. 1933-1945. Neunundzwanzig Lebensbilder. 3. Auflage. Berlin (Ost) 1985.
Ottow, Martin/Lenz, Wilhelm (Hg.): Die evangelischen Prediger Livlands bis 1918. Begonnen von Paul Baerent. Hg. im Auftrag der Baltischen Historischen Kommission unter Mitarbeit von Erik Amburger und Helmut Speer. Köln; Wien 1977.
Page, Helena P.: General Friedrich Olbricht. Ein Mann des 20. Juli. 2. Auflage. Bonn 1994.
Prolingheuer, Hans: Hitlers fromme Bilderstürmer. Kirche und Kunst unterm Hakenkreuz. Köln 2001.
Prolingheuer, Hans: Ausgetan aus dem Land der Lebendigen. Leidensgeschichten unter Kreuz und Hakenkreuz. Neukirchen-Vluyn 1983.
Prolingheuer, Hans: Der rote Pfarrer. Leben und Kampf des Georg Fritze (1874-1939). 2. Auflage. Köln 1989.
Rau, Johannes (Hg.): Hilfe für Verfolgte in der NS-Zeit. Jugendliche forschen vor Ort. Ein Lesebuch. Hamburg 2002.
Reich, Ines: Carl Friedrich Goerdeler. Ein Oberbürgermeister gegen den NS-Staat. Köln; Weimar; Wien 1997.
Rickers, Folkert: Widerstehen in schwerer Zeit. Erinnerung an Paul Schneider (1897-1939). Ein Arbeitsbuch für den Religionsunterricht in den Sekundarstufen und für die kirchliche Bildungsarbeit. Neukirchen-Vluyn 1997.
Riemenschneider, Matthias/Thierfelder, Jörg (Hg.): Elisabeth von Thadden. Gestalten, Widerstehen, Erleiden. Karlsruhe 2002.
Ringshausen, Gerhard: Evangelische Kirche und Widerstand. In: Engel, Huberta (Hg.): Deutscher Widerstand – Demokratie heute. Kirche, Kreisauer Kreis, Ethik, Militär und Gewerkschaften. Bonn; Berlin 1992, S. 62-117.
Rohls, Jan: Ulrich von Hassell. In: J. Mehlhausen (Hg.): Zeugen (1998), S. 42-64.
Röhm, Eberhard: Sterben für den Frieden. Spurensicherung: Hermann Stöhr (1898-1940) und die ökumenische Friedensbewegung. Stuttgart 1985.

Röhm, Eberhard/Thierfelder, Jörg: Juden, Christen, Deutsche. 1933-1945. Bd.1; 2/I; 2/II; 3/I; 3/II. Stuttgart 1990-1995.

Roon, Ger van: Hermann Kaiser und der deutsche Widerstand. In: Vierteljahrshefte für Zeitgeschichte 24 (1976), S. 259-286.

Rübsam, Dagmar/Schadek, Hans (Hg.): Der »Freiburger Kreis«. Widerstand und Nachkriegsplanung 1933-1945. Katalog einer Ausstellung. Freiburg/Breisgau 1990.

Sahm, Ulrich: Rudolf von Scheliha. 1897-1942. Ein deutscher Diplomat gegen Hitler. München 1990.

Sandvoß, Hans-Rainer u. a.: Widerstand in Berlin von 1933 bis 1945. Hg. von der Gedenkstätte Deutscher Widerstand. Bd. 1-13. Berlin 1986-2002.

Schäberle-Koenigs, Gerhard: Und sie waren täglich einmütig beieinander. Der Weg der Bekennenden Gemeinde Berlin/Dahlem 1937-1943 mit Helmut Gollwitzer. Gütersloh 1998.

Schabert, Oskar: Bildnisse und Aussprüche baltischer Märtyrer und Konfessoren. Berlin 1932.

Schabert, Oskar: Märtyrer. Der Leidensweg der baltischen Christen. Hamburg 1920.

Schabert, Oskar: Baltisches Märtyrerbuch. Berlin 1926.

Schabert, Oskar/Steinwand, Eduard: Des Glaubens Not und Sieg in Rußland. Predigten und Ansprachen. Riga 1936.

Scherffig, Wolfgang: Junge Theologen im »Dritten Reich«. Dokumente, Briefe, Erfahrungen. Bd. 1: Es begann mit einem Nein. 1933-1935; Bd 2: Im Bannkreis politischer Verführung. 1936-1937; Bd. 3: Keiner blieb ohne Schuld. 1938-1945. Neukirchen-Vluyn 1989; 1990; 1994.

Scheuch, Manfred: Atlas zur Zeitgeschichte. Europa im 20. Jahrhundert. Wien 2000.

Schmid, Johanna: Die übersehenen Treuen. Studien über katholische und protestantische Frauen im Konzentrationslager Ravensbrück (Theologie). Augsburg 1999.

Scholder, Klaus: Die Kirchen und das Dritte Reich. Bd. 1: Vorgeschichte und Zeit der Illusionen 1918-1934. Frankfurt am Main; Berlin; Wien 1977; Bd. 2: Das Jahr der Ernüchterung 1934. Barmen und Rom. Berlin 1985.

Schönherr, Albrecht: ... aber die Zeit war nicht verloren. Erinnerungen eines Altbischofs. Berlin 1993.

Schönherr, Albrecht: 1933 – Jahr der Machtkämpfe und Illusionen. In: E. Schuppan (Hg.): Bekenntnis in Not, S. 75-130.

Schreiber, Matthias: Friedrich Justus Perels. Ein Weg vom Rechtskampf der Bekennenden Kirche in den politischen Widerstand (HUWJK. 3). München 1989.

Schüler, Barbara: »Im Geiste der Gemordeten ...«. Die »Weiße Rose« und ihre Wirkung in der Nachkriegszeit. Paderborn; München; Wien 2000.

Schultheiß, Hans (Red.): Die Männer von Brettheim. Lesebuch zur Erinnerungsstätte. Villingen-Schwenningen 1993.

Schuppan, Erich (Hg.): Bekenntnis in Not. Die Evangelische Kirche in Berlin-Brandenburg im Konflikt mit dem totalen Staat (1933-1945). Aufsätze zur Geschichte des Kirchenkampfes. Berlin 2000.

Schwarz, Max: MdR. Biographisches Handbuch der Reichstage. Hannover 1965.

Schwöbel, Gerlind: Margrit London 1919-1945. In: Christliche Frauen (1999), S. 69 f.

Smid, Marikje: Hans von Dohnanyi – Christine Bonhoeffer. Eine Ehe im Widerstand gegen Hitler. Gütersloh 2002.

Steinbach, Peter/Tuchel, Johannes (Hg.): Lexikon des Widerstandes 1933-1945. 2. Auflage. München 1998.
Steinbach, Peter/Tuchel, Johannes (Hg.): Widerstand gegen den Nationalsozialismus (Schriftenreihe der Bundeszentrale für politische Bildung. 323). Bonn 1994.
Steinwand, Eduard (Hg.): Pastor D. Oskar Schabert zum Gedächtnis. Riga 1936.
Stöver, Rolf: Protestantische Kultur zwischen Kaiserreich und Stalingrad. Porträt der Zeitschrift »Eckart« 1906-1943 (SKZG. 5). München 1982.
Strohm, Christoph: Die Bedeutung von Kirche, Religion und christlichem Glauben im Umkreis der Attentäter des 20. Juli 1944. In: Zeitschrift für Kirchengeschichte 108 (1997), S. 213-235.
Strohm, Christoph: Dietrich Bonhoeffer (1906-1945). In: K.-J. Hummel/C. Strohm (Hg.): Zeugen, S. 320-338.
Taube, Otto von: Die baltischen Märtyrer. Ein Gedenkblatt. Berlin 1939.
Templin, Brigitte/Klatt, Ingaburgh: »Lösch mir die Augen aus ...«. Leben und gewaltsames Sterben der vier Lübecker Geistlichen in der Zeit des Nationalsozialismus. Ausstellung im Burgkloster zu Lübeck vom 8. November 1993 bis zum 10. November 1994. Lübeck 1994
Theologische Realenzyklopädie. Hg. von Gerhard Krause und Gerhard Müller. Bd. 1-33. Berlin; New York 1977-2002.
Thierfelder, Jörg: Fritz Elsas. In: J. Mehlhausen (Hg.): Zeugen (1998), S. 91-110.
Thierfelder, Jörg: Werner Sylten (1893-1942). In: K.-J. Hummel/C. Strohm (Hg.): Zeugen, S. 137-157.
Toch, Josef: Robert Bernardis (1908-1944). In: Neue Österreichische Biographie ab 1815. Große Österreicher. Bd. 21. Wien; München 1982, S. 135-149.
TRE, siehe Theologische Realenzyklopädie.
Tuchel, Johannes: Weltanschauliche Motivationen in der Harnack/Schulze-Boysen-Organisation (»Rote Kapelle«). In: Kirchliche Zeitgeschichte 1 (1988), S. 267-292.
Tuchel, Johannes: Maria Terwiel und Helmut Himpel. Christen in der Roten Kapelle. In: H. Coppi/J. Danyel/J. Tuchel (Hg.): Rote Kapelle (1994), S. 213-225.
Umfrid, Irmgard: Hermann Umfrid. Erinnerungen an die Jahre 1930 bis 1934 in Niederstetten. Mit einem Nachwort von Bruno Stern. In: Württembergisch Franken 66 (1982), S. 203-227.
Vogel, Heinrich (Hg.): Der Prediger von Buchenwald. Das Martyrium Paul Schneiders, geboren am 29. August 1897, gestorben am 18. Juli 1939. 12. Auflage. Berlin (Ost) 1979.
Wegner-Korfes, Sigrid: Realpolitische Haltung bei Offizieren der Familien Mertz von Quirnheim, Korfes und Dieckmann. In: Zeitschrift für Militärgeschichte 25 (1986), S. 226-233.
Weiß, Hermann (Hg.): Biographisches Lexikon zum Dritten Reich. Überarbeitete Neuausgabe. München 2002.
Wette, Wolfram (Hg.): Retter in Uniform. Handlungsspielräume im Vernichtungskrieg der Wehrmacht. Frankfurt am Main 2002.
Wickert, Christl (Red.): Der Freiheit verpflichtet. Gedenkbuch der deutschen Sozialdemokratie im 20. Jahrhundert. Hg. vom Vorstand der Sozialdemokratischen Partei Deutschlands. Marburg 2000.

Wippermann, Wolfgang: Kirche im Krieg. In: E. Schuppan (Hg.): Bekenntnis in Not, S. 305-350.
Witetschek, Helmut (Bearb.): Die kirchliche Lage nach den Regierungspräsidentenberichten 1933-1943. Bd. 7: Ergänzungsband Regierungsbezirke Oberbayern, Ober- und Mittelfranken, Schwaben. 1943-1945 (VKZG. A 32). Mainz 1981.
Wörmann, Heinrich-Wilhelm: Widerstand in Charlottenburg (Widerstand in Berlin von 1933 bis 1945. 5). 2. Auflage. Berlin 1998.
Zimmermann, Wolf-Dieter (Hg.): Begegnungen mit Dietrich Bonhoeffer. 4. Auflage. München 1969.

II. Zu den Beiträgen von Heinrich Rathke

A. Unveröffentlichte Quellen

Außenstellen des Bundesbeauftragten für die Unterlagen des Staatssicherheitsdienstes der ehemaligen Deutschen Demokratischen Republik, Görslow bei Schwerin, Neustrelitz und Rostock-Waldeck (MfS BV Schwerin, BV Neubrandenburg, BV Rostock)

Görslow bei Schwerin; für den ehemaligen Bezirk Schwerin (BV Schwerin); u. a. zu Stasi-Gefängnis in Schwerin, Demmlerplatz.
Neustrelitz; für den ehemaligen Bezirk Neubrandenburg (BV Neubrandenburg); u. a. zum Straflager Fünfeichen.
Rostock-Waldeck; für den ehemaligen Bezirk Rostock (BV Rostock); u. a. zu Robert Lansemann.
Es geht insbesondere um OPK-Akten (Operative Personen-Kontrolle) und OV-Akten (Operativer Vorgang) und um Akten der Linie XX/4 (Kirchen), IX (Untersuchungsorgan) u. a. (personenbezogene Akten dürfen aus Datenschutzgründen nicht exakt benannt werden, z. B. OV oder OPK).

Mecklenburgisches Landeshauptarchiv, Schwerin (MLHA)

SED-Akten im Bezirksparteiarchiv (BPA, SED Schwerin)

Archiv des Oberkirchenrates der Evangelisch-Lutherischen Landeskirche Mecklenburgs, Schwerin

Registratur (laufende Akten) des Oberkirchenrates, Schwerin: II/8/o, Kirche Staat; I/9g, Die Eingaben des OKR an die Behörden, u. a. Fürbitten-Listen der EKD (Fürbitt[en]listen der EKD)
Personalakten (PA), u. a. zu R. Lansemann (in den Akten des Oberkirchenrates in Schwerin liegt die Gedenkpredigt, die Pastor Lic. Steffen, Wismar, am 19.4.1954 für seinen Mitbruder Robert Lansemann hielt.)

Privatsammlung Landesbischof i. R. Dr. Heinrich Rathke, Schwerin

Briefe an Marianne und Heinrich Rathke von evangelischen Christen aus Gemeinden der ehemaligen Sowjetunion, insbesondere aus Kasachstan, Sibirien und Mittelasien (ca. 2.000 Briefe).

Krodel, Gerhard (USA): Notes on Lutherans in Russia (maschinenschriftlich). 2000.

Rathke, Heinrich: Gesprächsprotokolle, Notizen, Reisetagebücher von ca. 30 Reisen und längeren Aufenthalten im Bereich der ehemaligen Sowjetunion. 1971–2001.

Rathke, Heinrich: Zwischen Repression und Konspiration. Staatssicherheitsdienst und Kirche in der DDR. 1945–1989 (maschinenschriftlich). 1990/91.

Rathke, Heinrich: Missbrauchte Macht, beschädigte Seelen, zerstörtes Vertrauen. Vom Neuanfang für »Opfer« und »Täter«. Vortrag Bunnik/Holland (maschinenschriftlich). 2001.

Umfrage Heinrich Rathkes bei früheren Bischöfen der DDR und anderen Zeitzeugen zu Opfern des Stalinismus. 2001.

Unveröffentlichte Manuskripte

Jugoslawien (Arbeitstitel!), Leidensweg der Deutschen im kommunistischen Jugoslawien, 4 Bände (Hilfskomitee für die Deutsche Evangelische Landeskirche aus dem ehemaligen Jugoslawien e.V., Hildegard Gutekunst, Vorsitzende).

Ninnemann, Friedrich, Das »Gelbe Elend«. Erinnerungen an Bautzen vor 35 Jahren, Göritz 2000 (maschinenschriftlich).

Popp, Edgar, Hirte und Märtyrer, Lebensbild des Landesbischofs D. Dr. Philipp Popp, maschinenschriftlich 1995.

B. Veröffentlichte Quellen und Darstellungen

Aitmatow, Tschingis: Der Richtplatz. Zürich 1987.

Amburger, Erik: Die Pastoren der evangelisch-lutherischen Kirchen Rußlands vom Ende des 16. Jahrhunderts bis 1937. Ein biographisches Lexikon. Lüneburg; Erlangen 1998. (Umfangreiche Literaturverweise S. 185–239).

Astronomische Grundlagen für den Kalender. Band 2000. Hg. vom Astronomischen Rechen-Institut in Heidelberg. Karlsruhe 1998 (darin: Fest- und Namenkalender 2000, S. 120–133).

Historischkultureller Atlas der Republik Komi. Moskau 1977.

Bachmann, Eugen: … ihr Ende schauet an! Erinnerung an Leiden und Sterben der letzten deutschen Pastoren in der Sowjetunion. In: J. Schleuning/E. Bachmann/P. Schellenberg: Weg, S. 133–153.

Barth, Bernd-Rainer/Links, Christoph/Müller-Enbergs, Helmut/Wielgohs, Jan (Hg.): Wer war wer in der DDR? Ein biographisches Handbuch. Berlin 1994 (2. Auflage Frankfurt/M. 1995).

Beleites, Johannes: Schwerin Demmlerplatz. Die Untersuchungshaftanstalt des Ministeriums für Staatssicherheit in Schwerin. Schwerin 2001.

Bendinger, Nikolaj: Erinnerungen an Taschkent, Petersburg 1996. In: Kretschmar, Georg (Hg.): Die Evangelisch-Lutherische Kirche in Taschkent und ganz Usbekistan. St. Petersburg 1996, S. 53–57.

Bernitt, Hartwig: Namen und Schicksale der von 1945–1966 in der SBZ/DDR verhafteten und verschleppten Professoren und Studenten. Rostock 1994.

Beste, Niklot: Der Kirchenkampf in Mecklenburg von 1933 bis 1945. Geschichte, Dokumente, Erinnerungen. Berlin; Göttingen 1975.

Besier, Gerhard/Wolf, Stephan (Hg.): »Pfarrer, Christen und Katholiken«. Das Ministerium für Staatssicherheit der ehemaligen DDR und die Kirchen. Neukirchen-Vluyn 1991.

Bethge, Eberhard: Modernes Märtyrertum als gemeinsames evangelisch-katholisches Problem. In: Bethge, Eberhard: Ohnmacht und Mündigkeit. Beiträge zur Zeitgeschichte und Theologie nach Dietrich Bonhoeffer. München 1969, S. 135–151.

Binski, Sigurd: Zwischen Waldheim und Workuta. Erlebnisse politischer Häftlinge 1945–1965. Bonn 1967.

Bleistein, Roman, Dosier: Kreisauer Kreis. Dokumente aus dem Widerstand gegen den Nationalsozialismus. Frankfurt/M. 1987.

Bohley, Heidi (Hg.): Spurensicherung. Urnen von Torgauer Häftlingen auf dem Gertraudenfriedhof Halle. Halle 2000.

Bonhoeffer, Dietrich: Widerstand und Ergebung. 5. Auflage. München 1955.

Bräuer, Heinz: Wider das Vergessen. In Memoriam Reinhard Gnettner, Pfarrer in Fürstenberg/Oder. Eisenhüttenstadt 1994.

Buchstab, Günther (Hg.): Verfolgt und entrechtet. Die Ausschaltung Christlicher Demokraten unter sowjetischer Besatzung und SED-Herrschaft 1945–1961, Sankt Augustin 1998 (Droste Verlag).

Curtiss, John Shelton: Die Kirche in der Sowjetunion (1917–1956). München 1960.

Demke, Christoph (Hg.): Sagorsk I–III. Die theologischen Gespräche zwischen der Russisch-Orthodoxen Kirche und dem Bund der Evangelischen Kirchen in der DDR. Berlin 1982.

Diedrich, Hans-Christian: Sie gehen von einer Kraft zur andern. In memoriam Arthur Pfeiffer, 18.8.1897–30.10.1972. In: Beiträge zur Geschichte der evangelisch-lutherischen Kirche Russlands, Bd. 2. Erlangen 1997

Diedrich, Hans-Christian: Siedler, Sektierer und Stundisten. Die Entstehung des russischen Freikirchentums. Berlin 1985.

Diekmann, Irene: Wegweiser durch das jüdische Mecklenburg-Vorpommern. Potsdam 1998 (S. 439 ff. zu E. Lohmeyer).

Dönhoff, Marion/Bender, Peter/Dieckmann, Friedrich/Mischnik, Adam/ Schorlemmer, Friedrich/Schröder, Richard/Wesel, Uwe: Weil das Land Versöhnung braucht. Reinbek 1992.

Drescher, Anne: Haft am Demmlerplatz. Gespräche mit Betroffenen. Sowjetische Militärtribunale Schwerin 1945–1953. Schwerin 2001.

Drescher, Anne/Herbstritt, Georg/Mothes, Jörn: Recht muß doch Recht bleiben. Das Justizgebäude am Schweriner Demmlerplatz in sechs Epochen deutscher Geschichte. Schwerin 1999.

Eisfeld, Alfred: Die Deutschen in Rußland und in der Sowjetunion. Wien 1986
Eisfeld, Alfred: Die Rußlanddeutschen. München 1992 (ausführliche Literaturhinweise S. 185–212).
Erb, Jörg: Geduld und Glaube der Heiligen. Die Gestalten des evangelischen Namenkalenders. Stuttgart 1965.
Evangelisches Kirchenlexikon (EKL). 3. Auflage. Hg. von Erwin Fahlbusch u. a. Bd. 1–5. Göttingen 1986–1997.
Florenskij, Pavel A.: Das Salz der Erde. München 1989 (Biographie S. 101–111).
Fraedrich, Käthe: Im GULag der Frauen. München 1997.
Gast-Kellert, Vera (Hg.): Babuschkas Enkelinnen brechen auf. Leipzig 2000.
Gauck, Joachim: Erinnerung als Gabe und Aufgabe. Rede anlässlich des Jahrestreffens der Lagergemeinschaft Workuta/GULag. Schwerin 2000.
Gauck, Joachim: Die Stasi-Akten. Das unheimliche Erbe der DDR. Hamburg 1991.
Geißel, Ludwig: Unterhändler der Menschlichkeit. Erinnerungen. Stuttgart 1991.
Goeckel, Robert F.: Die Evangelische Kirche und die DDR. Konflikte, Gespräche, Vereinbarungen unter Ulbricht und Honecker. Berlin 1995.
Gollwitzer, Helmut: … und führen, wohin du nicht willst. Bericht einer Gefangenschaft. 1. Auflage. München 1951 (5. Auflage. Gütersloh 1994).
Gollwitzer, Helmut/Kuhn, Käthe/Schneider, Reinhold (Hg.): Du hast mich heimgesucht bei Nacht. Abschiedsbriefe und Aufzeichnungen des Widerstandes 1933–1945. 5. Auflage. München 1957. (1. Auflage 1954)
Grehn, Joachim: Robert Lansemann zum Gedenken. In: Mitteilungsblatt der Altschülerschaft Wismar Nr. 89/1998, S. 44 f.
Grothe, Hermann u.a. (Hg.): Besiegt – Befreit – Verfolgt. Malchower Jugendliche erleben den Zusammenbruch 1945. Malchow 1996.
Gumbatowa, Tamara Philippowa: Wem die Glocke schweigt. In: Serkalo (Zeitung in Baku), 1.11.1997, S. 28.
Haendler, Gert: Rostocker Anmerkungen zu einem Buch über die Theologischen Fakultäten im Osten Deutschlands 1945 bis 1970/71. In: Mecklenburgica Sacra. Jahrbuch für Mecklenburgische Kirchengeschichte 4 (2001), S. 49–84.
Harfts, Gisela und Arnold: unglaublich – unbegreiflich – ungeheuerlich. Überlebende Rußlanddeutsche berichten, erzählen. Delmenhorst 1994.
Haufe, Günter: Zum 50. Todestag von Ernst Lohmeyer. In: Mecklenburgische Kirchenzeitung, 15.9.1996, S. 7 f.
Hecker, Hans: Die Deutschen im Russischen Reich, in der Sowjetunion und den Nachfolgestaaten. Köln 1994.
Hogebrink, Laurens/Mehlhorn, Ludwig (Hg.): Nachlese. Die Kirchen und der Kommunismus. Berlin 1993.
Holst, Margarete von: Wie ein Vogel auf dem Ast. Wunder im Leben einer Frau und Mutter. Aus Aufzeichnungen, Reisetagebüchern und Briefen einer baltischen Pfarrfrau. Stuttgart 1998.
Hromadka, Josef: Die Aufgaben der Kirche heute. In: Die Evangelische Diaspora. Jahrbuch des Gustav-Adolf-Werkes 58 (1989), S. 29 ff.
Hummel, Karl-Joseph/Strohm, Christoph (Hg.): Zeugen einer besseren Welt. Christliche Märtyrer des 20. Jahrhunderts. Leipzig; Kevelaer 2000.

Hürten, Heinz: Verfolgung, Widerstand und Zeugnis. Kirche im Nationalsozialismus. Fragen eines Historikers. Mainz 1987.

Ihmels, Folkert (Hg.): Im Räderwerk zweier Diktaturen. Werner Ihmels 1926–1949. 2. Auflage. Leipzig 1999.

Jaspers, Karl: Die Schuldfrage. Von der politischen Haftung Deutschlands. Heidelberg 1946 (Neuausgabe München 1996).

Jüchen, Aurel von: Was die Hunde heulen. Sowjetische Wirklichkeit von unten betrachtet. Stuttgart 1957.

Junge-Wentrup, Peter/Zabel, Manfred (Hg.): Märtyrer der belarussischen Christen im 20. Jahrhundert. Dortmund 2001.

Kahle, Wilhelm (Hg.): Dokumente und Berichte zum Leben der lutherischen Kirchen und Gemeinden in der Sowjetunion seit 1939/1940. Gütersloh 1988.

Kahle, Wilhelm: Zur Geschichte der Evangelisch-Lutherischen Gemeinde in Taschkent. Erlangen 1956.

Kahle, Wilhelm: Die lutherischen Kirchen und Gemeinden in der Sowjetunion seit 1938/1940. Gütersloh 1985.

Keller, Rudolf: Geschichte der Lutheraner in der Ukraine. In: Lutherischer Dienst 2/2001, S. 22–24.

Kleindienst, Alfred: Meine Wolgazeit 1917–21. Ein Leben im Dienst an Kirche und Volk, 1968, S. 9–65.

Kofler, Natalie/Reder, Stefan (Red.): Die Evangelisch-Lutherische Kirche in Taschkent und ganz Usbekistan. Deutsch und Russisch. St. Petersburg 1996.

Koppe, Rolf (Hg.): Sagorsk. Theologische Gespräche mit der Russisch-Orthodoxen Kirche. Hermannsburg 1998.

Kretschmar, Georg/Rathke, Heinrich: Die Evangelisch-Lutherische Kirche in Rußland, der Ukraine, Kasachstan und Mittelasien (ELKRAS). Deutsch und Russisch. St. Petersburg 1995.

Kretschmar, Georg: Die Märtyrer von Baku. In: K.-J. Hummel/C. Strohm: Zeugen, S. 58–71.

Krüger, Horst/Müller, Klaus-Dieter (Hg.): Begegnung mit Werner Ihmels. In memoriam Werner Ihmels zu seinem 75. Geburtstag. Dresden 2001

Kruse, Martin (Hg.): Die Stalingrad-Madonna. Das Werk Kurt Reubers als Dokument der Versöhnung. Hannover 1992.

Lange, Marlies/Gesswein, Arthur (Bruder Alexi): Kelch aus Gottes Hand. Wetzlar 1977.

Länging, Bernd G.: Die Rußlanddeutschen unter Doppeladler und Sowjetstern. Augsburg 1992.

Leonhard, Wolfgang: Die Revolution entläßt ihre Kinder. 16. Auflage. Köln 1996

Lohmeyer, Ernst: Das Vaterunser. 3. Auflage. Göttingen 1952.

Maser, Peter: Kirchen und Religionsgemeinschaften in der DDR. 1949–1989. Konstanz 1992.

Maser, Peter/Schorring, Jens Holger (Hg.): Zwischen den Mühlsteinen. Protestantische Kirchen in der Phase der Errichtung der kommunistischen Herrschaft im östlichen Europa. Erlangen 2002.

Mau, Rudolf: Eingebunden in den Realsozialismus. Die Evangelische Kirche als Problem der SED. Göttingen 1994.

Meinl, Gerhard: Als Arbeitssklave in Workuta. In: W. Müller/H. Pätzold (Hg.): Lebensläufe, S. 193–211.

Mensing, Björn: Die Blutzeugen kommen wieder. Evangelisches Märtyrergedenken in Deutschland. In: Deutsches Pfarrerblatt 100 (2000), S. 623–626.

Merkle, Matthias: Hirte und Märtyrer. Lebensbild des Landesbischofs der Deutschen Evangelischen Landeskirche in Jugoslawien, D. Dr. Philipp Popp, 1893–1945. Heilsbronn 1973.

Meyer, Gerhard, In Wismar 1946–1951 – Dem größten Herrn will ich dienen. In: Schmidt-Pohl, Jürgen (Hg.): Strahlungen in dunkler Zeit: Schwerin 2002.

Meyer, Theophil (Bischof): Nach Sibirien im Dienste der evangelisch-lutherischen Kirche. Dresden 1927.

Moll, Helmut (Hg.): Zeugen für Christus. Das deutsche Martyrologium des 20. Jahrhunderts. Im Auftrage der Deutschen Bischofskonferenz. 2 Bände. 3. Auflage. Paderborn 2001.

Moritz, Kurt: Zur Geschichte der Evangelisch-Lutherischen Kirche in Rußland. Aufstieg, Leben und Vernichtung. In: G2W 9 (1981), 7–8, S. 275–292.

Mothes, Jörn/Fienbork, Gundula/Pahnke, Rudi/Ellmenreich, Renate/Stognienko, Michael (Hg.): Beschädigte Seelen. DDR-Jugend und Staatssicherheit. Bremen 1996.

Müller,Werner/Pätzold, Horst (Hg.): Lebensläufe im Schatten der Macht. Schwerin 1997.

Müller-Enbergs, Helmut/Schmoll, Heike/Stock, Wolfgang: Das Fanal. Das Opfer des Pfarrers Brüsewitz und die evangelische Kirche. Frankfurt/M.; Berlin 1993.

Müthel, Edith: Das große Dorf Norka an der Wolga. In: Christlicher Kalender für Frauen 2001. Deutsch/russisch. Pinnow 2000, S. 114–119.

Nigg, Walter: Große Heilige. 6. Auflage. Zürich; Stuttgart 1958.

Nosowski, Zbigniew: Theologie nach dem Gulag. In: L. Hogebrink/L. Mehlhorn: Nachlese, S. 34–37.

Pätzold, Horst: Gegen das Vergessen. Opfer der SED-Herrschaft aus Mecklenburg-Vorpommern. 1945–1989. Schwerin 1997.

Popp, Edgar, Die Deutsche Evangelische Kirche in Jugoslawien 1918–1960. In: Weltkirche und Ortsgemeinde, Ostkirchenausschuss der EKD. Hannover 1994, S. 1–12.

Prachtl, Rainer/Rißmann, Manfred (Hg.): Aufarbeitung und Versöhnung. Leben in der DDR. Leben nach 1989. Zur Arbeit der Enquete-Kommission. Anträge, Debatten, Berichte. Landtag Mecklenburg-Vorpommern. 10 Bände. Schwerin 1996–1998.

Prieß, Benno: Erschossen im Morgengrauen. Verhaftet – gefoltert – verurteilt – erschossen. »Werwolf«-Schicksale mitteldeutscher Jugendlicher. Calw 1997.

Pritzkau, J.: Geschichte der Baptisten in Südrußland. Lage 1999.

Raddatz, Carlies Maria: Werner Ihmels. In: K.- J. Hummel/C. Strohm: Zeugen, S. 418–438.

Rathke, Heinrich: Begegnung im Güstrower Dom am 13. Dezember 1981. In: Schmiegelow Powell, Angelika: Güstrow im 20. Jahrhundert. Bremen 2001, S. 115 f.

Rathke, Heinrich: Gedenket … Erinnerungen an Pastor Robert Lansemann. In:

Mecklenburgische Kirchenzeitung, 12.02.1995, S. 4.
Rathke, Heinrich: Gedenkrede für Lansemann, 04.07.1998. In: Mecklenburgica Sacra 1998, S. 153–166.
Rathke, Heinrich: Kirche unterwegs. Der weite Weg der evangelisch-lutherischen Christen und Gemeinden in der ehemaligen Sowjetunion. In: Kirche im Osten 38 (1995), S. 56–78; 40–41 (1998), S. 31–58. Göttingen 1995; 1998.
Rathke, Heinrich: Kirche unterwegs. Der weite Weg evangelisch-lutherischer Christen und Gemeinden in der ehemaligen Sowjetunion. In: G. Kretschmar/H. Rathke: ELKRAS, S. 57–127.
Reder, Stefan/Rathke, Heinrich: Predigthilfen zu den Evangelien aller Sonn- und Festtage im Kirchenjahr. Deutsch/Russisch. Bände 1–3. Sankt Petersburg 1998; 1999 ; 2003.
Rehner, Hermann: Wir waren Sklaven, Tagebuch eines nach Rußland Verschleppten. Bukarest/Rumänien 1993.
Reif-Spirek, Peter/Ritscher, Bodo (Hg.). Speziallager in der SBZ. Gedenkstätten mit »doppelter Vergangenheit«. Berlin 1999.
Roemnich, Heinrich: Die Lutheraner und die Reformierten Rußlands in Vergangenheit und Gegenwart. 1558–1968. o. O. o. J.
Schacht, Erich: In Rußland erlebt mit Jesus. Lahr 1998.
Schacht, Erich: Erinnerungen an Rußland. Lahr 1999.
Scharf, Hans-Dieter: Von Leipzig nach Workuta und zurück. Dresden 1996.
Schellenberg, Peter: Zwischen Untergang und Erwachen. Das Wachsen und Überleben der Kirche der Rußlanddeutschen. In: Lutherischer Dienst. Sondernummer Sowjetunion, Nr. 2/1991, S. 4–10.
Schleuning, Johannes/Bachmann, Eugen/Schellenberg, Peter: Und siehe, wir leben! Der Weg der evangelisch-lutherischen Kirche in vier Jahrhunderten. Mit einem Geleitwort von Ernst Eberhard. 2. Auflage. Erlangen 1982.
Schmidt, Helmut: Weggefährten. Berlin 1996.
Schmidt-Pohl, Jürgen (Hg.): Strahlungen in dunkler Zeit. Glaubenserfahrung in Haft und Diktatur 1945–1989. Schwerin 2002.
Schmidtke, H.: Eine Bilanz des Schreckens. Häftlingsschicksale in Zahlen. In: Fintzel, Wolfgang (Hg.): Wir waren Stalins politische Gefangene. Eisleben 1990, S. 56.
Schmutzler, Siegfried: Gegen den Strom. Erlebtes aus Leipzig unter Hitler und der Stasi. Göttingen 1992.
Schnurr, Joseph (Bearb.): Die Kirchen und das religiöse Leben der Rußlanddeutschen. Evangelischer Teil. 2. Auflage. Stuttgart 1978.
Schröder, Gisela-A.: Die Heimsuchung der russischen Kirche als Nachfolge im Christusleiden, in: Luth. Kirche in der Welt, Jahrbuch des Martin-Luther-Bundes, 49/2002, S. 201–238.
Schröter, Ulrich/Zeddies, Helmut (Hg.): Nach-Denken. Zum Weg des Bundes der Evangelischen Kirchen in der DDR. Hannover 1995.
Schüler, Horst: Workuta. Erinnerung ohne Angst. München 1993.
Schultze, Harald (Hg.): Das Signal von Zeitz. Reaktionen der Kirche, des Staates und der Medien auf die Selbstverbrennung von Oskar Brüsewitz 1976. Eine Dokumentation. 1. u. 2. Auflage. Leipzig 1993.

Schweitzer, Albert: Geschichte der Leben-Jesu-Forschung. 2. Auflage. Berlin 1913.
Selesneva, Irina (Hg.): Die Evangelisch-Lutherische Kirche in Rußland, Kasachstan und Mittelasien. 1994–1999. Sankt Petersburg 2000.
Silomon, Anke: Oskar Brüsewitz (1929–1976). In: K.-J. Hummel/ C. Strohm: Zeugen, S. 439–458.
Solschenizyn, Alexander: Archipel GULAG. 1918–1956. 3 Bände. Reinbek 1978.
Solschenizyn, Alexander: Der Archipel GULAG. Versuch einer künstlerischen Bewältigung. Gekürzte Fassung des dreibändigen Werkes von 1973. Hamburg 1990.
Sonn- und Festtagskalender. Evangelischer Kirchenjahreskalender. 2000/2001. Hg. von der Lutherischen Liturgischen Konferenz Deutschlands. Hannover 2000.
Sorokin, Wladimir/Schkarowskij, M./Tazenko, Tamara N. (Hg.): Sankt-Petersburger Martyrologium (russisch), Russisch-Orthodoxe Märtyrer in stalinistischer Zeit. Sankt Petersburg 2002.
Steinbach, Peter/Tuchel, Johannes (Hg.), Lexikon des Widerstandes 1933–1945, München 1998.
Stoldt, Irmgard: Mittelpunkte Russlanddeutscher Diakonissenarbeit. In: Schnurr, Josef, Die Kirchen der Russlanddeutschen, Stuttgart 1978, S. 235–246.
Stork, Matthias: Karierte Wolken. Lebensbeschreibungen eines Freigekauften. 3. Auflage. Moers 1996.
Stork, Matthias: Vorbilder. Gegen das Vergessen. Hamburg 2000.
Stricker, Gerd: Religion in Rußland. Darstellungen und Daten zu Geschichte und Gegenwart. Gütersloh 1993.
Stricker, Gerd (Hg.): Rußland (Deutsche Geschichte im Osten Europas. 7). Berlin 1997.
Stricker, Gerd: Volk und Nation – Konfession und Religion, in : Luth. Kirche in der Welt, Jahrbuch des Martin-Luther-Bundes, 49/2002, S. 259–294.
Stricker, Gerd/Kretschmar, Georg: Der schicksalsschwere Weg der rußlanddeutschen Lutheraner/Die ELKRAS. In: Glaube in der Zweiten Welt, 1994, 7–8. Zollikon/Schweiz 1994, S. 21–25.
Stumpp, Karl: Verzeichnis der evangelischen Pastoren in den einzelnen deutschen und gemischten Kirchspielen in Rußland bzw. der Sowjetunion, ohne Baltikum und Polen. In: J. Schnurr (Bearb.): Kirchen, S. 116–234.
Süss, Wladimir: Deutsche Minderheit in Rußland/UdSSR/GUS (1985–1993). Kommentierte Bibliographie zum Thema (Info-Dienst Deutsche Aussiedler 60/1994. Sonderheft). Bonn 1994.
Tazenko, Tamara N., Märtyrer der Evangelisch-Lutherischen Kirche im Gebiet Sankt Petersburg in stalinistischer Zeit. In: Sorokin/Schkarowskij/Tazenko: Sankt-Petersburger Martyrologium. (russisch) S. 357–398. Sankt Petersburg 2002.
Tschoerner, Helmut: Das evangelisch-lutherische Predigerseminar in Leningrad 1925–34. Anmerkungen zu seiner Geschichte. Mit 79 Briefen von Bischof D. A. Malmgren. Beiträge zur Geschichte der evangelisch-lutherischen Kirche Russlands. Erlangen 2002.
Veen, Hans-Joachim/Eisenfeld, Peter/Kloth, Hans Michael/Knabe, Hubertus/ Maser, Peter/Neubert, Ehrhart/Wilke, Manfred (Hg.): Lexikon. Opposition

und Widerstand in der DDR-Diktatur. München 2000.
Wallberg, Ernst-Jürgen/Balzer, Thomas: Erinnerungen für die Zukunft. Geschichten und Geschichte aus dem Norden der DDR. Bonn 1999.
Warkentin, Aron: Ein Leben aus Gottes Gnade. Lage 2000.
Weizsäcker, Richard von: Vier Zeiten. Erinnerungen. Berlin 1999.
Wiens, Herbert: Volk auf dem Weg. Deutsche in Rußland und in der GUS. 1763–1993. Stuttgart 1993.
Wildmann, Georg (u.a.): Verbrechen an den Deutschen in Jugoslawien, 1944–1948 (Donauschwäbische Kulturstiftung). München 1998 (insbesondere S. 256–270: 12. Leiden und Sterben deutscher Geistlicher).
Wilhelm, Hans-Hermann: Ohne Stein und ohne Namen. Aufzeichnungen aus stalinistischen Todeslagern in Deutschland. Leoni/Starnberger See 1974.
Wockenfuß, Karl: Einblicke in Akten und Schicksale Rostocker Studenten und Professoren nach 1945. Rostock 1994.

Zeitschriften, Jahrbücher usw.

Aquila-Rundbriefe der Deutschen Mennoniten. Bielefeld.
Bibelmission. Wille und Weg. Großwallstadt (Osteuropa und GUS).
Christlicher Kalender für Frauen. Deutsch/Russisch. Hg. von Hanna Strack. Pinnow 2000/2001.
Der Bote. Herausgegeben vom Hilfskomitee für die deutsche evangelische Landeskirche aus dem ehemaligen Jugoslawien, Stuttgart.
Der Bote/Westnik (russisch). Zeitschrift der Evangelisch-Lutherischen Kirche in Rußland, der Ukraine, Kasachstan und Mittelasien (ELKRAS), Sankt Petersburg (deutsch/russisch).
Der Überblick. Zeitschrift für Ökumenische Begegnung und Internationale Zusammenarbeit (AGKED). Hamburg.
Deutsches Pfarrerblatt. Frankfurt/Main.
Diakonie-Report für Aussiedler. Hannover.
Die Zeit. Wochenzeitung. Hamburg.
Glaube in der Zweiten Welt. G2W. Monatszeitschrift über Religion, Atheismus und Menschenrecht. Zollikon/Schweiz.
Gustav-Adolf-Blatt. Leipzig.
Idea-Informationsdienst. Wetzlar.
Info-Dienst Deutsche Aussiedler. Hg. vom Aussiedlerbeauftragten der Bundesregierung Deutschland. Bonn/Berlin.
Informationen zur Politischen Bildung. Bonn und München.
Jahrbuch des Martin-Luther-Bundes. Lutherische Kirche in der Welt. Erlangen.
Kirche im Osten. Studien zur Osteuropäischen Kirchengeschichte und Kirchenkunde. Ostkirchen-Institut Universität Münster. Göttingen.
Landsmannschaft der Deutschen aus Rußland (Hg.), Heimatbuch der Deutschen aus Rußland, Stuttgart ab 1954.
Licht im Osten. Missionsbund zur Ausbreitung des Evangeliums. Korntal-Münchingen.
Lutherischer Dienst. Mitteilungsblatt des Martin-Luther-Bundes. Erlangen.
Mecklenburgische Kirchenzeitung. Schwerin.

Mecklenburgica Sacra. Hg. vom Verein für Mecklenburgische Kirchengeschichte. Wismar.
Mitteilungsblatt der Altschülerschaft Wismar. Wismar.
Neues Leben. Unabhängige Deutsche Zentralzeitung (deutsch-russisch). Moskau.
Rundbrief der Kirchlichen Gemeinschaft der Evangelisch-Lutherischen Deutschen aus Rußland e. V. Hg. von Siegfried Springer u. a. Bad Sooden-Allendorf.

Abkürzungen

ao.	außerordentlicher (Professor)
AStA	Allgemeiner Studentenausschuss
Bd.	Band; Bände
BDC	Berlin Document Center
BDM	Bund Deutscher Mädel
Bearb.	Bearbeiter(in)
BMP	Bayerische Mittelpartei
BVP	Bayerische Volkspartei
CDU	Christlich Demokratische Union (in der DDR mit Ernst Lemmer und Jakob Kaiser)
CVD	Christlicher Volksdienst; Christlich-Sozialer Volksdienst
CVJM	Christlicher Verein Junger Männer
D.	Dr. theol. ehrenhalber
DAP	Deutsche Arbeiterpartei
DC	Deutsche Christen, deutschchristliche(r)
DCSV	Deutsche Christliche Studentenvereinigung
DD.	Doctor of Divinity
DDP	Deutsche Demokratische Partei
DDR	Deutsche Demokratische Republik
DEK	Deutsche Evangelische Kirche
DNVP	Deutschnationale Volkspartei
DVP	Deutsche Volkspartei
Ebd.; ebd.	ebenda
EDV	Elektronische Datenverarbeitung
EK; E.K.	Eisernes Kreuz
EKD	Evangelische Kirche in Deutschland
ELKRAS	Evangelisch-Lutherische Kirche in Russland und anderen Staaten
em.	emeritierter (Professor)
ev.; evang.	evangelische(r)
f.; ff.	folgende; fortfolgende
FDJ	Freie Deutsche Jugend (in der DDR)
geb.	Geboren
gest.	Gestorben
Gestapo	Geheime Staatspolizei
GPU	Staatliche politische Verwaltung (SU)
GULag	Hauptverwaltung für Lager in der SU (Glavnoe upravlenie lagerej), Abkürzung für Straflager
Hg.; hg.	Herausgeber(in); herausgegeben
HJ	Hitlerjugend
HStA	Hauptstaatsarchiv
i. e.	id est
i. R.	im Ruhestand
Jg.	Jahrgang; Jahrgänge
Jungdo	Jungdeutscher Orden
KGB	Komitee für Staatssicherheit (SU)
KPD	Kommunistische Partei Deutschlands
KZ	Konzentrationslager (NS-Zeit)

LDP	Liberal-Demokratische Partei (in der SBZ/DDR)
Lic.	Lizentiat
LKR	Landeskirchenrat
luth.	lutherische(r)
MdL	Mitglied des Landtags
MdR	Mitglied des Reichstags
MfS	Ministerium für Staatssicherheit (in der DDR)
MGB	Ministerium für Staatssicherheit (SU)
MInn	Ministerium für Inneres
MSo	Ministerium für Sonderaufgaben
NKWD	Volkskommissariat für innere Angelegenheiten (SU)
NS	nationalsozialistische(r)
NSDAP	Nationalsozialistische Deutsche Arbeiterpartei
NSDStB	Nationalsozialistischer Deutscher Studentenbund
NSEP	Nationalsozialistischer Evangelischer Pfarrerbund
NSLB	Nationalsozialistischer Lehrerbund
NSV	Nationalsozialistische Volkswohlfahrt
o.	ordentlicher (Professor)
o. D.	ohne Datum
o. J.	ohne Jahr
o. O.	ohne Ort
o. P.	ohne Paginierung
OKR	Oberkirchenrat
Pfr.	Pfarrer
Pg.	Parteigenosse(n) (der NSDAP)
RAD	Reichsarbeitsdienst
S.	Seite(n)
s.	Siehe
SA	Sturmabteilung
SBZ	Sowjetische Besatzungszone (Deutschlands 1945 – 1949)
sc.	Scilicet
SD	Sicherheitsdienst
SED	Sozialistische Einheitspartei Deutschlands (in der DDR)
Slg.	Sammlung
SMAD	Sowjetische Militäradministration in Deutschland (SBZ)
SMT	Sowjetisches Militärtribunal (in der SBZ)
SPD	Sozialdemokratische Partei Deutschlands
SS	Schutzstaffel
StA	Staatsarchiv
stud. theol.	Theologiestudent(en)
SU	Sowjetunion (UdSSR)
T.	Teil
theol.	theologische(r)
TSCHEKA	Außerordentliche Kommission zum Kampf gegen Konterrevolution und Sabotage beim Rat der Volkskommissare (SU)
UdSSR	Union der Sozialistischen Sowjetrepubliken
USPD	Unabhängige Sozialdemokratische Partei Deutschlands
VDA	Verein für das Deutschtum im Ausland
VDSt	Verein Deutscher Studenten
Verf.	Verfasser
vgl.	Vergleiche

Namenkalender der evangelischen Opfer von Nationalsozialismus und Stalinismus

Das Erinnern und Gedenken an die Opfer hat biblischen Grund und von der urchristlichen Zeit an eine kirchliche Tradition. Wie aber ist dieses biblische Anliegen und die kirchliche Tradition in unserer evangelischen Kirche über die Reformation hinaus und nach der Erfahrung der Diktaturen im zwanzigsten Jahrhundert heute lebendig? Zwei uralte vorgegebene Gedenktage, der Gedenktag an den Märtyrer Stephanus am 26. Dezember und der Tag der unschuldigen Kinder am 28. Dezember, sind im weihnachtlichen Getriebe nahezu vergessen. Haben vier herausragende Gedenktage an den Märtyrertod von Aposteln für heutiges Gedenken noch eine Bedeutung: Peter und Paul am 29. Juni, Jakobus der Ältere am 25. Juli, Andreas (auch Apostel Russlands) am 30. November? Der Volkstrauertag in der jetzt üblichen Form Ende November wird dem Gedenken an die Glaubenszeugen, die mit dem Tod bezahlten, kaum gerecht. Die »Evangelisch-Lutherische Kirche in Russland, der Ukraine, in Kasachstan und Mittelasien« (ELKRAS) hat seit einigen Jahren in ihren liturgischen Kalender den 30. Oktober aufgenommen als »Gedenktag der Opfer von Gewalt und Krieg und Terror – Gedenktag der Opfer des sowjetischen Regimes«. Sollten wir hier in Deutschland dem Vorschlag des früheren Bundespräsidenten Roman Herzog folgen und den 27. Januar, den Tag der Befreiung des Konzentrationslagers Auschwitz 1945, allgemein als Gedenktag für die Opfer der Tyrannei im zwanzigsten Jahrhundert begehen? Zudem gibt es in den neuesten Gottesdienstbüchern der Vereinigten Evangelisch-Lutherischen Kirche in Deutschland und anderer Kirchen Anregungen, wie der 9. November, der Tag der »Reichskristallnacht« 1938, als Holocaust-Gedenken gestaltet werden kann. Sind diese beiden letztgenannten Gedenktage stark mit den jüdischen NS-Opfern verbunden, so ist der 9. April, der Todestag Dietrich Bonhoeffers und anderer NS-Opfer 1945, offensichtlich besonders für ein Gedenken an die evangelischen Zeugen des Widerstands im »Dritten Reich« geeignet. 1953, mitten im neuen »Kirchenkampf« des SED-Staates gegen kirchliche Arbeitsfelder, wurde an diesem Tag die erste und bisher einzige gesamtdeutsche Gedenkstätte für die »Blutzeugen des Kirchenkampfes« im Brandenburger Dom eingeweiht – auch als ein Ort der Fürbitte für die Opfer der damals aktuellen stalinistischen Verfolgungen. An diese Tradition eines umfassenden Gedenkens an die Opfer von Nationalsozialismus und Stalinismus knüpfen wir an, wenn wir das vorliegende Gedenkbuch zum 50jährigen Bestehen der Brandenburger Gedenkstätte vorstellen.

Der Opfer der Tyrannei zu gedenken bedeutet, sie als Zeugen für verantwortliches christliches Handeln mit hineinzunehmen in unsere Zeit (Hebräer 13,7). Aus ähnlichen Beweggründen hat 1924 der spätere Bischof Wilhelm Stählin einen »Evangelischen Namenkalender« angeregt. Jörg Erb hat in seinem vierbändigen Werk »Die Wolke der Zeugen« den Lebensweg von einer Reihe dieser Glaubenszeugen dargestellt, angefangen bei Clemens von Rom bis zu Dietrich Bonhoeffer. 1962 hat die Lutherische Liturgische Konferenz Deutschlands einen Namenkalender für das ganze Jahr zusammengestellt. Dieser wurde 1966 von der Evangelischen Kirche in Deutschland (EKD) gebilligt und wird seitdem in den Amtskalendern aller evangelischen Kirchen in Deutschland abgedruckt. Eine knappe Darstellung aller Gestalten des Evangelischen Namenkalenders findet sich in dem 1965 von Jörg Erb herausgegebenen Buch »Geduld und Glaube der Heiligen«. Allerdings sind darin Opfer und Glaubenszeugen aus stalinistischer Zeit kaum vertreten, abgesehen von einer Reihe baltischer Märtyrer.

Als Anregung für das Gedenken an die Opfer und Glaubenszeugen in unserer Zeit haben wir alle in den Kurzbiographien vorgestellten Opfer, nach ihren Todestagen geordnet, zusammengestellt. Der Todestag ist auch ein sinnvoller Anlass zur Erinnerung an das Schicksal dieses Opfers in Andachten und Gottesdiensten, im Religions- und Konfirmandenunterricht, in der Jugendarbeit, der Erwachsenenbildung und der kirchlichen Publizistik. Da es zum System der Diktatoren gehörte, Opfer spurlos verschwinden zu lassen, fehlen etliche Todesdaten. Soweit es möglich war, haben wir diese Opfer unter ihrem Geburtsdatum eingefügt und dies mit einem Stern* gekennzeichnet. Es bleiben weitere Opfer, für die genauere Daten fehlen. Sie sind an Tagen, die nicht durch ein anderes Opfer »belegt« sind, eingefügt und durch einen doppelten Stern** gekennzeichnet. So mag der nachfolgende Kalender dazu anregen, den Evangelischen Namenkalender zu ergänzen und das Gedenken an diese Zeugen für Mitmenschlichkeit, Zivilcourage und Gottvertrauen in unsere Zeit hineinzunehmen.

Januar

03.01.1938 Berger, Sergej
03.01.1938 Bitsch, Josef
03.01.1938 Dauwalter, Georg
03.01.1938 Deters, Edgard
03.01.1939 Fritze, Georg
03.01.1938 Kern, Jakob
03.01.1938 Reichert, Bruno
03.01.1938 Reichert, Paul
03.01.1938 Schmidt, Waldemar
03.01.1938 Stitnik, Alfred
03.01.1938 Ulrich, Christian
03.01.1938 Ulrich, Heinrich
04.01. Baumann, Michael**
05.01.1884 Merz, Friedrich*
06.01.1880 Bolle, Friedrich*
06.01.1919 Mühlen, Harriet von zur
06.01.1919 Paucker, Walter
07.01.1865 Heinzelmann, Heinrich*
08.01. Baumann, Lene**
09.01.1890 Ebel, Rudolf*
12.01.1940 Seib, Eduard
13.01.1919 Bielenstein, Hans
14.01.1919 Hahn, Traugott
14.01.1919 Schwartz, Wilhelm
15.01.1938 Bodungen, Ferdinand
16.01.1919 Bernewitz, Alexander
16.01.1940 Geest, Friedrich
17.01.1945 Steil, Ludwig
18.01.1945 Stehmann, Siegbert
20.01.1919 Moltrecht, Karl
21.01.1934 Umfrid, Hermann
23.01.1945 Haubach, Theodor
23.01.1945 Kaiser, Hermann
23.01.1945 Moltke, Helmuth James Graf von
24.01.1943 Sack, Erich
29.01.1945 Leipelt, Hans K.
30.01.1919 Marnitz, Xaver
31.01.1927 Gedowski, Karl-Alfred*
01.1945 Bornitz, Kurt
01.1945 Elsas, Fritz
01.1944 Rosenthal, Bruno

Februar

01.02.1943 Kasenzer, Ernst
02.02.1945 Goerdeler, Carl Friedrich
03.02. Braatz, Friedrich**
04.02. Deutschmann, Friedrich**
05.02.1945 Lebrecht, Heinrich
06.02.1945 London, Margrit
07.02.1919 Grüner, Wilhelm
09.02.1948 Lampe, Adolf
10.02.1943 Gehrts, Erwin
10.02.1920 Gross, Erwin
10.02.1943 Hanson, Amalie
10.02.1945 Putbus, Malte von
10.02.1943 Vogel, Karl
13.02.1912 Retzer, Emanuel*
14.02.1945 Buttersack, Hans
16.02.1919 Bosse, Heinrich
16.02.1945 Maus, Georg
17.02.1944 Kaufmann, Franz
18.02.1950 Wolf, Joachim
19.02.1937 Weißler, Friedrich
20.02.1942 Bursche, Julius
21.02.1918 Adolphi, Ellen
21.02.1918 Adolphi, Heinrich
21.02.1947 Michaelsen, Gerhard
21.02.1918 Tschischko, Ludwig
22.02.1943 Scholl, Hans
22.02.1943 Scholl, Sophie
23.02.1909 Arnheim, Elfriede*
24.02.1918 Jende, Adam
24.02.1898 Krentz, Karl*
26.02.1932 Erbes, Johannes
26.02.1886 Schacht, Gottlieb*
27.02.1942 Heinitz, Paul
02.1940 Bursche, Stefan
02.1933 Mayer, Richard

März

01.03.1945 Goerdeler, Fritz
02.03.1887 Birth, Gustav*
02.03.1889 Seib, Woldemar*

03.03.1938 Fehler, Theodor
03.03.1945 Harnack, Ernst von
04.03. Eisel, Heinrich**
05.03. Fahrendrusch, Vater und Sohn**
06.03. Fuhrmann, Boris**
08.03.1937 Springer, Edgard
13.03.1892 Hansen, Helmuth*
14.03.1919 Berg, Eugen
14.03.1919 Rutkowski, Arnold
14.03.1919 Rutkowski, Elisabeth
14.03.1919 Scheinpflug, Theodor
15.03.1885 Witt, Gustav*
16.03.1919 Treu, Paul Fromhold
17.03.1933 Heptner, Nathanael
18.03.1919 Schlieps, Marie
19.03.1919 Bötticher, Bernhard von
19.03.1870 Lockenberg, Johannes*
19.03.1919 Strautmann, Christoph
20.03.1919 Wachtsmuth, Paul
21.03.1920 Busch, Emil
23.03.1932 Hoerschelmann, Ferdinand jun.
26.03.1919 Hassmann, Edgar
26.03.1919 Schlau, Carl
27.03.1935 Seltmann, Heinrich
29.03.1949 Wandrei, Kurt
03.1940 Maschke, Ernst Ludwig

April

01.04. Gesswein, Arthur**
02.04. Gettmann, Friedrich**
03.04.1871 Allas, Ewald*
09.04.1945 Bonhoeffer, Dietrich
09.04.1945 Dohnanyi, Hans von
09.04.1945 Elser, Johann Georg
09.04.1945 Kleist-Schmenzin, Ewald von
09.04.1945 Oster, Hans
09.04.1945 Rabenau, Friedrich von
09.04.1945 Sack, Karl
10.04.1945 Gackstatter, Leonhard
10.04.1945 Hanselmann, Friedrich
10.04.1945 Wolfmeyer, Leonhard
12.04.1945 Beyer, Margarete
12.04.1981 Domaschk, Matthias
16.04.1892 Maier, Albert*
16.04.1942 Reinmuth, Hermann
19.04.1951 Lansemann, Robert
19.04.1944 Praun, Friedrich von
20.04.1945 Dittmann, Ewald
21.04.1945 Talazko, Karl
23.04.1945 Bernstorff, Albrecht Graf von
23.04.1945 Bonhoeffer, Klaus
23.04.1945 Haushofer, Albrecht
23.04.1945 Nieden, Wilhelm zur
23.04.1945 Perels, Friedrich Justus
23.04.1945 Schleicher, Rüdiger
23.04.1945 Staehle, Wilhelm
24.04.1945 Koch, Hans
26.04.1888 Steinwand, Friedrich*
27.04.1938 Mittelstädt, Reinhold
28.04.1934 Meyer, Theophil
04.1945 Barth, Helga

Mai

01.05. Goebel, Richard**
02.05.1945 Grunthal, Marianne
03.05.1919 Wühner, Richard
05.05.1945 Büchsel, Friedrich
06.05. Hamburger, Georg**
07.05. Hamm, Vater und Sohn**
10.05.1891 Noa, Theodor*
10.05.1945 Perels, Ernst
11.05.1906 Grühn, Albert Friedrich
13.05.1943 Himpel, Helmut
15.05.1942 Kayser, Elisabeth
16.05.1919 Walter, Arthur
18.05.1865 Hohloch, Johannes*
18.05.1945 Schiemann, Paul
22.05.1919 Bergengruen, Hermann
22.05.1919 Doebler, Erhard
22.05.1919 Eckhardt, August
22.05.1938 Fischer, Andrej
22.05.1919 Hoffmann, Theodor
22.05.1919 Klot, Marion von

22.05.1919 Savary, Eberhard
22.05.1919 Scheuermann, Eugen
22.05.1919 Taube, Theodor
22.05.1919 Treu, Ernst Fromhold
22.05.1891 Uhle, Gustav*
22.05.1919 Wilpert, Ludwig von
23.05.1919 Kaspar, Wilhelm
27.05.1919 Frese, Eduard
28.05.1940 Hildmann, Walter
28.05.1931 Rath, Georg
29.05.1919 Uhder, Konstantin
30.05.1919 Cleemann, Gustav

Juni

01.06. Kaufmann, David**
02.06.1919 Cleemann, Olga
02.06.1944 Jacoby, Hildegard
03.06.1909 Busch, Nikolaus
04.06. Koch, … Dr. med.**
05.06. Kund, Wilhelm**
06.06. Lohrer, Wilhelm**
07.06.1905 Einsiedel, Horst von*
07.06.1876 Göhring, Johann*
10.06.1919 Pickel, Georg*
10.06.1919 Rosenberg, Peter
19.06.1946 …, (eine junge Frau)
21.06.1940 Stöhr, Hermann
22.06.1944 Bronisch-Holtze, … (Frau)
23.06.1941 Rusch, Konstantin
25.06.1949 Ihmels, Werner
25.06.1883 Streck, Alexander* mit Frau und Tochter
26.06.1944 Arndt, Walther
26.06.1887 Flatow, Ernst*
26.06.1897 Meißner, Werner*
27.06.1951 Gnettner, Reinhard
27.06.1952 Gürtler, Johannes
27.06.1942 Neufeld, Abram
28.06.1938 Pahl, Ernst
29.06.1945 Popp, Philipp
30.06. Meiser, Christian**

Juli

01.07.1934 Jung, Edgar J.
02.07. Nazarenus, Theodor** und Friedrich**
03.07. Pineker, Ferdinand**
04.07. Schall, Fritz**
05.07.1897 Wenzel, Otto*
07.07.1937 Mayer, Herbert
12.07.1919 Bidder, Oskar
12.07.1919 Geist, Alfred
15.07.1941 Gauger, Martin
18.07.1939 Schneider, Paul
20.07.1944 Bronisch-Holtze, Ernst
20.07.1943 Herbst, Alfred
21.07.1944 Haeften, Werner von
21.07.1944 Olbricht, Friedrich
21.07.1944 Tresckow, Henning von
22.07.1892 Berendts, Heinrich* und Ehefrau Hedwig
25.07.1945 Gerstein, Kurt
28.07.1944 Lueben, Werner
29.07.1907 Busch, Julius
31.07.1939 Pfeiffer, Emil

August

01.08. Schilling, Johannes**
02.08.1944 Hanschkatz, Joachim
03.08.1929 Giess, Emilia von
04.08.1942 Berendt, Ernst jun.
04.08.1944 Günther, Friedrich
05.08.1943 Bontjes van Beek, Cato
06.08. Giess, (Ehemann)**
07.08.1936 Frasch, Johann
08.08.1944 Bernardis, Robert
08.08.1944 York von Wartenburg, Peter Graf
09.08.1940 Hötzel, Gottfried
10.08.1936 Baschwitz, Alfred
10.08.1944 Schulenburg, Fritz-Dietlof Graf von der
11.08. Schindler, Hilda**
12.08. Schtscherbakowskaja, Chara**

13.08.1942	Richter, Paul
13.08.1919	Wuchrer, Samuel
15.08.1944	Haeften, Hans Bernd von
16.08.1946	Schneider, Dorothea
17.08.1893	Boese, Ernst*
19.08.1906	Zimmermann, Katharina
19.08.1906	Zimmermann, Ludwig
21.08.1938	Fischer, Johannes
22.08.1976	Brüsewitz, Oskar
22.08.1879	Klein, Franz*
26.08.1944	Kiep, Otto Carl
26.08.1942	Sylten, Werner
26.08.1944	Trott zu Solz, Adam von
27.08.1926	Schultz, Siegfried
30.08.1895	Draeger, Margarete*
08.1935	Fiechtner, Marie
08.1937	Koch, Albert

September

01.09.1889	Hansen, Erna*
03.09.1888	Frank, Wilhelm*
04.09.1944	Lehndorff-Steinort, Heinrich Graf von
06.09.	Semke, Christian**
07.09.	Simon, Octav**
08.09.1944	Hassel, Ulrich von
08.09.1944	Schwerin-Schwanenfeld, Ulrich Wilhelm Graf von
08.09.1944	Thadden, Elisabeth von
10.09.1905	Schilling, Carl
13.09.1944	Dieckmann, Wilhelm
14.09.1944	Dohna-Schlobitten, Heinrich Graf zu
14.09.1888	Kästner, Alfred*
15.09.1937	Unger, Peter
16.09.1937	Ditzel, Christian
16.09.1937	Friedrichson, Maria
16.09.1937	Karpenko, Amalia
16.09.1937	Tennikowa, Ida
16.09.1937	Tyssen, Dietrich
16.09.1937	Wagner, Rudolf
16.09.1937	Winter, Jon
19.09.1946	Lohmeyer, Ernst
19.09.1919	Willigerode, Paul
20.09.1942	Müller, Friedrich
26.09.1905	Müller, Marcus
29.09.1944	Meichssner, Joachim
30.09.1930	Schwalbe, Gustav
09.1935	Kludt, Simon
09.1937	Mayer, Erika

Oktober

01.10.	Suppers, Georg**
02.10.	Trube, Friedrich**
03.10.	Vogel, Rudolf**
07.10.1889	Steinwand, Ludwig*
07.10.1944	Weisenstein, Moritz
08.10.1941	Kneip, Otto
09.10.1944	Halem, Nikolaus Christoph Graf von
12.10.1924	Cholodetzky, Emil
13.10.1944	Blumenthal, Hans-Jürgen Graf von
15.10.1931	Hoerschelmann, Ferdinand sen.
15.10.1890	Kobrak, Richard Julius*
19.10.1897	Honig, Max* und Frau Ruth
19.10.1936	Stempel, Rudolf
20.10.1944	Reichwein, Adolf
23.10.1937	Thorassjanz, Ossip
25.10.1875	Frischfeld, Arnold*
27.10.1904	Baumann, Christian
27.10.1904	Baumann, Marie
28.10.1891	Kluck, Arthur*
29.10.	Kluck, Bertha**
30.10.1944	Habermann, Max
30.10.1972	Pfeiffer, Arthur

November

01.11.1937	Hamberg, Paul
02.11.	Walther, Irene**
03.11.	Wiebe, Otto**

10.11.1937	Fischer, David
10.11.1943	Stellbrink, Karl Friedrich
11.11.1936	Mendelson, Ernst
13.11.1866	Heine, Wilhelm*
16.11.1919	Gilbert, Wilhelm
18.11.1866	Hanson, Arthur*
19.11.1890	Luft, Eduard*
23.11.1944	Reusch, Emil
23.11.1906	Taurit, Wilhelm
24.11.1943	Hesse, Helmut
25.11.1941	Braun, Elisabeth
11.1944	Hirschwald, Werner

Dezember

02.12.1882	Eichhorn, Eduard*
03.12.	Zeisler, Andreas**
04.12.	Zietz, Heinrich**
06.12.1896	Moderau, Georg*
06.12.1891	Staab, Konrad*
09.12.1943	Leipelt, Katharina
10.12.1896	Muß, Kurt*
11.12.1942	Klepper, Jochen
11.12.1942	Klepper, Johanna
11.12.1942	Stein, Renate
17.12.1942	Feldmann, Winfried
18.12.1918	Hesse, Carl
19.12.1942	Keßler, Karl
20.12.1944	Hofacker, Cäsar von
22.12.1942	Scheliha, Rudolf von
25.12.1877	Schultz, Leo*
25.12.1937	Ullmann, Paul
26.12.1944	Günther, Gerhard
26.12.1918	Jundt, Johannes
27.12.1937	Wiebe, Cornelius
30.12.	Fischer, Martin**
31.12.1951	Pieper, Johannes
12.1942	Jacobson, Ingeborg

Alphabetisches Gesamtverzeichnis

In diesem Verzeichnis finden sich die in den fünf chronologischen Teilverzeichnissen dieses Buches namentlich genannten evangelischen Todesopfer. Es wird jeweils nur die Seitenzahl der Hauptererwähnung mit den biographischen Daten angegeben.